博士后文库
中国博士后科学基金资助出版

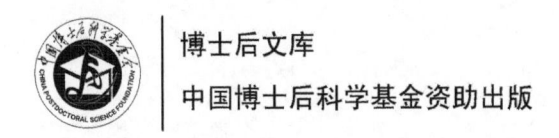

冰川泥石流起动机理与防治方法

——以中巴公路奥布段泥石流为例

魏学利 著

科学出版社
北京

内 容 简 介

本书基于中巴公路奥布段冰川泥石流灾害的研究与实践，立足冰川泥石流基础研究的前沿问题和工程治理的迫切需求，重点论述冰川泥石流的起动机理和防治方法。全书共分八章，内容包括绪论、中巴公路奥布段概况、冰川泥石流分布与危害特征、冰川泥石流易发区冰碛土特征、典型流域冰川融水的产汇流特征、不同径流作用下冰川泥石流起动实验研究、冰川泥石流工程治理关键技术研究等。本书内容丰富，结构体系完整，理论与实践并重，附有许多图表和公式，对于中巴公路奥布段冰川泥石流防治具有现实指导意义，对其他穿越冰川泥石流地区的国家重大工程建设也具有重要的推广应用价值。

本书不仅适用于公路交通领域，也适用于铁路、电力、水利和国土等相关领域，可供从事山区工程建设和环境保护工作的科研和设计人员，以及相关科研院所师生使用和参考。

图书在版编目(CIP)数据

冰川泥石流起动机理与防治方法：以中巴公路奥布段泥石流为例／魏学利著. —北京：科学出版社，2019.7
(博士后文库)
ISBN 978-7-03-061850-4

Ⅰ.①冰⋯ Ⅱ.①魏⋯ Ⅲ.①山区道路-公路路基-泥石流-灾害防治-研究 Ⅳ.①U418.5

中国版本图书馆 CIP 数据核字(2019)第 142978 号

责任编辑：孟美岑　金　蓉　韩　鹏／责任校对：张小霞
责任印制：肖　兴／封面设计：陈　敬

科学出版社 出版
北京东黄城根北街 16 号
邮政编码：100717
http://www.sciencep.com

北京九州迅驰传媒文化有限公司印刷
科学出版社发行　各地新华书店经销

*

2019 年 7 月第 一 版　开本：720×1000 1/16
2025 年 2 月第二次印刷　印张：20
字数：400 000
定价：238.00 元
(如有印装质量问题，我社负责调换)

《博士后文库》编委会名单

主　任　李静海
副主任　侯建国　李培林　夏文峰
秘书长　邱春雷
编　委　(按姓氏笔画排序)
　　　　王明政　王复明　王恩东　池　建　吴　军
　　　　何基报　何雅玲　沈大立　沈建忠　张　学
　　　　张建云　邵　峰　罗文光　房建成　袁亚湘
　　　　聂建国　高会军　龚旗煌　谢建新　魏后凯

《博士后文库》序言

1985年,在李政道先生的倡议和邓小平同志的亲自关怀下,我国建立了博士后制度,同时设立了博士后科学基金。30多年来,在党和国家的高度重视下,在社会各方面的关心和支持下,博士后制度为我国培养了一大批青年高层次创新人才。在这一过程中,博士后科学基金发挥了不可替代的独特作用。

博士后科学基金是中国特色博士后制度的重要组成部分,专门用于资助博士后研究人员开展创新探索。博士后科学基金的资助,对正处于独立科研生涯起步阶段的博士后研究人员来说,适逢其时,有利于培养他们独立的科研人格、在选题方面的竞争意识以及负责的精神,是他们独立从事科研工作的"第一桶金"。尽管博士后科学基金资助金额不大,但对博士后青年创新人才的培养和激励作用不可估量。四两拨千斤,博士后科学基金有效地推动了博士后研究人员迅速成长为高水平的研究人才,"小基金发挥了大作用"。

在博士后科学基金的资助下,博士后研究人员的优秀学术成果不断涌现。2013年,为提高博士后科学基金的资助效益,中国博士后科学基金会联合科学出版社开展了博士后优秀学术专著出版资助工作,通过专家评审遴选出优秀的博士后学术著作,收入《博士后文库》,由博士后科学基金资助、科学出版社出版。我们希望,借此打造专属于博士后学术创新的旗舰图书品牌,激励博士后研究人员潜心科研,扎实治学,提升博士后优秀学术成果的社会影响力。

2015年,国务院办公厅印发了《关于改革完善博士后制度的意见》(国办发〔2015〕87号),将"实施自然科学、人文社会科学优秀博士后论著出版支持计划"作为"十三五"期间博士后工作的重要内容和提升博士后研究人员培养质量的重要手段,这更加凸显了出版资助工作的意义。我相信,我们提供的这个出版资助平台将对博士后研究人员激发创新智慧、凝聚创新力量发挥独特的作用,促使博士后研究人员的创新成果更好地服务于创新驱动发展战略和创新型国家的建设。

祝愿广大博士后研究人员在博士后科学基金的资助下早日成长为栋梁之才,为实现中华民族伟大复兴的中国梦做出更大的贡献。

中国博士后科学基金会理事长

序 一

  中巴公路是连接中国与巴基斯坦的国际公路和世界闻名的高原公路，也是交通部规划的西部开发和"丝绸之路经济带"公路大通道的重要组成部分，在国家和新疆维吾尔自治区路网中占有重要地位。同时，作为连接中国和巴基斯坦的唯一陆路走廊，更加凸显了其在"中巴经济走廊"发展中的主动脉作用。自1979年中巴公路通车运行以来，总长度约为70.252km的奥依塔克镇至布伦口段（简称奥布段）线路，常常遭受泥石流危害，频繁受灾，成为中巴公路中国段的"盲肠"地段。同时，公路沿线泥石流活动正好处于红其拉甫口岸通关的黄金时段，交通中断对中巴贸易造成严重影响。因此，泥石流灾害已成为制约中巴公路交通安全和边贸发展的瓶颈，严重影响了"中巴经济走廊"的发展。

  中巴公路奥布段位于东帕米尔高原的东南部，南接公格尔山，北临昆盖山，为青藏高原构造挤压最强烈的地区之一，地质构造活跃，冻融侵蚀和干旱风化剥蚀强烈，冰川消融显著，气候垂直分带明显，地貌类型复杂。在强烈的构造活动与地表侵蚀营力耦合作用下，沿线泥石流类型多样，暴发频繁，起动模式和活动特征多样，被称为"新疆泥石流博物馆"。此前对这一地区泥石流的研究基础相对薄弱，第一手灾害数据缺乏，对泥石流分布规律、危害特征、形成机理认识深度不够，尤其是对这一地区的冰川类泥石流研究十分薄弱，关于冰碛物冲刷起动形成泥石流的土动力学试验基本上是空白，难以预测灾害风险和定量确定灾害的物理参数，严重制约着防灾减灾技术进步和公路灾害防治工作，不能满足公路泥石流防治的需要。

  魏学利博士编写的《冰川泥石流起动机理与防治方法——以中巴公路奥布段泥石流为例》一书，以高寒高海拔区冰雪融水型泥石流起动机理作为核心科学问题，以公路泥石流防治关键技术及其应用为研究出口，以地质构造复杂和冰川分布广泛的中巴公路奥布段为研究区，对奥布段冰川泥石流进行了系统调查分析，深化了对冰川泥石流形成背景和起动机理的科学认知，提出了针对冰川泥石流特点的灾害防治新技术和新方法，对提升中巴公路的防灾减灾水平、保障中巴交通运输和贸易发展起到积极作用。另外，中巴公路国内段也是我国未来中巴铁路、输油管线、光缆线路、矿产和水电开发建设等工作的重要走廊带，该书的冰川泥石流理论与减灾技术也可为"中巴经济走廊"内重大工程建设和运营安全提供技术支撑。

  该书内容丰富翔实，结构体系完整，理论与实践兼备，很多内容为作者在中巴公路奥布段开展科研和公路减灾工作时取得的第一手资料，尤为珍贵；为中巴公路冰川泥石流研究与灾害防治提供了科技支撑,对冰川泥石流地区其他重大基础设施工程防灾减灾具有重要的参考价值和广泛的应用前景。

有幸在付梓之前阅读,受益良多,希望该书早日出版,惠及更多从事冰川泥石流研究与防治的科技工作者。

中国科学院院士

序 二

　　中巴公路是连接中国与巴基斯坦的国际友谊公路和世界闻名的高原公路,也是交通部规划的西部开发公路大通道和中央"丝绸之路经济带"的重要组成部分,在国家和自治区路网中均占有重要地位。自1979年中巴公路通车运行以来,泥石流灾害一直是阻碍中巴公路边贸安全和发展的难点问题,其中,总长约为70.252km的奥依塔克镇至布伦口段(简称奥布段)是中巴公路泥石流灾害最为严重的路段,被称为"新疆泥石流博物馆"。由于特殊地形地貌条件,奥布段路线多依山傍河而行,难以避让绕行泥石流灾害易发区,同时,公路沿线泥石流暴发时间正好处于红其拉甫口岸通关的黄金时段,泥石流灾害已成为制约中巴公路安全运行的瓶颈问题,严重影响了"中巴经济走廊"的安全畅通。

　　帕米尔高原为青藏高原构造挤压最强烈的地区之一,中巴公路奥布段位于东帕米尔高原的东南部,南接公格尔山,北临昆盖山,是强构造活动、高寒冻融侵蚀、干旱风化剥蚀和强烈冰川消融的典型地区,气候垂直分带和地貌立体分区明显,致使泥石流灾害类型多样,且发生泥石流的主要致灾因子和起动模式有别于一般地区泥石流灾害。由于对中巴公路奥布段泥石流灾害数据缺乏,对泥石流分布特征和危险程度认识不清楚,自通车以来常年遭受泥石流灾害威胁;目前暴雨泥石流研究相对较成熟,与暴雨泥石流相比较,冰川类泥石流研究则十分薄弱,且多是定性或半定量成果,有关冰碛物冲刷起动形成泥石流的土动力学试验基本空白。又加上缺少针对新疆地区独特气候背景条件的泥石流系统性研究,减灾理论不完善,防治技术不成熟,已有研究成果无法满足公路泥石流防治和预报需要,致使中巴公路沿线泥石流灾害频发且危害严重。另外,在全球气候变暖背景下,中高山冰川不断消融退化,冰川泥石流的暴发频率和规模均呈增加趋势,将严重威胁中巴公路正常运营和安全行车。

　　《冰川泥石流起动机理与防治方法——以中巴公路奥布段泥石流为例》一书为魏学利博士在博士后工作期间的研究成果,以高寒高海拔区冰雪融水型泥石流起动机理作为核心科学研究问题,以公路泥石流防治关键技术应用为最终研究目标,以青藏高原西北构造结处地势起伏大、冰川分布广泛、地质构造复杂的地区——中巴公路奥布段为研究目标区,对中巴公路奥布段冰川泥石流进行了调查分析,对冰川泥石流形成背景和起动机理具有深入认识,提出针对冰川泥石流防治新技术和方法,对提升"中巴经济走廊"的防灾减灾能力,促进"一带一路"和"中巴经济走廊带"发展具有重要应用价值,特别是对于更好地落实习近平总书记在中央财经委员会第三次会议上提出的"大力提高我国自然灾害防治能力"的指示,推动"交通强国"等战略的不断深入,具有重要的现实意义。另外,中巴公路国内段也是我国未来中巴铁路、输油管线、光缆线路、矿产和水电开发建设等工作的重要走廊带,该书可对"中巴经济走廊"内重大工程建设和运营提供技术支撑,对其他穿越冰川泥石流地区的重大工程的防灾减灾提供参考。

  该书内容丰富,结构体系完整,理论与实践并重,对于中巴公路冰川泥石流研究与防治具有现实指导意义,对其他穿越冰川泥石流地区的国家重大工程建设也具有重要的推广应用价值,是一本值得从事冰川泥石流研究与防治科研人员借鉴的好书,在付梓之前,有幸先阅知,并愿为之作序。

新疆维吾尔自治区交通运输厅　副厅长

前　言

　　中巴公路是连接中国与巴基斯坦的国际友谊公路和国家国防公路,也是世界闻名的高原公路,东起我国新疆喀什,穿越喀喇昆仑、兴都库什和喜马拉雅三大山脉,经过中巴边境口岸红其拉甫山口,直达巴基斯坦北部城镇塔科特,全长1224km,全线海拔为600~4700m。其中喀什至红其拉甫段称为中巴公路国内段,全长415km,是南疆最重要的经济走廊之一,同时也是"丝绸之路经济带"的重要组成部分。其中,中巴公路奥依塔克—布伦口段(以下简称奥布段)为中巴公路国内段的必经廊道,总长度约为70.252km,起终点高程为1750~3350m,总体走向自东北向西南,道路采用双向两车道二级公路标准建设,设计速度60km/h,路基宽10m,路面宽8.5m,全线桥涵设计汽车荷载等级为公路-Ⅰ级,路面采用沥青混凝土面层结构。

　　中巴公路奥布段正处于我国青藏高原西北缘的公格尔山地区,公格尔山是东昆仑帕米尔高原最大的现代冰川作用中心,冰川广泛分布,终年积雪,发育有327条,总面积约为640.15km^{2}的大陆型冰川,公路终点分布有著名的海拔为7649m的公格尔山九别峰。历经地质历史上多次冰期和间冰期的地质过程后,大量冰碛物分布于冰川平衡线以下区域,在当前全球气候变暖大背景下,现代冰川活动越发剧烈,冰川退缩加剧,裸露冰碛物增加,冰碛土体的裸露和冰川融水增加的耦合,促使冰川泥石流成为本地区最普遍且危害严重的灾害类型,直接威胁中巴公路的安全运行。

　　冰川泥石流是指发育在现代冰川和积雪边缘地带,由冰雪融水或冰湖溃决洪水冲蚀冰碛土而形成的特殊洪流。冰川泥石流主要分布在急剧消退的现代冰川高山区,常发生在增温与融水集中的夏、秋季节,在晴天、阴天或雨天均可能产生。由于特殊地形地貌条件,奥布段沿公格尔山北坡依山傍(盖孜)河展布,公路难以避让绕行,又加上冰川泥石流暴发突然且频繁,历时短暂,很难预知其发生准确时间和具体位置,至此冰川泥石流对公路安全产生极为严重的威胁,奥布段亦成为中巴公路国内段泥石流灾害最严重的路段。由于目前对其形成机理和运动过程认识的不足,又加上当前减灾理论不完善和防治技术不成熟等限制,前期难以对其进行有效判识和合理防护,冰川泥石流常常对公路造成冲毁、掩埋、堵塞和冲刷等危害。另外,公路沿线冰川泥石流暴发时间正好处于红其拉甫口岸通关的黄金时段,冰川泥石流灾害已成为当前制约中巴公路畅通和安全运行的瓶颈问题,严重影响公路交通的安全运营和互联互通。

与暴雨泥石流相比较,冰川泥石流的研究相对较少,且多是定性或半定量成果,国内外研究多集中于区域规律和灾害特征、形成模式、影响因素,特别是气候变化及其引发的冰湖溃决泥石流等方面,有关冰碛物冲刷起动形成泥石流的形成机理和运动过程研究较为薄弱。本书研究成果不仅有助于研究冰碛物的组构特征和冰川融水的产汇流规律,揭示水土耦合的相互作用机制,填补冰川融水型泥石流起动机理研究空白,丰富并完善泥石流起动动力学机理的研究,促进泥石流学科的发展,还可为中巴公路奥布段冰川泥石流减灾理论和防灾技术构建提供理论支撑;另外,中巴公路国内段也是我国未来中巴铁路、输油管线、光缆线路、矿产和水电开发建设等工作的重要走廊带,在建设和运营过程中也将不可避免地遇到冰川泥石流灾害问题,而随着全球气候变暖,极端气候事件频发,预测未来一段时期内,冰川泥石流灾害将呈高发频发态势,势必将严重影响国家重大工程的建设发展和安全运营。因此,本书研究成果可对"中巴经济走廊"内重大工程建设和运营提供技术支撑,对其他穿越冰川泥石流地区的重大工程的防灾减灾提供参考。

"一带一路"倡议和"交通强国"目标的提出,对"中巴经济走廊"的安全畅通和防灾减灾能力提出了更高的要求。因此,本书对提升"中巴经济走廊"的防灾减灾能力,服务国际公路运输安全运营,最大限度地减轻或减缓冰川泥石流灾害对公路的危害,最大限度地避免和减少冰川泥石流灾害造成的人员伤亡和财产损失,促进"一带一路"建设和"中巴经济走廊"的发展,具有重要的现实意义和应用价值。

特别感谢新疆交通规划勘察设计研究院陈宝成同志在书稿撰写过程中给予帮助,感谢博士后联合培养导师新疆交通规划勘察设计研究院宋学艺教授级高级工程师和长安大学谢永利教授,感谢新疆交通规划勘察设计研究院冯虎书记、董刚院长、杨新龙副院长、宋亮总工程师、人事处明朗以及岩土工程处李宾处长、赵怀义总工程师和乔国文副处长等领导和同事,在博士后研究期间给予的大力帮助和支持,感谢新疆大学硕士李伟、新疆农业大学硕士潘蕾、新疆大学硕士罗文功和石河子大学硕士陈瑞考在成果整理分析过程中所付出的辛苦劳动!感谢国家自然科学青年基金(41602331)、中国博士后科学基金(2016M602951XB)、中国沙漠气象科学研究基金(Sqj2015015)、新疆维吾尔自治区交通运输厅科技项目(2016-2018)、新疆维吾尔自治区高层次人才引进工程(2017-2019)的资助。

本书内容主要是基于中巴公路奥布段冰川泥石流灾害的研究成果与工程实践,经过总结提炼形成的基础扎实、技术先进和应用成熟的减灾理论和防治技术。限于作者水平,书中难免存在不妥之处,恳请读者不吝赐教。

魏学利

2018 年 7 月

目　录

序一
序二
前言
第1章　绪论 ··· 1
　1.1　研究背景与意义 ··· 1
　1.2　国内外研究现状 ··· 2
　1.3　研究内容与预期目标 ··· 6
　1.4　研究方法与技术路线 ··· 7
第2章　中巴公路奥布段概况 ··· 10
　2.1　区域概况 ··· 10
　2.2　地形地貌 ··· 11
　2.3　地质构造 ··· 14
　2.4　地层岩性 ··· 15
　2.5　气象水文 ··· 17
　2.6　地震活动 ··· 18
　2.7　人类活动 ··· 19
第3章　冰川泥石流分布与危害特征 ······································ 20
　3.1　公路沿线冰川泥石流分布特征 ·································· 20
　3.2　冰川泥石流对公路的危害 ·· 30
　3.3　冰川泥石流发育特征与发展趋势 ······························· 39
第4章　冰川泥石流易发区冰碛土特征 ··································· 63
　4.1　冰碛物类型与分布特征 ··· 63
　4.2　冰碛土体的级配综合指标 ·· 68
　4.3　冰碛土体的工程地质特征 ·· 81
　4.4　冰碛土路基填料适用性评价 ····································· 93
第5章　典型流域冰川融水的产汇流特征 ································ 100
　5.1　典型流域冰川覆盖变化特征 ····································· 100
　5.2　冰川径流的影响因素分析 ·· 107
　5.3　典型流域冰川径流的产汇流模型 ······························· 114

第6章　不同径流作用下冰川泥石流起动实验研究 ·············· 126
　6.1　前期降水对冰川泥石流起动影响作用分析 ················ 127
　6.2　融水渗透冲刷冰碛土起动形成泥石流的实验研究 ········ 138
　6.3　连续增大流量作用下泥石流冲刷起动实验研究 ············ 147
　6.4　少黏粒冰碛土体起动形成泥石流的力学机理 ·············· 159
第7章　冰川泥石流工程治理关键技术研究 ····················· 182
　7.1　冰川泥石流的堆积形态及对公路的影响 ···················· 182
　7.2　拦砂坝作用下泥石流堆积实验研究 ·························· 191
　7.3　排导工程作用下冰川泥石流防治技术研究 ················ 238
　7.4　公路冰川泥石流防治新技术 ····································· 258
参考文献 ··· 301
编后记 ·· 306

第 1 章　绪　　论

1.1　研究背景与意义

1.1.1　研究背景

我国青藏高原西北缘的昆仑山地区的冰川分布广，其中公格尔山是东昆仑帕米尔高原最大的现代冰川作用中心，发育有 327 条，总面积约为 640.15 km² 的大陆型冰川，历经地质历史上多次冰期和间冰期的地质过程后，大量冰碛物分布于冰川平衡线以下区域；在当前全球气候变暖大背景下，现代冰川活动越发剧烈，冰川退缩加剧，裸露冰碛物增加，冰碛土体的裸露和冰川融水增加的耦合，促使冰川泥石流成为本地区最普遍且危害严重的灾害类型，直接威胁公路等国家重大工程的安全运行。

中巴公路是一条连接中国与巴基斯坦的国际友谊公路和国家边防公路，也是中央提出的"丝绸之路经济带"的重要组成部分，更加凸显"中巴经济走廊"的主动脉作用。由于特殊地形地貌条件，中巴公路路线多依山傍河而行，公路难以避让绕行，又加上冰川泥石流暴发突然且历时短，很难预知其发生的准确时间和具体位置，自通车运行以来，冰川洪水、冰川泥石流灾害一直是阻碍公路发展的难点问题，严重威胁公路正常运行和行车安全，不仅阻断交通造成重大损失，还对行车安全造成严重威胁，甚至导致车毁人亡的惨剧。其中，中巴公路奥依塔克至布伦口段（简称奥布段）为中巴公路国内段泥石流灾害最严重路段。

本次选择中巴公路奥依塔克至布伦口段为重点研究区域，研究冰川泥石流易发区冰碛物的结构与颗粒组成特征，搜集泥石流易发区的水文气象数据，揭示冰川融水对气温动态响应关系，以代表性密度和级配指标的冰碛土体进行冰川融水泥石流起动试验，揭示冰川融水造成特殊结构冰碛土体起动泥石流的动力学机理，为中巴公路正常运行过程中防灾减灾提供理论支撑。

1.1.2　研究意义

鉴于当前中巴公路冰川泥石流对公路的严重危害，综合考虑冰碛物特殊组构特征和冰川融水产径流过程复杂性，研究冰川融水渗透冲刷冰碛物起动形成泥石流动力学机理具有显著的研究意义和学术价值：①有利于认识冰川融水型泥石流的发育规律、形成条件和规模放大效应，为冰川融水型泥石流灾害的工程治理提供参数计算依据，为灾害的监测预警等特征阈值的确定提供理论支持，从而促进冰川融水型泥石流灾害防灾治灾水平的提升；②研究有利于揭示冰川融水型泥石流形成的机理，从质和量上深化认识泥石流形成机理，促进冰碛物特殊组构土体失稳破坏的作用规律，从而丰富完善泥石流起动动力学机理的研究，促进泥石流学科的发展；③有利于认识全球气候变暖背景下，冰川退缩和裸露冰碛物增加所导致的冰川融水型泥石流的增加，评判冰川融水型泥石流发育的环境背景和发展趋势，利于开展公路建设和运营过程中的防灾减灾工作。

本书研究成果不仅有助于研究冰碛物的组构特征和冰川融水的产汇流规律，揭示水土耦合的相互作用机制，填补冰川融水型泥石流起动机理研究空白，丰富并完善泥石流起动动力学机理的研究，促进泥石流学科的发展，还可为中巴公路奥布段冰川泥石流减灾理论和防灾技术构建提供理论支撑。另外，中巴公路国内段也是我国未来中巴铁路、输油管线、光缆线路、矿产和水电开发建设等工作的重要走廊带，在建设和运营过程中也将不可避免地遇到冰川泥石流等类似地质灾害问题，本书研究成果还有助于解决"中巴经济走廊"内国家重大工程建设和运营中的防灾减灾技术难题。

"一带一路"倡议和"交通强国"目标的提出，对"中巴经济走廊"的安全畅通和防灾减灾能力提出了更高的要求。随着全球气候变暖，极端气候事件频发，预测未来一段时期内，冰川泥石流灾害将呈高发频发态势，势必将严重影响国家重大工程的建设发展和安全运营。因此，面对国家和地方重大工程建设中防灾减灾的迫切需求，本书研究成果可对"中巴经济走廊"内重大工程建设和运营提供技术支撑，对提升"中巴经济走廊"的防灾减灾能力，服务国际公路运输安全运营，最大限度地减轻或减缓冰川泥石流灾害对公路的危害，最大限度地避免和减少冰川泥石流灾害造成的人员伤亡和财产损失，促进"一带一路"建设和"中巴经济走廊"的发展，具有重要的现实意义和应用价值，同时，也为其他穿越冰川泥石流地区的重大工程的防灾减灾工作提供借鉴和参考。

1.2　国内外研究现状

1.2.1　冰碛土研究现状

我国青藏高原、天山南北坡等区域的冰川分布广，历经地质历史上多次冰期和间冰期的地质过程后，大量冰碛物分布于冰川平衡线以下区域，并被挟带进入沟道形成冰水堆积物。例如,天山北坡的三工河,天池以上游流域面积100km²范围内,分布有冰碛物2000万m³以上;西藏波密县古乡沟流域面积25.2km²,流域内冰碛物最厚处达400m,冰碛物总量约4亿m³,该沟曾于1953年暴发历史上规模最大的一次泥石流,峰值流量达2.86万m³/s,1次泥石流总量达1100万m³;本书研究区盖孜河南岸公格尔山发育有327条,总面积为640.15km²的极大陆型冰川[1],长度超过10km的山谷冰川有6条,其中最著名的为克拉牙依拉克冰川,面积达到128.15km²,长20.3km,ELAs(equilibrium line altitudes,平衡线高度)为4220m[2],从2780m的冰舌末端到2440m中巴公路盖孜检查站附近共有形态较为清晰的冰碛物6套,以侧碛堤、冰碛丘陵和冰碛台地形式出现,另外在盖孜检查站附近河谷中也发育了5级冰水堆积阶地[3]。随着全球气温的升高,冰川的退缩,更多的冰碛物堆积于冰川平衡线以下。例如,20世纪80年代中期至今,海螺沟冰川末端平均每年退缩29.8m[4],产生大量冰碛物。研究区多年气候变化过程也从侧面印证了我国西北地区气候由暖干向暖湿变化[5],高山冰川退缩,河流径流增加,冰雪融水型泥石流发生呈增加趋势。冰碛土体的大量存在与增加使得冰碛土体在冰川融水作用下起动泥石流的模式成为最普遍的冰川泥石流发育形式。

这些高海拔冰川区大都位于我国的强烈地震带和极端气候变化强影响区,地震使冰碛土体结构强度大大降低,冰碛土体起动形成泥石流呈增加趋势,如帕隆藏布流域位于察隅地震带,贡嘎山位于康定-甘孜地震带,新疆天山的北天山地震带和帕米尔高原东缘公格尔山拉张系地震带。在地震带区域频发的地震作用下,巨量的冰碛物变得松散,孔隙增加,抗剪强度降低而渗透性增加,冰碛土体起动产流的临界水量指标下降;同时,这些地区的冰川消融强烈,冰川融水十分丰富,对径流的补给作用大[6,7]。例如,藏东南古乡沟,流域内的年降水径流量为$3.0 \times 10^7 m^3$,而年冰川消融径流量达到$5.28 \times 10^6 m^3$,冰川消融量约占年径流量的1/5[8]。盖孜河多年平均径流量为$9.78 \times 10^9 m^3$,其中冰川融水补给比重为77.83%[9]。在冰雪融水径流的作用下冰碛土体极易被冲刷起动产生泥石流。

冰碛物及其冰水堆积物是冰雪融水型泥石流的主要物源,长期的冰川运动使流域内的冰碛物分布于各个海拔。由于冰川发育区气候寒冷,物理风化强烈,但化学风化作用较弱,所以冰碛物的粒径范围广,粗大颗粒多,而细颗粒较少[10],粗颗粒"咬合+嵌入"构成了冰碛物的基本骨架,而细颗粒的胶结促使冰碛物的干密度大,密实度高[11],但被雨水冲蚀易破坏解体。冰碛物的特殊组成决定了其基本的属性,冰碛物与常规产生暴雨泥石流的土体之间的结构差异使得其破坏产流具有特殊性。在冰川融水作用下,冰碛物和冰水堆积物的特殊结构使其破坏产流具有特殊性,在冰雪融水冲刷侵蚀作用下起动形成泥石流的临界流量较小。不同土源的结构特征影响着物源的补给机制,其对不同冰水融水量侵蚀冲刷的响应机制也存在着差别,究竟多大流量冰雪融水能冲刷冰碛物起动形成泥石流,其水土耦合过程和作用机理复杂,非常有必要进行深入研究。

1.2.2 冰川泥石流研究现状

国内外学者对冰川泥石流形成特点和致灾机理进行了积极探索。国外学者对冰川泥石流研究主要集中在欧洲阿尔卑斯山脉、美国阿拉斯加、加拿大不列颠哥伦比亚省和亚伯达省,不管是原始数据的获取方面还是调查方法的使用方面,都积累了丰富的经验。国外学者对冰川泥石流的研究可追溯到19世纪40年代,Thomas Sopwith 于 1858~1958 年与加拿大众多学者针对加拿大亚伯达省和不列颠哥伦比亚省交界的落基山脉 Kicking Horse Pass 区域冰川泥石流进行考察,为铁路和公路选线和建设提供基础依据[12]。1953 年,英国学者 Perrutz 经过调查研究论述了冰川的流动,对了解冰川泥石流运动机理具有重要促进作用[13]。加拿大学者 Jackson 等[14]对加拿大教堂山 1925~1985 年的冰川泥石流进行调查,综合分析了该区冰川泥石流的成因,认为伴随冰川的撤退,冰川体变薄,上部压重的减轻使基部的塑性变差,进而容易变形形成通道间隙,储存水体,在适当的时机便会发生大体量排水,或注入冰湖继而引发冰湖溃决,最终都形成泥石流。为减轻冰川泥石流对铁路公路造成极大的破坏,人们采取抽取冰湖水和冰体下水体的方法降低突然性大量排水的可能性,达到了理想的效果。美国学者 Wilkereon 和 Schmid[15] 于 1994~2001 年在美国蒙大拿州的 Glacier National Park 开展调查研究,发现该处的泥石流一般由冰川融水和降雨共同作用形成,并采用航片比较法、年轮测年法、地衣测年法、地层分析法等综合判断测定 9 条流域中 41 次泥石流发生年份及发生规模大小,揭示当地冰川泥石流的发生规律,用以确定其危险性。意大利学者 Chiarle 等[16]通过对位于意大利、法国和瑞士阿尔卑斯山区过往 25 年发生的 17 处冰川泥石流的研究,提供了基础性资料,认为冰川泥石流的形成过程可分为三种:①在长时间强降雨作用下,雨水下渗导致冰碛物、冰水沉积物长期饱和失稳,继而形成冰川泥石流;②短时暴雨使冰流水通道水压增加,破坏冰川内流水通道,使水体突然释放;③干热气候条件下冰碛湖壅水溃决或地表地下冰层融化。三种类型都是通过水体强烈冲刷之前冰川运动留下的冰碛物而引发泥石流,并应用刨蚀率指标(即泥石流沿途每米的刨蚀量)将其应用到冰川泥石流危险性评价当中。

国内对冰川泥石流的研究始于 20 世纪 60 年代对古乡冰川泥石流的调查,古乡冰川泥石流的暴发揭开了国内研究的序幕。施雅风等[17]、杜榕桓和章书成[18]等老一辈学科奠基人对冰川演化和冰川泥石流活动进行了诸多有益的探索研究。1953 年,西藏自治区林芝地区波密县古乡发生特大黏性泥石流,1964 年,施雅风等[17]对古乡冰川泥石流进行了初步考察,认为此次的冰川泥石流与融区的地质、地貌、气候条件,特别是古乡冰川特征有关,古乡冰川泥石流主要是冰川融水外加大量的冰碛物在适当的地形环境所造成的泥石流。我国西北西南冰川泥石流频繁地暴发,造成了重大经济损失。鉴于冰川泥石流的严重危害性,对这一工程动力地质作用的形成机理、时空分布规律、特征和防治措施等加以研究,具有重要的实际意义。

1985年施雅风等[19]在喜马拉雅山南坡进行了波曲河谷(中尼公路中国和尼泊尔境内)冰湖溃决泥石流考察以及其他许多路段或工点的考察。1974~1975年蔡祥兴等[20]在实地调查的基础上对巴基斯坦境内喀喇昆仑山公路洪扎地区段帕尔提巴尔沟泥石流的成因和发展趋势进行了分析和判断。1984年王景荣[21]从运动条件、水源物源的角度分析了帕米尔高原东北缘山区冰川泥石流的成因。朱守森和邓小峰[22]考察研究了天山独库公路冰川泥石流的分布特征,以实测资料分析了公路沿线冰川泥石流运动规律基本特征和形成机制。熊黑钢等[23]以独库公路北段独山子至那拉堤之间的泥石流灾害为例,探讨天山冰冻圈泥石流的形成条件、过程特点和减灾措施。朱平一等[24]对古乡沟物源补给和成因进行了探讨,发现1953年冰雪消融及降雨径流增大,过坝溢流,对松散堆积坝产生了极大的动静水压力,坝体饱和失稳造成管涌、冲刷破坏。该沟于1972年暴发大型冰川泥石流后,在2005年7月30日上午、晚上和8月6日上午分别暴发了不同规模的大型冰川泥石流。鲁新安等[25]通过实地调查研究和分析,发现这3次泥石流暴发的原因是集中降水和持续高温共同作用的天气。崔鹏等[26]分析了主要由冰滑坡和冰崩入湖导致的冰碛湖溃决的机理和条件,进而从气候条件、水文条件、终碛堤、冰湖规模、冰滑坡、沟床特征和固体物质补给等方面分析了冰湖溃决泥石流的形成条件和特点,归纳出冰湖溃决泥石流沿程演化的6种模式并提出了7点减灾对策。姚治君等[27]从冰湖溃决条件、冰湖稳定性评价、冰湖溃决模拟等几个研究方面,对青藏高原冰湖研究的现状及进展进行了较为系统的总结,并对未来研究趋势进行了展望。胡进等[28]通过对冰川泥石流影响因子的分析,对中巴公路沿线的冰川泥石流的危险性进行评估。

从国内研究情况发现,冰川(雪)类泥石流研究十分薄弱,当前冰川(雪)泥石流的研究成果较少,且多是定性或半定量成果,研究多集中于区域规律和灾害特征[29~31]、形成模式[32,33]、影响因素[34],特别是气候变化及其引发的冰湖溃决泥石流[35,36];国际上对冰川泥石流的研究也相对较少,以欧洲阿尔卑斯山地区的冰川泥石流为代表,研究成果集中于运动参数观测[37,38]、形成模式及其对气候变化的响应[39~42]。在中巴公路国内段方面,虽然一些学者对中巴公路危害严重的大规模冰川(雪)泥石流形成水文特征和物源供给条件有一定的研究[43,44],但也只是停留在定性描述和评价上,对其形成机理和防治对策研究薄弱。故从当前国内外研究情况可知,有关冰川(雪)融水冲刷侵蚀沟道起动泥石流的试验研究基本处于空白,从学科建设和工程防治角度出发,特别需要开展冰川(雪)融水型泥石流形成的动力学机理研究,研究冰川泥石流物源如冰碛等的物理力学特性,构建冰川泥石流物源的本构模型,探究冰雪融水产汇流特征与气温动态响应关系,对于冰川泥石流起动机理的研究具有基础性的意义。

1.2.3　本研究的提出

与暴雨泥石流相比较,冰川类泥石流研究十分薄弱,在泥石流相关的文献中,冰川泥石流的研究相对较少,且多是定性或半定量成果,国内外研究多集中于区域规律和灾害特征、形成模式、影响因素,特别是气候变化及其引发的冰湖溃决泥石流等方面,有关冰碛物冲刷起动形成泥石流的土动力学试验基本空白,尤其是其形成的动力学机理;另外,由于冰川泥石流具有规模大、冲击力强和危害大等特点,在实际工程中治理难度大且投入高,目前缺乏相应的成熟度高且技术经济合理的防治技术。因此,非常有必要开展有关冰川泥石流起动机理和防治方面的研究。

1.3　研究内容与预期目标

1.3.1　研究内容

(1)泥石流易发区冰碛土体的组成结构特征。
(2)典型流域冰川融水的产汇流特征。
(3)不同径流作用下冰碛土体形成泥石流的过程规律。
(4)少黏粒冰碛土体起动形成泥石流的力学机理。
(5)冰川泥石流灾害防治关键技术。

1.3.2　预期目标

(1)弄清冰碛土组成结构和物理力学特征。
(2)探明冰川径流对温度和降雨的动态响应关系。
(3)揭示冰川融水诱发冰碛土起动产流的力学机理。
(4)提出适合冰川泥石流特点的工程治理关键技术。

1.3.3　创新点

(1)提出研究区冰川融水产汇流方法。

(2) 建立研究区冰碛土综合级配表征方法。
(3) 揭示研究区冰川泥石流起动机理。
(4) 研发适合冰川泥石流的防护技术。

1.4 研究方法与技术路线

本次研究以现场调查数据为基础,在搜集区域地形地貌、地层岩性、气象水文和灾害历史基础上,坚持以现场调查、数据积累、实验研究和理论分析为基础,借助水力学、泥沙动力学、水文学、土力学、地理信息系统和数理统计等方法,贯彻野外调查与遥感分析、常规试验和模型试验、理论分析与数值分析相结合的手段,开展中巴公路奥布段冰川泥石流起动机理和防治研究,其具体技术路线见图1.1。

1. 泥石流易发区冰碛土体的组成结构特征

对中巴公路奥布段典型冰川泥石流事件进行详细的调查,研究泥石流易发区冰碛物分布状况,选择冰碛物的多个典型断面分析冰碛土体的结构特征,统计分析典型流域内冰碛土体的颗粒级配和密度特征。

2. 典型流域冰雪融水的产汇流特征

以盖孜河克勒克水文站的多年水文气象数据为基础,结合流域特征与冰川分布,着重观测气温、降水和沟道径流等参数,初步确定流域产汇流的特征参数,建立适宜于本流域冰川融水产汇流的计算方法;以冰川融水产汇流计算方法为基础,以典型时段的流量观测数据反演计算坡面径流深。

3. 不同径流作用下冰碛土体形成泥石流的过程规律

通过区域冰碛土体的坡体调查和统计,确定进行试验的土体的坡度;以区域冰碛土体组成结构的统计数据为基础,确定试验中的土体密度;结合坡面径流深确定所需坡体顶面的来水量;以坡面冰碛土坡为试验土样开展冰川泥石流起动试验,研究不同工况组合下冰碛土起动产流的内部结构变化和宏观破坏模式,探讨冰碛土体起动形成泥石流的临界指标之间的关系,揭示冰碛土产流过程和破坏模式。

4. 少黏粒冰碛土体起动泥石流的力学机理

利用库仑理论分析泥石流起动试验中土体黏滞力的变化规律,结合起动试验中的孔压和重度的变化,分析冰碛土体失稳过程中的阻力特征变化;研究起动过程

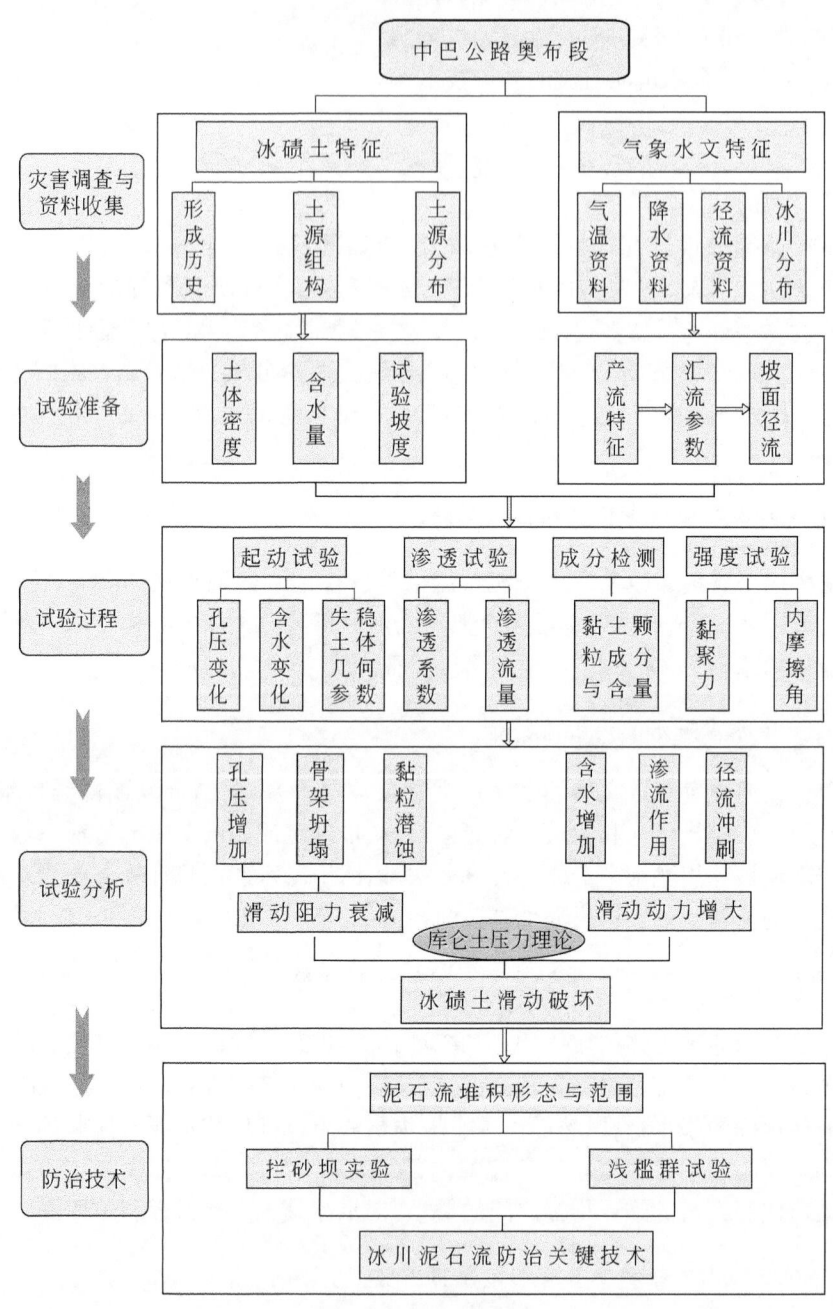

图1.1 技术路线图

中的渗透量变化,分析冰碛土体失稳过程中的渗流路径特征;充分研究冰碛土体失稳起动泥石流过程中的黏滞力、摩擦力、重力和动水压力的变化,揭示基于动力和阻力过程的冰川泥石流起动动力学机理。

5. 冰川泥石流灾害防治关键技术

采用不等厚度的假设和静力平衡的方法,建立冰川泥石流的堆积方程表达式,并从泥石流性质、沟槽坡度、拦挡结构高度等方面进行分析,对比分析其对泥石流堆积形态的影响;进一步通过现场试验研究有无拦砂坝情况下,泥石流性质和规模的变化,同时分析拦砂坝在不同工况下对泥石流的影响;最后,基于浅槛群试验和工程应用效果评价,提出防治冰川泥石流沟道侵蚀的新型浅槛群防护体系。

第2章 中巴公路奥布段概况

2.1 区域概况

中巴公路奥布段处在中亚大陆中心，北邻天山山脉，南连喀喇昆仑山，西接帕米尔高原，东临塔里木盆地(图2.1)，气候干燥而寒冷，加之海拔较高，人烟稀少，为柯尔克孜族牧民生活和游牧的区域。中巴公路奥布段位于山岭重丘区，沿盖孜河布设，从公格尔山脚下穿行，路线长约70.252km，以奥依塔克镇起点，途经奥依恰康达、奥依塔克村、盖孜检查站、玉其喀帕古驿站遗址等，至布伦口水库(图2.2和图2.3)，是通往塔什库尔干县、红其拉甫口岸的必经之路，也是中巴公路国内段的重要组成部分。该区自然条件恶劣，地形条件复杂，新构造运动活跃，地震频发，再加之冻融循环、寒冷风化严重，导致沿线地质灾害多发，尤以泥石流灾害最为严重，对公路等重大工程建设和运营造成严重威胁。

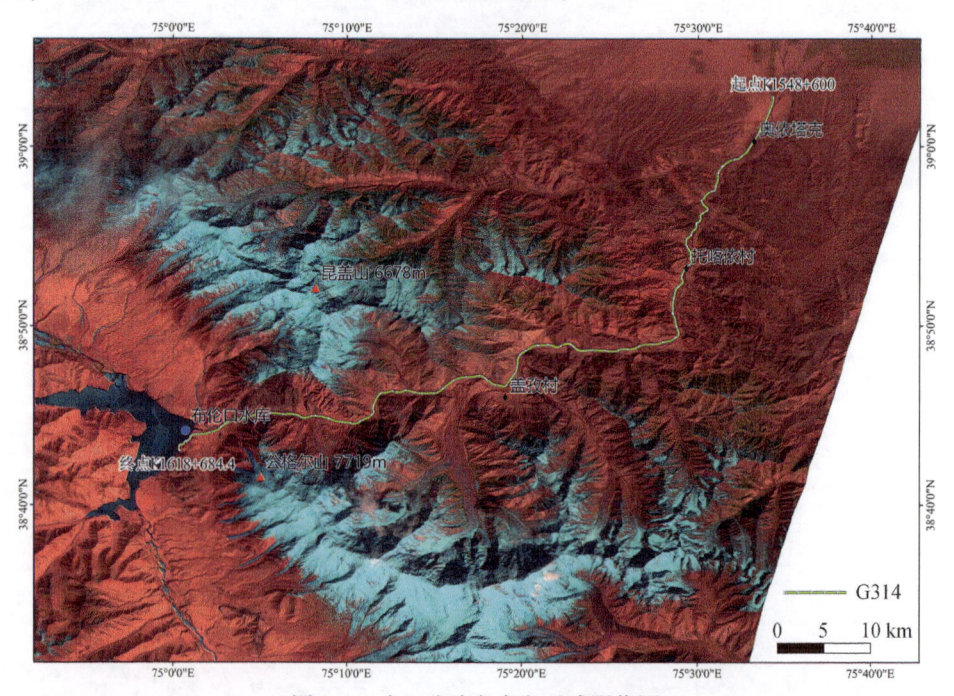

图2.1 中巴公路奥布段遥感影像图

图2.2 奥依塔克—布伦口段路线走向图

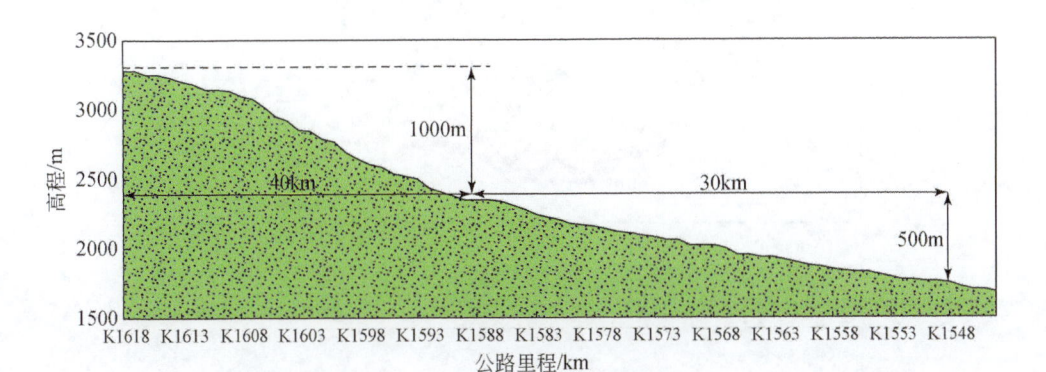

图2.3 中巴公路奥布段纵断面图

2.2 地形地貌

奥依塔克—布伦口公路段位于塔里木盆地西南的西昆仑山腹地,区域地貌形态在强烈的新构造运动和外应力作用下,形成多种地貌类型,具有明显的分带性。项目终点分布有著名的公格尔山和慕士塔格山主峰,海拔分别为7649m和7509m,气势雄伟,终年积雪,现代冰川广泛发育。项目区南部以高山地貌为主,海拔在3000m以上,相对高差较大,侵蚀切割作用强烈,项目区东北则主要为中山地貌,海拔2000~3000m,剥蚀切割作用强烈,多见山谷地貌。盖孜河自南至北贯穿整个项目区,在南部高山区间河流侵蚀下切作用强烈,沟谷较深,多为"V"字形;在北部即盖孜河下游,多为宽敞河床沟谷地貌,为典型的"U"字形谷,堆积作用明显。研究区地形、地貌大致划分为高山地貌、中山地貌、洪积扇地貌、盖孜河河床漫滩地貌和河流阶地地貌五个地貌单元(图2.4和图2.5)。

(a) 高程分布图

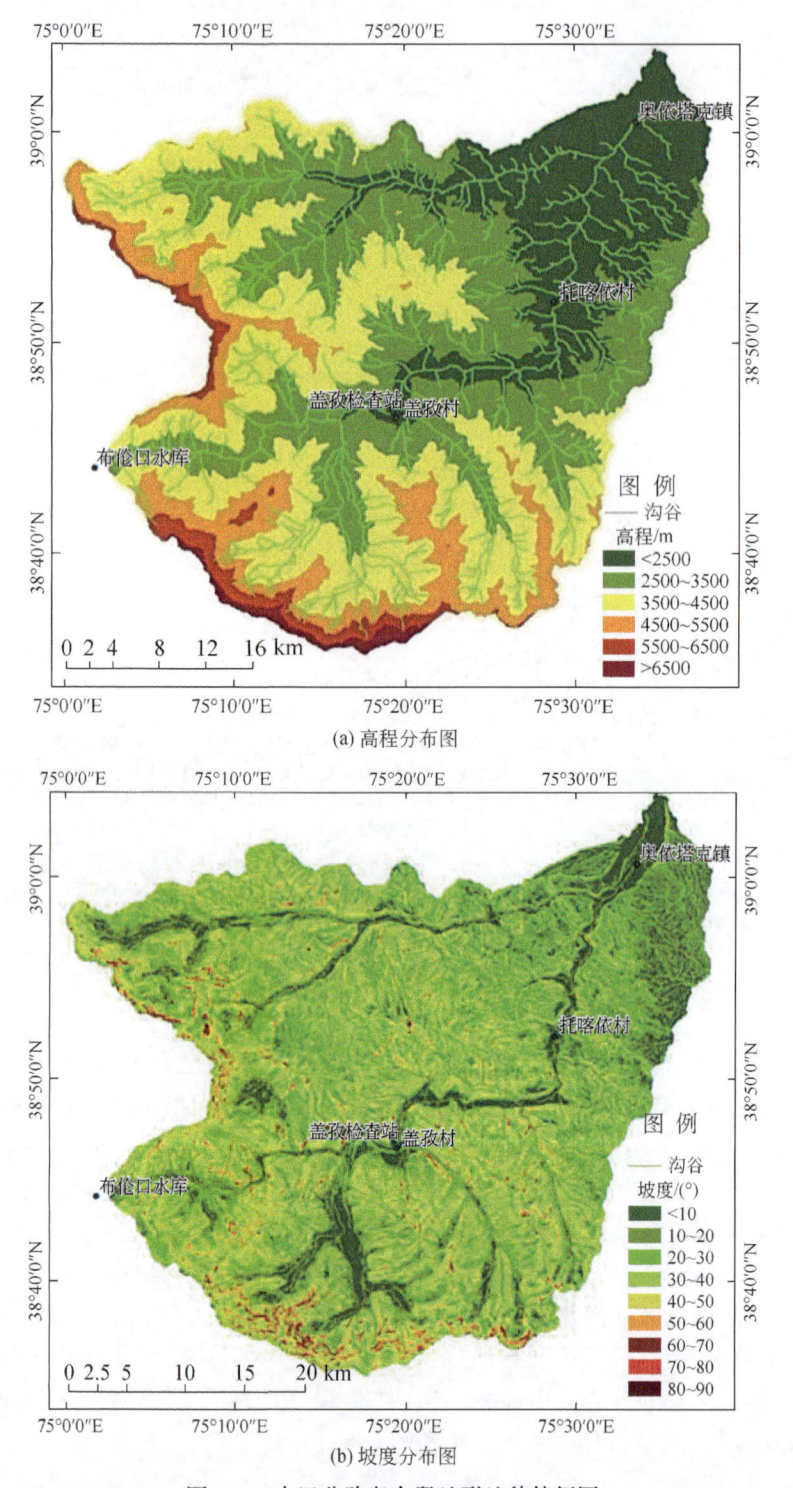

(b) 坡度分布图

图 2.4 中巴公路奥布段地形地貌特征图

(a) 高程统计图

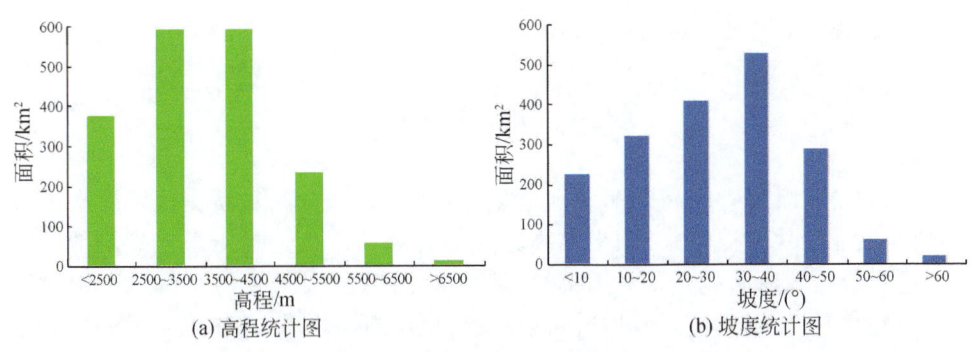

(b) 坡度统计图

图 2.5　中巴公路奥布段地形地貌分布统计图

1. 高山地貌

该地貌主要分布在研究区南部，位于路线 K1589 至终点段的盖孜河谷两侧，绝对海拔 3000~5000m，相对高差大于 1000m。岩性主要包括海西中期黑云母花岗岩及灰、绿灰色砂岩。构造侵蚀切割作用强烈，河流下切严重。

2. 中山地貌

研究区中山地貌主要分布在路线 K1550~K1589 的盖孜河谷两侧，绝对海拔 2000~3000m，相对高差 200~500m，岩性主要为砂岩，夹含泥岩、砾岩等。构造剥蚀作用较明显。

3. 洪积扇地貌

该地貌主要间断分布于盖孜河左岸山沟出口，在 K1581 之前以山谷型为主，之后则以山坡型为主，规模都较大，扇体坡度一般在 3°~6°，扇体基本都已稳定。洪积物质主要包含卵、碎石、砾石及漂石层。

4. 盖孜河河床漫滩地貌

在 K1589 之前，路线绝大多数段落皆沿着盖孜河左岸河床及漫滩展布，河谷向下游渐宽敞，一般 200~500m，主流河道左右迂回，河谷中主要为第四系卵漂石冲积层，母岩主要为花岗岩，磨圆及分选皆好。

5. 河流阶地地貌

自路线 K1581 之后，沿盖孜河发育一至三级河流阶地，多沿河条带状分布，一般阶地高差 15~40m，诸多段落阶地被侧向洪积物质所覆盖。路线多位于一级阶地及阶地上部洪积扇前缘，局部段落展布于二级阶地上，阶地地层主要为上更新统—全新统卵漂石及中更新统卵砾石胶结层。

2.3 地质构造

东帕米尔毗邻青藏高原西北和塔里木盆地的西边缘,自新生代印度次大陆板块与欧亚板块碰撞以来,帕米尔高原成为青藏高原构造挤压最强烈的地区之一,控制着区域地质构造演化和地表剥蚀与隆升过程,至今仍在挤压造山过程中。强烈构造作用致使区域构造断裂发育,地层断褶严重,东帕米尔的西昆仑地区位于古亚洲构造域与特提斯构造域之间,由北向南划分为塔里木地块、库地地块和羌塘地块,主要构造单元包括铁克里克单元、慕士山-普鲁单元、库地-桑株达坂单元和公格尔-塔什库尔干单元,主要断裂带有塔什库尔干断裂、盖孜-库地断裂、哈拉斯坦-奥依塔克断裂和麻扎-康西瓦断裂,中巴公路奥布段主要位于库地地块以及库地-桑株达坂和公格尔-塔什库尔干单元,主要断裂带为盖孜-库地断裂带和哈拉斯坦-奥依塔克断裂带,并且在公路沿线发育次级小型断裂带(图2.6和图2.7)。

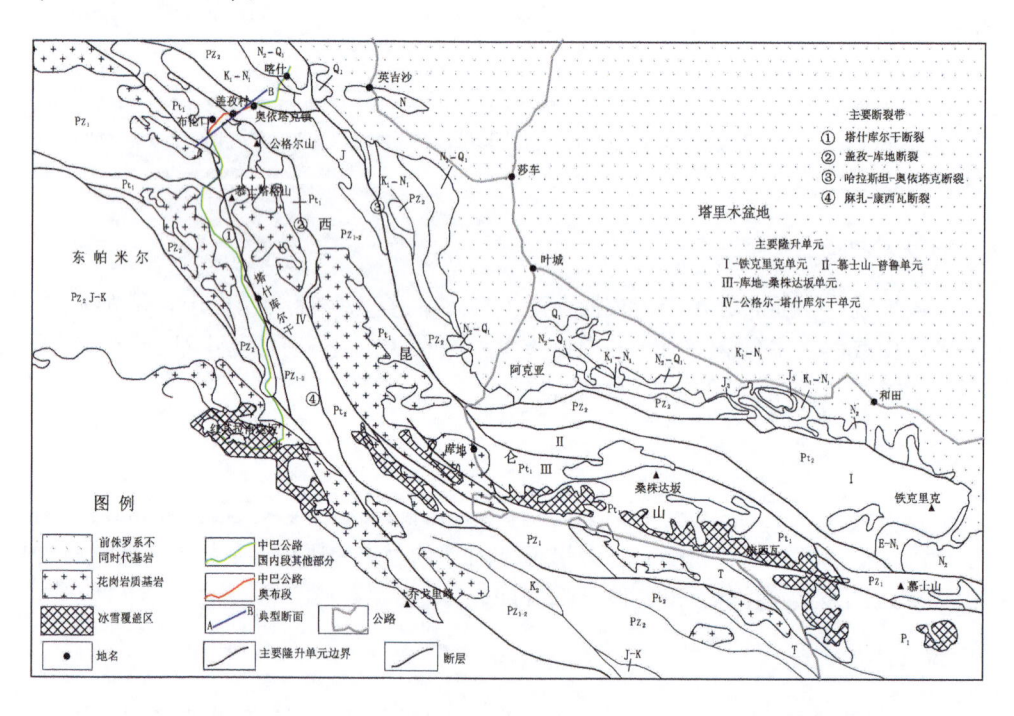

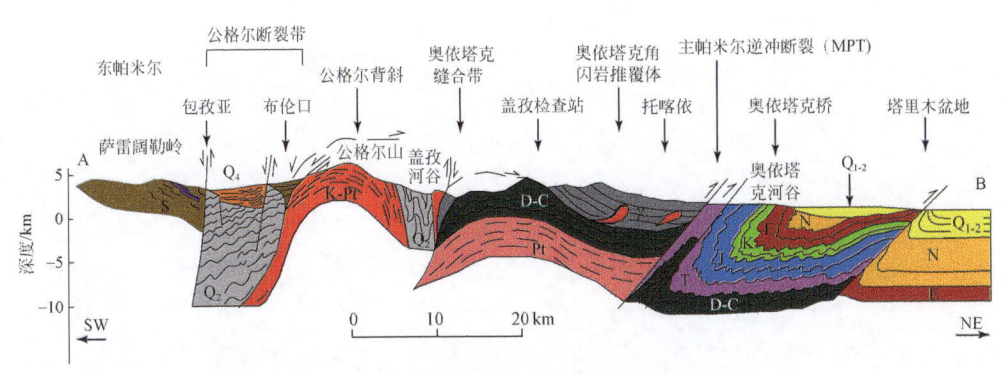

图2.6 中巴公路国内段沿线区域构造图

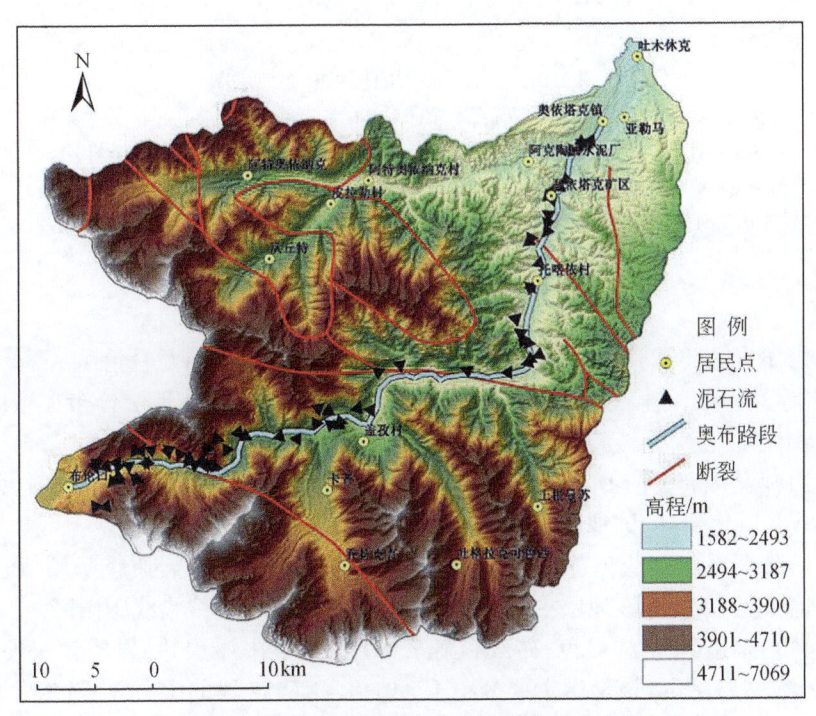

图2.7 中巴公路奥布段构造断裂空间分布图

2.4 地层岩性

　　研究区域古生界至新生界皆有分布,主要地层包括片麻岩、片岩、板岩、灰岩、砂砾岩以及含煤碎屑岩,总体地层条件较为复杂(图2.8),现将公路沿线相关地层由老至新简述如下。

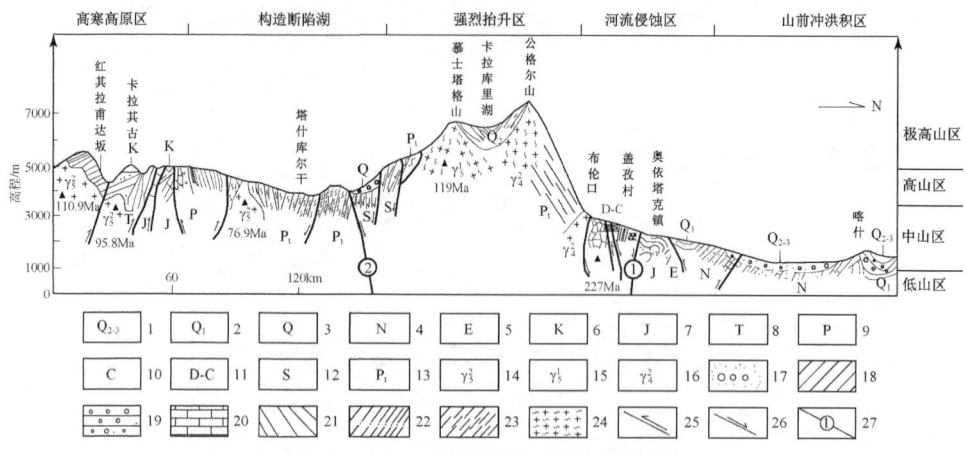

图 2.8 中巴公路国内段纵断面地层图

1. 第四系中上更新统；2. 第四系下更新统；3. 第四系；4. 新近系；5. 古近系；6. 白垩系；7. 侏罗系：昆仑地区为含煤碎屑岩，喀喇昆仑地区为灰岩；8. 三叠系；9. 二叠系：昆仑地区为砂岩、砾岩和中基性火山岩，喀喇昆仑地区为板岩、含砾板岩及灰岩；10. 石炭系；11. 泥盆-石灰系；12. 志留系；13. 古元古界；14. 燕山晚期花岗岩；15. 燕山早期花岗岩；16. 海西期花岗岩；17. 砂砾岩；18. 砂岩；19. 砾岩；20. 灰岩；21. 片麻岩；22. 片岩；23. 板岩；24. 花岗岩；25. 逆冲断层；26. 正断层；27. 构造带；①库地北构造带；②康西瓦构造带

(1)下元古界(Pt)：混合岩、斜长角闪片麻岩、黑云母斜长片麻岩、石英片岩、大理岩等，局部出露侵入花岗岩，岩质坚硬，冻融风化强烈，该地层分布在布伦口附近极高山区。

(2)泥盆-石炭系(D-C)：灰色砂岩、片岩、页岩夹灰岩、板岩，局部夹石膏层，岩层较坚硬，风化强烈，该地层发布在盖孜村至布伦口高山区。

(3)侏罗系(J)：灰色、灰绿色砂岩、泥岩，薄-中厚层状，岩质较坚硬，强-中风化，风化深度 1~2m，该地层主要分布于 K1558~K1590 路线沿线中山区。

(4)白垩系(K)：红褐色、砖红色砾岩、砂岩，薄-中厚层状，岩质较坚硬，强风化，风化深度 2~3m，该地层主要分布于 K1548~K1557 段的中山区，路线附近主要为砂岩。

(5)古近系(E)：红褐色、砖红色砾岩、砂岩，薄-中厚层状，岩质较坚硬，强风化，风化深度 2~3m，该地层主要分布于 K1548~K1557 段的中山区，路线附近主要为砂岩。

(6)新近系(N)：红褐色、砖红色砾岩、砂岩，薄-中厚层状，岩质较坚硬，强风化，风化深度 2~3m，该地层主要分布于 K1548~K1557 段的中山区，路线附近主要为砂岩。

(7)中更新统冲洪积层(Q_2^{pl+al})：该地层主要分布于 K1586~K1592 的河流阶地

上,灰黄色,组成主要为卵砾石层,泥质胶结严重,上部覆盖为上更新统—全新统冲洪积层。

(8) 上更新统—全新统洪积层(Q_{3-4}^{al}):广泛分布于盖孜河谷中及河流一级阶地及二级阶地上部,地层以卵石、漂石为主,一般厚度大于10m。

(9) 上更新统—全新统洪积层(Q_{3-4}^{pl}):广泛分布于盖孜河谷两侧的洪积扇上,地层以圆砾、角砾、卵石、碎石、漂石、块石为主,厚1~20m,洪积扇前缘覆盖于河流河床级阶地上。

(10) 上更新统—全新统坡积层(Q_{3-4}^{dl}):分布于山区的山体坡面上及沿坡脚堆积带,地层主要为碎、块石,厚3~10m,沿坡脚堆积较厚。

(11) 侵入岩:该区域范围侵入岩较发育,主要分布于路线K1602终点走廊带。为海西中期二长黑云母花岗岩及印支燕山期花岗岩,正常结晶,灰白及肉红色块状构造,岩质坚硬,表层风化裂隙较为发育,强风化—中风化,风化深度1~15m;路线K1602至终点附近山体岩性主要为黑云母花岗岩,在K1559~K1565段路线附近,主要为肉红及微红色印支燕山期花岗岩。

2.5 气象水文

研究区属于暖温带干旱气候,地形条件复杂,加之不同的地貌特征孕育了研究区不同的气候环境。盖孜河上游,高山险峻,气候寒冷,终年积雪;盖孜河中游,季节性积雪为主;盖孜河下游,气候以局地降雨为主。光照时间长,降雨稀少而蒸发强烈,气温昼夜相差大,冬季长而夏季短。年平均气温5.6℃,极端最低气温-27.2℃,极端最高气温32.7℃;年平均降水量为97.2~127.5mm,最大降水量41.7mm(1996年6月)。降水量集中在5~9月(图2.9),且多为对流性暴雨,历时短,降水量等值线随地面高程的抬升而增加,而且山前地带降水相对丰富且历时极短,易造成局地暴雨,且出现频率较高。

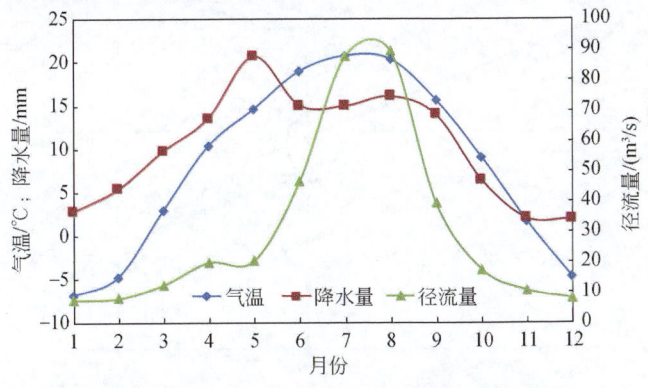

图2.9 盖孜河降水量、气温和径流多年平均分布图

研究区分布有著名的公格尔山和慕士塔格山主峰,海拔分别为 7649m 和 7509m,终年积雪,现代冰川广泛发育,发育有 327 条,总面积为 640.15km² 的极大陆型冰川,长度超过 10km 的山谷冰川有 6 条,其中最著名的是树枝状的克拉牙依拉克冰川,面积为 128.15km²,另外公格尔山北麓盖孜河流域克勒克水文站的资料显示,盖孜河的多年平均年径流量为 $9.78 \times 10^9 m^3$,其中冰川融水补给比重为 77.83%,丰富的冰川融水成为该地区冰川泥石流的主要补给水源。

2.6 地震活动

研究区处于青藏高原西北构造结,地质构造复杂,地壳隆升和地表剥蚀强烈,又加上处于喜马拉雅地震活动带附近,区域中强震频发,据 1970 年来研究区附近地震资料统计发现(图 2.10),4.5 级以上地震共发生 177 次,其中 4.5~6 级地震

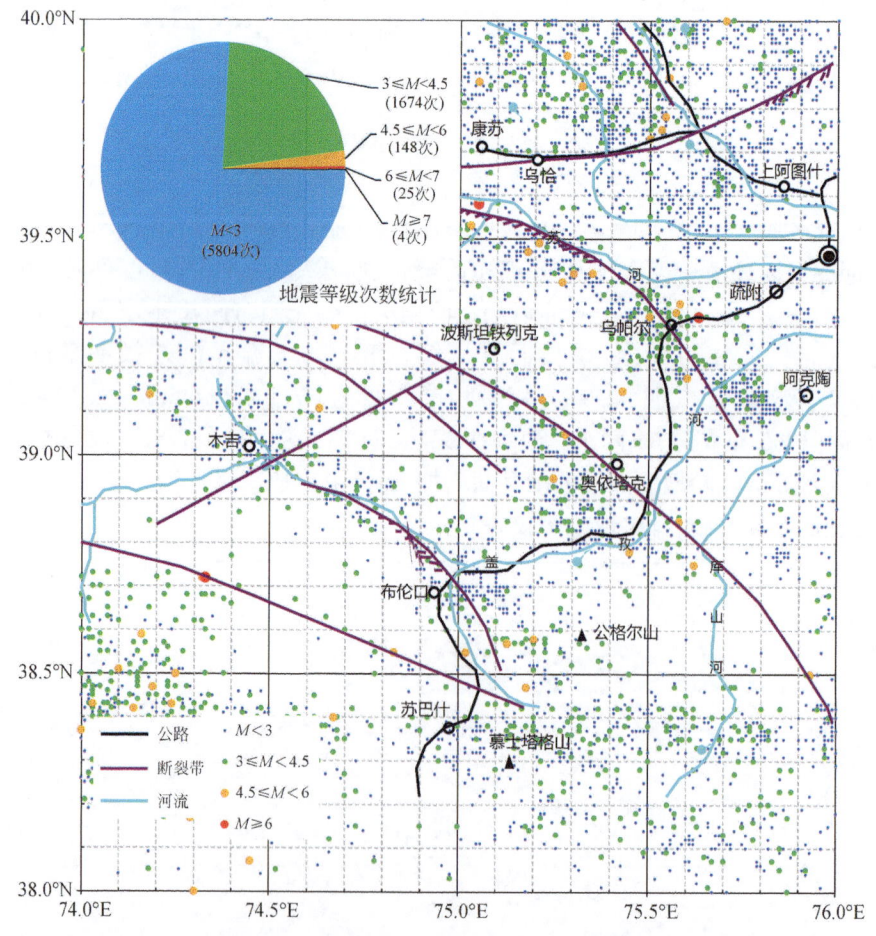

图 2.10 东帕米尔山地区地震活动分布图

发生 148 次，6~7 级地震发生 25 次，7 级以上地震发生 4 次。研究区 50 年超越概率 10% 的地震动峰值加速度为 0.3g，其相应的地震基本烈度为Ⅷ度。

2.7 人类活动

人类活动程度与泥石流的发生、发展密切相关，在自然背景环境相同的区域，人类活动作用越强的沟谷，越容易发生泥石流，而且泥石流发生的频次和规模与人类活动的作用强度相关。中巴公路奥布段位于新疆西部，居住着柯尔克孜族牧民，泥石流堆积扇成为当地居民的生活场所。因早年人烟稀少，经济贫困，泥石流时有发生，但不被关注。随着西部大开发政策的实施和"中巴经济走廊"的提出，研究区内经济活动日益增多，水利水电、矿产开发等工程显著增加，不合理的开挖与引水及任意弃渣，常引发边坡破坏，形成大量松散堆积，为泥石流的发育提供了优越的环境条件，如公路桩号 K1608+550 的温泉二桥处和 K1601+300 的艾尔库然沟右支沟处，由于不合理的人类活动改变了沟道地形和物源供给条件，每年均暴发较为严重的泥石流灾害（图 2.11）。

(a) 引水隧道弃渣（2015 年 8 月）   (b) 采石场弃石堆渣（2015 年 8 月）

图 2.11   不合理的人类活动对泥石流发生的影响

第3章 冰川泥石流分布与危害特征

3.1 公路沿线冰川泥石流分布特征

3.1.1 公路沿线泥石流类型特征

由于中巴公路国内段穿越多个地貌单元,气候分带性和地形分区性均较明显,具有独特的高海拔、大温差、强日照、冰川发育、暴雨局地性等特点,致使公路沿线泥石流灾害类型多样且危害严重,其中中巴公路奥依塔克-布伦口段为中巴

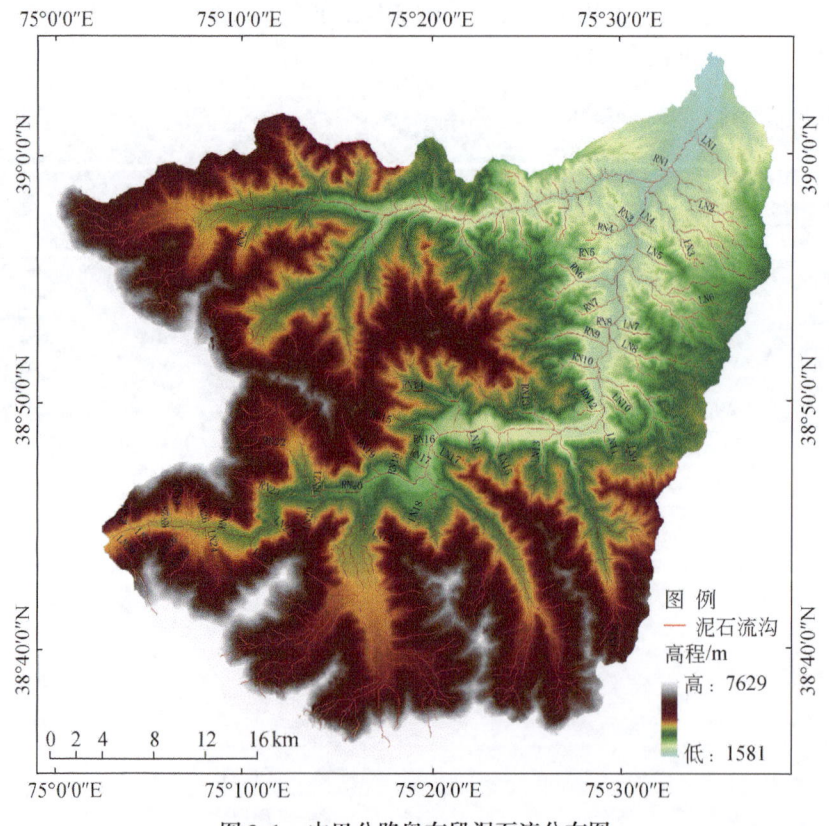

图 3.1 中巴公路奥布段泥石流分布图

公路国内段泥石流灾害最为严重路段,根据 2015~2018 年数次野外实地调查发现,公路两侧共发育泥石流沟 98 条,其中公路一侧且对公路存在危害的泥石流沟共有 53 条,泥石流规模大小不一,类型多样,形成机理复杂,表现出多种危害形式且非常严重,其基本特征常包括泥石流的类型数量、流体性质、规模与活动特征等(图 3.1 和表 3.1)。

表 3.1 按不同依据划分的泥石流分类

划分依据	类型	数量/个	所占比例/%
地貌条件	沟谷型	38	71.70
	坡面型	15	28.30
物质组成	泥石流	28	52.83
	泥流	10	18.87
	水石流	15	28.30
流体性质	稀性泥石流	14	26.42
	稀偏黏性泥石流	34	64.15
	黏性泥石流	5	9.43
激发因素	雨洪泥石流	26	49.06
	冰川泥石流	27	50.94
规模大小	大型($20\times10^4 \sim 50\times10^4 m^3$)	6	11.32
	中型($2\times10^4 \sim 20\times10^4 m^3$)	14	26.42
	小型($<2\times10^4 m^3$)	33	62.26

根据泥石流形成的激发水源条件,公路沿线泥石流的主要类型为雨洪泥石流和冰川泥石流两种,据统计沿线路一侧分布有 53 条,雨洪泥石流 26 条,冰川泥石流 27 条(表 3.2)。其中,雨洪泥石流主要分布在奥依塔克至盖孜村,桩号在 K1548~K1588,公路高程为 1750~2400m,发生频率高且规模小,受局地暴雨的影响较大;冰川泥石流主要分布在盖孜河峡谷地段,桩号为 K1588~K1618,高程为 2400~3350m,对公路有直接影响的泥石流沟 27 条,冰川泥石流是冰雪融水冲刷堆积物形成的泥石流,物源来自于冰川活动的冰碛物和冰水堆积体,泥石流规模大且频率高,主要受气温和降水的水热条件组合控制,冰川泥石流形成过程中也时常伴有降水作用,对土体前期饱和和冰雪加速融化也起到一定促进作用。无论是哪种类型的泥石流灾害,一旦暴发将对公路产生极大危害。

表 3.2 中巴公路奥布段公路沿线泥石流灾害统计表

序号	地理位置 经度	地理位置 纬度	长度/m	流域面积/km²	高程/m 出山口	高程/m 沟源处	高差/m	比降/‰	类型	规模	危害形式	易发程度
1	75°26′23.525″E	38°48′59.335″N	1630	1582.32	2343	4604	2261	1387.1	雨洪泥石流	大	冲刷	中
2	75°19′45.376″E	38°49′1.026″N	2811	4006.5	2424	4477	2053	730.3	雨洪泥石流	大	冲刷	中
3	75°27′24.113″E	38°49′2.308″N	275	1555.31	2123	4066	1943	7065.5	雨洪泥石流	大	冲刷、淤积	中
4	75°28′44.861″E	38°49′26.863″N	430	92.31	2109	3060	951	2211.6	雨洪泥石流	中	冲刷、淤积	中
5	75°21′8.603″E	38°49′29.546″N	1190	353.65	2062	2948	886	744.5	雨洪泥石流	中	冲刷、淤积	中
6	75°28′46.850″E	38°49′44.915″N	1613	6.1	2051	2273	222	137.6	雨洪泥石流	小	淤积	小
7	75°28′36.855″E	38°50′18.499″N	880	43.15	2044	2664	620	704.5	雨洪泥石流	中	冲刷、淤积	中
8	75°28′29.870″E	38°50′31.304″N	2410	37.29	2028	2653	625	259.3	雨洪泥石流	小	淤积	小
9	75°28′9.440″E	38°50′52.288″N	3025	137.79	2012	2981	969	320.3	雨洪泥石流	中	冲刷、淤积	中
10	75°28′0.538″E	38°51′23.292″N	727	949.33	1996	3560	1564	2151.3	雨洪泥石流	大	冲刷、淤积	小
11	75°28′21.072″E	38°52′30.159″N	4700	2270.33	1977	4124	2147	456.8	雨洪泥石流	中	冲刷、淤积	中
12	75°28′58.165″E	38°52′58.616″N	640	60.05	1949	2493	544	850.0	雨洪泥石流	大	冲刷、淤积	小
13	75°29′15.211″E	38°53′56.855″N	10748	6.5	1914	2514	600	55.8	雨洪泥石流	大	冲刷、淤积	中
14	75°28′53.275″E	38°54′55.381″N	4830	2363.7	1898	4037	2139	442.9	雨洪泥石流	小	淤积	小
15	75°29′47.316″E	38°55′31.320″N	1563	14.16	1868	2154	286	183.0	雨洪泥石流	大	淤积	中
16	75°29′49.338″E	38°55′44.361″N	8992	400.44	1864	2425	561	62.4	雨洪泥石流	小	淤积	小
17	75°30′2.733″E	38°56′14.150″N	6066	31.55	1877	2098	221	36.4	雨洪泥石流	大	淤积	中
18	75°30′4.159″E	38°56′53.355″N	2307	185.81	1846	2319	473	205.0	雨洪泥石流	大	冲刷	中

第3章 冰川泥石流分布与危害特征

续表

序号	地理位置 经度	地理位置 纬度	长度/m	流域面积/km²	高程/m 出山口	高程/m 沟源处	高差/m	比降/‰	类型	规模	危害形式	易发程度
19	75°30'11.201"E	38°57'10.585"N	1182	183.64	1835	2168	333	281.7	雨洪泥石流	大	冲刷	中
20	75°30'38.209"E	38°57'30.986"N	1118	21.27	1832	2266	434	388.2	雨洪泥石流	小	淤积	小
21	75°30'54.306"E	38°57'42.449"N	462	49.36	1801	2317	516	1116.9	雨洪泥石流	中	淤积、冲刷	中
22	75°31'45.452"E	38°59'14.673"N	3200	27.57	1788	2004	216	67.5	雨洪泥石流	小	淤积	小
23	75°31'57.314"E	38°59'19.345"N	2218	3.88	1792	1937	145	65.4	雨洪泥石流	小	淤积	小
24	75°32'20.317"E	38°59'23.710"N	7807	3.16	1786	1895	109	14.0	雨洪泥石流	小	淤积、冲刷	小
25	75°32'21.557"E	38°59'29.551"N	6787	112.2	1760	2036	276	40.7	雨洪泥石流	中	淤积	小
26	75°31'28.881"E	38°59'4.254"N	6562	37.98	1764	1968	204	125.0	雨洪泥石流	小	淤积	中
27	75°2'32.961"E	38°42'1.269"N	6490	1398.34	2515	4704	2189	337.3	冰川泥石流	大	冲刷	中
28	75°2'53.989"E	38°42'37.350"N	8907	4385.09	2650	6096	3446	386.9	冰川泥石流	大	冲刷	中
29	75°2'51.889"E	38°43'11.712"N	2212	96.35	2832	3787	955	431.7	冰川泥石流	大	冲刷	大
30	75°3'5.403"E	38°43'41.778"N	6272	1674.87	2782	5802	3020	481.5	冰川泥石流	中	冲刷	中
31	75°3'47.108"E	38°43'48.639"N	1907	103.11	2844	3827	983	515.5	冰川泥石流	中	冲刷	小
32	75°4'2.265"E	38°44'14.237"N	2337	188.3	3130	4103	973	416.3	冰川泥石流	小	淤积	小
33	75°4'13.016"E	38°44'15.279"N	1171	9.63	2960	3791	831	709.6	冰川泥石流	小	淤积	小
34	75°4'14.711"E	38°44'29.091"N	1386	21.87	2969	3890	921	664.5	冰川泥石流	小	淤积	小
35	75°4'55.066"E	38°44'40.480"N	1780	20.96	2989	4097	1108	622.5	冰川泥石流	小	淤积	小
36	75°10'2.702"E	38°44'48.430"N	2142	27.27	2994	4264	1270	592.9	冰川泥石流	小	淤积	小

续表

序号	地理位置 经度	地理位置 纬度	长度/m	流域面积/km²	高程/m 出山口	高程/m 沟源处	高差/m	比降/‰	类型	规模	危害形式	易发程度
37	75°9′50.825″E	38°44′55.635″N	3185	88.31	3009	4772	1763	553.5	冰川泥石流	中	淤积	小
38	75°9′37.716″E	38°45′0.373″N	2583	27.99	3051	4514	1463	566.4	冰川泥石流	中	淤积	中
39	75°8′28.111″E	38°45′12.438″N	3560	92.99	3070	5048	1978	555.6	冰川泥石流	中	淤积	中
40	75°8′41.079″E	38°45′14.159″N	2878	56.53	3103	4530	1427	495.8	冰川泥石流	中	淤积,冲刷	中
41	75°7′58.616″E	38°45′21.695″N	4632	247.88	3109	5228	2119	457.5	冰川泥石流	大	淤积,冲刷	中
42	75°9′27.380″E	38°45′3.259″N	5200	302.96	3172	5293	2121	407.9	冰川泥石流	大	冲刷	中
43	75°5′44.449″E	38°45′33.149″N	4410	858.23	3183	5160	1977	448.3	冰川泥石流	中	冲刷	中
44	75°6′52.559″E	38°45′38.507″N	3120	162.88	3211	4740	1529	490.1	冰川泥石流	中	冲刷	中
45	75°10′54.508″E	38°45′38.813″N	2628	158	3221	4762	1541	586.4	冰川泥石流	中	冲刷	中
46	75°7′26.722″E	38°45′42.383″N	2020	67.42	3231	4286	1055	522.3	冰川泥石流	小	冲刷	中
47	75°6′9.859″E	38°45′42.882″N	1425	26.7	3327	4162	835	586.0	冰川泥石流	小	冲刷	中
48	75°9′12.398″E	38°45′6.719″N	1335	5.85	3293	4404	1111	832.2	冰川泥石流	小	冲刷	大
49	75°10′59.753″E	38°46′17.855″N	8710	998.87	3279	6424	3145	361.1	冰川泥石流	大	冲刷,淤积	小
50	75°11′32.523″E	38°46′20.916″N	2903	153.77	3312	4612	1300	447.8	冰川泥石流	中	冲刷	中
51	75°13′19.039″E	38°46′52.923″N	4050	147.5	3331	4729	1398	345.2	冰川泥石流	中	冲刷	小
52	75°16′47.452″E	38°47′26.107″N	1521	178.72	3714	4294	580	381.3	冰川泥石流	小	冲刷	中
53	75°16′47.449″E	38°47′26.104″N	4407	651.13	3986	6055	2069	469.5	冰川泥石流	中	冲刷	中

根据泥石流流体性质,奥布段泥石流可分为:稀性、稀偏黏性和黏性泥石流等,其中奥依塔克至煤矿厂段(K1548~K1553)以稀偏黏性泥石流为主,数量为12个,煤矿厂至盖孜村段(K1548~K1588)以稀性泥石流为主,数量为14个,盖孜村至布伦口段(K1588~K1618)以稀偏黏性泥石流为主,数量为22个,黏性泥石流零星分布。泥石流以稀性及稀偏黏性泥石流居多,泥石流堆积物中砂粒物质多,黏粒成分含量少,容重一般为 1.3~1.8g/cm³。因此,泥石流搬运沟道内的粗颗粒能力较弱,对公路的直接撞击力不大,但在一些坡降大的泥石流沟谷中,由于动量转换和能量传递,大石块则具有很强的破坏力,如 K1601 处的冰川泥石流沟,沟道坡降大(400‰),粗大块石广泛分布,2015 年 7 月底曾发生大型泥石流,将公路冲毁掩埋,路面停淤大石块粒径达到 2m。

按泥石流固体物质组成,公路沿线泥石流可分为泥流、水石流和泥石流,其中泥石流类型最多,达到 28 个,水石流和泥流分别为 15 个和 10 个,泥流主要分布在奥依塔克至煤矿厂段砂泥岩互层区,水石流主要在奥依塔克至盖孜村段,泥石流则在奥布段均有分布。

按泥石流的规模,根据实地泥石流调查,奥布段泥石流流量变化在 50~500m³/s,一次泥石流淤积量为 500~30000m³。除个别大型冰川泥石流外,泥石流的规模普遍较小,均可归为中小型泥石流,其中大型泥石流 6 个,中型泥石流 14 个,小型泥石流 33 个。但根据公路泥石流灾害的危害特点,冰川泥石流一般形成中大型泥石流,发生于高山峡谷地段,常常造成挤压河床甚至堵塞溃决灾害;雨洪泥石流以中小型为主,在低海拔宽谷段线路两侧广泛分布。

按流域形态分类,奥布段泥石流可分为坡面型泥石流和沟谷型泥石流,其中坡面型泥石流 15 个,流域呈斗状,面积较小,一般<1km²,无明显流通区,形成区与堆积区直接相连;沟谷型泥石流 38 个,具有完整的沟道系统,流域呈狭长条型,具有明显的形成区、流通区和堆积区。

按物源类型分类,泥石流物源主要来自于老泥石流堆积层,并以沟道堆积物和老堆积扇物质形式存在,崩塌滑坡物源较少。其中,冰川泥石流物源主要来自冰缘区冰碛物及其冰水沉积物,雨洪泥石流物源主要来自老泥石流堆积形成沟道物质,均为在水流(降水或融水)的冲刷作用下,沟道堆积物集中补给起动形成泥石流。

根据冰川泥石流水源条件、暴发时间、规模大小及危害程度,将公路沿线冰川泥石流划分为冰川融水型、冰崩雪崩型、积雪融水型和冰雪融水与降雨混合型四类,其中冰川融水型最为常见(表3.3)。

表3.3 公路沿线冰川泥石流类型特征

序号	类型	特征	发生季节	危害程度
1	冰川融水型	冰川急剧消融而形成洪水,多发生在夏季连续出现晴朗高温天气的午后,常滞后高温1~2小时	6~8月持续高温季节	最常见类型,暴发频次高,规模不等,危害较重
2	冰崩雪崩型	即为冰崩雪崩堆积融化型,冰崩雪崩瞬间崩落至低海拔,迅速消融形成短历时洪水和泥石流	7~8月持续高温季节	个别年份出现,暴发频次低,规模较大,危害较重
3	积雪融水型	季节积雪骤然融化形成洪水,在无冰川的个别泥石流沟流域,随气温骤然升高时而形成洪水	4~5月气温逐渐回升季节	常见类型,暴发频次较高,规模较小,危害较轻
4	冰雪融水与降雨混合型	随着6月雨季到来,降水增多且温度持续增高,在冰雪融水与降水作用下共同形成洪水泥石流	6月雨季和高温耦合季节	每年均会出现,但暴发频次低,规模较大,危害较重

3.1.2 公路沿线冰川泥石流分布特征

在泥石流的研究中,人们常依据泥石流在空间上的分布与其产生的主要因素或泥石流自身的某些性质的相关性进行分区。在对中巴公路奥布段地貌、水源和泥石流的集中类型的相关性分析基础上,将沿线的泥石流分布分为较明显的两个区四个段,分别为冰川泥石流区和雨洪泥石流区,其中,冰川泥石流区包括两个分段(图3.2)。

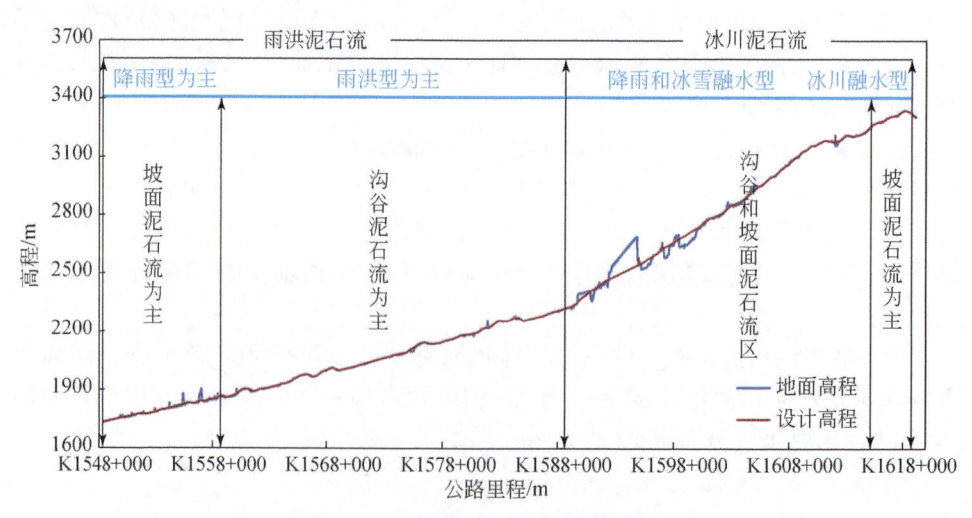

图3.2 不同类型泥石流分区断面图

1. 冰川泥石流分布区域

冰川泥石流区位于盖孜村至布伦口的公格尔山北坡(K1588+700 ~ K1618+685),该区位于公格尔山高山极高山区,公格尔山是帕米尔高原最大的现代冰川作用中心,山体高大,平均海拔超过4000m,山峰普遍为积雪所覆盖并广泛发育现代冰川,在沟谷源头地区以高峰为中心,形成较大的冰川群,冰川以山谷冰川和悬冰川为主,许多山谷冰川由中心流向外围地区,长达10~20km,雪线高度为4800m左右,现代冰川冰舌末端终碛堤海拔2700~3500m,而公路沿线高程变化于2500~3500m,在山谷与山麓地带留下了丰富的第四纪冰碛物,大量的裸露冰碛土为冰川泥石流形成提供了大量物源基础。公格尔山北坡盖孜河流域内冰川面积约470km^2,盖孜河的多年平均年径流量为9.78×10^9m^3,其中冰川融水补给比重为77.83%,丰富的冰川融水成为该地区冰川泥石流的主要补给水源。因此,研究区水源汇集条件优越,冰碛物和冰水堆积物等固体物源丰富,沟道比降大,落差可达上千米,为大规模冰川泥石流暴发提供了天然的激发能量和物质储备。

2. 冰川泥石流发育路段

根据线路所经地区的地形地貌、地层岩性、地质构造和水文气象等特征,特别是线路泥石流灾害的孕育成灾环境、发生发展特点及对公路造成的危害和对公路正常运营的影响程度,可将奥布段沿线以冰川泥石流为主的公路病害细划为两个重点发育路段。

1) 盖孜村至克郎姆段(K1588+700 ~ K1615+200)——以雨洪型和冰雪融水型泥石流为主

该路段展布在昆盖山南坡盖孜河峡谷地段,昆盖山最高海拔6000m以上,属于高山区,地势起伏较大,局部沟道比降大,平均比降为25‰,公路沿线高程变化于2400~3000m,在山谷与山麓地带留下了丰富的第四纪冰碛物;该区域平均气温为0~5℃,2400~5000m的年降水量为130~200mm,致使岩体易受冻融风化侵蚀,岩体结构破碎,4000m以上则以固态降雪为主,海拔3500m以上高山带年日照时数可达3000~3300h,故区域泥石流受降水和气温水热耦合作用共同激发,其特点表现为暴发频率高,规模较大,分布密集,沟谷和坡面泥石流均较发育,对公路威胁大。该路段盖孜河沟谷狭窄,两岸泥石流发育,泥石流常常堵塞挤压主河河道,进而造成水流冲刷公路路基,对公路的直接和间接影响均较大。

2) 克郎姆至布伦口段（K1615+200～K1618+685）——以冰川融水型坡面泥石流为主

该路段展布在公格尔山北坡的盖孜河峡谷地段，属于极高山区，路线虽短，但灾害极为严重，由于该段山高坡陡，最大高程约7000m，现代冰川作用强烈，以冰帽冰川为主，公路沿线高程为3000～3350m，大量冰碛物以堆积扇形式堆积于坡脚处，扇面坡度为15°～25°；区域5000m以上的高寒地带年降水量为200～280mm，气温低于0℃，以固态降水为主，海拔3500m以上高山带年日照时数可达3000～3300h，岩体冻胀和冻融风化侵蚀严重，大量物质堆积于坡脚，又加上冰川融水强烈且量大，冰川融水沿陡峭山段下泄直接冲刷坡脚冰碛物，形成大规模坡面泥石流灾害，对公路产生冲击和淤埋危害。另外，该路段对岸的昆盖山也形成许多坡面泥石流，又加上沟谷狭窄，两岸泥石流挤压淤堵河道呈S形，给公路选定线和工程治理带来较大困难。

3. 冰川泥石流地貌形态分布特征

公路沿线泥石流随海拔增高泥石流类型不同，由雨洪泥石流转变为冰川泥石流，泥石流数量在海拔3000～3400m有20处，以冰川泥石流为主，在2000～3000m则泥石流数量较少，处于雨洪泥石流和冰川泥石流过渡区（图3.3）。另外，公路沿线泥石流沟流域面积也具有一定分布规律，大部分冰川泥石流流域面积为10～50km^2，达到15处（图3.4），该区域历史地质构造活跃，山地隆升和河流切割作用强烈，又加上冰川侵蚀强烈，冰期间冰期洪水频发，致使泥石流暴发频繁且规模大，常常形成大尺度流域范围和宽阔沟道。

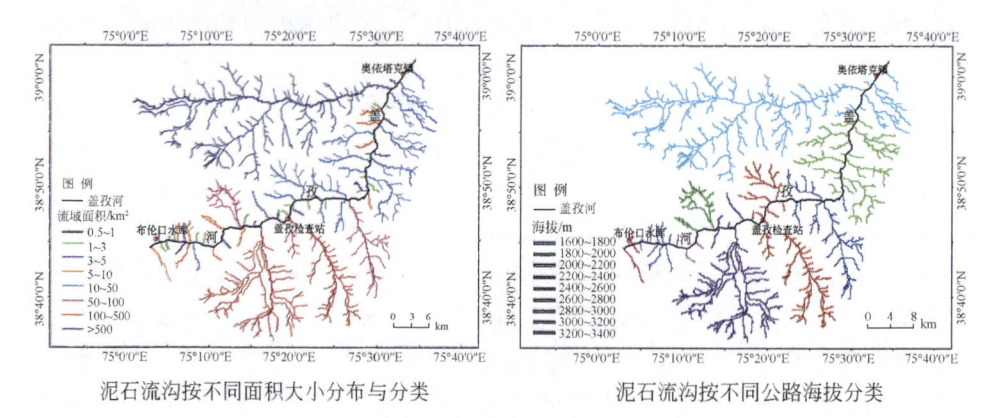

泥石流沟按不同面积大小分布与分类　　泥石流沟按不同公路海拔分类

图3.3　泥石流地貌形态分布图

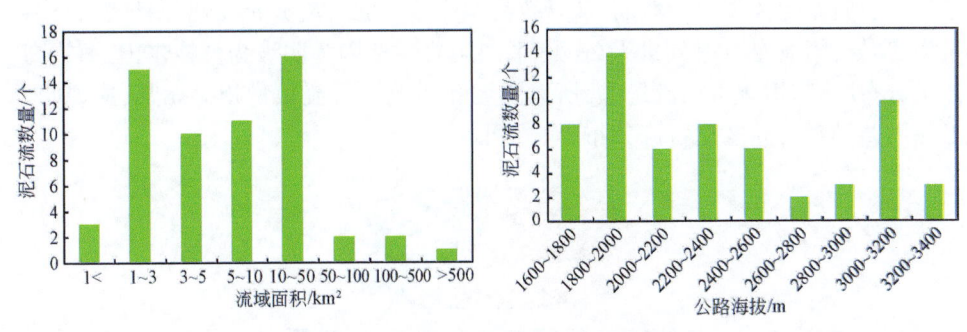

图 3.4　泥石流地貌形态分布统计图

4. 冰川泥石流季节性分布规律

2004~2014年奥布段共发生泥石流灾害288次,其中冰川泥石流151次(图3.5)。每年6~8月为泥石流暴发高发季节,可能与区域独特水热条件有关,随着5月气温回升,积雪和冰川加速融化,冰川泥石流逐渐开始暴发,随着6月雨季到来,降水量逐渐增大,又加上7月正好为高温天气,降水和冰川融水耦合加剧泥石流灾害发生,6~7月冰川泥石流达到85次,随着8月持续高温,冰川泥石流达到40次,9月以后温度降低,冰川泥石流数量减少。

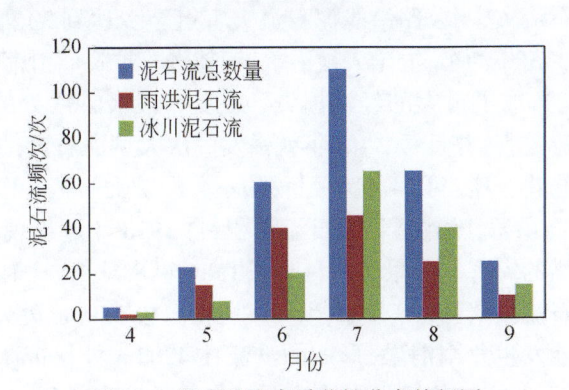

图 3.5　泥石流灾害季节性分布特征图

5. 冰川泥石流坡向性分布特征

在中巴公路盖孜河的盖孜村至布伦口段,北岸昆盖山为阳坡,南岸公格尔山为阴坡,两岸岩性、构造、降水和气温等条件相似。在通常情况下,阳坡比阴坡具有日照时间长、太阳辐射强、气温高、日温差大、蒸发强烈等特点,这种水热条件的坡向差异导致地形、水文、土壤和植被等自然地理要素的规律性分异,致使泥石流分布呈现出坡向差异性规律。然而，从盖孜河两岸冰川泥石流分布发现，阴坡泥石流数量为23处，阳坡泥石流数量为20处（图3.6），主要因为阴坡为公格尔山，海拔高，冰川分布广，冰川融水径流量大，所以阴坡和阳坡泥石流数量相差无几，这说明地形坡向差异对研究区泥石流分布影响较小。

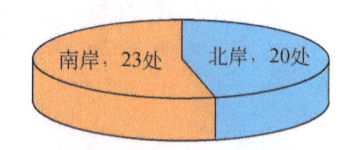

图3.6 不同类型泥石流坡向性分布图

3.2 冰川泥石流对公路的危害

3.2.1 冰川泥石流对公路危害形式

由于其特殊的地形、地质和气候条件，奥布段冰川泥石流灾害暴发极其频繁。2004～2014年奥布段共发生泥石流灾害288次，其中雨洪泥石流灾害137次，冰川泥石流151次（表3.4），其中，仅2013年就发生21次，2014年达12次之多，2015年暴发群发性泥石流灾害，公路沿线泥石流灾害点至少达到30处。2014年，奥布段泥石流导致至少500辆车、上千人被困，一辆越野车被瞬间滑落的大量泥石流冲下路基，1人遇难，造成了重大的经济损失。在奥布段K1603处的艾尔库然沟，几乎年年发生泥石流灾害，并且每2～3年就暴发一次大型泥石流，据历史资料，1959年公路正式通车修建一座三孔4m跨径桥梁，不久便被泥石流冲毁，1965年又重新建一座净跨12m石拱桥，随着逐年泥石流淤积，自1978年起出现几次桥孔被泥石流淤堵而翻越桥梁的灾害。王景荣曾目睹了1984年8月18日15时37分发生在艾尔库然沟的泥石流淤堵翻桥，当时晴空万里，在海拔4500m处发生雪崩，大量冰雪崩落至低海拔处发生急剧消融，形成的洪流在4200m处挟带冰碛物沿35°陡峭基岩边坡倾泻而下，巨大势能洪水直接冲击3100m处堆积扇顶，并以强大动能冲刷堆积物质而形成泥石流，高速运动泥石流沿程切割堆积物形成沟道，强劲的泥石流龙头高达4m，沿程裹挟沟道堆积物形成更大规模泥石流，造成公路处25m桥被淤堵翻越，直接冲向对岸而堵塞盖孜河，致使河流断流片刻，该灾害过程仅4分钟，一次冲出泥石流物质达$10 \times 10^4 m^3$，固体物质中大块石含量约占三分之一，桥面被直径2～6m的巨石覆盖，交通被迫中断28小时，严重阻塞交通正常运行[21]。中巴公路奥布段泥石流具有暴发突然、动力强、能量大和危害严重等特点，常常对公路造成严重的掩埋路面、堵塞桥涵和冲毁路基等灾害，甚至常有车毁人亡的事件发生(图3.7)。

表 3.4 奥布段历年泥石流灾害各月发生频次表　　　（单位：次）

时间	4月	5月	6月	7月	8月	9月	总和
冰川泥石流	3	8	20	65	40	15	151
雨洪泥石流	2	15	40	45	25	10	137
泥石流总数	5	23	60	110	65	25	288

(a) 泥石流掩埋公路（2015年）　　(b) 泥石流阻塞公路（2010年）

(c) 泥石流冲毁桥梁（2015年）　　(d) 泥石流冲毁路基防护堤（2010年）

图 3.7　泥石流对公路的危害形式

3.2.2　冰川泥石流危害特征

泥石流的发生发展还具有周期性演化的特点。当前研究区处于地质构造稳定期,物源补给固定且形式简单,大部分泥石流沟活动性较弱,基本处于稳定平静期,然而,随着气候变暖,极端暴雨事件频发,处于平静期的泥石流沟可能会继续变得活跃,泥石流灾害将呈现增多增大的趋势。在泥石流的活动状况和危害程度角度,研究区泥石流主要具有以下三方面特征。

（1）点面结合与成群暴发：在公路 K1604～K1606 为冰川小型泥石流频发地段，泥石流多发生在中小流域内，泥石流的规模都不大，一次淤积量通常不到 2000m³，泥石流的流量一般在 10～100m³/s，对单沟来说，由于规模小，对公路的危害有限，但泥石流常常相对集中同时暴发，对该段线路的冲击危害较大。公路 K1612～K1616 段为大型冰川型泥石流的多发地段，如 1972 年暴发的盖孜河 1 号沟（K1614+150）的冰川融水型泥石流，一次泥石流淤积量可达 $2\times10^4 m^3$，致使数百米公路被淤埋，公路上泥石流体厚度约为 5m，具有一个灾点危害一段公路，进而影响一片区域的特点。

（2）量小频高与量大频低：根据中巴公路沿线泥石流发育规模、暴发频率和活跃程度，大部分泥石流具有明显的量小频高的活动特点，少量大型泥石流则具有量大频低的活动特点。公路沿线分布的坡面型泥石流和小规模的泥石流沟，常常在每年高温季节诱发泥石流，具有很高的发生频率，如公路 K1604～K1606 段每年均发生公路泥石流淤堵灾害。而大型冰川型泥石流，一般需要物源积累和极端气候事件耦合，常常具有 30～50 年一遇的暴发周期，其规模较大且频率较低，对公路常造成严重破坏。

（3）活动集中与偶发性相结合：从泥石流发生的时间来看，每年的 5～9 月是公路沿线泥石流的多发季节，5 月随着气温回升，积雪和冰川加剧消融，冰川泥石流暴发频次增大，随着 6 月雨季到来和气温持续升高，冰川泥石流的形成和危害较为集中，具有一点发生、多点暴发特点，而 7～9 月处于高温干燥季节，冰雪消融强烈，冰川泥石流频发且规模较大，历时短暂且危害严重，且随时间、随季节变化具有很强的偶发性特点，常常发生在天气晴朗的情况下，难以进行有效防治和预警，如 1984 年艾尔库然沟发生泥石流时天气晴朗，暴发时气温仅达到 22.6℃。

3.2.3 冰川泥石流危险性评价

1. 冰川泥石流危险性评价方法

1）评价指标的选取及数据来源

中巴公路奥布段沿线出露地层广泛，跨域不同地貌单元，气象水文条件复杂，地质构造活动强烈。在对研究区内冰川泥石流形成条件进行分析的基础上，选取公路沿线冰川泥石流危险性一级评价指标，包括水文、气象、地形和地质四大类。为了进一步表征一级评价指标，选取年平均气温、年日照时数、岩石风化程度、平均比降、冰川积雪面积、距断裂带距离、流域面积、坡度、流域最大高差九个指标作为二级评价因子。

a. 地质指标

地质条件能够反映出冰川泥石流活动所需要的固体物源条件，也是导致冰川泥石流发生的主要内在因素。选取岩石风化程度和离断裂带距离作为二级评价因子。

岩石风化程度：按波速比分级，分为未风化（>0.9）、微风化（0.8～0.9）、中等风化（0.6～0.8）、强风化（0.4～0.6）和全风化（<0.4）。

距断裂带距离：本研究线路内有木吉-慕士塔格断裂通过，在地质构造图上量取每个泥石流点到断裂带的垂直距离。

b. 地形指标

地形是冰川泥石流能够发生的基本条件，是衡量产生泥石流活动已具备能量条件的重要指标。选取平均比降、坡度、流域最大高差，利用 ArcGIS 软件中的 Surface 分析工具获取相关参数。

c. 气象指标

气象条件是导致冰川泥石流发生的激发条件。选取年平均气温和年日照时数作为二级评价因子。

年平均气温：反映岩石冻融风化以及冰雪融化程度，根据克州地区气象部门数据分析，海拔 1500～2400m 年平均气温一般为 5～11.2℃；海拔 2400～3300m 的中山带为 0～5℃；3300m 以上为低于 0℃。年平均气温变化根据海拔范围进行空间插值获得。

年日照时数：反映冰川融雪融化程度，根据克州地区气象部门数据分析，海拔 3500m 以上高山带年日照时数可达 3000～3300h，中低山带年日照时数一般为 2700～3000h。沿线年日照时数变化根据海拔范围进行空间插值获得。

d. 水文指标

水文条件为冰川泥石流发生提供重要动力条件。丰富的降水加上广阔的流域面积，为诱发泥石流提供了足够的动力。选取流域面积和冰川积雪面积作为二级评价因子，数据可以从卫星地图上获取。

2) 主导因子及各因子权重的确定

运用主成分分析法对选取的基本判别因子进行综合主成分得分计算[45]，得分最高的即为主导因子。通过主成分分析法得出每个主成分的特征向量，再计算出每个特征向量的平方乘以特征根开方后所占的百分比，所得的乘积认为是主成分对因子的贡献，最后求出所有主成分对每个因子的贡献和，该贡献和就可以认为是每个因子的权重。具体计算流程如下：

(1) 对所用的原始数据进行去量纲标准化处理。

(2) 计算相关系数矩阵 R。

$$\boldsymbol{R} = \begin{bmatrix} r_{11} & r_{12} & \cdots & r_{1p} \\ r_{21} & r_{22} & \cdots & r_{2p} \\ \vdots & \vdots & & \vdots \\ r_{p1} & r_{p2} & \cdots & r_{pp} \end{bmatrix} \quad (3.1)$$

$r_{ij}(i,j=1,2,3,\cdots,p)$为原变量$x_i$与$x_j$的相关系数,其计算公式为

$$r_{ij} = \frac{\sum_{k=1}^{n}(X_{ki}-\overline{X}_i)(X_{kj}-\overline{X}_j)}{\sqrt{\sum_{k=1}^{n}(X_{ki}-\overline{X}_i)^2 \sum_{k=1}^{n}(X_{kj}-\overline{X}_j)^2}} \quad (3.2)$$

(3)计算特征值与特征向量。①解特征方程$|\lambda \boldsymbol{I}-\boldsymbol{R}|=0$,求出特征值$\lambda_i$,并使其按大小顺序排列$\lambda_1 \geq \lambda_2 \geq \lambda_3 \geq \cdots \lambda_p \geq 0$。②分别求出对应于特征值$\lambda_i$的特征向量,且满足特征向量的平方和等于1。

(4)计算主成分贡献率及累计贡献率。一般选取累计贡献率达70%以上的特征值,且特征值大于1的为主成分。

(5)计算所有主成分对每个因子的贡献和。

$$H_j = \sum_{i=1}^{p}(e_{ij}^2 \times \eta_i) \quad (3.3)$$

式中,H_j为所有主成分对第j个因子的贡献和,即可以认为H_j就是每个因子的权重,且满足$\sum_{j=1}^{n} H_j = 1$;e_{ij}为第j个因子对应的主成分i的特征向量值;p为主成分总个数;η_i为主成分i的特征值开方后占所有主成分开方后和的百分比,即

$$\eta_i = \frac{\sqrt{\lambda_i}}{\sum_{i=1}^{p}\sqrt{\lambda_i}} \quad (i=1,2,3,\cdots,p) \quad (3.4)$$

(6)计算主成分载荷。

(7)各主成分的得分。

3)其他因子与主导因子的关联度

运用基于灰色系统理论提出的关联度分析方法来确定其他判别因子与主导因子的关联性[46]。具体步骤如下:

(1)在主成分分析的结果上,筛选出主导因子,即因子综合主成分得分最高的因子。将主导因子的数据列确定为参考数据列。

(2)比较数列由其他判别因子的数据序列组成。

(3)利用均值化变换法对全部数据进行无量纲化处理。无量纲化后的数据序列形成如下矩阵。

$$(X_0', X_1', \cdots, X_m') = \begin{bmatrix} x_0'(1) & x_1'(1) & \cdots & x_m'(1) \\ x_0'(2) & x_1'(2) & \cdots & x_m'(2) \\ \vdots & \vdots & & \vdots \\ x_0'(n) & x_0'(n) & \cdots & x_0'(n) \end{bmatrix} \quad (3.5)$$

(4)计算比较数列与参考数列的绝对差值。

$$\Delta_i(k) = |x_0'(k) - x_i'(k)| \quad (3.6)$$

(5)求取最大差值 M 和最小差值 m。

$$M = \max_{i=1} \max_{k=1} |x_0'(k) - x_i'(k)| \quad (3.7)$$

$$m = \min_{i=1} \min_{k=1} |x_0'(k) - x_i'(k)| \quad (3.8)$$

(6)计算关联系数。分别计算每个比较序列与参考序列对应元素的关联系数:

$$r(x_0'(k) - x_i'(k)) = \frac{m + \delta \times M}{\Delta_i(k) + \delta \times M} \quad (3.9)$$

式中,δ 为分辨系数,在(0,1)内取值,值越小,关联系数间的差异越大,区分能力就越强,此处取0.1。

(7)计算关联度。

$$r(X_o, X_i) = \frac{1}{n} \sum_{k=1}^{n} r_{oi}(k) \quad (3.10)$$

4)危险系数计算

将主成分分析法和灰色关联度分析法相结合,构建适合的泥石流稳定性分析模型,提出的危险系数计算公式如下:

$$H_c = \sum_{i=1}^{p} [H_i \times S_i + r(X_o, X_i) \times S_i] \quad (3.11)$$

式中,H_c 为泥石流的危险系数(hazard coefficient);p 表示共有 p 个评价因子,i 表示第 i 个评价因子;H_i 为第 i 个因子的权重;S_i 为第 i 个因子的定量赋值;$r(X_o, X_i)$ 为第 i 因子与主导因子的关联度。

可以看出此危险系数计算公式充分考虑了主导因子发挥的主要作用和每个基本评价因子的影响程度。

5)危险性分级原则

根据"相似归类"和"相异分级"的原则[47],基于危险系数计算结果将冰川泥石流分为轻度危险、中度危险、高度危险、极高危险4个等级。

2. 冰川泥石流危险性分析

1)评价因子分级赋值

选取平均比降(X_1)、岩石风化程度(X_2)、年日照时数(X_3)、年平均气温(X_4)、冰川积雪面积(X_5)、距断裂带距离(X_6)、流域面积(X_7)、流域最大高差(X_8)、坡度

(X_9)九个评价因子,开展中巴公路奥布段冰川型泥石流(N1~N26)危险性分析,并对评价因子进行分级赋值,如表 3.5 所示。

表 3.5 评价因子等级范围及赋值表

评价因子	等级范围及赋值				
平均比降/‰	<100	100~200	200~300	300~400	>400
岩石风化程度	未风化	微风化	中等风化	强风化	全风化
年日照时数/h	<1000	1000~2000	2000~3000	3000~4000	>4000
年平均气温/℃	<0	0~3	3~6	6~9	>9
冰川积雪面积/km²	<15	15~30	30~45	45~60	>60
距断裂带距离/km	>24	18~24	12~18	6~12	<6
流域面积/km²	<30	30~60	60~90	90~120	>120
流域最大高差/m	<500	500~1000	1000~1500	1500~2000	>2000
坡度/(°)	<15	15~25	25~35	35~45	>45
赋值	0.2	0.4	0.6	0.8	1.0

2) 主导因子选择与权重确定

运用数学统计软件对基本评价因子原始数据进行无量纲化后得出相关系数矩阵、KMO 与 Bartlett 检验结果、相关系数矩阵的特征值和贡献率、组件矩阵、特征向量及综合主成分得分等,主要结果如表 3.6、表 3.7 所示。

表 3.6 相关系数矩阵的特征值

组件	起始特征值		
	总计	变异的百分数/%	累加百分数/%
1	3.080	34.227	34.227
2	1.961	21.784	56.011
3	1.368	15.205	71.215
4	0.998	11.091	82.306
5	0.596	6.618	88.924
6	0.415	4.607	93.531
7	0.259	2.882	96.413
8	0.179	1.984	98.396
9	0.144	1.604	100.000

表 3.7 组件矩阵、特征向量及综合主成分得分

评价因子	组件矩阵			特征向量			综合主成分
	1	2	3	1	2	3	
平均比降	0.89	0.08	0.02	0.51	0.05	0.02	0.23
岩石风化程度	0.85	0.20	-0.18	0.49	0.14	-0.16	0.20
年日照时数	0.83	0.33	0.09	0.47	0.24	0.08	0.29
年平均气温	-0.70	0.03	0.10	-0.40	0.02	0.08	-0.13
冰川积雪面积	0.09	0.87	0.24	0.05	0.62	0.21	0.28
距断裂带距离	-0.22	0.72	-0.38	-0.13	0.51	-0.32	0.03
流域最大高差	-0.36	0.49	0.68	-0.21	0.35	0.58	0.19
流域面积	0.06	0.04	0.60	0.03	0.03	0.52	0.16
坡度	-0.43	0.54	-0.54	-0.24	0.38	-0.46	-0.10

(1)从表 3.6 中可以明显看出相关系数矩阵的特征值前三个(3.080、1.961、1.368)都大于 1,且累计贡献率达到 71.215%,满足基本要求,故选取前三个组件为主成分。

(2)KMO 检验是分析观察变量间的简单相关系数和偏相关系数的相对大小,该统计量数值处于 0~1。数值越大表明越适用于主成分分析方法,一般要求其值要大于 0.5,才能适合做主成分分析。本次 KMO 统计量数值为 0.614,说明做主成分分析适合性程度为一般。本次 Bartlett 的球形检验显著性为 0,满足小于 0.05,再次说明此次主成分分析是较适宜的。

(3)将表 3.7 组件矩阵中的系数除以对应主成分特征值的平方根即可得到特征值的特征向量,最终得到每个因子的综合主成分得分。从结果中可以看出年日照时数、冰川积雪面积、平均比降等综合主成分得分位居前三,其中年日照时数得分最大,反映出其对危险系数的确定具有重要影响,即可以认为年日照时数越大,泥石流危险性相对越高,可以将年日照时数定为主导因子。

(4)分别将表 3.6 中主成分的特征值代入式(3.4)中得出百分比,再结合表 3.7 中的特征向量通过式(3.3)得出所有主成分对每个因子的贡献和即可以得出各因子的权重,结果如表 3.8 所示。

3)关联度计算

对基本评价因子原始数据进行均值化变换,再通过灰色关联度分析,以主导因子年日照时数(X_3)作为参考数列,得出其他判别因子与主导因子的关联度,计算结果如表 3.9 所示。

表 3.8　各因子的权重结果

	X_1	X_2	X_3	X_4	X_5	X_6	X_7	X_8	X_9
e_1^2	0.26	0.24	0.23	0.16	0.00	0.02	0.04	0.00	0.06
e_2^2	0.00	0.02	0.06	0.00	0.39	0.26	0.12	0.00	0.15
e_3^2	0.00	0.02	0.01	0.01	0.04	0.10	0.33	0.27	0.21
权重	0.11	0.11	0.11	0.07	0.14	0.12	0.15	0.06	0.13

表 3.9　评价因子的关联度

评价因子	关联度	评价因子	关联度	评价因子	关联度
X_1	0.8499	X_4	0.4581	X_7	0.7684
X_2	0.6737	X_5	0.5769	X_8	0.5415
X_3	1.0000	X_6	0.6704	X_9	0.8331

4) 危险系数及危险性评价

将每个泥石流沟的评价因子按照表 3.5 的赋值、表 3.8 的因子权重、表 3.9 的关联度代入式(3.11)中得出 26 条冰川型泥石流的危险系数,再根据表 3.10 的分级标准对危险等级进行划分,结果如表 3.11 所示。

表 3.10　泥石流危险性等级划分表

危险系数 D_c	$D_c \leq 4$	$4 < D_c \leq 5$	$5 < D_c \leq 6$	$6 < D_c$
危险等级	轻度危险	中度危险	高度危险	极高危险

表 3.11　26 条泥石流沟危险系数及评价结果

名称	危险系数	评价结果	名称	危险系数	评价结果	名称	危险系数	评价结果
N1	5.47	高度危险	N10	5.44	高度危险	N19	5.27	高度危险
N2	5.63	高度危险	N11	4.86	中度危险	N20	4.73	中度危险
N3	5.26	高度危险	N12	5.70	高度危险	N21	3.99	低度危险
N4	4.93	中度危险	N13	4.79	中度危险	N22	5.49	高度危险
N5	4.81	中度危险	N14	5.67	高度危险	N23	4.87	中度危险
N6	4.52	中度危险	N15	6.10	极高危险	N24	4.83	中度危险
N7	4.68	中度危险	N16	5.92	高度危险	N25	4.80	中度危险
N8	4.86	中度危险	N17	6.07	极高危险	N26	5.68	高度危险
N9	4.86	中度危险	N18	6.27	极高危险			

从 2011~2015 年奥布段发生冰川泥石流的不完全统计情况(图 3.8)可以看出,N15、N17、N18 堆积的泥石流方量相对较多,发生的频率较高,这与冰川泥石流危险性评价结果相吻合。故根据研究区的地质、地形、气象和水文等评价因子构建合适的泥石流危险性评价模型具有很高的信任度。

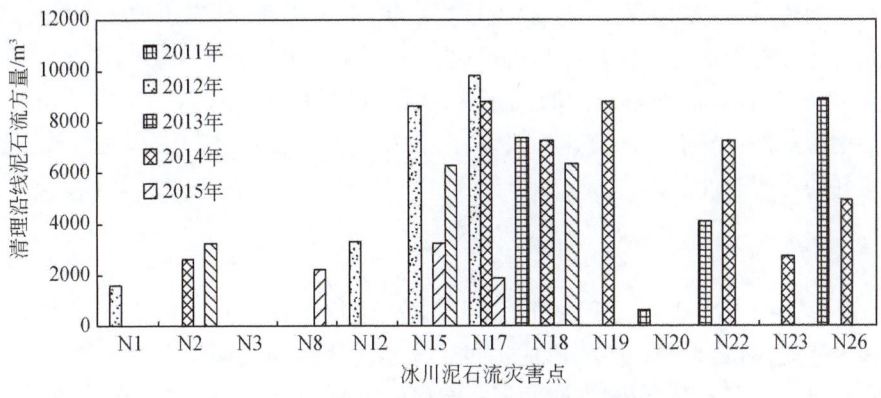

图 3.8 2011~2015 年冰川泥石流发生情况

3.3 冰川泥石流发育特征与发展趋势

3.3.1 冰川泥石流形成条件

泥石流形成的三大主要条件包括物源、水热和地形条件,其中物源条件是泥石流形成区内参与泥石流形成的松散固体物质总称,是泥石流形成的基础,水热条件是泥石流激发的外在因素,地形条件主要指沟道比降,比降大小提供泥石流产生的动力条件(图 3.9)。

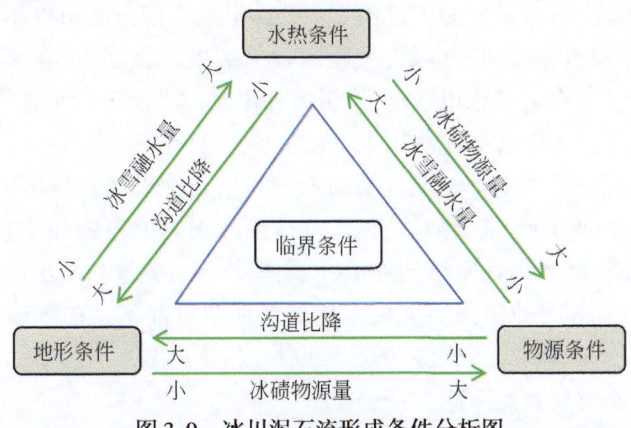

图 3.9 冰川泥石流形成条件分析图

1. 陡峭地形条件

盖孜村至布伦口段是现代冰川集中分布区,地势险峻,山高谷深,泥石流沟源头高程多在4500m以上,沟口高程为2200~3000m,相对高差达到2000m左右,各泥石流沟流域形态均为漏斗型,源头呈围谷状,基岩裸露,基岩边坡大于50°,沟短坡陡的地形易于水流汇集且产汇流迅速。冰川融水在冰碛体中切割出深5~30m、宽5~20m窄而深的泥石流沟槽,上部纵坡在400‰以上,下部在270‰~370‰,陡峻的地形条件容易形成高流速山洪水流,为泥石流沿程侵蚀补给和流量放大提供了良好的沟床条件。

2. 丰富物源条件

公路沿线古冰碛和现代冰碛物极其丰富,崩塌落石和其他风化坡积物在沟坡两侧也普遍存在,为泥石流的形成提供了充足的固体物质源。在泥石流沟内固体物质的时空分布不同,对泥石流的形成有很大影响,固体物质处于中下游比处于上游较容易暴发泥石流。公路两侧泥石流沟道内固体物质分布于流域中下游,高度相对较低,且沟道两岸冰碛土结构疏松,在冰雪融水或降水渗流浸润下,基本处于欠稳定状态,在高势能的集中湍急的水流冲刷下,冰碛体容易被径流侵蚀形成切沟,切沟坡脚极易被侵蚀,进而造成失稳沿程补给泥石流体;在堆积区发生切沟拉槽现象,沟道侵蚀在泥石流形成和演化过程中,对泥石流规模的增大具有较大贡献,一旦遇到沟岸坍塌或坡降变缓,泥石流将发生溃决而形成更大规模的泥石流。

3. 优越水热条件

冰川泥石流受控于高山区气温和日照的变化,在连续晴朗的高温天气作用下,冰川融水是诱发泥石流暴发的关键因素。公路沿线大部分冰川以小型悬冰川和冰斗冰川为主,冰川覆盖处地势陡峻,致使冰舌末端极不稳定,在夏季消融期或极端高温异常期常发生崩塌或冰川跃动,大量冰体由高位迅速下滑至低海拔沟道内,低海拔冰体的快速消融常常促使冰川泥石流发生。

冰川泥石流一般发生于气温较高的6~8月,其中以7月最多,公路沿线山坡积雪虽在每年4~5月已完全消融,但大部分渗入沟内冰碛物和冰水堆积物内,一旦进入6月雨季,降水出现明显的峰值,前期季节积雪融水和雨水促使冰碛土体浸润饱和,为7月和8月冰川泥石流发生提供前期孕育准备。在冰碛物含水量较高的情况下,一旦遭遇高温天气之后的高强度暴雨,冰川融水与降水径流叠加极易引发冰川或冰川暴雨混合泥石流。

3.3.2 冰川泥石流形成特征

冰川泥石流是公格尔现代冰川区一种特殊洪流,物源供给主要为冰川作用形成的冰碛物和冰水沉积物,水源补给则主要为冰川和积雪强烈消融水流。本书从分析冰川泥石流产生所需物源、水源和地形等关键条件出发,研究外界条件(地形地貌、地质构造、气象水文等)对冰川泥石流形成的影响,有利于从形成机理上认识外界条件对冰川泥石流形成的控制作用。

1. 地形起伏大

地形地貌条件是泥石流形成的内因和必要条件,制约着冰川泥石流的形成、搬运与堆积,沟床比降大小直接影响着冰川泥石流的规模和破坏力。奥布段公路跨越多个地貌单元,盖孜村至布伦口段属于高山极高山区,最高山峰(公格尔九别峰)7719m,其他山峰高度也均在 5000~6500m,山高坡陡,坡度多在30°~40°,公路两侧各支沟的相对高差均在3000m以上,沟床平均比降为25%~40%;另外,公路沿盖孜河峡谷段依山傍河展布,盖孜河高程为3350~2400m,沟床平均比降为32‰,多跌水和S形河道。因此,高陡山体、大比降沟道和大落差河道为泥石流的运动提供了极为有利地形和能量条件(图3.10)。例如,艾尔库然沟(K1600)为一个典型堆积区物源集中供给型冰川泥石流沟,源头为一个古悬冰斗构成的围形谷地,面积约为 3.56km²,高程为4200~6200m,其中4400m以上区域均由冰帽冰川和积雪覆盖,围谷出口4200~3100m 沟段为坡度大于38°的基岩陡坡,在海拔3100~2600m 段为老泥石流堆积扇,水流高势能迅速转化为强大动能,直接冲击和冲刷老堆积扇堆积物,切割形成目前泥石流沟道,由上游至下游沟道逐渐变宽变深,上陡下缓,沟道平均比降29%,沟道最大深度 30~40m,沟道宽度为 10~30m,沟道内多

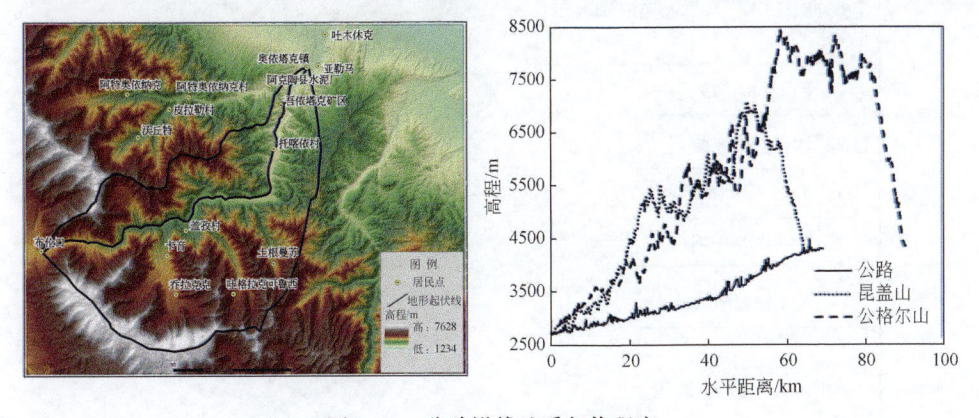

图3.10 公路沿线地质起伏程度

跌水和沟岸坍塌淤堵,沟道两岸可见多期泥石流堆积台地。上陡下缓的沟道地形十分有利于泥石流形成和运动。

2. 地震活动频繁

研究区地质构造活跃,地震活动频繁,岩体结构破碎。地质构造活动控制区域山地隆升和地表剥蚀,山地快速抬升和河流强烈下切侵蚀给泥石流发育创造了优越能量条件,直接影响泥石流形成与分布,公路沿线泥石流主要分布在恰尔隆-库尔浪优地槽褶皱带和公格尔-桑株塔格隆起,数量分别为30个和23个,其中冰川泥石流主要集中分布于公格尔-桑株塔格隆起区(图3.11);同时,新构造运动活跃

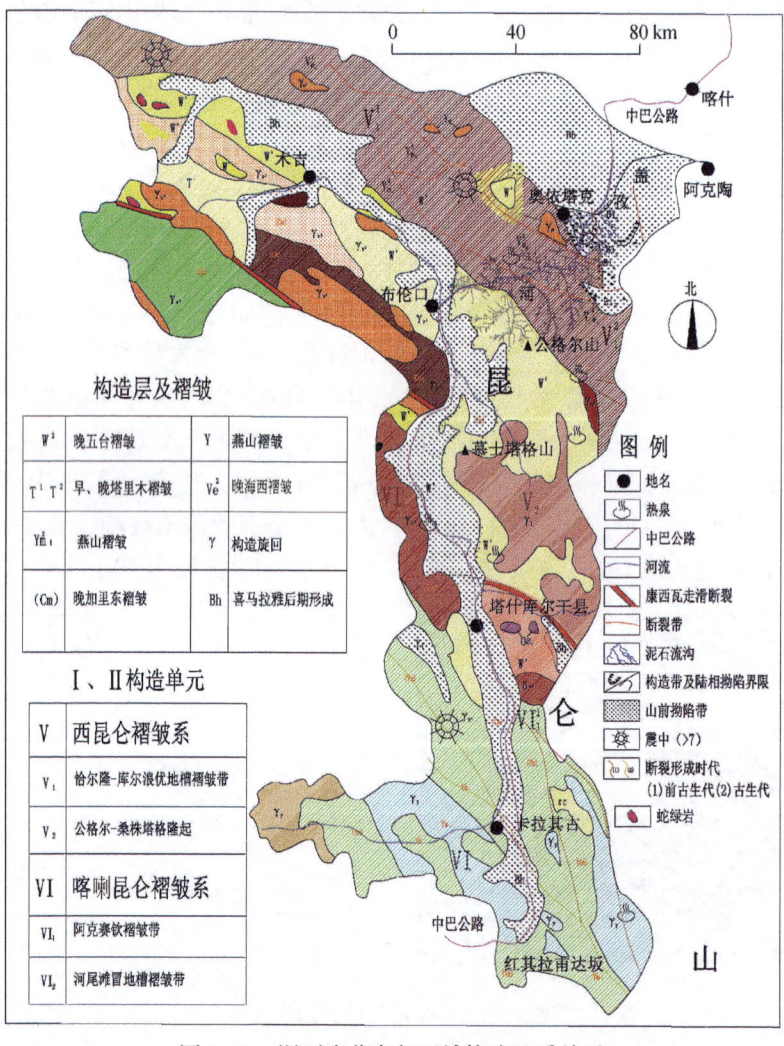

图3.11 泥石流分布与区域构造地质关系

造成地震活动频发,大量崩塌滑坡发育,控制着流域的侵蚀产沙和泥石流规模,研究区泥石流主要分布在Ⅷ度区和0.2g动峰值加速度区(图3.12)。历史大地震对该区域的地质环境和灾害分布格局起了决定和控制作用,而后期频繁的地震和强降水的时空耦合对原本脆弱山地的再次扰动,则是泥石流灾害频发的根本原因,据资料统计,喀什地区范围有地震记录以来共发生 $M\geqslant 4.0$ 级以上地震309次,其中 $M\geqslant 7$ 级地震7次,6.0~6.9级地震41次,其中,1900~2010年,对该地区有影响的地震多达169次(平均每年约1.5次),有4次地震在该区产生的有效峰值加速度超过$100cm/s^2$,其中,1959年公格尔山附近的6.4级地震对流域影响最大,流域有效峰值加速度达$258.9cm/s^2$。

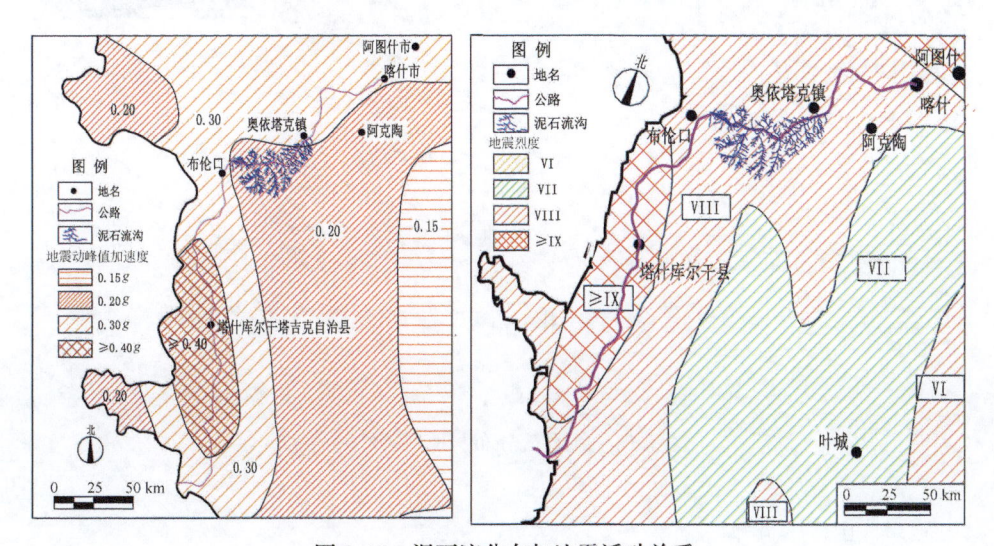

图3.12 泥石流分布与地震活动关系

3. 冰碛物丰富

山体岩性以片麻岩、片岩和石英岩等变质岩为主,岩石坚硬,经历多次构造隆升作用,岩体挤压变形严重,断褶发育,岩体结构完整性较差,又加上寒冻风化作用,表层岩石揉搓破碎,多发生小型崩塌落石,在第四纪多期冰川作用下,被磨蚀挟带至下游形成冰碛物。冰川泥石流物源主要来自冰川运动过程形成的冰碛物,以中碛、终碛、侧碛等形式存在,在融水冲刷作用下,沟道冰碛物集中补给起动形成泥石流。例如,K1597+979亚阿合孜沟在海拔3720m可见两条侧碛和一条中碛垄岗地形,长达3km,宽约250m,高50~150m,物质成分主要为片麻岩和石英岩,受冻融侵蚀作用强烈(图3.13)。

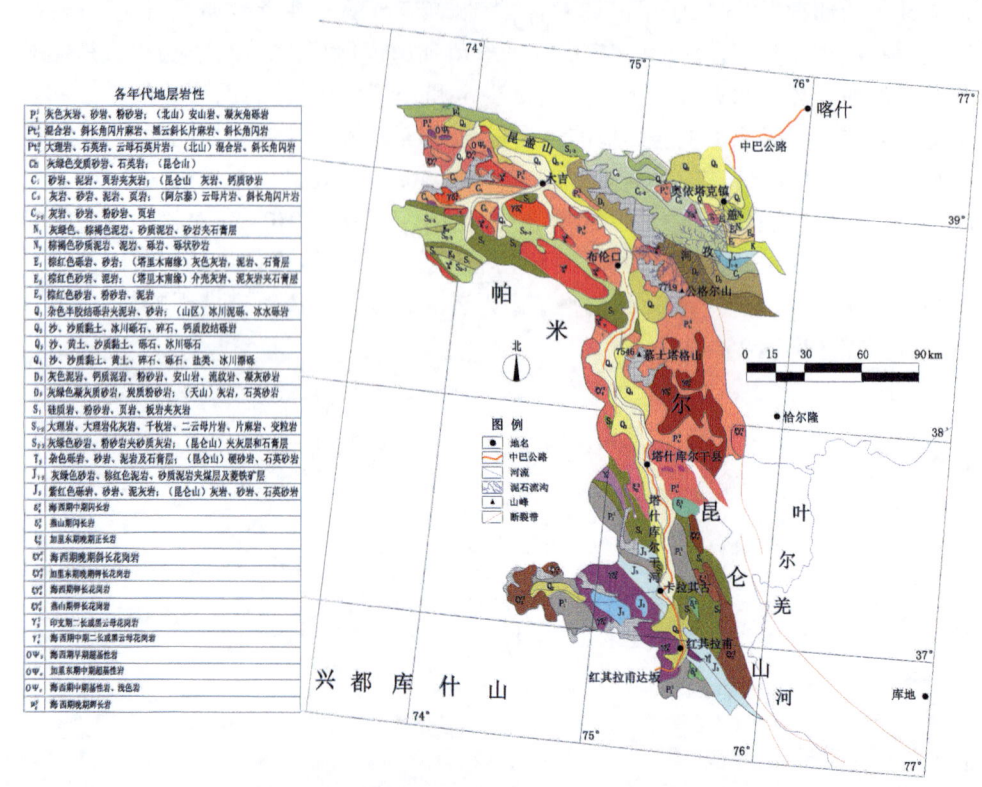

图3.13 泥石流分布与地层岩性关系

4. 气温高且日照强烈

中巴公路奥布段影响洪水径流的因素主要为降水和气温,其中气温主要通过影响冰雪融水而影响径流量,降水则以最大24h暴雨为洪水径流主要贡献者(图3.14)。从盖孜河克勒克历年各月最大24h降水量与最大洪峰流量关系可知,每年4~10月均有可能发生降水量大于20mm暴雨过程,且较大降水过程无相对集中时段,而各月最大洪峰流量分布趋势较为明显,最大洪水主要集中在7~8月,而春汛期的4~5月则洪水量级较小,历年各月最大24h降水量与最大洪峰量相关性较差;从历年各月最高气温分布来看,1~7月最高气温呈上升趋势,在7~8月最高温度达到最大,与历年各月最大洪峰流量基本吻合,仅4~5月的春汛期存在一定差异;因此可知,气温是影响盖孜河流域洪水径流的主要因素。

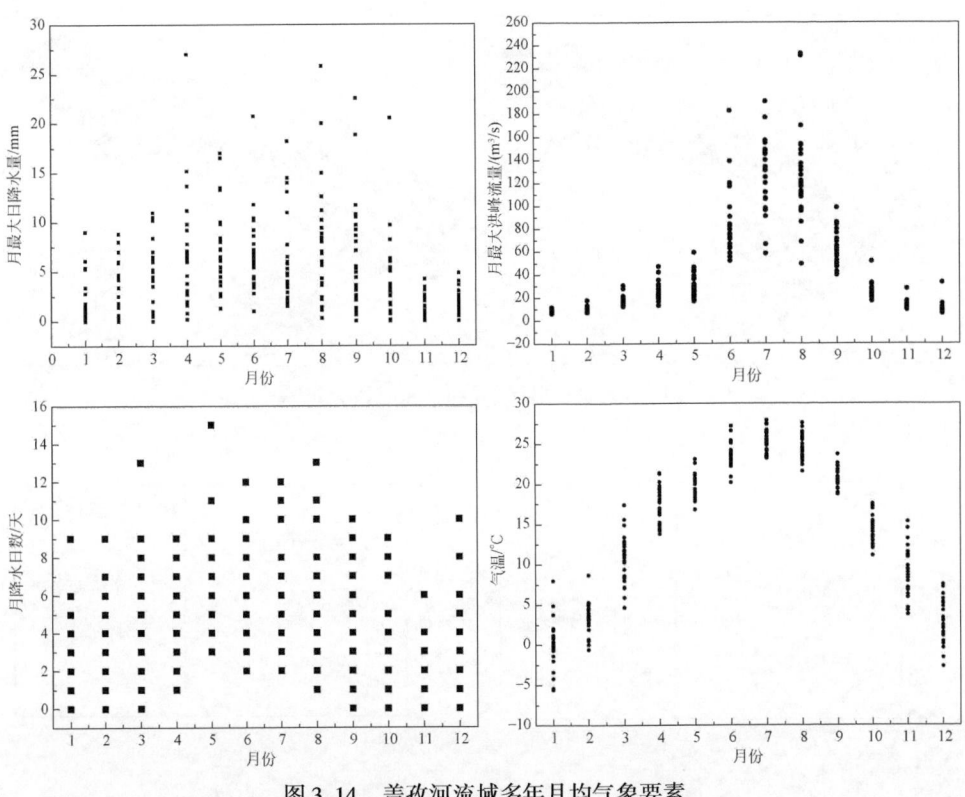

图 3.14 盖孜河流域多年月均气象要素

盖孜河流域冰川泥石流灾害主要发生在 7 月、8 月,这两月为本区日照最长的时刻,太阳辐射和气温对冰雪消融起主导作用,平均年日照数 2827.6h,空间分布呈现高山带多,中低山带和山前倾斜平原少的格局,海拔 3500m 以上高山带,由于空气稀薄且少云雨天气,是日照时数较多的区域,年日照时数可达 3000~3300h,中低山带因云雨天气较多,山前倾斜平原受塔克拉玛干沙漠影响多浮尘天气,年日照时数一般为 2700~3000h(图 3.15)。区域年平均气温空间分布上呈现平原高、山区低的特点,海拔 2400m 以下中低山带和山前倾斜平原年平均气温较高,一般为 5~11.2℃,海拔 2400~3200m 的中山带为 0~5℃(图 3.16),据前人观测,8 月在海拔 2685m 处日气温变化为 10~26℃,推测 4400m 雪线附近为 5~10℃。另外,该区域处于西风带控制,平均每年大风日数为 200 天,当气温变化产生的冰川消融效应发生在刮风天气,特别是刮热风时将极大加强冰川融化。

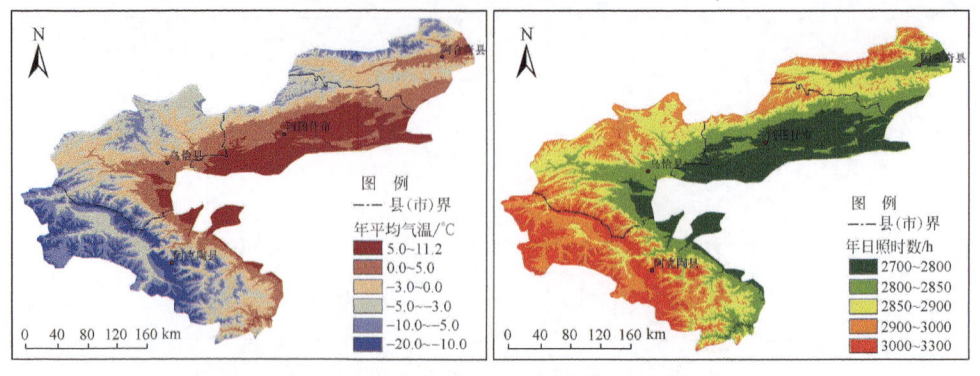

图 3.15　研究区气温和日照时数分布图

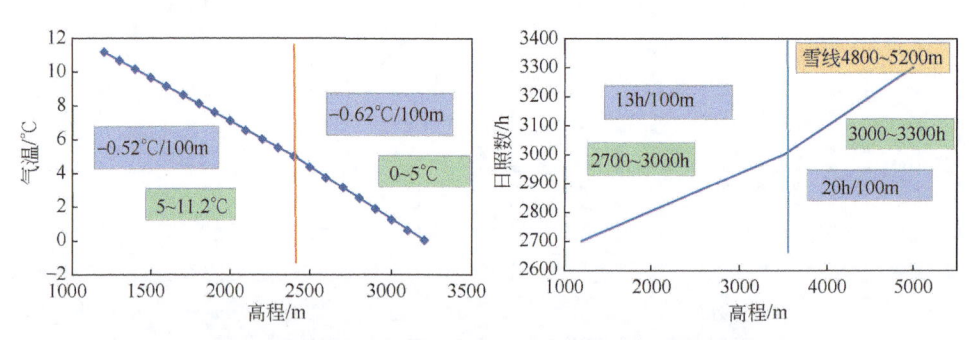

图 3.16　研究区气温和日照时数随高程增加变化规律

3.3.3　冰川泥石流活动特征

泥石流发育和分布受控于地质构造和地貌组合,在构造稳定期内,其暴发频率和强度与气象条件密切相关。当前公路沿线冰川泥石流活动处于地质构造活跃期控制的稳定周期内,仅受气候波动而呈周期性变化,其活动有稳定期和活跃期的周期变化,故在物源稳定情况下,冰川泥石流以融水控制型为主(图3.17),冰川泥石流因受高山区气温的制约,其暴发有较严格的周期性,冰川泥石流强度和频率受气温变化影响大。

在公路沿线两侧泥石流沟口存在大小不等的新老泥石流堆积扇,表明冰川泥石流呈现明显周期性活动特征,虽有些泥石流已处于基本稳定状态,但其很久以前处于泥石流活跃状态,近年来,由于区域地质构造活动稳定,泥石流活动主要受控于气温和降水的水热耦合的控制,当前冰川泥石流主要发生在原有泥石流老堆积扇上,大量融水或降水冲刷松散冰碛物而形成冰川泥石流。

第3章 冰川泥石流分布与危害特征

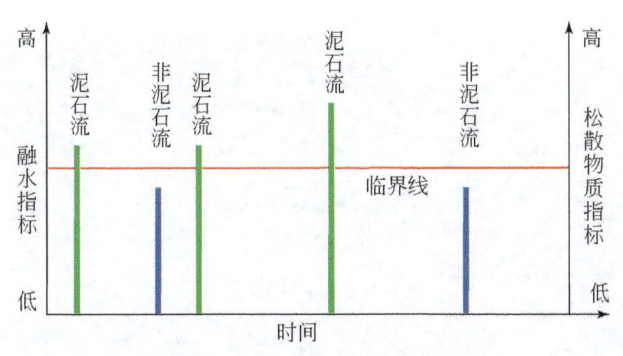

图3.17 冰川泥石流形成特征图

公路冰川泥石流沟具有窄而深、多弯道跌水等特点,沟内皆多处堵塞,这些堰塞体一方面来自沟床两侧岸坡坍塌和风化坡积物,另一方面是夏季冰雪融水和降水形成的小股泥石流,因动力不足停积在沟内所形成。在气候转暖季节,积雪、冰川融水和降水大部分渗入冰碛物,为泥石流的暴发提供了前期孕育条件;一旦进入高温季节,上游大量冰雪在高温季节产生融水,水流沿陡峭山坡倾泻而下,高位水流转化为高速水流冲击堆积扇老堆积体,促使堆积物冲刷起动而形成泥石流;泥石流以强大冲刷侵蚀力沿途沟底揭底和岸坡侧蚀,形成沿程不断补给型泥石流,泥石流规模不断扩大;同时随着洪水掏挖沟床两侧坡脚,由于沟床两侧冰碛物具有较强水敏性,在前期冰雪水和雨水的浸润下,极易受泥石流淘蚀失稳形成小型堰塞体,一旦发生溃决将形成更大规模的冰川泥石流;然而,随着堆积区坡降变缓以及沟道展宽,泥石流将发生前端沟道堵塞,而后续泥石流仍以高速前进,前后泥石流体之间将发生动量传递和物质交换,致使泥石流乱流改道和溃决而产生规模放大效应,对公路产生极大灾害且难以采取有效措施进行防护,在现场沟道发现多级堵塞溃决现象。

泥石流起动模式可分为两种形式:①冲刷起动型,高势能冰雪融水沿陡坡下泄转化为高速水流,高速紊动水流沿大比降沟道冲刷沟道堆积物,在堆积物体上发生冲切拉槽和揭底侵蚀,致使沟道堆积物起动形成泥石流。②淤堵溃决型,可分为沟岸坍塌淤堵溃决型和弯道阻塞淤堵溃决型。对于沟岸坍塌淤堵溃决型泥石流,泥石流沿沟道排泄过程中,受沟道微地形变化,局部冲刷淘蚀两岸堆积物坡脚,促使沟岸堆积体坍塌堵塞沟道,在水流汇集到一定程度时将发生能量瞬间释放,从而诱发溃决型泥石流灾害;对于弯道阻塞淤堵溃决型,泥石流沿沟道运动至下游时,由于沟道比降变小且弯道增多,泥石流流速降低且发生局部停淤,而后续泥石流仍高速前进,冲击已停淤泥石流体而发生溃决形成更大规模泥石流(图3.18)。

图 3.18　冰川泥石流起动类型

3.3.4　冰川泥石流平面堆积形态特征

当冰川泥石流运动至出山口的山麓平原或平坦河谷平缓地段时,由于沟床纵坡突然变小和沟道展宽,泥石流流速降低,泥石流搬运的大量固体物质便发生淤积,经过长期作用后形成一个由沟口向外扩散的扇形地。据实地调查发现,公路沿线冰川泥石流堆积扇形态包括以下四类(图 3.19 和图 3.20)。

(1)扇形:该类型为公路沿线泥石流堆积扇最主要形态,分布在山前较平缓的斜坡或河流阶地上,其倾斜方向与泥石流主流运动方向一致,往往在山麓地带形成对称的扇形堆积区。在堆积扇上常常出现一条或几条泥石流沟道,当公路沿该类型泥石流堆积扇上通过时,常常需要针对不同沟道采取不同处置措施。

(2)叠加型:该类型泥石流堆积扇形态常发生在老泥石流堆积扇区,该类泥石流历史上异常活跃,形成巨型堆积扇,后期随着主河侵蚀下切,泥石流沟道侵蚀基准面下降,洪水冲刷切割老堆积扇体形成固定沟槽,不同时期沟道侵蚀下切过程中,泥石流均沿沟槽排泄停淤在老泥石流前缘处,最终形成叠加型的泥石流堆积扇。如公路 K1607+230 段沿该类型堆积扇叠加区域通过,造成公路每年被泥石流淤埋,未来在公路设计时,最好沿稳定的老堆积扇区以桥梁形式跨越。

(3)乱流型:该类型泥石流堆积形态常常给公路造成严重危害,治理难度大且费用高。此类泥石流堆积区坡降变化大,堆积区上游段坡降大,泥石流流速快,泥石流侵蚀下切形成固定沟槽,下游段坡降小,泥石流沟槽变宽缓且多弯道,泥石流流速降低,泥石流在下游段呈现乱流堆积形态,由于无固定沟道,公路通过该区域时常常无法采取有效防护措施,如公路 K1601+300 处。未来在公

图 3.19 公路沿线泥石流堆积扇形态类型

路设计时,最好沿上游段稳定沟槽修建排导束流措施,将泥石流归拢沿公路桥涵处排泄。

(4) 串珠型:该类型常常是主河侵蚀下切而造成侵蚀基准面下降,或公路开挖路堑所致。由于扇缘处侵蚀基准面降低,泥石流在原堆积扇面上切割成沟槽,将冰碛物挟带至前一个堆积扇尾端堆积,形成一个新的堆积扇,如公路 K1614+112～K1614+216 处为典型串珠型堆积扇,公路正好沿新堆积区通过而形成泥石流停淤场,致使公路每年造成泥石流危害。

堆积扇的形成是非常复杂的,受流体性质、地形变化和流态等因素综合影响。公路沿线不同泥石流堆积形态主要来自以下三种情况。①主河高程决定两侧沟道侵蚀基准面,当主河沟道处于稳定期时,两侧泥石流以淤积为主,随着堆积扇加积扩大,上游沟床发生淤积,坡度变缓,泥石流流量变小,随着主河沟床侵蚀下切,泥石流沟道侵蚀基准面下降,上游沟床则转变为下切为主,泥石流在老扇上侵蚀切割出沟槽,泥石流规模不断扩大,进而引起沟槽回淤和老扇淤高。②在堆积扇上的流

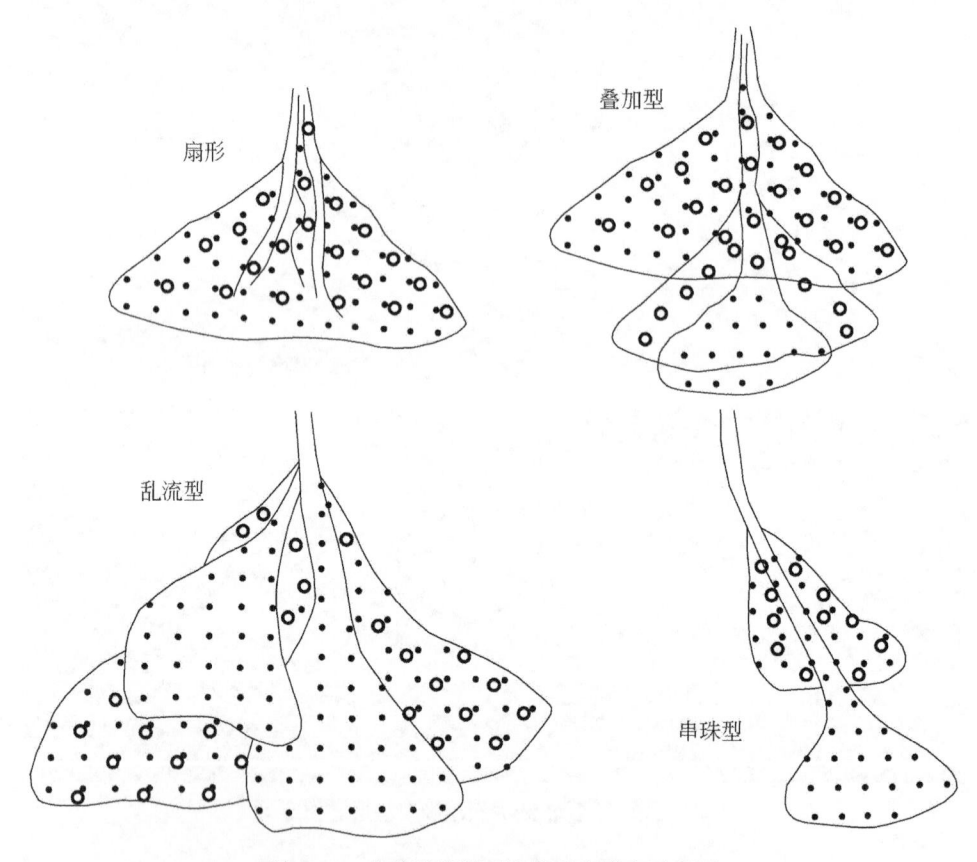

图 3.20 公路沿线泥石流堆积扇形态示意图

体或是成片漫流,或是分散成股排泄,遇到弯道或坡降变缓,泥石流则向低洼处流动,或翻越沟槽冲出新的沟槽,泥石流这种长期摆动使得堆积扇表面极不平整,出现沟坎和鼓丘等微地貌类型。③泥石流在堆积扇向下运动时,随着坡度变缓,流速降低,粗大漂砾首先落淤,继而是泥石流中粗砾石,待泥石流停积后以细颗粒浆体形式向下漫流,在泥石流堆积扇上常形成废弃沟道、石垄、石舌等。

3.3.5 冰川泥石流发展趋势

1. 区域构造运动活跃为冰川泥石流发育提供丰富物源

东帕米尔的西昆仑地区毗邻青藏高原西北和塔里木盆地的西边缘,自新生代印度次大陆板块与欧亚板块碰撞以来,帕米尔高原成为青藏高原构造挤压最强烈的地区之一,是陆陆碰撞过程中地壳缩短增厚的典型地区,至今仍在挤压造山过程中[48]。中巴公路奥布段正好位于东帕米尔的西昆仑地区,处于青藏高原西北构造结-帕米尔构造结核心区,地质构造复杂,地层岩性多变,山体构造挤压与隆升剥蚀作用强烈,致使地形起伏大,岩体结构破碎,崩塌滑坡泥石流灾害严重。

在地质历史时期,构造与岩浆活动过程中常常发生一系列相关的变质和成矿作用等,有关地质作用过程的年龄数据的统计峰值,可以作为划分构造-岩浆演化阶段的重要依据之一,为此,探讨区域构造-岩浆演化历史对认识西昆仑地区地质灾害形成历史与发展趋势具有重要意义。本次搜集西昆仑地区53处有关岩浆岩、变质岩、构造岩、矿石同位素年龄数据(表3.12),并对其进行峰值统计分析,反映出区域重大地质事件的记录特征,同时,结合研究区野外调查和对比,以揭示晚新生代以来研究区地质构造演化历史(图3.21)。

表3.12　西昆仑山晚中生代以来不同位置岩石同位素地质年龄[48]

演化阶段	地区	岩(矿)石名称	测定对象	测试方法	年龄/Ma	年代
1	康西瓦河以北	伟晶岩	白云母	K-Ar	224.7	
	新藏公路464km	花岗岩	全岩	Rb-Sr	220.82±20.8	
	赛图拉西331km	花岗闪长岩	黑云母	Rb-Sr	215	
	麻扎	黑云母二长花岗岩	黑云母	K-Ar	211.39	
	黑卡兵站北15km	花岗闪长岩	黑云母	K-Ar	207.8	
	麻扎兵站西	花岗岩	锆石	U-Pb	203	
	赛力亚克达坂西	二长花岗岩	钾长石	K-Ar	201.7	
	胜利桥南	二长花岗岩	钾长石	K-Ar	197.1	
	三十里营房西南	花岗岩	全岩		185	
	卡克雷姆	黑云母二长花岗岩	钾长石	K-Ar	184.4	
	哈北克西	二长花岗岩	白云母	K-Ar	178.5	
	509道班	黑云母二长花岗岩	黑云母	K-Ar	172.23,169	
	求库台	黑云母花岗岩	黑云母	K-Ar	166	
	大红柳滩	黑云母二长花岗岩	黑云母	K-Ar	163.44	

续表

演化阶段	地区	岩(矿)石名称	测定对象	测试方法	年龄/Ma	年代
1	胜利桥北西 10km	花岗闪长岩	黑云母	K-Ar	156.8	
	盖孜水文站东	辉长质糜棱岩	新生黑云母		146±0.7	
	阿克陶县乌苏里克	铅锌矿	方铅矿	粗铅法	120	K_1
	康西瓦南(俘房沟)	二长花岗岩	黑云母	K-Ar	117.2	K_1
	克勒青河上游西	黑云母闪长花岗岩	钾长石	K-Ar	112.44	K_1
	红其拉甫	黑云母二长花岗岩	黑云母	K-Ar	110.90	K_1
	奥依塔克皮拉里及	辉长质糜棱岩、	角闪石、多硅白云母	K-Ar	113±1.5,71.1±1.4	K_1,K_2
	盖孜水文站东沟	超糜棱岩			(36.6~37.3)±1.2	E_2
	罗布盖孜	黑云母二长花岗岩	黑云母	K-Ar	95.61	K_2
	塔什库尔干	二云母花岗岩	白云母	K-Ar	94.2	K_2
	于田普鲁	玄武岩	全岩	K-Ar	85.27±1.48	K_2
	塔吐鲁沟西	二长花岗岩	黑云母	K-Ar	79.95	K_2
	五古力亚特	闪长岩	角闪石	K-Ar	76.88	K_2
	沙雷克塔格	闪长花岗岩	黑云母	K-Ar	75.2	K_2
	考他孜达坂东	黑云母二长花岗岩	黑云母	K-Ar	74.7	K_2
	明铁盖	黑云母二长花岗岩	黑云母	K-Ar	70.9	K_2
	509 道班北西 5km	玄武岩	全岩	K-Ar	67	K_2
	塔吐鲁沟东	黑云母二长花岗岩	钾长石	K-Ar	66.6	K_2
2	中巴公路苏巴什西	黑云母二长片麻岩	黑云母	K-Ar	62.4	E_1
	通天桥	粗面玄武岩	全岩	K-Ar	60.0	E_1
	乔戈里峰西侧	黑云母闪长花岗岩	钾长石	K-Ar	56.3	E_2
	苦子干	透辉正长岩	全岩、长石	K-Ar	54~11	E_2~N_1
	布伦口断裂带	断层泥	全岩	K-Ar	27.6~22.7	E_3~N_1
	卡英代卡尔巴生	花岗岩	黑云母	K-Ar	17.2~9.80	N_1
	奥依塔克林场北	糜棱岩	绢云母	K-Ar	16	N_1
	509 道班北西 5km	石英橄榄玄武岩	全岩	K-Ar	12.66±0.28	N_1
	赞坎	透辉正长岩	全岩	K-Ar	10.59	N_1
	泉水沟	玄武岩	全岩	K-Ar	5.84~3.3	N_1~N_2
	西山	黑色熔岩	全岩	K-Ar	2.80±0.06	N_2
3	马蹄山	红色浮岩	全岩	K-Ar	1.65±0.16	Q_1
	黑龙山	黑色熔岩	全岩	K-Ar	0.67±0.01	Q_2

续表

演化阶段	地区	岩(矿)石名称	测定对象	测试方法	年龄/Ma	年代
3	阿塔木帕下	钾玄岩	全岩	Tl（热发光法）	0.56	Q_2
	东山	黑色熔岩	全岩	K-Ar	0.52±0.01	Q_2
	月牙山	浮岩	全岩	K-Ar	0.31±0.01	Q_2
	乌鲁克山	熔岩	全岩	K-Ar	0.20±0.05	Q_2
	阿什山西侧	熔岩	全岩	K-Ar	0.12±0.02	Q_3
	阿什库勒	安粗岩	全岩	Tl（热发光法）	0.074	Q_3
	黑石北湖	安粗岩	全岩	Tl（热发光法）	0.067	Q_3
	阿什库勒山	富钾安粗岩、浮岩			1951年5月21日	Q_4

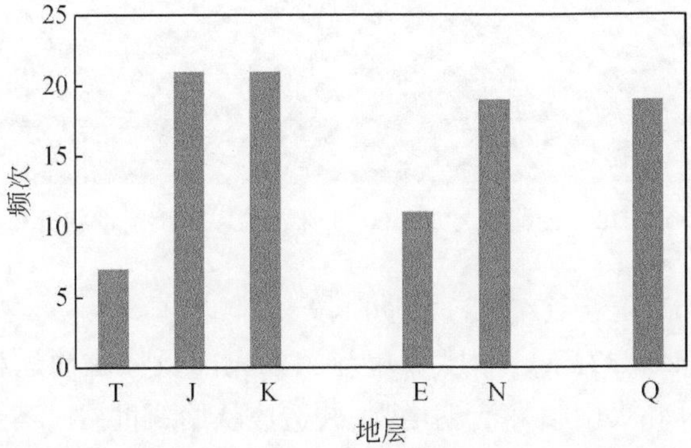

图 3.21 西昆仑地区晚新生代以来不同位置岩石的主要同位素年龄频谱图

根据上述研究区的相关地质作用和构造运动等特征及相应同位素年龄频谱图，发现西昆仑地区晚新生代以来（$T_3 \sim Q$）可以明显划分为三个时期，即中生代晚三叠世（T_3）至晚白垩世（K_2）的燕山运动阶段，新生代古近纪（E）至新近纪（N）的远期喜马拉雅运动阶段，以及新生代第四纪以来（$Q_1 \sim Q_4$）的近期喜马拉雅运动阶段。

1）中生代晚三叠世（T_3）至晚白垩世（K_2）活动阶段

受中三叠世末印支运动的影响，在元古宙塔里木西南缘的古特提斯洋南缘发生向南的俯冲消减，从而在西昆仑南带北部印支晚期岛弧花岗岩带，使古特提斯洋在晚三叠世最终封闭，使羌塘以北的整个区域抬升形成陆地。在晚侏罗世和早白垩世（146~113Ma）燕山运动作用下，藏北地块在早白垩世末（K_1末）开始向北俯冲消减，在晚白垩世（K_2）与帕米尔喀喇昆仑带发生碰撞，岩浆作用主要为酸性岩浆侵入活动,并形成了一系列花岗岩,并包含部分花岗闪长岩及少量闪长岩,以及少量喷出玄武岩。

在该时期内,研究区沉积类型主要为滨海、浅海相粗碎屑岩夹碳酸盐岩、砾岩及煤线,常呈长条带状分布,岩性和厚度变化大,各地层之间多呈角度不整合接触,动力变质和接触变质作用强烈(图3.22)。在中巴公路沿线的奥依塔克镇和盖孜村等区域附近,韧性剪切活动较强烈,其活动时间分别为$(146±0.7)$Ma(J_3末)、$(113±1.5)$Ma(K_1^1)、$(71.1±1.4)$Ma(K_1^2),与研究区该期构造-岩浆活动高峰晚期(K)一致[48]。

图3.22　公路桩号K1560处砾岩及煤线长条带状分布

2)新生代古近纪(E)至新近纪(N)活动阶段

始新世晚期(45~37Ma),印度板块与欧亚大陆板块碰撞远程效应,促使西昆仑造山带加速抬升和火山喷发活动增强,并造成从始新世(E_2)至中新世(N_1)研究区进入构造-岩浆活动高峰期。该时期地层大部分为分选较差的陆相紫红色砂砾岩,与上下地层呈角度不整合接触,零星分布在山间小盆地边缘(图3.23),如在中巴公路沿线的奥依塔克镇、布伦口等地,韧性剪切活动最为强烈,其活动时间分别为$[(36.6~37.3)±1.2]$Ma(E_2),$(27.6±1.2)$Ma(E_3)~$(22.7±1.1)$Ma(N_1)和16Ma(N_1),与研究区古近纪-新近纪的构造-岩浆活动高峰期近一致[48]。

图3.23　公路桩号K1562+200处大范围砂砾岩沉积

3) 新生代第四纪以来($Q_1 \sim Q_4$)活动阶段

该时期的中更新世(Q_2)是研究区又一重要的构造-岩浆活动高峰期,该时期火山喷发多属受断裂控制的中心式喷发,在平面上呈线形串珠状展布,其中1951年5月21日,发生在于田县南131km的阿什库勒山间盆地火山喷发,是该区域距今最新的一次火山喷发活动,该时期岩浆活动多受区域性大断裂多期次活动及其次级分支断裂控制。

西昆仑地区向南的强烈溯源侵蚀主要发生于早更新世晚期,即昆黄运动阶段,在剥蚀程度上,东昆仑最上部3km的去顶至少延续了45Ma,而西昆仑公格尔-塔什库尔干地貌单元只延续了2~5Ma,说明晚更新世以来西昆仑山地区构造隆升速率较快,地质构造更加活跃。目前西昆仑山系走向北西向,现代冰川发育,河流切割严重,山脊带海拔一般在6000m以上,而山间河谷地带海拔一般为3200~4000m,相对高差大。

前人研究发现[49],西昆仑地区基岩磷灰石裂变径迹年龄甚至封闭温度更高的 $^{40}Ar/^{39}Ar$ 年代学资料都显示较年轻的年龄,其中,铁克里克快速抬升剥露期为19Ma,慕士山-普鲁快速抬升剥露期为12~8Ma和5Ma,库地-桑株达板快速抬升剥露期为15.8~9.6Ma,公格尔-塔什库尔干构造单元的快速抬升剥露期为2~5Ma,由此发现,离西部构造结越近,构造单元的快速抬升剥露期越年轻。从东、西昆仑地区资料发现,西昆仑地区最年轻的磷灰石裂变径迹年龄集中在2~5Ma,说明西昆仑地区晚新生代不仅发生大幅度地表抬升,而且抬升过程中剥露幅度也强烈,如东昆仑最上部3km的去顶至少延续了45Ma,而西昆仑只延续了2~5Ma,说明西昆仑晚新生代的构造抬升与剥蚀受到西部构造结向北的挤压影响,西昆仑地区当前主要表现出持续构造挤压变形和强烈隆升剥蚀印迹(图3.24)。

图3.24 公路桩号K1586~1588段岩石挤压变形严重

由此可知,西昆仑地区晚新生代以来($T_3 \sim Q$)构造-岩浆演化处于活动阶段。西昆仑山在古近纪-新近纪已有明显的地貌反差,第四纪地貌反差加剧,韧性剪切活动及动力变质作用强烈,块状断裂发育,该地区构造环境从挤压闭合向拉张开放转变,造山带岩浆活动由酸性岩浆侵入转向基性岩浆喷发活动。

在二叠纪,西昆仑地区由海洋转化为陆地。在沉积地层中仅发现一套分布在北部山缘的侏罗纪山前退积型湖相三角洲沉积,而缺失中生代早期三叠纪地层,说明中生代早期西昆仑山剥蚀作用强烈,而后期则以隆升作用占主导,该阶段处于地质构造活跃期。在侏罗纪以后的白垩纪—古近纪时期,该地区再次发生海侵,直到渐新世才脱离海侵,并形成一套海相盆地沉积,该时期的海侵事件说明山体隆升作用减弱,剥蚀作用增强,西昆仑山与塔里木盆地的地貌反差降低,该阶段地质构造活动减弱。在新近纪早期,西昆仑地区隆升剥蚀再次变得强烈,地貌反差进一步加剧,并在上新世发生突变式的快速抬升一直延续至今,西昆仑第四纪以来由于山体抬升和剥蚀而逐渐发育成现代格局水系和山间沉积盆地,当前西昆仑地区处于地质构造活跃期控制的稳定周期内。

2. 气候变化加速冰川消融为冰川泥石流发育提供优越水热条件

为研究气温和降水对冰川融水及冰川泥石流发展的影响,选取塔什库尔干站点(海拔3090.9m)的气象和降水数据(图3.25),分析1957~2015年年平均气温和年降水量的变化特征。研究区气温呈缓慢上升趋势,气温升高速率为0.264℃/10a,其中1980~1990年年平均气温平稳中略有降低,1990~2000年年平均气温显著上升,1957~1980年年平均气温平稳线以下波动变化,2000~2010年年平均气温平稳线以上略有降低,2000~2015年年平均气温显著上升。研究区降水量呈增加趋势,降水量升高速率为5.098mm/10a,由于降水量相关系数较低,变化趋势不很明显。

本次以10年为阶段分析冰川融水对气候响应。1980~2000年研究区年平均气温以1990年为界,气温在平衡线附近先下降后上升,降水量持续增加,为冰川融水创造了前期优越水热条件,其中1980~1990年气温波动降低且降水量增长的水热条件,有利于冰川补给量增加,而1990~2000年气温的突变式增长和降水量持续增长,致使冰温升高,冰川融水增大,有利于下游冰川泥石流发育。2000~2015年研究区气温以2010年为界,气温在平衡线以上先下降后上升,降水量显著增大,2000~2010年年平均气温突变式降低且降水量显著增大,非常有利于冰川补给量增加,2010~2015年气温突变式增长且降水量在平衡线以上波动变化,致使前期积累的大量冰川冰温升高,大量冰川融水加速冲刷冰碛物而冰川泥石流灾害频发。

由此分析可知,研究区经历了1980~1990年和2000~2010年两个阶段气温降低且降水量增加过程,以及1990~2000年和2010~2015年两个阶段气温升高且降水量持续增加过程。这种在降水量持续增加情况下,降温与升温交替的现象,非常利于冰川对气候变化的主动响应,尤其是在未来气候变暖背景下,在高海拔和高峻地形区气温的升高和降水增多,将极大影响冰川消融的水热条件,导致冰川跃

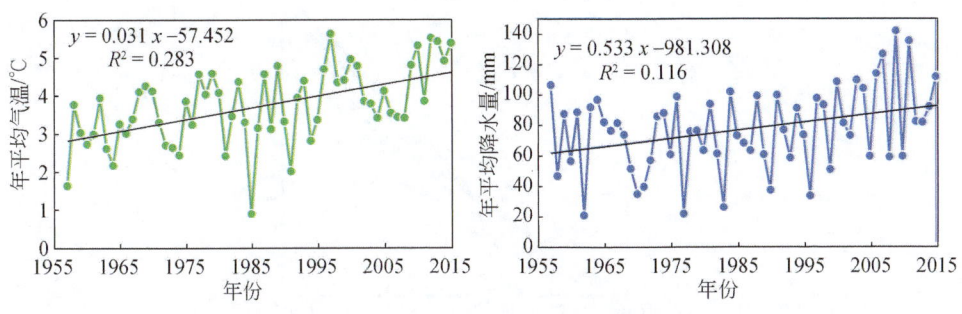

图 3.25　塔什库尔干县年平均气温和降水数据

动发生及冰川融水量突然增大,进而增大暴发冰川泥石流危害的可能性。

3. 大比降沟道为冰川泥石流发育提供优势地形条件

在冰川泥石流形成的过程中,地形条件对泥石流的发育有着控制性作用,沟谷纵剖面形态是影响泥石流沟道地形条件中的重要因素,它表征流域的整体走势、水源产汇流和水动力条件,对冰川泥石流的形成和发生起着关键的作用。

根据蒋忠信[50,51]研究发现,典型平面形态的泥石流沟谷和理想汇流的泥石流沟谷,其纵剖面形态均可为以沟口作为原点的抛物线方程:

$$h = H(s/S)^N \tag{3.12}$$

式中,h 为沟谷内任意位置与沟口的高差,m;H 为沟谷的上下游高差,m;s 为沟谷中在平面上任意位置距沟口的长度,m;S 为沟谷平面内的总长度,m。N 为沟谷纵剖面形态指数,它的取值表征沟谷纵剖面的数学函数形状,当 $N<1$ 时,为上凸抛物线;$N=1$ 时,为直线;$N>1$ 时,为下凹抛物线。

盖孜村至布伦口段冰川泥石流沟谷纵剖面形态如图 3.26 所示,27 条冰川泥石流沟谷大致呈下凹抛物线形和近直线形,其中沟谷形态指数 $N \geqslant 1$ 的沟谷有 24 个,占其总数的 89%(表 3.13),沟谷处于发展阶段的 14 个,处于旺盛阶段的 10 个,处于衰减阶段的 3 个,说明冰川泥石流大多处于旺盛阶段的壮年期和发展阶段。

沟谷的发展历程大致可描述为:在主沟道急剧下切和长期侧蚀的条件下,其支沟将经历侵蚀旋回进程,N 值由小变大,沟谷纵剖面形态相应的由初期的上凸抛物线形,经近似直线形,演变为中后期的下凹抛物线形,最终趋向均衡剖面。然而,盖孜村至布伦口段盖孜河下切侵蚀快,呈"V"字形深切河谷,侵蚀基准面难以长期稳定,致使两侧支沟的侵蚀旋回极不完整,均衡剖面也难以形成。这主要因为:①奥布段处于青藏高原西北构造结核心区,构造隆升速率快,地形梯度大,在第三梯度内距离 10km 范围内,海拔从 5000m 上升至约 7649m[图 3.27(a)];②奥布段盖孜河侵蚀下切严重,沟道比降大,在 30km 距离范围内高差约为 1000m,平均比降

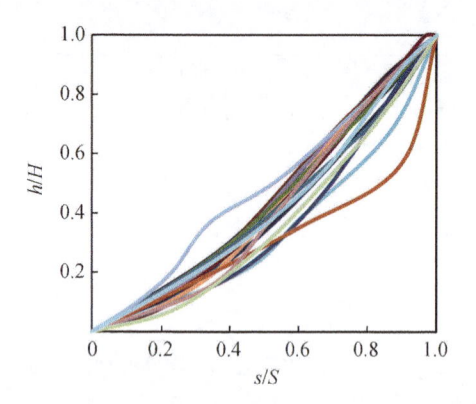

图3.26 盖孜村至布伦口段冰川泥石流沟谷纵剖面形态

33‰,局部河段达到267‰,目前仍处于侵蚀下切阶段[图3.27(c)];③公路与两侧山体的高差大,两侧山坡形成高陡地形,冰川泥石流沟谷纵坡比降为337‰~832‰,大落差融水水头产生强大冲蚀力,两侧大部分支沟处于侵蚀下切过程,造成冰川泥石流活动强烈[图3.27(b)]。

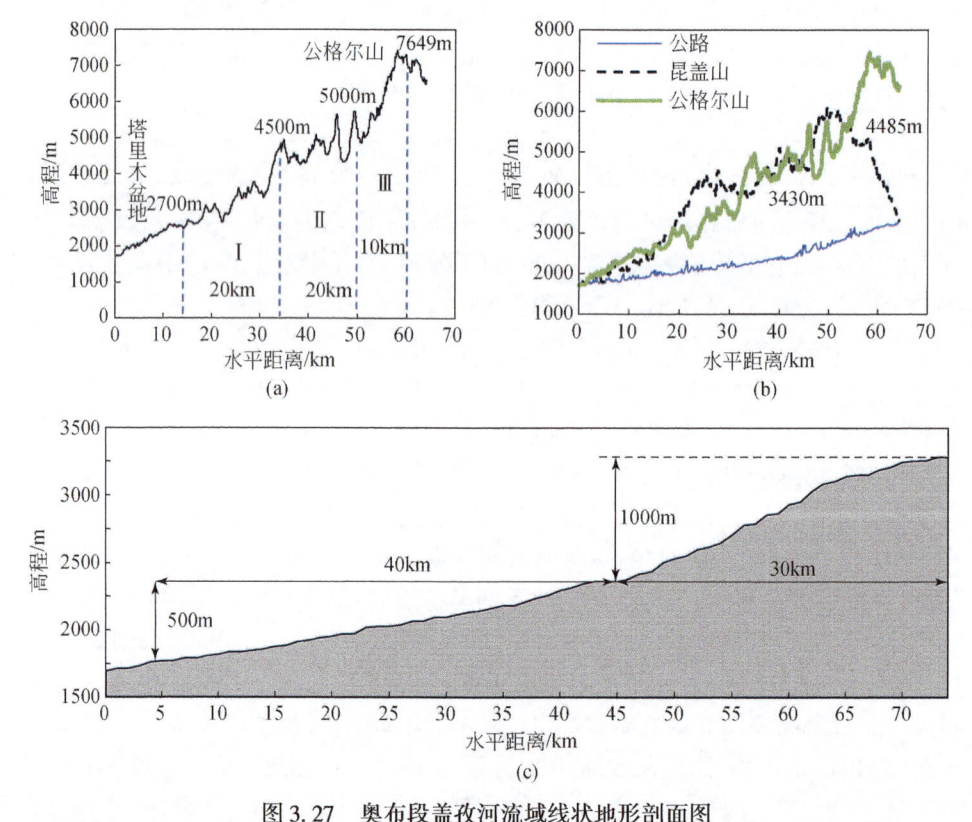

图3.27 奥布段盖孜河流域线状地形剖面图

(a)公格尔山线状地形剖面图;(b)奥布段不同地貌形态断面图;(c)公路奥布段纵断面图

第3章 冰川泥石流分布与危害特征

表3.13 盖孜村至布伦口段冰川泥石流沟谷形态指数及活动特征

沟名	泥石流类型	公路桩号	沟长/m	流域面积/km²	高差/m	比降/‰	纵剖面形态	形态指数	信息熵	超熵	泥石流地貌演化阶段	泥石流活动性与灾害
1	冰川型	K1595+900	6490	13.98	2189	337.3	近直线	0.89	0.13	−0.04	发展阶段（幼年期）	多发，中型，淤埋冲毁桥路
2	冰川型	K1601+600	8907	43.85	3446	386.9	凹	2.12	0.44	0.16	衰减阶段（壮年期）	少发，中型，淤埋冲毁桥路
3	冰川型	K1604+900	2212	0.96	955	431.7	上凹下凸	1.13	0.19	−0.08	发展阶段（幼年期）	多发，中型，淤埋冲毁桥路
4	冰川型	K1605+100	6272	16.75	3020	481.5	凹	1.43	0.26	−0.13	旺盛阶段（壮年期）	多发，大型，淤埋冲毁桥路
5	冰川型	K1605+200	1907	1.03	983	515.5	凹	1.57	0.30	−0.15	旺盛阶段（壮年期）	多发，大型，淤埋冲毁桥路
6	冰川型	K1606+200	2337	1.88	973	416.3	上凹下凸	0.65	0.08	−0.02	发展阶段（幼年期）	多发，中型，淤埋冲毁桥路
7	冰川型	K1609+700	1171	0.2	831	709.6	近直线	0.99	0.15	−0.05	发展阶段（幼年期）	多发，中型，淤埋冲毁桥路
8	冰川型	K1610+000	1386	0.22	921	664.5	凹	1.14	0.19	−0.08	发展阶段（幼年期）	多发，中型，淤埋冲毁桥路
9	冰川型	K1610+400	1780	0.21	1108	622.5	凹	1.38	0.25	−0.13	旺盛阶段（壮年期）	多发，中型，淤埋冲毁桥路
10	冰川型	K1610+700	2142	0.27	1270	592.9	凹	1.23	0.21	−0.10	发展阶段（幼年期）	多发，大型，淤埋冲毁桥路
11	冰川型	K1611+100	3185	0.88	1763	553.5	凹	1.21	0.21	−0.09	发展阶段（幼年期）	多发，中型，淤埋冲毁桥路
12	冰川型	K1611+700	2583	0.28	1463	566.4	凹	1.21	0.21	−0.09	发展阶段（幼年期）	多发，中型，淤埋冲毁桥路
13	冰川型	K1612+100	3560	0.93	1978	555.6	近直线	1.27	0.22	−0.11	旺盛阶段（幼年期）	频繁，大型，淤埋冲毁桥路

续表

沟名	泥石流类型	公路桩号	沟长/m	流域面积/km²	高差/m	比降/‰	纵剖面形态	形态指数	信息熵	超熵	泥石流地貌演化阶段	泥石流活动性与灾害
14	冰川型	K1612+900	2878	0.56	1427	495.8	凹	1.22	0.21	−0.10	发展阶段（幼年期）	多发，大型，淤埋冲毁桥路
15	冰川型	K1613+400	4632	2.48	2119	457.5	凹	2.2	0.46	0.31	衰减阶段（壮年期）	少发，中型，淤埋冲毁路面
16	冰川型	K1614+600	5200	3.03	2121	407.9	凹	1.39	0.25	−0.13	旺盛阶段（壮年期）	频繁，大型，淤埋冲毁桥路
17	冰川型	K1615+600	4410	8.59	1977	448.3	凹	1.73	0.34	−0.14	旺盛阶段（壮年期）	频繁，大型，淤埋冲毁桥路
18	冰川型	K1616+100	3120	1.63	1529	490.1	凹	0.99	0.15	−0.05	发展阶段（幼年期）	多发，大型，淤埋冲毁桥路
19	冰川型	K1617+500	2628	1.58	1541	586.4	凹	1.24	0.21	−0.10	发展阶段（幼年期）	多发，大型，淤埋冲毁桥路
20	冰川型	K1618+600	2020	0.67	1055	522.3	近直线	0.87	0.12	−0.04	发展阶段（幼年期）	多发，中型，淤埋冲毁路面
21	冰川型	K1618+900	1425	4.19	835	586.0	凹	1.51	0.28	−0.14	旺盛阶段（壮年期）	频繁，大型，淤埋冲毁桥路
22	冰川型	K1619+400	1335	1.4	1111	832.2	凹	2.91	0.62	5.47	衰减阶段（壮年期）	少发，中型，淤埋路面
23	冰川型	K1620+500	8710	9.99	3145	361.1	近直线	1.06	0.17	−0.07	发展阶段（幼年期）	多发，大型，淤埋冲毁桥路
24	冰川型	K1621+800	2903	1.54	1300	447.8	凹	1.39	0.25	−0.13	旺盛阶段（壮年期）	频繁，大型，淤埋冲毁桥路
25	冰川型	K1622+800	4050	1.48	1398	345.2	近直线	1.8	0.36	−0.13	旺盛阶段（壮年期）	频繁，大型，淤埋冲毁桥路
26	冰川型	K1623+700	1521	1.73	580	381.3	近直线	1.02	0.16	−0.06	发展阶段（幼年期）	多发，大型，淤埋冲毁桥路
27	冰川型	K1624+200	4407	6.51	2069	469.5	凹	1.34	0.24	−0.12	旺盛阶段（壮年期）	频繁，大型，淤埋冲毁桥路

沟谷纵剖面形态指数及流域系统的熵反映了流域地貌演化阶段和泥石流的活动性。沟谷地貌现处于泥石流旺盛发育的最不稳定状态,泥石流频发,规模大且危害严重,常常发生冲毁淤埋公路桥涵的灾害;处于泥石流发展阶段的沟谷,泥石流虽多发,但规模稍小,灾害次于旺盛阶段的泥石流沟;处于泥石流衰减阶段的沟谷,泥石流少发或中发,活动性相对较弱,危害性相对较轻。沟谷纵剖面形态指数及流域系统的熵还能反映流域地貌和泥石流的演化趋势,如泥石流沟编号5($N=1.57$)、17($N=1.73$)和21($N=1.51$)等沟谷,其地貌现接近处于泥石流最旺盛的阶段,此后流域地貌将向稳定方向发展,在影响泥石流活动的其他条件不变时,泥石流活动将会减弱;处于发展阶段幼期的泥石流沟,虽现阶段泥石流规模稍小,但即将进入泥石流旺盛的地貌阶段,在其他条件不变时泥石流活动将会增强;处于衰减阶段和稳定阶段的泥石流沟谷,泥石流活动将会减弱,沟谷纵剖面形态也会趋于稳定。

4. 冰川跃动对冰川泥石流发育具有长期灾害效应

冰川跃动是一种特殊的冰川快速运动现象,由于其通常与冰湖溃决洪水、泥石流等冰川灾害密切相关,因而早期人们称其为"灾难性的冰川前进"。公格尔山北坡冰川的冰舌部分海拔约为2800m,雪线高度约为4800m,从雪线至冰舌末端分布多个冰面湖。虽西侧冰川一直处于活跃状态,但之前并未在冰碛表面发现冰面湖。而在本次冰川跃动过程中,大量冰体快速运动受东侧冰碛体阻碍,强烈碰撞挤压造成破碎冰体向上隆起高出原两侧冰碛垄,并进一步促使冰体上的冰湖数量和分布也发生较大变化,抬升的冰川由于碰撞和挤压逐渐碎裂,在低洼的地带形成7个堰塞湖。堰塞湖规模较小,且边界极不规则,周边出现碎裂的冰块(图3.28)。7个堰塞湖面积分别为$6547m^2$、$2250m^2$、$1213m^2$、$285m^2$、$201m^2$、$198m^2$和$144m^2$,7个冰川堰塞湖不在冰川尾部,短期内滑移的冰川暂不会有崩塌的危险,对下游的盖孜村和中巴公路的风险较小。然而这些堰塞湖会切割冰川、造成局部冰川崩塌,有加快冰川融化速度、形成次生泥石流灾害的风险[52]。另外,东侧冰川共有199个冰面湖,总面积为$10.19hm^2$,其中最大的冰面湖面积为$1.106hm^2$[图3.28(d)],湖泊分布在冰川的各个位置[53],由此可知东侧冰川的运动形态比西侧冰川更稳定。

历史上公格尔九别峰北部冰川一直较为活跃,百年前曾发生冰川跃动和堰塞湖溃坝事件,造成了严重的泥石流灾害。在盖孜村对当地老人进行走访调查时发现,约100年前公格尔九别峰冰川曾有一次冰川下滑消融形成堰塞湖,当年6月初发现河流断流,6月下旬堰塞湖垮塌后形成巨大泥石流(泥石流峰高约100m)夹带像牛、羊、毡房一样大的巨石沿盖孜河下泄,沿途冲毁大量林木,直至疏勒县罕南力克镇停止。当时因人口稀疏,并未造成太大危害或损失,但没有这方面的文字或影

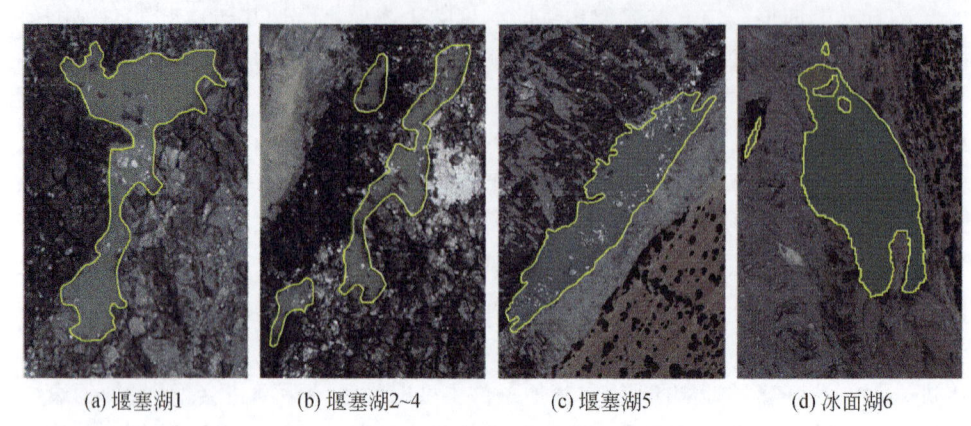

| (a) 堰塞湖1 | (b) 堰塞湖2~4 | (c) 堰塞湖5 | (d) 冰面湖6 |

图 3.28 冰川表面堰塞湖和冰面湖遥感影像比较[52]

像记载[54]。

近距离观察发现冰体在加速融化,可见破碎冰块体崩落下来,冰体崩塌过程中发出隆隆的声音,沿线形成了一定数量的堰塞湖,局部区域有冰川冲沟向下游滑动,在下游发现由于冰体崩塌堵塞河道,形成了地下河。2015 年 4 月 22 日 ~5 月 15 日,冰川末端整体向前移动了 109m,大于常年平均速度 3~4 倍,这表明冰川除了隆起外,还一直向前在移动。九别峰冰川末端的移动位置距离下游冰川末端仅 4km[52],且底部末端位置在海拔 2700~2800m,近年来冰川末端一直处于萎缩状态。随着夏季气温持续升高,跃动冰川将持续加剧融化,如果水量突然变大,冲刷沟道内松散冰碛土,将很容易形成特大洪水和泥石流灾害,导致冰川下游地区河道堵塞、公路损坏、桥梁冲毁,严重的还会形成冰碛湖,造成洪水等次生灾害。尤其是在近几十年全球气候不断变暖,冰川跃动将大量冰川输移至低海拔地区,在适当年份极有可能造成河道阻塞及冰湖溃决洪水、泥石流等灾害,威胁中巴公路及沿线村镇安全。

在全球气候变暖背景下,极端气候发生频率和强度将呈增加趋势,冰川活动性增强,冰川消融加剧,大面积冰碛物出露,将为冰川泥石流发生提供了大量物质来源。未来在极端气候和冰川消融加剧双重影响下,山区暴雨型洪水叠加冰川融水型洪水发生概率和风险也将增加,公路沿线冰川泥石流灾害将呈现增加趋势。因此,未来无论是公路改扩建还是公路运营维护阶段,均必须考虑泥石流灾害的长期活动性及其危害性。

第4章　冰川泥石流易发区冰碛土特征

4.1　冰碛物类型与分布特征

公路两侧大部分山地地形高度为3000~6000m,最高峰公格尔九别峰海拔7530m,以公格尔山为依托发育众多规模较大的山地冰川,第四纪冰期中冰川有较大规模的扩张和退缩,在山谷与山麓地带留下了丰富的第四纪冰川遗迹。冰碛物(冰水堆积物)作为公路沿线冰川泥石流的主要物质来源,其参与泥石流形成的冰碛物类型主要包括中碛堤、侧碛堤、终碛堤和冰水堆积阶地等。通过现场调查与遥感解译发现,公路两侧冰碛物(冰水堆积物)共计37处,总面积达到101.95km²,高程多变化于2500~4000m,分布高程越高,冰碛物形成时间越晚,面积多小于5km²,个别大型冰川区冰碛物裸露面积较大(图4.1和图4.2,表4.1)。

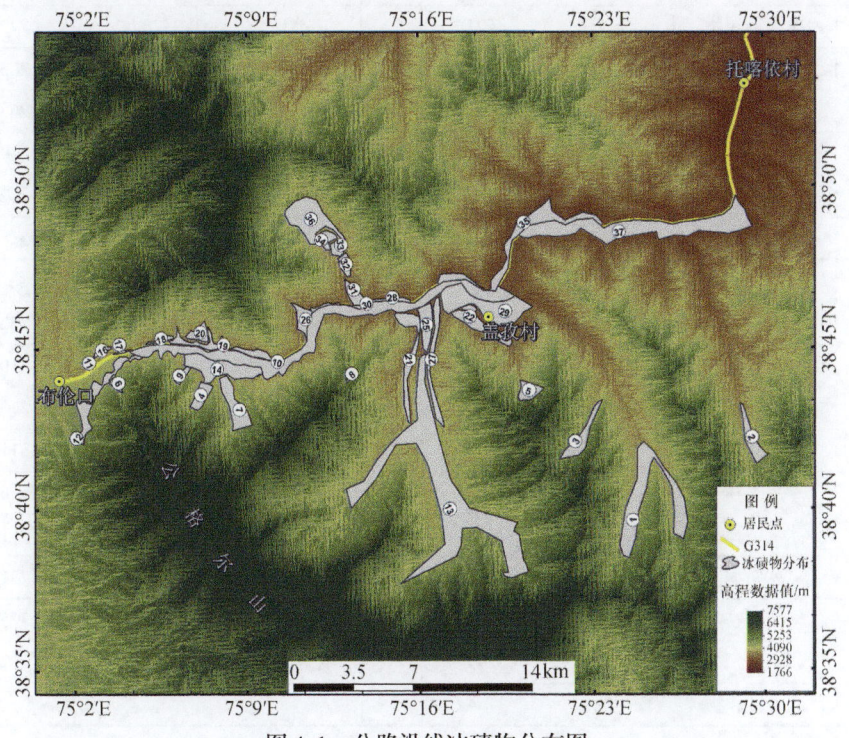

图4.1　公路沿线冰碛物分布图
图中数字表示冰碛物编号

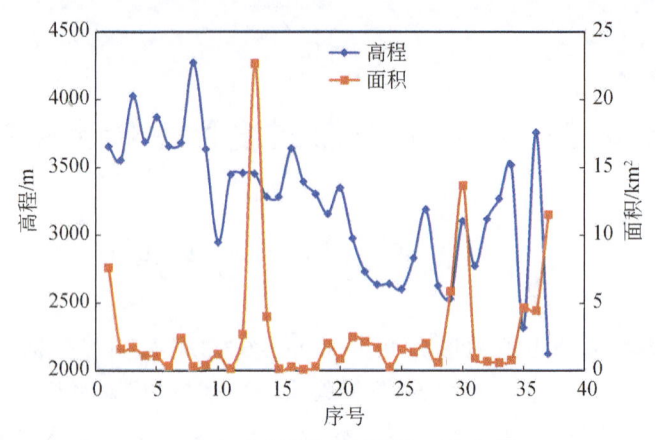

图 4.2　公路沿线冰碛物高程分布图

表 4.1　公路沿线冰碛物详细信息表

编号	类型	面积/km²	高程/m	编号	类型	面积/km²	高程/m
1	冰碛物	7.53	3651	20	冰碛物	0.85	3345
2	冰碛物	1.6	3550	21	冰碛物	2.44	2970
3	冰水堆积物	1.7	4021	22	冰碛物	2.09	2725
4	冰碛物	1.08	3683	23	冰碛物	1.67	2631
5	冰碛物	1.02	3866	24	冰碛物	0.23	2636
6	冰碛物	0.3	3653	25	冰水堆积物	1.56	2597
7	冰碛物	2.38	3678	26	冰水堆积物	1.32	2826
8	冰碛物	0.28	4271	27	冰水堆积物	1.98	3187
9	冰碛物	0.38	3631	28	冰水堆积物	0.56	2623
10	冰水堆积物	1.18	2942	29	冰水堆积物	5.81	2527
11	冰碛物	0.09	3441	30	冰水堆积物	13.62	3100
12	冰水堆积	2.64	3453	31	冰水堆积物	0.88	2768
13	冰碛物	22.63	3448	32	冰碛物	0.63	3115
14	冰碛物	3.96	3279	33	冰碛物	0.54	3266
15	冰水堆积物	0.1	3280	34	冰碛物	0.75	3515
16	冰碛物	0.22	3635	35	冰水堆积物	4.62	2313
17	冰碛物	0.04	3391	36	冰碛物	4.4	3754
18	冰水堆积物	0.26	3299	37	冰水堆积物	11.48	2121
19	冰水堆积物	1.98	3154				

为了进一步分析公路沿线冰碛物形成历史,2015 年 7 月,对公格尔山北坡的克拉牙依拉克沟实地考察,并进行冰碛物调查分析。克拉牙依拉克沟内冰川面积约 128.15km², 长度约 20km, 冰川平衡线高度 ELA 约为 4220m, 从 2800m 的冰舌末端至盖孜河的盖孜检查站, 分布有大量冰水沉积物和冰碛物。根据冰碛物的分布位置与风化程度、颜色、冰碛地层的接触关系以及表面土壤发育状况等, 在克拉牙依拉克沟内发现六处形态较为清晰的第四纪冰川沉积冰碛(图 4.3 ~图 4.5), 据此可推断公路沿线山地区至少经历了六次规模较大的冰进, 前人利用 ESR 测年将六次冰进活动分别对应于小冰期、新冰期、MIS2、MIS3 中期、MIS4 和 MIS6[3]。

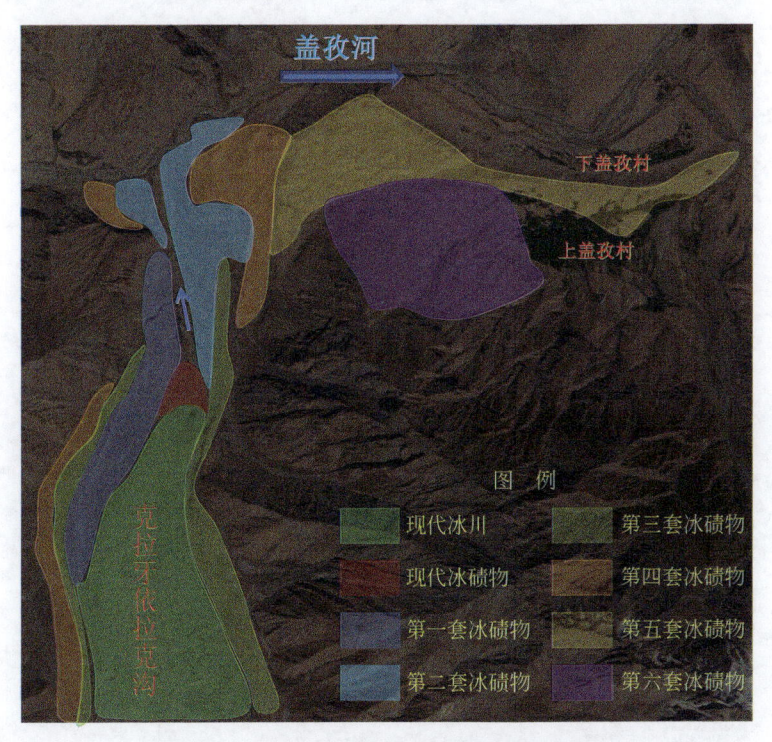

图 4.3 克拉牙依拉克沟内冰碛物影像分布图

(1)现代冰川表层覆盖厚度 20~50cm 的表碛层, 冰川平均厚度 50~60m, 冰川末端形成冰洞和冰下河, 大量冰川融水沿冰洞排泄。

(2)现代冰碛物分布在冰舌末端, 冰舌区是冰川作用最活跃的部位, 也是冰川强烈消融区, 冰舌外围堆积大量杂乱堆积的新鲜的现代冰碛物, 主要为冰川消融后表碛和内碛坠落形成, 现部分已被冰川融水冲刷形成泥石流而挟带至下游。

(3)第一套冰碛物分布在现代冰川左侧, 由白色冰碛物构成冰碛堤, 冰碛堤高出冰舌前端河床 10~30m。

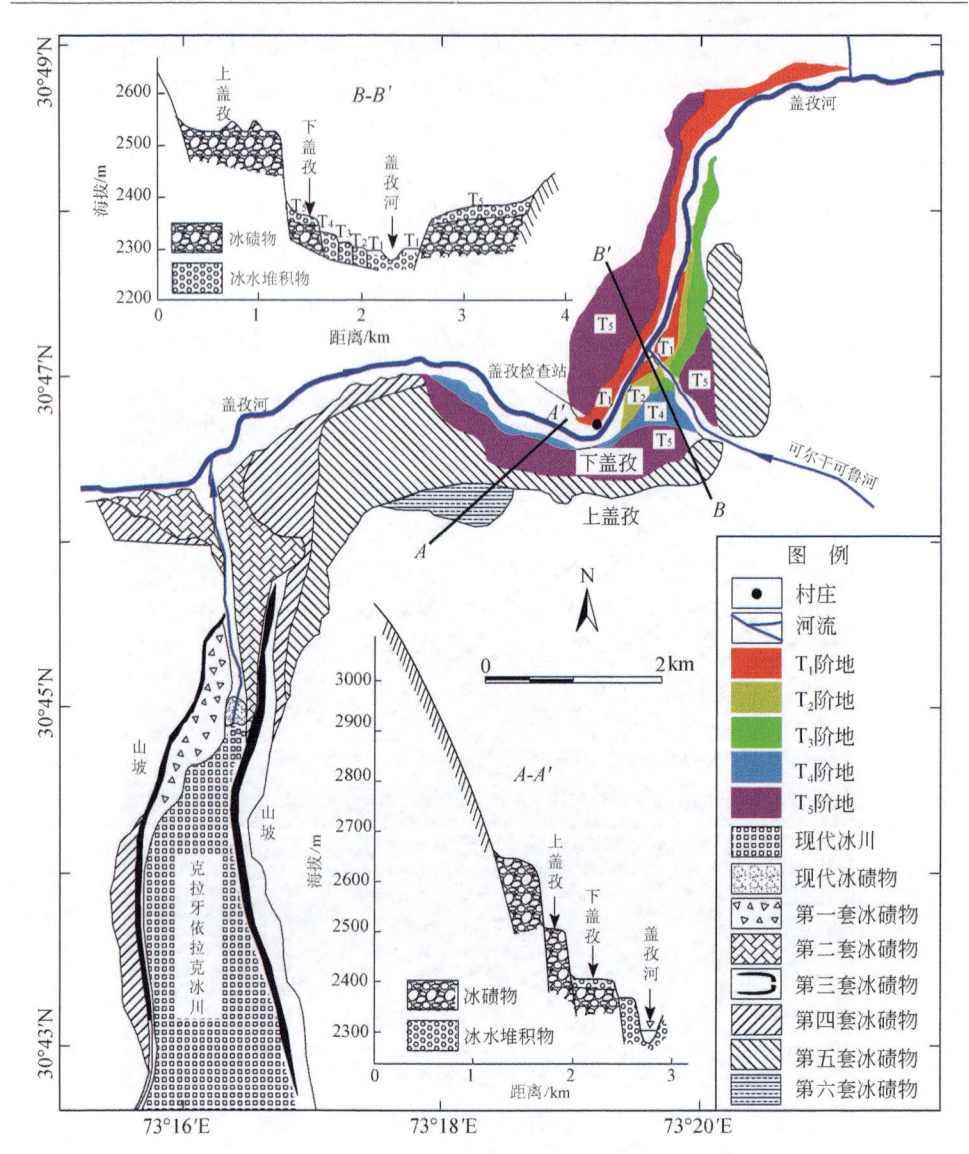

图4.4 克拉牙依拉克沟内冰碛物平面分布图[3]

(4)第二套冰碛物以冰碛丘陵形式存在,向下一直延伸到与盖孜河汇口处,冰碛物较为新鲜,呈灰白色,表面无黄土状堆积物,受后期水流冲刷改造作用大,高出现沟床20~30m,为冰川泥石流物源供给区。

(5)第三套冰碛物分布在现代冰川两侧,以侧碛堤形式存在,高度约为70m,坡度较陡,内侧坡度60°~70°,外侧坡度30°~40°,侧碛堤向下一直延伸至海拔2480m附近,冰碛表层覆盖薄层黄土。

图 4.5　克拉牙依拉克沟内不同时期冰碛物现状图(拍摄于 2015 年)

(6)第四套冰碛物表面有较多的漂砾,片麻岩大漂砾风化强烈,表层覆盖薄层黄土土壤,顶部总体比较平缓,局部表面起伏较大,可达到20~30m。

(7)第五套冰碛物以冰碛台地形式分布在盖孜河南部上盖孜村处,平均海拔约2500m,与盖孜河谷高差约200m,冰碛台地沿盖孜河谷向下游延伸长度达8km,冰碛台地表面分布高度5~20m的冰碛丘陵,表层覆盖厚层黄土,冰碛岩性以片麻岩为主,其次为片岩、砂岩等。

(8)第六套冰碛物分布在上盖孜村西南方向的冰碛台地,台地顶部较平坦,长度约900m,与上盖孜村高差为150~200m,冰碛物为花岗岩块砾石夹少量千枚岩块砾组成,呈灰白色。

另外,在盖孜检查站对面的下盖孜村附近,沿盖孜河右侧发育五级堆积阶地,与盖孜河河面高差约为10m、20m、40m、55m和75m,其中下盖孜村就位于75m高的T_5阶地上,该级阶地也是分布最广的一级阶地(图4.6)。这些阶地物质由冰水砾石组成,磨圆度较好,局部呈胶结状态,各阶地均以冰碛台地为基座,在表层冰碛出露,分布大量漂砾,其中最大的漂砾直径可达10m。

图4.6 盖孜村附近河道阶地分布图(拍摄于2015年)

4.2 冰碛土体的级配综合指标

4.2.1 冰碛土颗粒分形特征

公路沿线冰碛土分布广泛,2015~2016年对公路沿线泥石流现场调查期间,

第4章 冰川泥石流易发区冰碛土特征

对不同位置的冰川型泥石流冰碛土进行大量颗粒级配实验和分析,发现该区域冰碛土类型多样,粒度分布广,且多为砾石和砂粒为主的碎石土,粒度累计曲线基本一致,呈现下凹形状,砾石含量最高(33.4%~88.9%),砂粒含量次之(9.17%~68.77%),而细颗粒含量最低,粉砂含量为1.69%~11.61%,黏土含量为0.12%~12.17%,仅个别数据差异较大(图4.7),可能因为冰碛土采自经受后期水流改造作用的冰水堆积区。冰碛土粒度组成可反映其形成过程和沉积环境,在寒冷环境下,大量岩块经受寒冻物理风化作用形成粗颗粒岩屑,并在搬运过程中发生微弱磨蚀形成少量粉砂和黏土。

利用基质指数和磨蚀指数对冰碛土粒度特征分析发现,大部分冰碛土基质指数变化在0.1~2,磨蚀指数为0.05~0.2(表4.2)。反映了岩屑经冰川的破碎程度和对砂粒磨蚀作用差别较大,可能与冰碛物形成年代和冰碛地貌类型有关,形成时间越早,风化程度越深,经历冰川破碎和磨蚀作用越强。由于终碛较中碛搬运距离远,其基质指数和磨蚀指数较大。

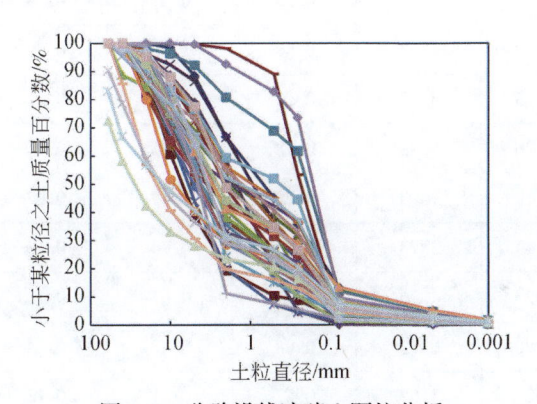

图4.7 公路沿线冰碛土颗粒分析

表4.2 公路沿线冰碛土颗粒组构特征

样品编号	砾石(>2mm)	砂粒(2~0.075mm)	粉砂(0.075~0.005mm)	黏土(<0.005mm)	基质指数(砂+粉砂)/砾	磨蚀指数(粉砂/砂)	土体类型	土体特征
1	33.4	53.47	11.49	1.64	1.94	0.21	砾砂	级配不良
2	80.8	17.07	1.87	0.27	0.23	0.11	圆砾	级配良好
3	47.5	39.97	10.97	1.57	1.07	0.27	砾砂	级配不良
4	33.6	61.80	4.03	0.58	1.96	0.07	砾砂	级配良好
5	63.2	32.33	3.91	0.56	0.57	0.12	圆砾	级配不良
6	63.2	32.33	3.91	0.56	0.57	0.12	圆砾	级配不良

续表

样品编号	砾石(>2mm)	砂粒(2~0.075mm)	粉砂(0.075~0.005mm)	黏土(<0.005mm)	基质指数(砂+粉砂)/砾	磨蚀指数(粉砂/砂)	土体类型	土体特征
7	48.3	45.43	5.48	0.78	1.05	0.12	砾砂	级配良好
8	1.9	96.77	1.17	0.17	51.54	0.01	细砂	级配不良
9	49.7	47.57	2.39	0.34	1.01	0.05	砾砂	级配良好
10	41.6	58.33	0.06	0.01	1.40	0.00	砾砂	级配良好
11	19.3	68.77	10.44	1.49	4.10	0.15	粉砂	级配良好
12	44.3	47.57	7.12	1.02	1.23	0.15	砾砂	级配良好
13	80.3	18.37	1.17	0.17	0.24	0.06	圆砾	级配良好
14	51.7	41.17	6.24	0.89	0.92	0.15	圆砾	级配良好
15	59.3	33.37	6.42	0.92	0.67	0.19	圆砾	级配不良
16	49.3	45.97	4.14	0.59	1.02	0.09	砾砂	级配不良
17	64.5	31.23	3.73	0.53	0.54	0.12	圆砾	级配良好
18	44.1	49.70	5.43	0.78	1.25	0.11	砾砂	级配不良
19	68.7	29.10	1.93	0.28	0.45	0.07	圆砾	级配良好
20	57.3	38.43	3.73	0.53	0.74	0.10	圆砾	级配不良
21	61.9	33.23	4.26	0.61	0.61	0.13	圆砾	级配良好
22	67.1	25.90	6.13	0.88	0.48	0.24	圆砾	级配良好
23	76	19.87	3.62	0.52	0.31	0.18	圆砾	级配良好
24	71.8	22.53	4.96	0.71	0.38	0.22	圆砾	级配良好
25	71.4	22.80	5.08	0.73	0.39	0.22	圆砾	级配良好
26	70.3	24.23	4.78	0.68	0.41	0.20	圆砾	级配良好
27	68.9	30.03	0.93	0.13	0.45	0.03	圆砾	级配良好
28	7.5	82.97	8.34	1.19	12.17	0.10	细砂	级配不良
29	40.8	55.60	3.15	0.45	1.44	0.06	砾砂	级配良好
30	58.9	27.83	11.61	1.66	0.67	0.42	圆砾	级配不良
31	55.8	38.53	4.96	0.71	0.78	0.13	圆砾	级配不良
32	45.5	46.77	6.77	0.97	1.18	0.14	砾砂	级配良好

续表

样品编号	砾石(>2mm)	砂粒(2~0.075mm)	粉砂(0.075~0.005mm)	黏土(<0.005mm)	基质指数(砂+粉砂)/砾	磨蚀指数(粉砂/砂)	土体类型	土体特征
33	56	36.20	6.83	0.98	0.77	0.19	圆砾	级配不良
34	88.9	9.17	1.69	0.24	0.12	0.18	圆砾	级配不良
35	47.9	44.77	6.42	0.92	1.07	0.14	砾砂	级配不良
36	80.4	15.40	3.68	0.53	0.24	0.24	圆砾	级配良好
37	69	29.00	1.75	0.25	0.45	0.06	圆砾	级配良好
38	51.4	42.53	5.31	0.76	0.93	0.12	圆砾	级配良好
39	49.03	18.03	4.53	0.65	0.46	0.25	卵石	级配不良
40	61.55	23.35	4.72	0.67	0.46	0.20	圆砾	级配不良
41	51.74	24.02	6.36	0.91	0.59	0.26	圆砾	级配不良

冰碛土复杂的物质组成决定了其结构的非确定性和非均质性,很难以传统的、基于线性分析基础之上的方法进行定量化描述,本次采用分形理论的分维值表征土样的组构特征(图4.8),不仅可以准确地反映土体内部各粒组含量的变化,又可以避免对分界粒径的界定主观性。

1. 假定冰碛土颗粒粒径为 R,粒径大于 R 的颗粒数目为 $N(R)$,则 $N(R)$ 与 R 满足分维的一般定义式:

$$N(R) = R^{-D}$$
$$dN(R) \sim R^{-D-1}dR$$

2. 冰碛土中的颗粒大小和频度之间的关系满足 Weibull 分布:

$$\frac{M(<R)}{M_0} = 1 - \exp\left[-\left(\frac{R}{R_0}\right)^k\right]$$

$$\frac{M(<R)}{M_0} = \left(\frac{R}{R_0}\right)^k$$

$$dM(<R) \sim R^{k-1}dR$$

3. 冰碛土颗粒数目的增加和颗粒质量之间存在下列关系:

$$dM(<R) \sim R^3 dN(R)$$

$$D = 3 - k$$

图4.8 分形方法流程图

通过对41组冰碛土样进行分维值计算发现,在双对数曲线坐标上拟合出的直线相关系数大于0.9的样品共25组,即具有一重分形的土样个数为25组,占样品总数的61.0%,斜率为0.24~0.63,分维值为2.37~2.76(图4.9)。其中分维值为2.4~2.8的土样24个,占一重分形总数的96%,分维值最大的为第1组(表4.2中编号1),其分维值为2.76;分维值最小的为第13组(表4.2中编号13),其分维值为 2.37。而相关系数小于 0.9 的土样共 16 个,占样本总数的 39.0%,均具有一个拐点,即具有二重分形的特点(图 4.10)。

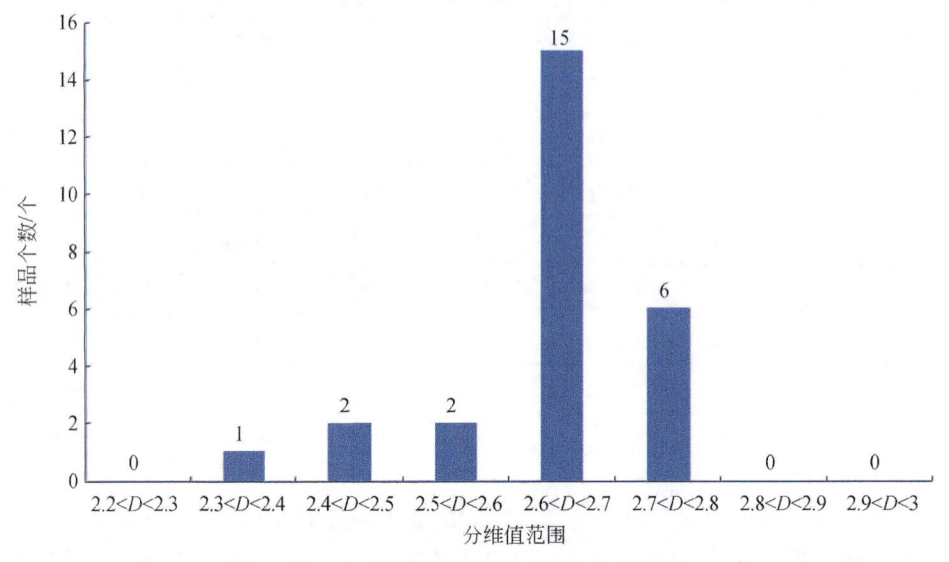

图 4.9　各分维值范围内的土样个数

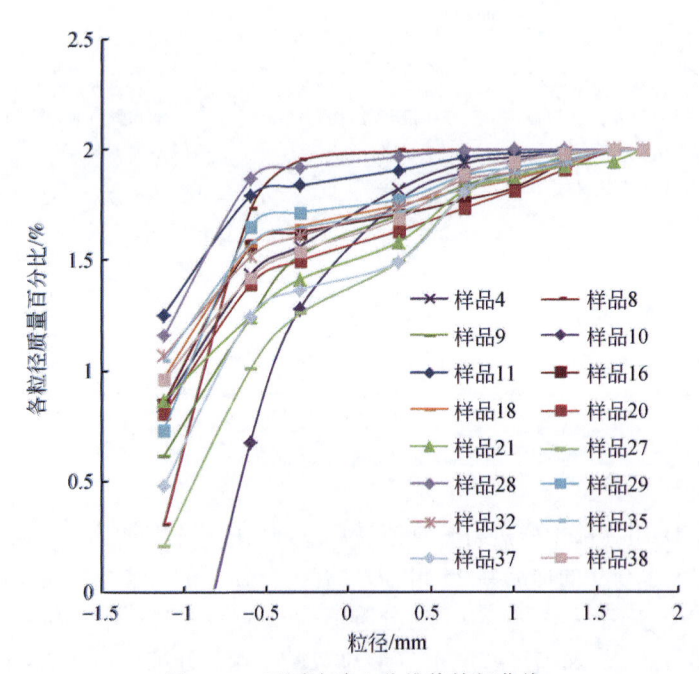

图 4.10　不同冰碛土分维值特征曲线

4.2.2 基于 Van Genuchten 模型的冰碛土颗粒组构分析

1. Van Genuchten 模型介绍

中巴公路沿线冰碛土广泛分布,冰川泥石流发育,由于其所处的独特气候特征和特殊地质背景,由冰碛物形成的冰川泥石流堆积物,与一般土体有所不同,具有其特殊颗粒组成特征。颗粒分布曲线分析是表征土体颗粒组成的重要指标,而通过颗粒分布试验得到的只是一些数据点,难以准确计算土体的 d_{10}、d_{30}、d_{60} 三个参数指标,故计算获得土体不均匀系数和曲率系数也就无法真实反映土体真实组构特征。为了更加准确地揭示冰川泥石流堆积物的颗粒组构特征,本书采用谌文武等[55]提出的修改后的 Van Genuchten 模型(简写为 MVG 模型)对公路沿线 41 处冰碛土的颗粒级配实验结果进行拟合,形式如下:

$$P(d) = \frac{1}{\left[1+\left(\frac{a}{d}\right)^n\right]^m} \tag{4.1}$$

式中,$P(d)$ 为小于某粒径的颗粒质量比;d 为任意土颗粒粒径,mm;m、a 和 n 为拟合参数。

前人已经针对黏土、粉土等细粒土进行了适用性分析,本次针对冰川泥石流堆积土体的颗粒粒径离散性及不均匀性较大的土体,采用 MVG 模型进行适用性分析,评价 MVG 模型在描述冰碛土颗粒分布曲线的可靠性,并重点讨论 a、m、n 三个拟合参数对颗粒分布曲线的影响。为了更好地表述粒径质量比的概念,用 $P(-2)$ 表示颗粒粒径小于 2mm 的颗粒质量占冰碛土的总质量的比例;$P(2,20)$ 表示颗粒粒径在区间(2,20)的颗粒质量占冰碛土的总质量的比例;$P(20+)$ 表示颗粒粒径不小于 20mm 的颗粒质量占冰碛土的总质量的比例。

2. 对 MVG 模型拟合参数 m、a 和 n 的讨论

MVG 模型是一个三参数模型,为了更加清楚地认识 MVG 模型在拟合冰碛土颗粒分布曲线的优劣,下面分别讨论拟合参数 m、a 和 n 对冰碛土颗粒分布曲线的影响。

1)参数 a 对 MVG 模型的影响

在拟合冰碛土颗粒分布曲线过程中,当参数 m、n 值不变,仅改变参数 a 值时,相应的 MVG 模型曲线如图 4.11 所示,图中设定参数 $m=0.1$,$n=5$,$a=5$、10、20、40、80。在参数 a 由 5 增加到 80 过程中,颗粒分布曲线整体向右偏移,但曲线的坡度和斜率却几乎不变。

在表 4.3 中,将 $P(-2)$ 为定义砂粒含量,将 $P(2,20)$ 定义为砾石含量,将 $P(20+)$ 定义为碎石含量。

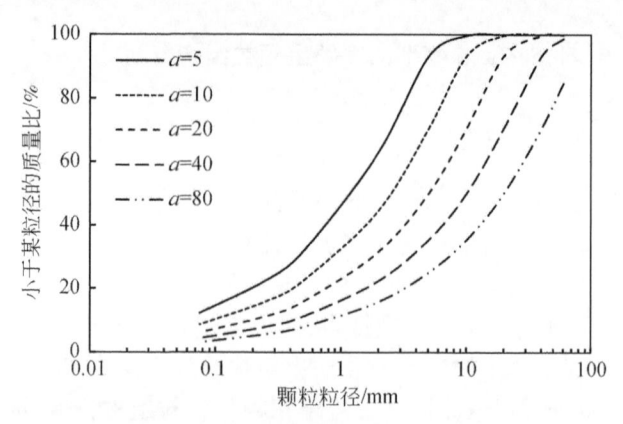

图 4.11 曲线随参数 a 的变化情况

由图 4.11 发现,随着参数 a 值增大,颗粒分布曲线沿着颗粒粒径增大逐渐向右偏移,在此过程中细粒含量变得越来越少,粗粒含量变得越来越多。由表 4.3 和图 4.12 分析发现,随着 a 值增大,砂粒含量 $P(-2)$ 呈逐渐减小趋势,砾石含量 $P(2,20)$ 呈先增加后减小趋势,碎石含量 $P(20+)$ 呈逐渐增大趋势。整体而言,a 值会影响土体颗粒粒径的分布范围,随着 a 值的增大,土体中会出现更大粒径的颗粒,从而能够间接地反映土中最大颗粒的粒径。

表 4.3 当参数 a 变化时土体的中砂粒、砾石、碎石含量

a	m	n	砂粒含量/%	砾石含量/%	碎石含量/%
5	0.1	5	0.63	0.37	0.00
10	0.1	5	0.45	0.55	0.00
20	0.1	5	0.32	0.62	0.07
40	0.1	5	0.22	0.48	0.30
80	0.1	5	0.16	0.34	0.50

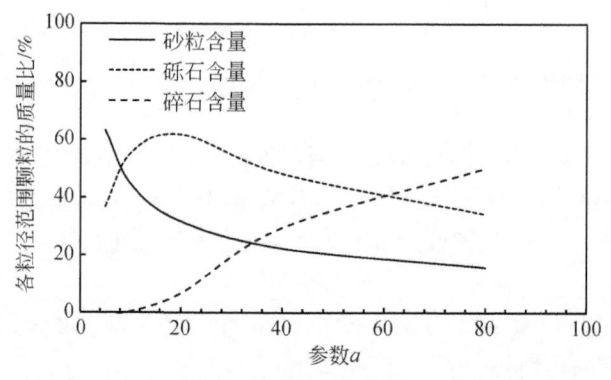

图 4.12 砂粒、砾石、碎石含量随参数 a 的变化情况

图 4.13 为不同参数 a 值时土体各粒径范围内颗粒的质量百分比,随着 a 值的增大,土体中粒径最大的颗粒含量逐渐增大,土体中出现的最大粒径也逐渐增大,图 4.14 可以更加清晰地反映此规律。因此,参数 a 值影响曲线的分布范围,可以用来推测土粒中最大粒径颗粒含量及最大的颗粒粒径。

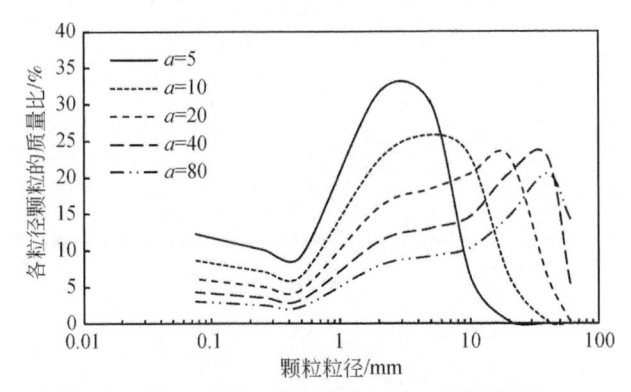

图 4.13 参数 a 值变化时土体各粒径颗粒的质量百分比

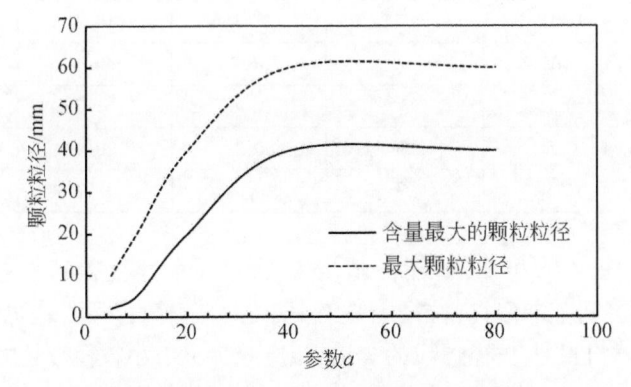

图 4.14 土体中最大粒径及含量最大的颗粒粒径随参数 a 值变化曲线

2) 参数 m 对 MVG 模型的影响

当参数 a 和 n 值不变,仅改变参数 m 值时,图 4.15 描述了 MVG 模型曲线的变化趋势,如设定参数 $a=20$,$n=5$,$m=0.02$、0.05、0.1、0.5、2.5 时,发现随着参数 m 增大,曲线向右发生偏移,曲线的斜率不断增大,类似于土体颗粒粒径分布范围逐渐向大粒径范围集中。

由表 4.4 可知,当 $m=0.5$ 时,砂粒含量为 0.3%,几乎可以忽略不计,砾石含量为 70.4%,碎石含量为 29.3%。随着 m 值增大,砂粒含量变得越来越小,最终几乎减小为 0;砾石含量也随着 m 值增大而逐渐减小,$m=2.5$ 时,砾石含量减小为

17.7%,而此时碎石含量由最初的 29.3% 增加到 82.3%。可知随着 m 值增大,土中砂粒含量和砾石含量减少,碎石含量增加。

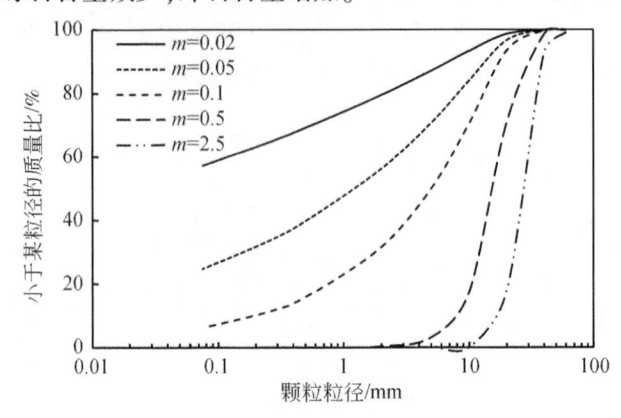

图 4.15 曲线随参数 m 的变化情况

表 4.4 当参数 m 变化时土体的中砂粒、砾石、碎石含量

a	m	n	砂粒含量/%	砾石含量/%	碎石含量/%
20	0.02	5	79.4	19.2	1.4
20	0.05	5	56.2	40.4	3.4
20	0.1	5	31.6	61.7	6.7
20	0.5	5	0.3	70.4	29.3
20	2.5	5	0.0	17.7	82.3

由表 4.4、图 4.16 可知,随着 m 值增大,曲线的斜率变得越来越大,颗粒粒径分布向大粒径区间范围偏移,粒径主要集中于砾石及碎石区间,这也间接说明参数 m 值增加将增大土中大粒径颗粒的含量,相应减少土中小粒径颗粒的含量。

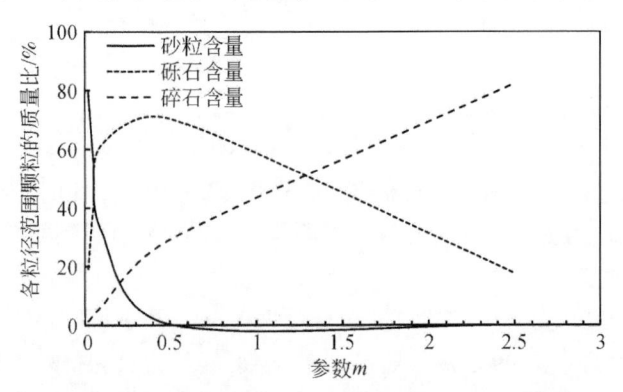

图 4.16 砂粒、砾石、碎石含量随参数 m 的变化情况

从图 4.17 可以看出,$m=0.02$ 时,土体中小粒径颗粒较多,其余粒径颗粒分布较为均匀;随着参数 m 值的增大,土体中小颗粒含量逐渐减小,大颗粒粒径含量逐渐增加;当 $m=0.5$ 时,土体中砂粒含量几乎为零,土体颗粒粒径几乎集中在大粒径范围内分布。因此,可知 m 值对土中各粒径颗粒的组分比例均有影响。

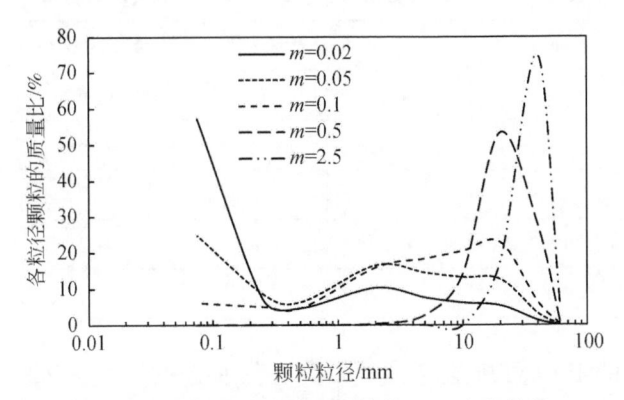

图 4.17　各粒径颗粒含量随参数 m 的变化情况

3) 参数 n 对 MVG 模型的影响

当参数 a 和 m 值不变,改变参数 n 值时,图 4.18 描述了 MVG 模型曲线的变化趋势,如设定参数 $a=20$,$m=0.1$,$n=1$、2、5、10、20,随着参数 n 增大,曲线向右偏移,曲线的斜率不断增大,类似于参数 m 的影响,不同的是参数 n 的变化,对于较大粒径范围内颗粒含量影响较小。

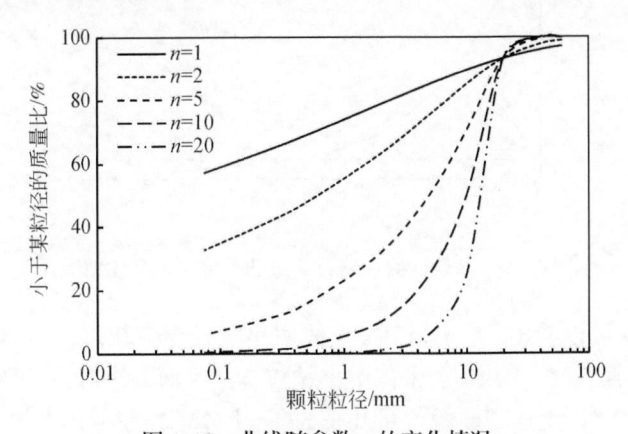

图 4.18　曲线随参数 n 的变化情况

由表 4.5 可知,当 $n=1$ 时,砂粒含量为 78.7%,砾石含量为 14.6%,碎石含量为 6.7%。随着 n 值增大,砂粒含量越来越小,砾石含量逐渐增加,碎石含量基本保持不变。当 $n=20$ 时,砂粒含量减小为1.0%,砾石含量增大为92.3%,而此时碎石含量保持6.7%不变。可知随 n 值增大,减小了土中小粒径的砂粒含量,增加了土体中等粒径的砾石含量,但对大粒径的碎石含量影响较小。

表4.5 当参数 n 变化时土体的中砂粒、砾石、碎石含量

a	m	n	砂粒含量/%	砾石含量/%	碎石含量/%
20	0.1	1	78.7	14.6	6.7
20	0.1	2	63.0	30.3	6.7
20	0.1	5	31.6	61.7	6.7
20	0.1	10	10.0	83.3	6.7
20	0.1	20	1.0	92.3	6.7

由表4.5、图4.19可知,随着参数 n 值增大,曲线的斜率变得越来越大,颗粒粒径分布向大粒径区间范围偏移,粒径主要集中于中等粒径的砾石区间。这也间接反映 n 值增加将增大土体中等粒径范围颗粒的含量,相应减少土体内小粒径颗粒的含量,但对于土体大粒径范围颗粒的含量影响较小。

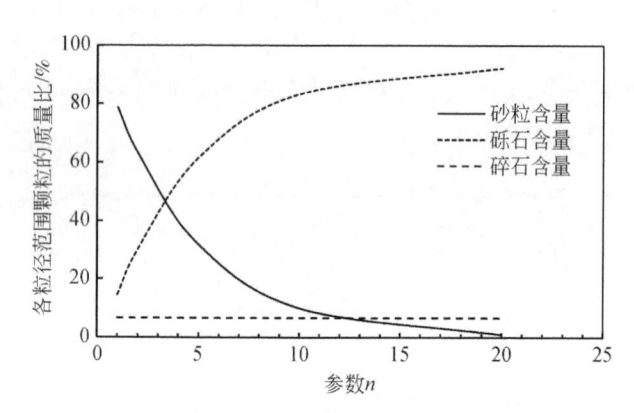

图4.19 砂粒、砾石、碎石含量随参数 n 的变化情况

从图4.20可以看出,当 $n=1$ 时,土体中小粒径颗粒较多,其余粒径颗粒分布较为均匀。随着参数 n 的增大,土体中小颗粒含量逐渐减小,大颗粒粒径含量逐渐增加。当 $n=10$ 时,土体中砂粒含量几乎为零,土体颗粒粒径几乎集中在大粒径范围内分布。但观察图4.20中颗粒粒径在40~60mm时曲线基本重合,可以推测 n 值对土体内大粒径颗粒的含量影响较小。因此,可知参数 n 值对土体内除大粒径颗粒以外的各粒径颗粒的组分比例均有影响。

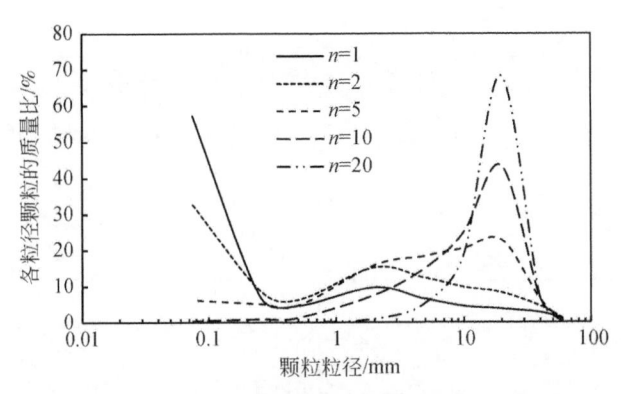

图 4.20　各粒径颗粒含量随参数 n 的变化情况

综上分析,可知 MVG 模型中三个参数 a、m、n 对曲线的影响规律:参数 a 导致曲线整体偏移,并可推测土体中土粒中最大颗粒粒径及含量最高的颗粒粒径,参数 a 与土体颗粒最大粒径呈正相关性;参数 m、n 对曲线影响规律相似,均影响土体中各粒径颗粒的组分比例,随着 m、n 的增大,土体中细颗粒含量减小,粗颗粒含量增大;参数 m 影响范围是全部粒径范围内颗粒含量,参数 n 主要影响中小粒径范围内颗粒含量,对于大粒径颗粒含量影响很小;另外,参数 m 较参数 n 对 MVG 模型敏感系数高。

3. 拟合结果分析及应用

为验证模型的有效性,选取中巴公路沿线 10 处冰碛土作为实验土样,颗粒分布实验结果采用 MVG 模型进行拟合,拟合结果如图 4.21 所示。

图 4.21 为 10 组样品的实际颗粒分布及拟合曲线,通过计算得到二者相关性系数 $R^2=0.9891\sim0.9999$,可明显发现拟合曲线与实际值吻合较好,能够很好地反映土体实际各个颗粒的组成含量。由此可知,MVG 模型拟合曲线与实际值吻合较好,各相关系数 $R^2>0.98$,表明了 MVG 模型在拟合冰碛土曲线时具有较高精度。

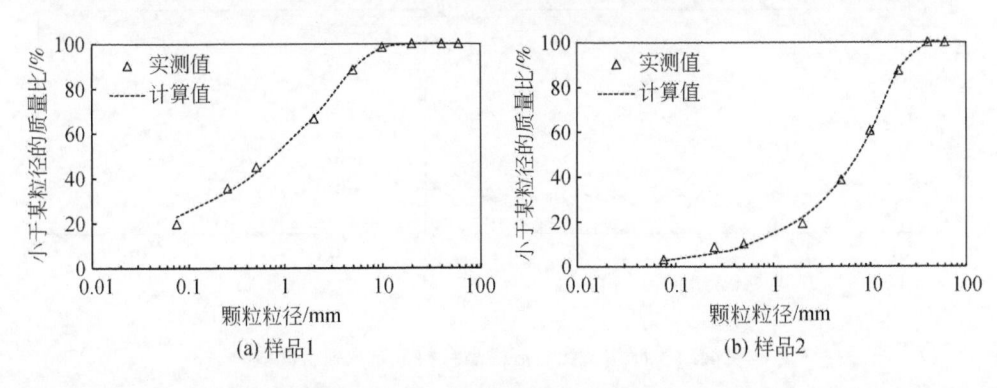

(a) 样品1　　　　　　　　　　(b) 样品2

(c) 样品3

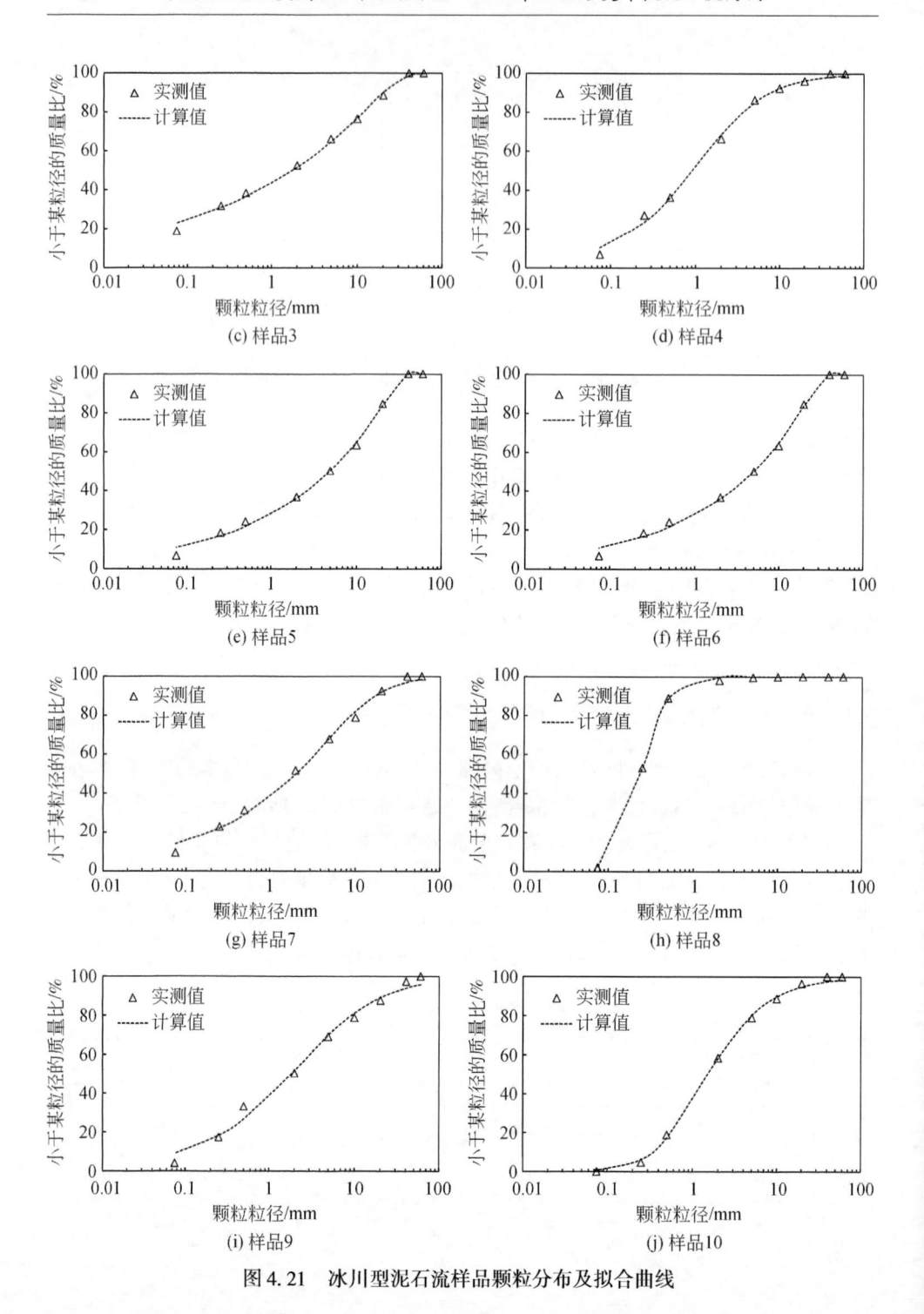

(d) 样品4

(e) 样品5

(f) 样品6

(g) 样品7

(h) 样品8

(i) 样品9

(j) 样品10

图 4.21 冰川型泥石流样品颗粒分布及拟合曲线

经上述分析发现,MVG 模型在拟合冰碛土颗粒分布曲线时具有很高精度,由此可更加准确地确定冰碛土 d_{10}、d_{30} 和 d_{60},进而计算获得更精确的冰碛土 C_u 和 C_c 值。因此,可采用 MVG 模型求解冰碛土的 C_u 和 C_c,进而判断土体的级配情况,通过对式(4.1)进行求解,可得

$$d=a\{[P(d)]^{-1/m}-1\}^{-1/n} \tag{4.2}$$

将拟合参数及相应的小于某粒径的质量比代入式(4.2)求解 d,从而得到相应的 d_{10}、d_{30}、d_{60},用以求解 C_u、C_c。

4.3 冰碛土体的工程地质特征

4.3.1 冰碛物结构特征

冰碛物为冰川侵蚀搬运的碎屑物,中巴公路两侧沟道内分布多期冰进留下的冰碛物,并形成多种类型冰碛地貌,如冰碛丘陵、侧碛堤、终碛堤、中碛堤、鼓丘、冰洞等(图4.22)。冰碛物形成在很大程度上取决于气候冷暖波动和冰川环境变迁,海拔6000m以上区域为西风环流控制,海拔4000~6000m 区域主要受局地环流的强烈影响,气候干燥、降水稀少,风力作用和物理风化作用强烈,结合卫星遥感分析及2015年实地考察发现,冰碛土具有独特的侵蚀、搬运与沉积特征(图4.23):①随形成年代不同,冰碛物分布在海拔2500~3000m 的沟谷内,多呈灰色、灰白色和黄褐色,年代越老,颜色越深,表层黄土越厚;②堆积杂乱,无层理,分选差,粗砂和巨砾混杂,呈大孔隙架空结构,呈松散-半胶结状态,常形成高陡台地,最大高度

图4.22 公路沿线不同类型冰碛地貌(拍摄于2015年)

可达到200m;③冰碛物内碎块石磨圆度差,砾石和岩块无定向排列规则,且砾石表面常有磨光面,表面具有擦痕;④冰碛土成分与区域地层有关,岩性以片麻岩为主,其次为片岩、砂岩和少量千枚岩;⑤表面分布粗大漂砾,最大漂砾直径达到11m,漂砾表面多风化呈蜂窝状;⑥冰碛物在融水冲刷下形成泥石流,在下游可见冰水堆积物拱形石洞,以及冰川泥石流形成的垄岗状石线堆积形态。

图4.23　公路沿线冰碛堆积特征(拍摄于2015年)

4.3.2　冰碛土物理力学特征

公格尔山地区东帕米尔毗邻青藏高原西北和塔里木盆地的西边缘,是东帕米尔高原最大的冰川作用中心。该地区历史上至少经历了六次规模较大的冰川运动,在冰川进退过程中岩屑、碎石经搬运迁移、消融沉积形成冰碛土,广泛分布在公路两侧的山谷与山麓地带。随着人类工程建设区域的不断扩展,在这些地区的建设工程活动也越来越频繁,因此,针对冰碛物堆积体在工程应用方面的专门研究,特别是在有关冰碛堆积体的工程地质问题以及其内部物质组成、成因等方面特征的研究尤为突出。

1.冰碛土水理特征

经过2015~2017年多次实地考察,本次主要选取中巴公路K1598处典型的冰川泥石流沟道内冰碛土,开展冰碛土水理特征实验,具体包括室内颗粒分布试验、激光粒度分析、矿物成分分析和含盐量检测等试验。冰碛土常规参数如表4.6所示。

表 4.6 冰碛土常规参数特征

天然含水量/%	天然密度/(g/cm³)	液限/%	塑限/%	塑性指数	渗透系数/(mm/min)
2.1~8.68	2.1~2.4	21.2	14.1	7.1	27.4

1) 室内颗粒分布实验

通过筛分法对粒径小于60mm的颗粒进行室内颗粒分布实验,冰碛土体颗粒粒径级配曲线如图4.24所示,从冰碛土体级配曲线可以得出,不均匀系数 C_u=310>5,曲率系数 C_s=0.99<1,说明冰碛土为不良级配土,粗细颗粒分布不均匀,粒径分布范围广,颗粒以砾砂为主,粉黏粒含量较低,其中砾石含量为52.38%,砂粒含量为29.17%,粉粒、黏土含量分别为16.52%和1.93%。

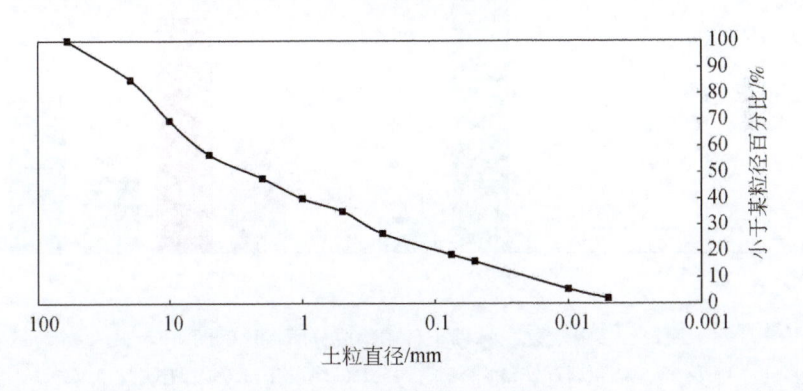

图 4.24 冰碛土颗粒组成特征

2) 冰碛土粒度分布

激光粒度分析仪的测试结果见图4.25,粒径的粒度分布是用粒度分布函数来描述的,本次冰碛土粒度分布曲线均具有典型粒度分布的单峰特征,粒度总体积分

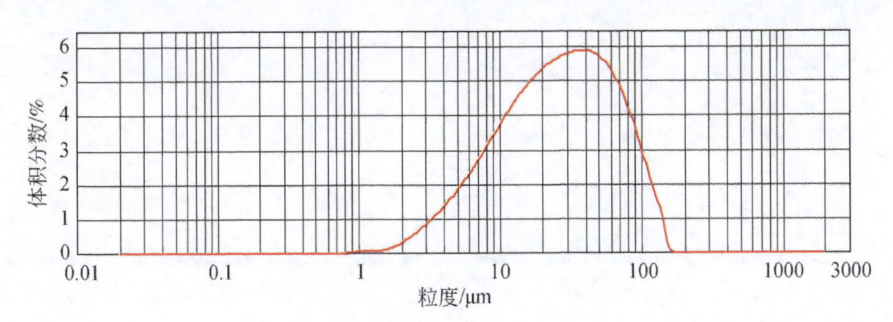

图 4.25 冰碛土激光粒度分布

布为偏态非对称分布,低高峰的粒度峰值均出现在 2.0μm 左右,较高的粒度峰值出现在 75μm 左右,平均粒径范围 50～75μm,含量 20%～30%。激光粒度分析仪的原理基于激光通过颗粒时发生衍射,其衍射光的角度与颗粒的粒径相关,颗粒越大,衍射光的角度越小。不同粒径的粒子所衍射的光会落在不同的位置,因此通过衍射光的位置可反映出粒径大小。

3) 冰碛物矿物成分

X 衍射仪利用衍射原理,精确测定物质的晶体结构、组构及应力,精确地进行物相分析、定性分析和定量分析。试验土中黏土矿物组成及粒度分析如图 4.26 和图 4.27 所示,黏土中含多种矿物成分,主要为石英、伊利石、方解石、绿泥石等。

图 4.26　冰碛土各矿物成分所占比例图

石英 28.3%;伊利石 26.3%;钙长石 15.2%;绿泥石 13.0%;钠长石 8.3%;
高岭石 4.8%;方解石 3.6%;赤铁矿 0.4%

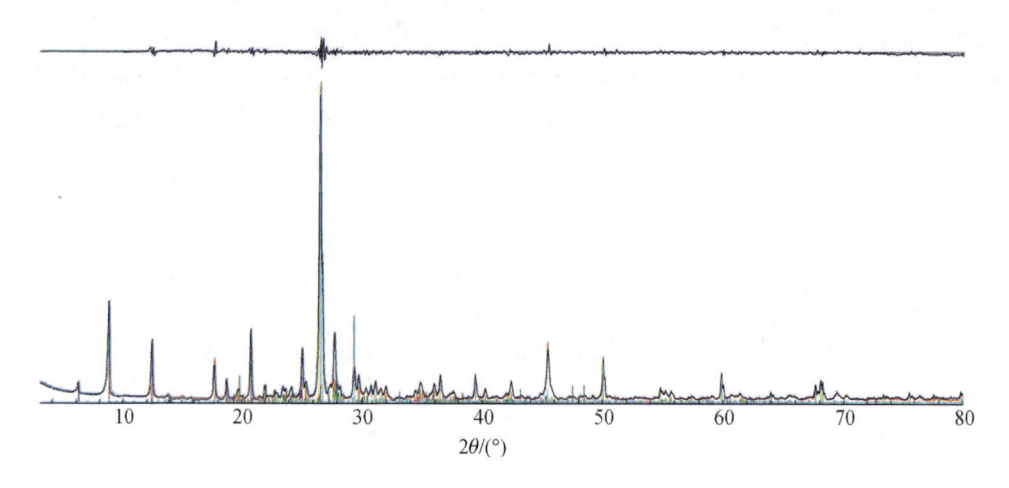

图 4.27　冰碛土 X 射线物相分析图

4) 冰碛土易溶盐含量

土的易溶盐含量是分界盐渍土与非盐渍土的主要物理指标,是评价土的盐渍化程度的依据。冰碛土主要离子易溶盐含量特征见表4.7,冰碛土总盐含量为0.167%,含盐量很低,为非盐渍土,通过对土样滤出液的pH测定,测得pH为5.67~5.71,土体处于弱酸性环境。

表4.7 主要离子易溶盐含量特征分析

主要离子	滴定液消耗量/mL	离子含量/(mmol/kg)	质量分数/%
CO_3^{2-}	0	0	0
HCO_3^-	0.64	2.9824	0.0182
Cl^-	0.84	8.0976	0.0287
SO_4^{2-}	2.4	16.4	0.0787
Ca^{2+}	0.68	13.6	0.0272
Mg^{2+}	0.44	8.8	0.0117

2. 冰碛土强度特征

冰碛堆积体经历了寒冷气候条件—气候变暖—干暖少雨的气候变迁历史,随着它们从高海拔寒冷地区运移下来,先前土体中的冰块逐渐融化,而后堆积在河谷两岸,土体从冻土到过饱和再到现今因干燥少雨气候而水分逐渐丧失,其强度和稳定性也在逐渐变化。在降水作用下,冰碛堆积物强度参数会显著变化,可能造成沟道两岸冰碛堆积体斜坡的稳定性降低,进而影响冰川泥石流起动。

本次试验土样采用粒径≤2mm的冰碛重塑土体,控制土样密度为2.0g/cm³进行分层击实(图4.28),调节剪切速率为0.8mm/min,采用不固结快剪的方式在垂直压力为50kPa、100kPa、200kPa、300kPa、400kPa作用下进行水平剪切。试验设置了4种含水量(5%、10%、15%、20%)和6种细粒含量(0、10%、30%、50%、70%、100%),共50组试验。试验过程中保持剪切盒内壁光滑,且对土样与剪切盒缝隙进行加土填充,使其能紧密接触,确保土样受力均匀,试验开始后每30s记录一次表盘数据,当水平位移达到5~6mm时停止实验。

1) 不同含水量下剪应力与剪切位移的关系

土样细粒含量为0、不同含水率条件下剪应力与剪切位移的关系见图4.29。冰碛土在不同含水率条件下,剪应力随剪切位移的增大而增大,没有明显的峰值点。在含水率为5%~20%范围内,土体抗剪强度有所差异但变化不大,土体性能较为稳定。

图 4.28 冰碛土直剪试验样品制作

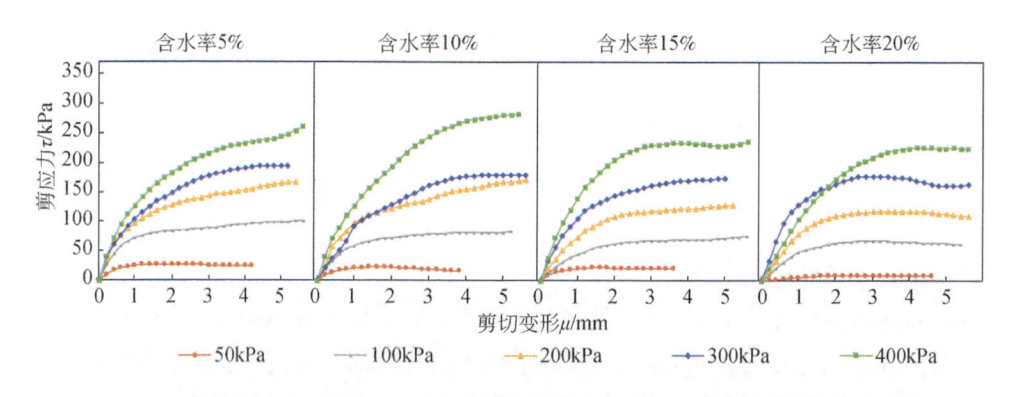

图 4.29 细粒含量为 0 时不同含水量条件下剪应力与剪切位移的关系

在低垂直压力时,剪应力-剪切位移曲线呈弱软化型;在较高垂直压力时,其曲线表现出轻微硬化特征。这是因为在较低的垂直压力下(50kPa、100kPa),不足以限制试验土体在试验过程中发生体胀,当垂直压力较高时,就限制试样在剪切过程中的体胀趋势,从而使剪切过程中剪切面上颗粒重组,小颗粒填充进入由大颗粒部分形成的孔隙中,从而剪切应力随剪切位移增大而增加,没有明显的峰值点。

2) 不同细颗粒下剪应力与剪切位移的关系

土样含水率 5%时不同细粒含量条件下剪应力与剪切位移的关系见图 4.30。在不同细粒含量条件下,剪应力随剪切位移的增大而增大,且随垂直压力的增大而增大。低垂直压力时,剪应力-剪切位移呈弱软化型,曲线具有明显的峰值点;在较高垂直压力时,其曲线表现出现微硬化型。这是因为此时垂直压力较小,不足以限制颗粒翻越,此时剪切带内颗粒表现出明显的颗粒翻滚,从而使剪应力-应变曲线呈软化型。在较高垂直压力时,较高的垂直压力对颗粒翻越有明显的限制作用,所以剪切带内的颗粒主要表现为颗粒重排和填充,从而使得较高垂直压力时其剪应力-应变曲线呈轻微硬化型。细粒含量对土体抗剪强度有所影响,当细粒含量为10%~30%时,土体抗剪强度较高;但整体而言,土体强度较高,性能较为稳定。

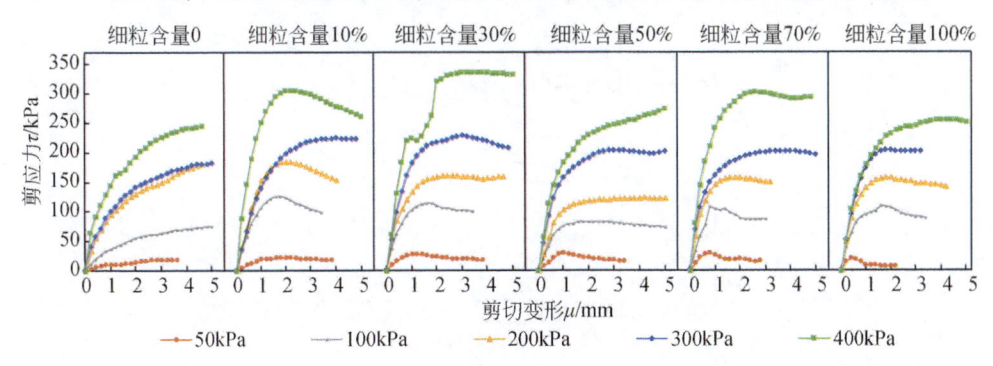

图4.30 含水率为5%时不同细粒含量条件下剪应力与剪切位移的关系

3)冰碛土抗剪强度与垂直压应力的关系特征

土样不同细粒含量、不同含水率条件下抗剪强度与垂直压力的关系见图4.31和图4.32。不同含水量和不同细颗粒含量条件下,土体抗剪强度与土体含水量成反比,含水量越大抗剪强度越小,且在含水率在10%~15%区间变化幅度最大;细粒含量与抗剪强度没有明显的比例关系,当细粒含量为10%和30%时抗剪强度较大,细粒含量为0时抗剪强度相对较小。总体而言,冰碛土的强度较高且较为稳定,可作为路基填料使用。

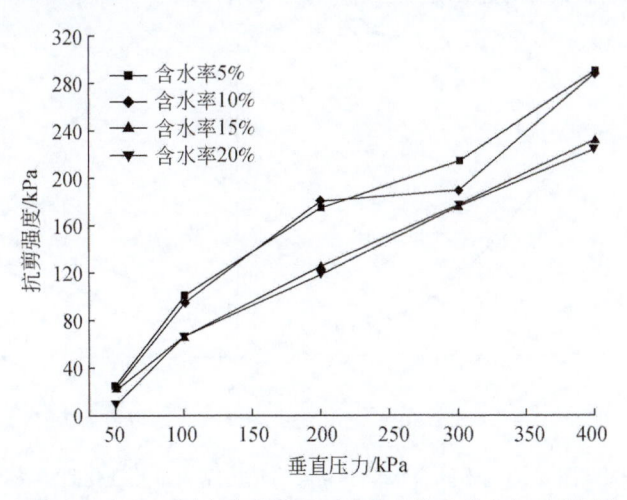

图4.31 细粒含量为0,不同含水率情况下冰碛土抗剪强度与垂直压应力的关系

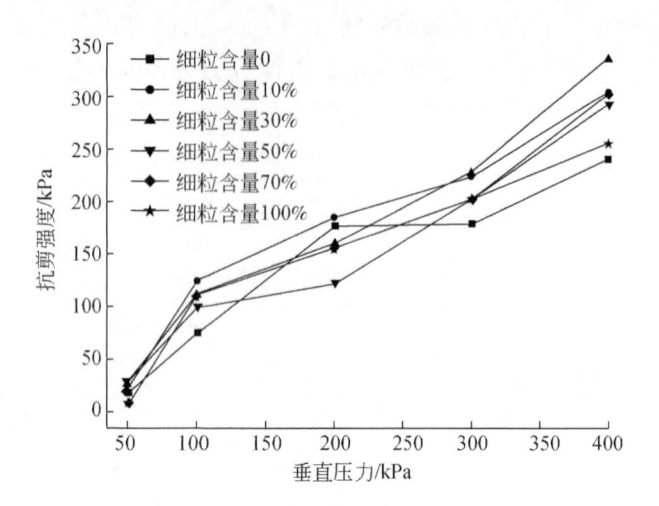

图4.32 含水率为5%,不同细粒含量情况下冰碛土抗剪强度与垂直压应力的关系

根据莫尔-库仑土体强度理论,冰碛土内摩擦角和黏聚力与含水量变化关系如图4.33所示。黏聚力c受含水量的影响大,c值随含水量增加急剧减少,特别是当试样含水量由10%增加到15%时,c值变化非常明显,进而对土体强度影响较大。内摩擦角φ随含水量的增大呈下降趋势,但变化不是很明显,主要原因是冰碛土主要由砾石、碎石等组成,黏粒含量较少,因此含水量的变化对φ的影响不是很大;其次在试验过程中,土样为重塑土样,很难确保试样粒径总是均匀的,因此测得φ值有一定的影响,但主要的原因还是土样黏粒含量较低。

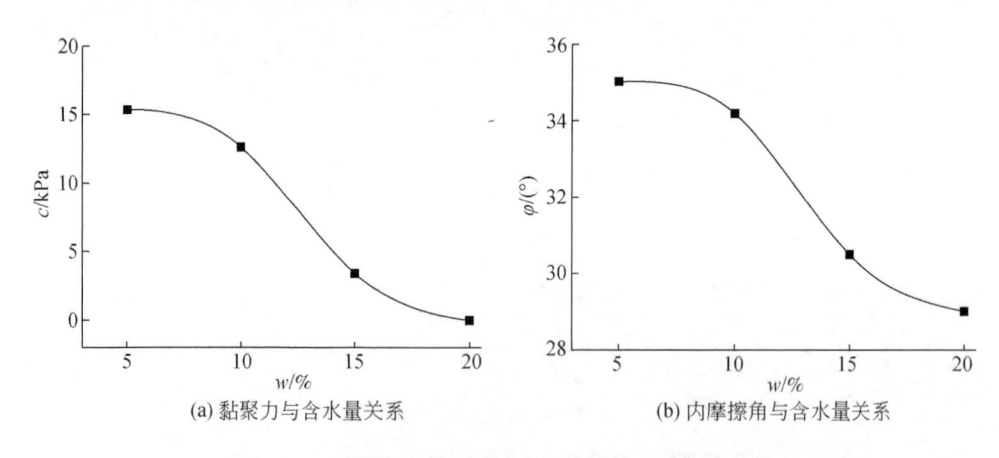

(a) 黏聚力与含水量关系

(b) 内摩擦角与含水量关系

图4.33 不同含水量下黏聚力与内摩擦角的变化曲线

内摩擦角和黏聚力与细粒含量关系如图4.34所示,c值在细粒含量为50%时

最小值为3.14kPa,此时c值主要由细粒部分的黏聚力和粗粒之间的咬合力提供。细粒含量大于50%时,粗粒部分没有充分地接触咬合,c值主要由细粒部分黏聚力提供,此时在试样整体平均密度一致的条件下,细粒含量的增加使得细粒部分密度增加,c值随细粒含量升高而上升;细粒含量小于50%时,土样中粗粒部分含量较高,部分粗粒颗粒能充分接触咬合提供较大的咬合力;细粒含量为10%时c值最大为21.1kPa。φ值随细粒含量的增加具有先增加后下降的趋势。细粒含量30%时φ值最大,为38.8°,此时细颗粒充分填充粗颗粒间的空隙,粗颗粒能充分咬合。细粒含量继续增加导致粗粒含量下降,粗颗粒不能充分咬合,从而使得φ值较小。

(a) 细粒含量与黏聚力的关系

(b) 细粒含量与内摩擦角的关系

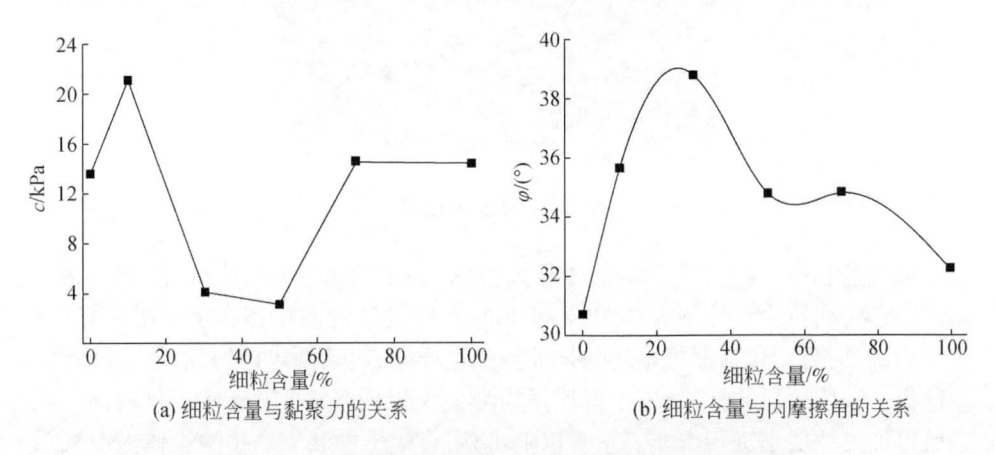

图4.34 不同细粒含量下黏聚力与内摩擦角的变化曲线

3. 冰碛土渗透特征

渗透系数是指饱和多孔介质单位水势梯度时的渗流速度。它的大小是直接衡量多孔介质透水性强弱的一个重要的指标。渗透系数的大小与土体的级配、孔隙大小、土的矿物成分及水稳有关。本次试验土体为未受洪水冲刷扰动的冰碛土,根据土样的原始级配,去掉粒径>40mm部分,以2mm作为粗、细颗粒的分界粒径,配置成不同含水率和不同细粒含量的土样,利用自行试制常水头渗透仪进行渗透试验,渗透仪型号规格见表4.8,渗透仪结构如图4.35所示。

表4.8 渗透仪主要参数　　　　　　　　　　　（单位:mm）

高度	内径	限制粒径	稳定水头 h	测压管参数			
				1号管底高度	2号管底高度	3号管底高度	4号管底高度
600	200	40	545	15	105	175	245

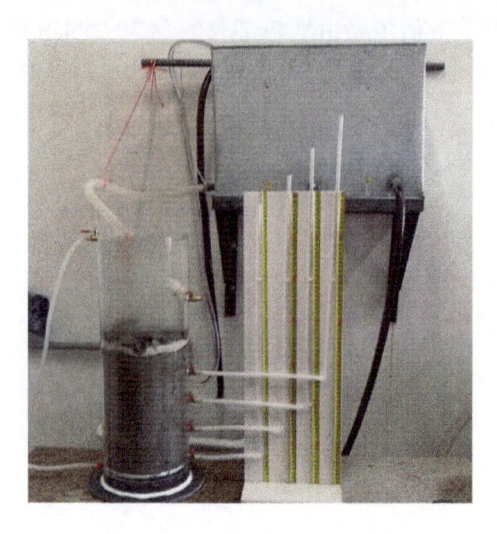

图4.35 常水头渗透仪装置

试验控制最大粒径为40mm,土样质量为15kg,含水率分别控制在5%、10%、15%、25%,细粒含量控制为0、20%和40%。按设计的质量和含水率配制好土样拌匀后,然后再用化雾器把水均匀地喷洒到土样中,边喷洒边拌匀,静置8h后装入渗透仪。采用分层装样,每层土样质量均为5kg,以同等击实功击实后把表面打毛,然后再加另一层土进行击实。重复以上步骤,直至土样装完。排除土体内空气后,试验开始,每间隔10min用量筒接取经t时间由出水管排出的水量Q,并记录测压管的水头高度h_i及出水口的水温T。根据达西定律计算土体的渗透系数,相应计算公式为

$$K=\frac{qL}{\Delta hAt} \tag{4.3}$$

式中,K为土体渗透系数,cm/s;q为时间t内渗流水量,mL;L为渗流距离,cm,等于土柱高度h_s与各测压管底高度H_i的差值;Δh为水头损失,即渗透仪稳定水头h与各测压管液面h_i高差,cm;A为渗流断面面积,cm^2。

1)渗透系数随时间的变化关系

不同含水率、不同细粒含量情况下土体的渗透系数随时间的变化关系如图4.36、图4.37所示。由图4.36、图4.37可以发现冰碛土渗透系数随时间基本呈先增大后减少趋势,最终趋于平稳。出现这种现象的原因主要是试验初期,土体较为均匀,渗透系数较小,随着渗透水流的作用,细颗粒在粗颗粒空隙间移动,局部形成连通的大颗粒架空骨架,使得渗透系数稍有增大,但随着细颗粒逐渐淤积至底部,堆积的细颗粒堵塞大孔隙,使其土体中的孔隙率变小(图4.38),最终渗透系数随时间不断下降后趋于稳定。部分土体在试验过程中,渗透系数随时间上升后下

第4章 冰川泥石流易发区冰碛土特征

降至稳定。这是由于在试验刚开始阶段出水口处有浑浊水流流出，表明土体中的细颗粒随水流一起迁出，细颗粒的流失使土体中的孔隙增大，颗粒骨架间的孔隙相互连通，渗透性能增加，后随着时间的持续，土体在自重作用下，发生下沉，颗粒间的孔隙变小，渗透系数减小。

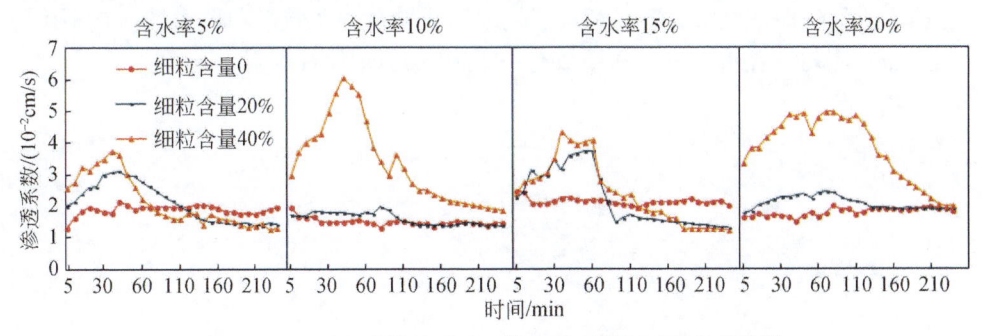

图4.36 不同含水率情况下土体渗透系数随时间变化曲线

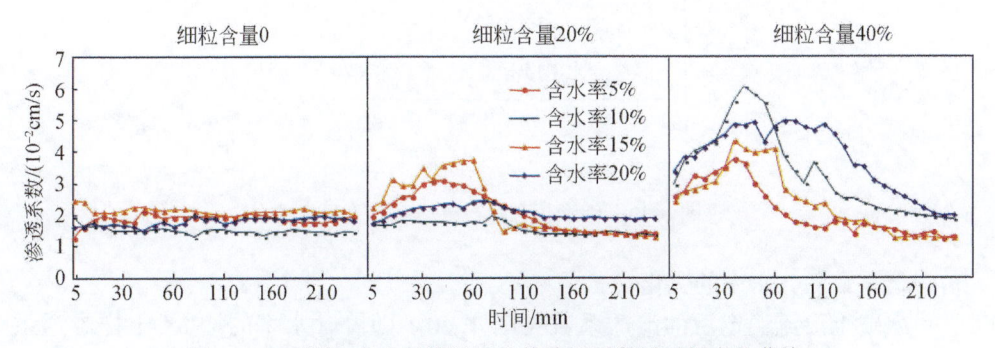

图4.37 不同细粒含量情况下土体渗透系数随时间变化曲线

图4.38 土体沉降及细颗粒迁移

2)渗透系数随细粒含量的变化

冰碛土的渗透系数变化受土体中细粒含量影响较大(图4.39),当土体中细粒含量较少时,大颗粒形成的渗流通道骨架较为稳定,无细颗粒迁移,不会造成通道阻塞或改变,因此渗透系数较为稳定;当土体中细粒含量较高时(如40%含量),在渗透水流的作用下细颗粒容易移动、堆积,对土体渗透系数影响很大且存在不确定性。而土体初始含水率对渗透系数有一定影响,但规律性不强。

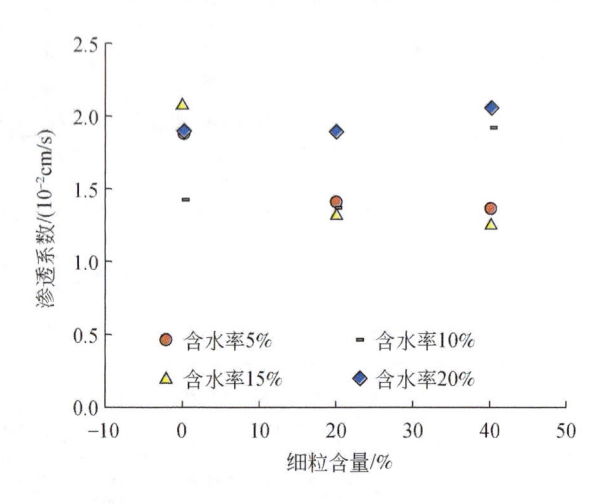

图4.39 细颗粒含量与渗透系数关系曲线

3)渗透系数随含水率的变化

冰碛土渗流稳定后的渗透系数见图4.40。随着含水率的增大,土样渗透系数经历了一个先变小后增大的过程,最终形成"V"字形走势,同时发现土样渗透系数由逐渐变小到逐渐增大的拐点处含水率约15%。前期渗透系数随含水率增大而下降的主要原因是土体具有很强的亲水性,随着含水率的增加,土体中的水吸附在土的表面,同时占据了土样的孔隙,水进入多孔介质会优先进入大孔隙而跳过小孔隙,从而导致了渗流过程中有效渗流通道变窄,孔隙率减少,因此,土样的渗透系数随含水率的增大而降低;后期含水率继续增加,超过了土体的液限,土体呈流动状,原填充孔隙的细颗粒悬浮在土体上方,土体孔隙因未有细颗粒完全填充,孔隙率较大,渗透性能增强。由图4.40可以发现冰碛土渗透系数在$1.26 \times 10^{-2} \sim 2.08 \times 10^{-2}$ cm/s范围内,与一般的砾砂、砾石(渗透系数为$6 \times 10^{-2} \sim 2 \times 10^{-1}$ cm/s[20])相比,其渗透系数稍低,但土体渗透性能整体较为稳定,渗透系数值波动较小,渗透性良好,总体而言研究区冰碛土具有良好的渗透性。

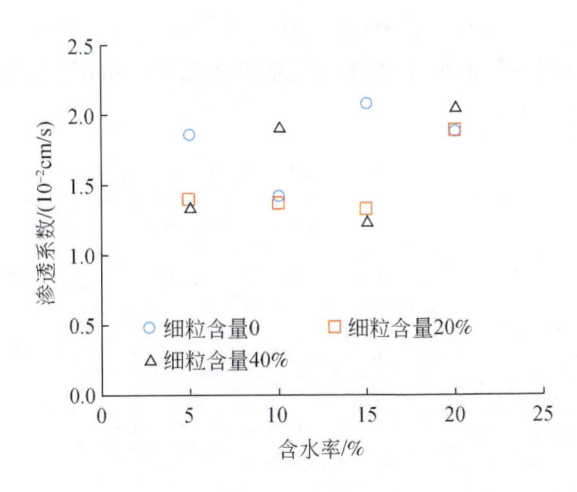

图4.40 含水率与渗透系数关系曲线

4.4 冰碛土路基填料适用性评价

中巴公路盖孜村至布伦口段位于公格尔山北坡（K1588+700～K1618+685），公路两侧第四纪以来至少存在六次冰进，大量冰碛物分布在沟道内成为泥石流主要物源，造成冰川泥石流暴发频繁，泥石流将大量冰碛物挟带至公路附近，常常对公路造成冲毁和掩埋灾害。冰川泥石流堆积物具备以下特征：①泥石流暴发频率高，泥石流堆积物丰富；②冰碛物中巨石常沿程发生停积，公路附近泥石流堆积物中以粗颗粒为主；③冰碛物母岩多为变质岩及沉积岩，泥石流堆积物中砂砾物质多，黏粒物质少；④泥石流堆积体固结强度高，常常呈垂直高陡剖面。

由于2015～2017年为中巴公路奥布段公路改扩建时期，需要大量的路基填料，而由上述分析可知冰川泥石流堆积物具备优越工程地质特征，本次将重点探讨冰碛土作为路基填料使用的可能性，并在未来公路建设中进行应用。

4.4.1 路基填料要求

冰碛土作为公路填料是否适用必须满足《公路路基施工技术规范》（JTG E40—2007）中4.1.2节路基填料规定要求[56]，首先冰碛土应符合作为填料的基本要求，其次应满足路用性能检测指标（表4.9）。该区域冰碛土总盐含量为0.167%，含盐量很低，为非盐渍土，测得pH为5.67～5.71，土体处于弱酸性环境，且有机质含量较少，由本书4.3节分析可知，公路两侧冰碛土为碎石土，符合路基填料要求,因此以下主要对填料改良后级配、承载力(CBR)和最大粒径等指标进行定量研究,选择级配良好的取土场和试验路段做现场填筑试验,以评价其作为路基填料的适用性。

表4.9 路基填料最小强度和最大粒径要求

填料应用部位 (路面底标高以下深度/m)		填料最小强度(CBR)/%			填料最大粒径 /mm
		高速公路、一级公路	二级公路	三、四级公路	
路堤	上路床(0~0.30)	8	6	5	100
	下路床(0.30~0.80)	5	4	3	100
	上路堤(0.80~1.50)	4	3	3	150
	下路堤(>1.50)	3	2	2	150
零填及挖方路基	(0~0.30)	8	6	5	100
	(0.30~0.80)	5	4	3	100

注:(1)填料最小强度按《公路土工试验规程》(JTG E40—2007)规定的浸水96h的CBR试验方法测定。
(2)三、四级公路铺筑沥青混凝土和水泥混凝土路面时,应采用二级公路的规定。
(3)表中上、下路堤填料最大粒径150mm的规定不适用于填石路堤和土石路堤。

4.4.2 冰川泥石流堆积物岩土特征

在中巴公路奥布段K1588+700~K1618+685段,对公路两侧不同冰川泥石流堆积体随机取样进行颗粒分布实验,共取样41组,结果见表4.10和图4.41。

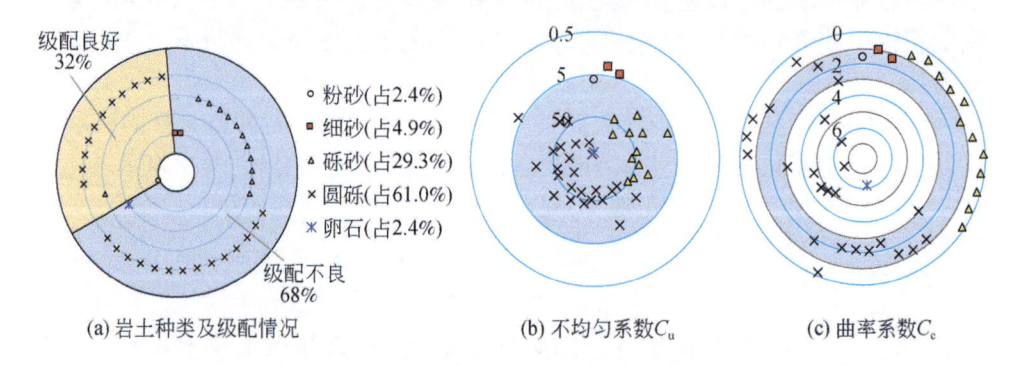

(a) 岩土种类及级配情况　　(b) 不均匀系数C_u　　(c) 曲率系数C_c

图4.41 冰碛土岩土种类及级配分析

表 4.10 冰川型泥石流堆积物颗粒分布实验分析

序号	岩土分类	平均粒径/mm	C_u	C_c	级配	序号	岩土分类	平均粒径/mm	C_u	C_c	级配
1	砾砂	0.85	40.49	0.6	不良	22	圆砾	3.86	69.24	5.16	不良
2	圆砾	7.6	21.18	2.92	良好	23	圆砾	4.37	24.2	4.92	不良
3	砾砂	1.74	91.6	0.35	不良	24	圆砾	9.34	133.3	4.72	不良
4	砾砂	1.18	16.52	0.62	不良	25	圆砾	4.45	56.18	6.66	不良
5	圆砾	4.93	69.75	1.31	良好	26	圆砾	4.67	57.7	4.67	不良
6	圆砾	4.93	69.75	1.31	良好	27	圆砾	3.77	18.99	3.01	不良
7	砾砂	1.87	42.87	0.72	不良	28	细砂	0.18	4.01	1.34	不良
8	细砂	0.24	2.91	0.96	不良	29	砾砂	0.44	22.39	0.17	不良
9	砾砂	1.97	23.26	0.37	不良	30	圆砾	3.32	127.54	0.52	不良
10	砾砂	1.68	6.51	1.11	良好	31	圆砾	2.89	49.45	0.31	不良
11	粉砂	0.2	5.82	1.49	良好	32	砾砂	1.51	44.73	0.28	不良
12	砾砂	1.56	43.52	0.63	不良	33	圆砾	2.85	66.69	0.49	不良
13	圆砾	6.33	10	1.51	良好	34	圆砾	4.72	3.94	1.14	不良
14	圆砾	2.21	49.57	2.5	良好	35	砾砂	1.6	51.76	0.17	不良
15	圆砾	3.65	87.76	2.15	良好	36	圆砾	15.86	128.77	6.19	不良
16	砾砂	1.88	60.84	0.09	不良	37	圆砾	3.74	29.33	4.42	不良
17	圆砾	4.39	51.03	2.22	良好	38	圆砾	2.15	37.95	0.48	不良
18	砾砂	1.2	40.16	0.17	不良	39	卵石	29.72	351.07	9.64	不良
19	圆砾	5.3	40.65	2.15	良好	40	圆砾	12.7	387.08	1.39	良好
20	圆砾	3.9	69.54	0.24	不良	41	圆砾	13.8	197.27	2.72	良好
21	圆砾	3.31	36.46	1.92	良好						

续表

统计分析			统计分析		
级配状况	数量	百分比/%	级配状况	数量	百分比/%
粉砂	1	3	良好	13	32
细砂	2	3	不良	28	68
砾砂	12	30			
圆砾	25	63			
卵石	1	3			

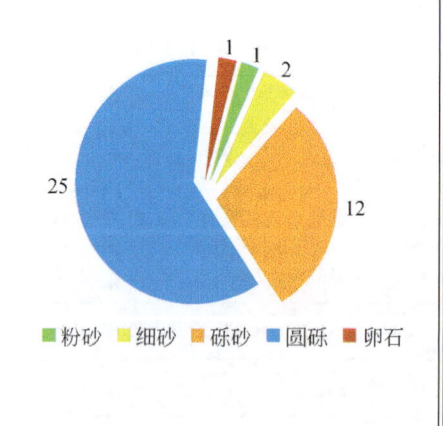

经分析发现,所取泥石流堆积冰碛土中无粉黏土,90%以上为碎石土,且多为圆砾、砾砂,分别占总数的61.0%、29.3%;级配良好的土体较少,占比约32%,以圆砾为主,级配不良土体较多,占比约68%,通过分析土体不均匀系数C_u及曲率系数C_c发现,$C_u>5$的土体约占93%,土体粒径范围较大,不均匀,$C_c<1$及$C_c>3$的约占68%,土体粒径分布不连续,存在粒径缺失,同时发现土体级配不良主要是由细粒缺失造成的,因此可通过掺配细粒土对土体进行改良。但由于土体掺配复杂,且公路沿线冰碛土多为碎石土,承载力较好,应优先选用级配良好取土场土体作为路基填料。

4.4.3 冰碛土物理改良级配分析

综上可知,公路沿线虽冰碛物分布广泛,但大部分属于级配不良土体,需对其进行级配改良后方可进行路基填料使用。本次通过对级配不良土体掺配总质量18%~25%的0.5~2mm粒径颗粒后,级配良好的土体比例由改良前的32%提高到80%,该方法可有效改良土体性质(图4.42)。

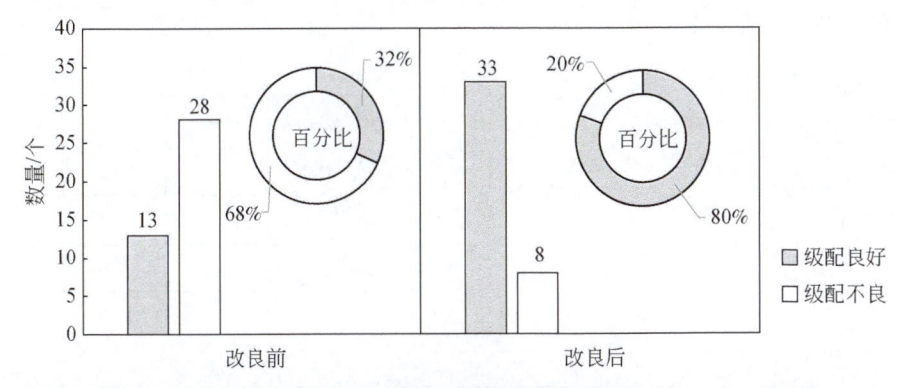

图4.42 冰碛土改良前后级配情况

本次选取公路K1615及K1617两处取土场冰碛土作为路基填料,对其进行土工实验分析。对其进行物理改良掺配细粒土后的级配情况如图4.43所示。颗粒分布曲线呈下凹形式,坡度较缓,粒径级配连续,粒径曲线分布范围表现为平滑,同时,满足$C_u>5$及$C_c=1~3$,土体为级配良好的圆砾。此外,土体有机质含量为0.5%,易溶盐为氯盐,是非盐渍土(Cl^-/SO_4^{2-}为1.32~2.07,总盐量为0.186%~0.285%),符合路堤填料一般要求。

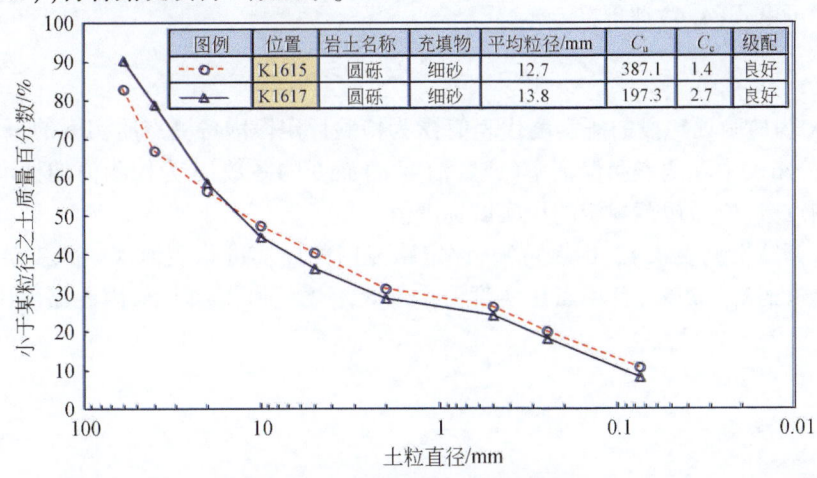

图例	位置	岩土名称	充填物	平均粒径/mm	C_u	C_c	级配
○	K1615	圆砾	细砂	12.7	387.1	1.4	良好
△	K1617	圆砾	细砂	13.8	197.3	2.7	良好

图4.43 冰碛土颗粒级配信息

4.4.4 试验路段改良冰碛土路用性能检测指标分析

在对选取公路 K1615 及 K1617 两处取土场冰碛土进行级配改良后,检测其进行现场路用性能指标。图 4.44 为冰碛土击实试验结果,反映土样最大干密度与含水率之间的关系,最大干密度为 2.31～2.34g/cm³,最佳含水率为 5.8%～6.0%。由于碎石土渗透性较好,且最佳含水率较低,故土体含水量容易控制,土样易于压实,施工较为简单方便。

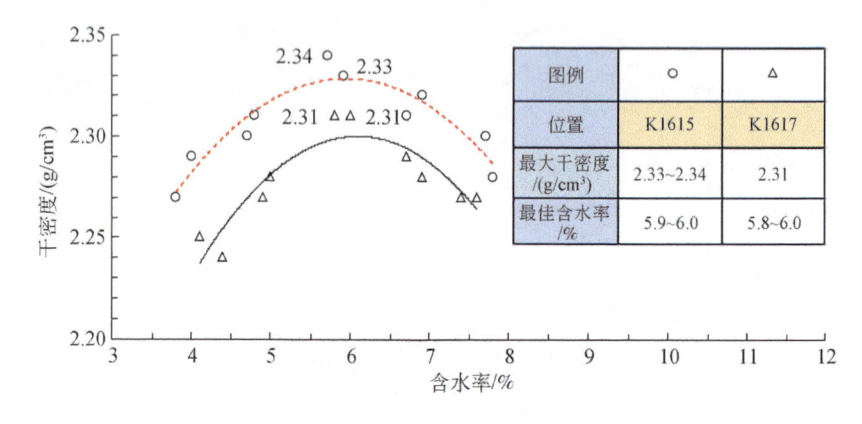

图 4.44 冰碛土击实试验结果

冰碛土试样的材料承载比(CBR)试验结果见表 4.11,由表 4.11 可知试样承载比 CBR＝107%～119%,均大于规范规定的高速公路填料最小强度 CBR＝8% 要求,同时材料膨胀量很小,因此,该处冰碛土料场可用于高速公路路基填料。进一步取施工后路基土样 20 组进行压实度检测试验(表 4.12),该评定路段内的压实度情况可由式(4.4)评价:

$$K=\bar{K}-t_\alpha *S/\sqrt{n} \geqslant K_0 \qquad (4.4)$$

式中,K 为检验评定段的压实度代表值;$\bar{K}$ 为检验评定段内各测点压实度的平均值;t_α 为 t 分布表中随测点和保证率(或置信度 o)而变的系数;S 为检测值的标准差;n 为检测点数;K_0 为规范规定的压实度标准值。

计算结果见表 4.12,由表可知,评定路段内的压实度代表值 K＝98.1%,大于规范要求的 K_0＝95%,且单点压实度值全部大于规范值 2% 以上,因此路段压实度合格。

表4.11 冰碛土承载比实验结果

土样	材料承载比	
	CBR/%	膨胀量/%
K1615	115~119	0.02~0.03
K1617	107~108	0.02~0.03

表4.12 冰碛土路基填料材料压实度检测结果

检验地段	实测压实度/%				评价结果
K1615~K1617	99.2	97.1	98.4	98.8	参数:$\bar{K}=98.3\%$,$t_\alpha=1.725$,$S=0.579$,$n=20$;
	98.0	98.8	98.0	98.8	规范要求:$K_0=95\%$;
	99.2	98.8	98.0	98.3	计算:$K=\bar{K}-t_\alpha * \dfrac{S}{\sqrt{n}}=98.1 \geqslant K_0$
	98.4	97.9	98.8	98.0	
	97.5	98.4	98.8	97.5	评价结果:合格,满足规范要求

4.4.5 小结

中巴公路奥布段冰碛土广泛分布,且具有特殊组构特征,碎石土和巨粒土混杂,呈大孔隙、大骨架结构,冰碛土主要分布于高程2500~4000m,公路两侧冰碛物共计37处,总面积达到101.95km²。基于41处冰碛土颗粒分布试验发现,冰碛土以砾石(33.4%~88.9%)和砂粒(9.17%~68.77%)为主,其中61%的冰碛土具有一维分维特点,分维值在2.37~2.76,大部分冰碛土基质指数变化在0.1~2,磨蚀指数在0.05~0.2。冰碛土承载力较好,但68%冰碛土级配不良,通过向级配不良土体掺配总质量18%~25%的0.5~2mm粒径颗粒,发现土体改良效果明显,可作为路基填料使用。冰碛土较同级别一般土体渗透系数偏小,但其渗透性能良好且较稳定。公路K1615~K1617处级配良好的冰碛土作为路基填料适用性强,最优含水率较低(5.9%~6.0%),冰碛土承载比(CBR>100%)、材料膨胀量(0.02%~0.03%)和压实度(98.2)等指标,均满足规范要求,且具有易于压实、储量丰富、距施工区距离较近等优点,冰碛土作为路基填料使用具有广阔的应用空间。

第5章　典型流域冰川融水的产汇流特征

5.1　典型流域冰川覆盖变化特征

5.1.1　冰川覆盖变化情况

公格尔山是帕米尔高原最大的现代冰川作用中心,发育冰川327条,总面积为640.15km^2[1],根据冰川的形态和分布可分为悬挂冰川、冰斗冰川、山谷冰川、山麓冰川等(图5.1)。丰富的冰川融水成为该地区河流的主要补给来源,据克勒克水文站的资料,盖孜河的多年平均年径流量为9.78×10^9m^3,其中冰川融水补给比重为77.83%[9]。公格尔山地区自20世纪90年代以来,同一时期的冰雪覆盖面积呈减小趋势,雪线海拔逐渐增加,但2006年以后则变化较小(表5.1和图5.2);1990年和2000年冰雪覆盖面积相差较小,仅为7.49×10^8m^2,而2000~2006年冰雪面积减小了26.32×10^8m^2,2006~2016年冰雪覆盖面积变化小,略有增加;另外,相同月份积雪覆盖面积变化不大,2006年和2016年2月的冰雪覆盖面积分别为18.37×

图5.1　公路沿线典型冰川形态(拍摄于2015年)

10^8 和 $19.62×10^8 m^2$,7 月冰川覆盖面积分别为 $10.72×10^8$ 和 $9.53×10^8 m^2$,2 月和 7 月分别约有 $7.65×10^8 m^2$ 和 $10.09×10^8 m^2$ 可能以积雪形式覆盖(图5.3),这部分也是 4~5 月春季融雪型洪水泥石流灾害主要补给水源。

表 5.1 不同年份公路沿线雪线变化信息

时间	雪线最低海拔/m	雪线最高海拔/m	雪线平均海拔/m	冰川覆盖面积/$10^8 m^2$
1991 年 3 月	2249	5406	3062	52.18
2000 年 2 月	2253	5438	3776	44.69
2006 年 2 月	2694	5227	3864	18.37
2016 年 2 月	2483	5205	3773	19.62
2006 年 7 月	3546	5451	4281	10.72
2016 年 7 月	3792	5318	4485	9.53

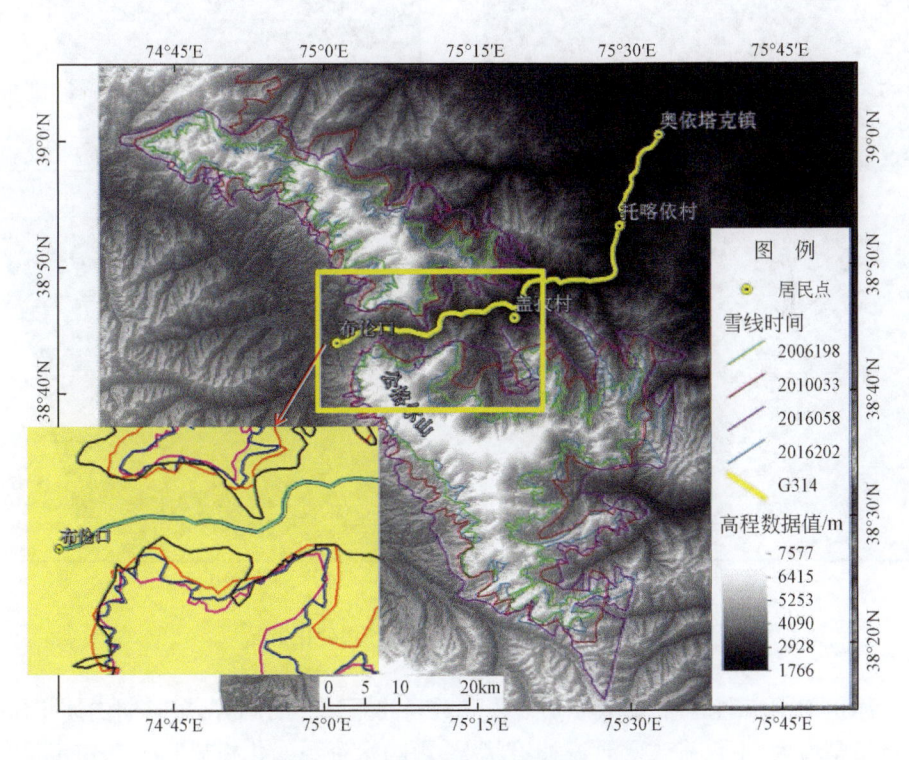

图 5.2　不同年份公路沿线雪线变化情况

图例中 2006198 指 2006 年第 198 天,余同

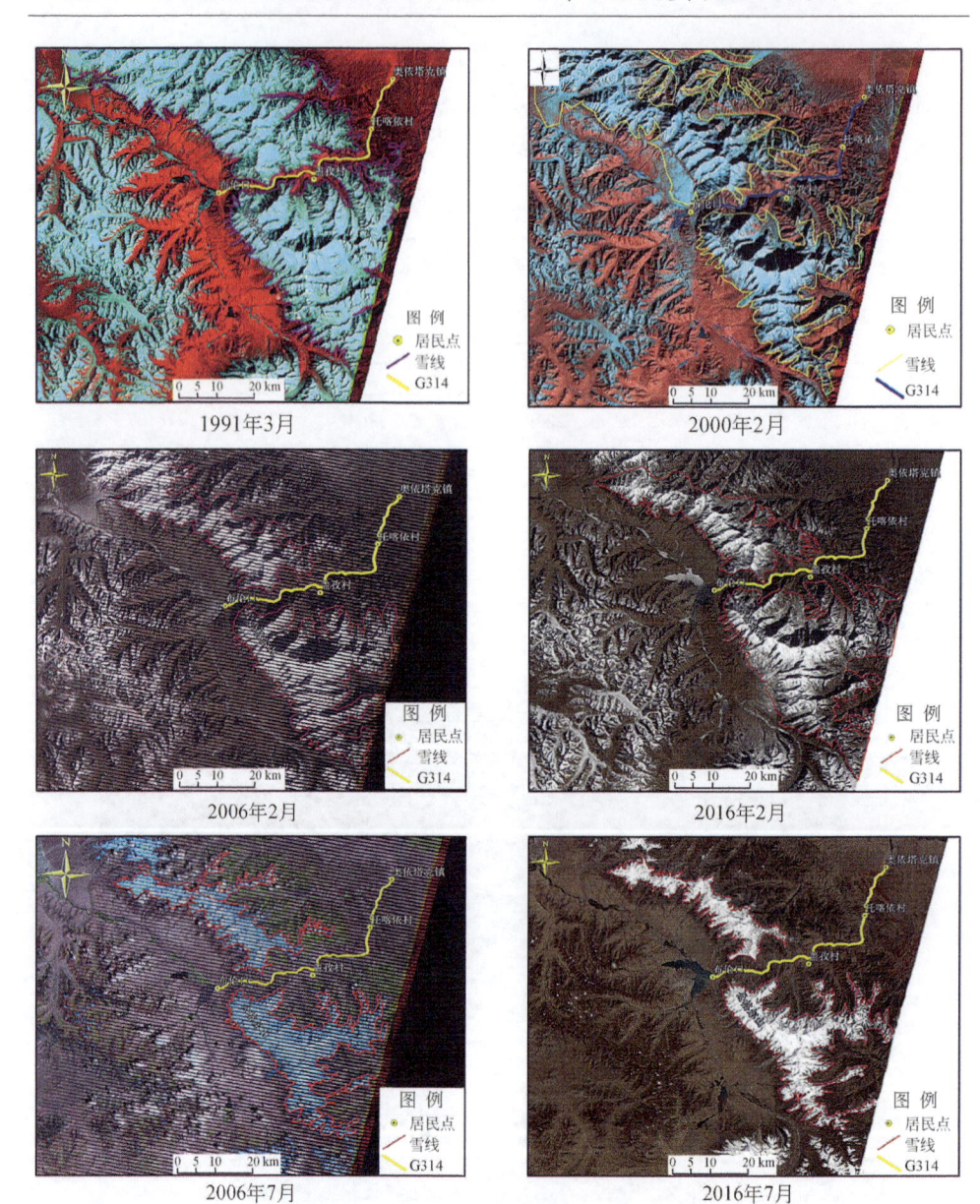

图 5.3 不同年份公路沿线冰川变化情况

　　冰川加剧消融退缩,造成冰川规模和数量均呈减小的趋势,短时期内冰川融水量将急剧增大,不仅将改变河流补给状况,影响水资源变化格局和生态稳定,更重要的是,冰川退缩为冰面湖的发育提供了扩展的空间,冰川强烈消融为冰面湖提供了大量的水资源,随着冰面湖范围不断扩大,将存在发生溃决风险,为冰川泥石流灾害的发生提供充足水动力条件(图5.4)。冰川洪水和泥石流的暴发将直接造成下游河道阻塞、公路毁损和村庄毁灭等重大自然灾害,对公路设计与养护及泥石流灾害防治提出巨大挑战。

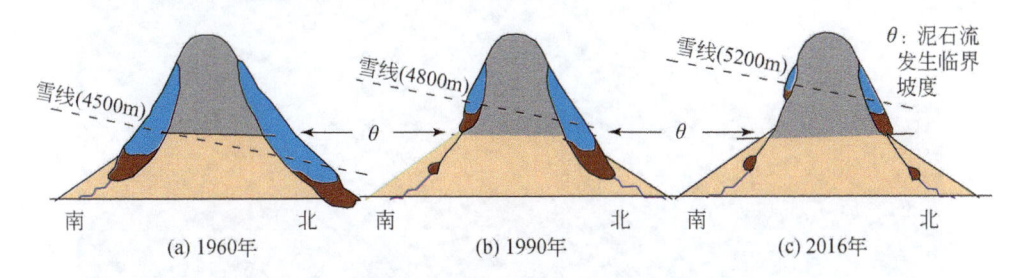

图5.4 不同年份公路沿线冰川泥石流灾害变化情况

克拉牙依拉克冰川是公格尔山北坡最大的一条现代冰川,冰川面积128.15km², 长 20.3km[2], 冰舌末端高程 2780m, 从冰舌末端向下至盖孜检查站周围,分布有大量的冰碛物和冰水沉积物。自1990年以来冰川面积由180.48km²减小到 2015 年的 112.92km², 面积减小了约 37.43%, 雪线高度由 3500m 退缩至 4550m 的位置,高度提高了 23.07%。大量冰川消融促使大面积冰碛物裸露,为冰川泥石流发育提供了优越水热条件和丰富物源储备(图5.5和表5.2)。

5.1.2 冰川跃动变化特征

2015 年 4 月,新疆公格尔九别峰北坡克拉牙依拉克冰川西支发生冰川跃动,导致周围草场和部分房屋被冰体淹没。据调查发现,发生跃动的西支冰川长度超过12km, 面积约为40km²。公格尔九别峰为西昆仑山系的公格尔山主峰,位于新疆阿克陶县布伦口乡附近,中巴公路老虎嘴处对岸,地理位置为38°37.41′N 和 75°17.16′E, 海拔 7530m。灾害发生区域下游 10km 左右即为中巴公路,若发生堰塞湖溃决洪水和泥石流等灾害,将会严重影响下游盖孜村安全和中巴公路的正常通行。

本次跃动冰川灾害发生在克拉牙依拉克西侧冰川的分支,它与克拉牙依拉克右支冰川冰碛体碰撞挤压,左右两侧冰川融水汇合进入盖孜河,在两支冰川交汇处可见中碛堤。克拉牙依拉克冰川(编号5Y663B0025)位于公格尔九别峰北坡,是典型的树枝状山谷冰川,最大汇合口位于海拔 3300m 处,总长度约 20.3km。该区域地处帕米尔高原腹地,地形陡峭,多座 7000m 以上山峰耸立,致使来自印度洋等的暖湿气流通道被阻挡,降水则主要来自西风环流和极地冷湿气流。根据中国第二次冰川编目资料,该冰川面积 115.16km², 是东帕米尔地区最大的冰川,末端海拔2817.6m, 平均海拔 4837.9m, 冰川雪线高度 4220m[2], 该冰川分布着大量表碛,表碛覆盖率约为 22.3%(图5.6)。

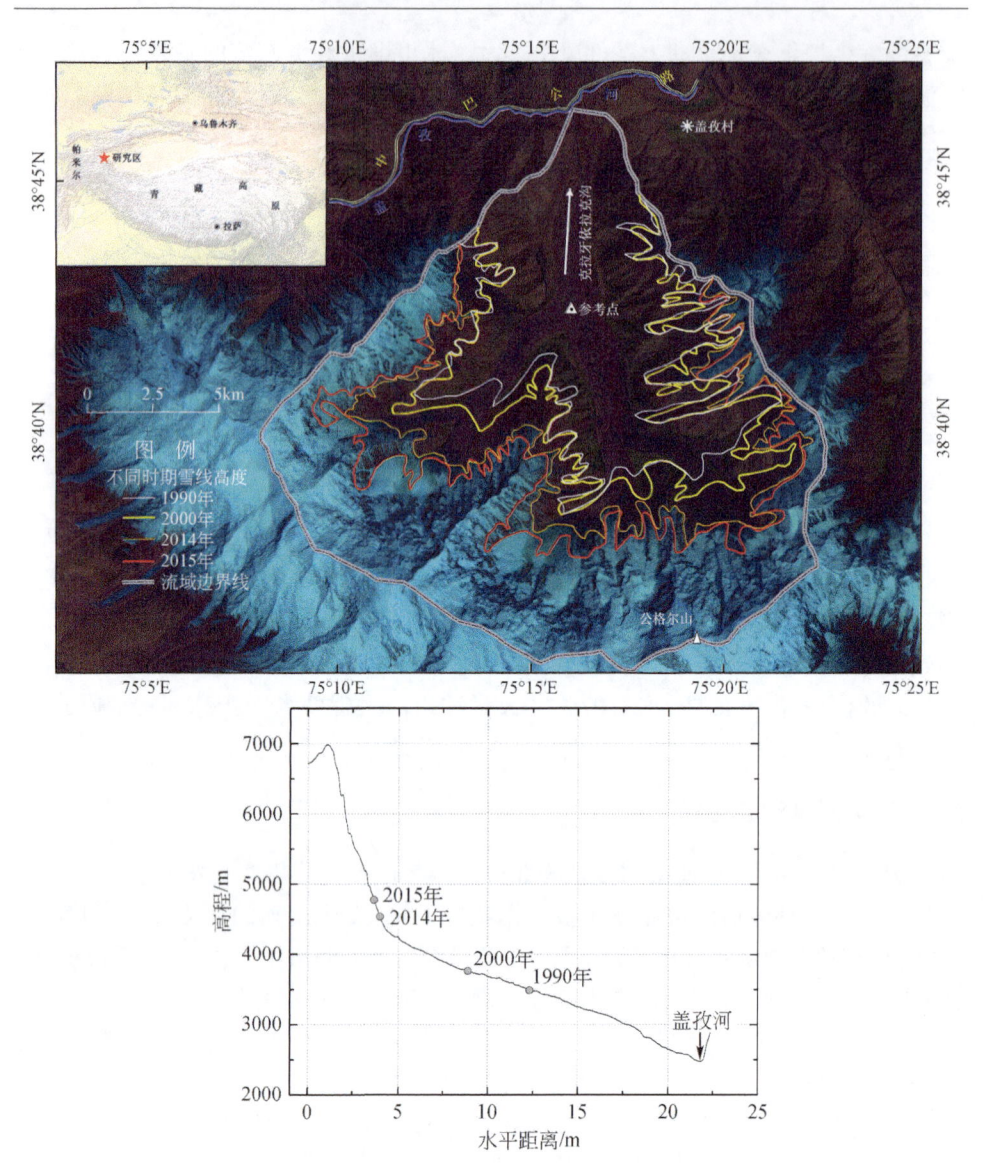

图 5.5　克拉牙依拉克沟冰川雪线变化情况

表 5.2　克拉牙依拉克沟冰川雪线变化信息

年份	影像类型	影像时间(年/月/日)	冰川面积/km²	雪线高度/m
1990	Landsat 5	1990/5/3	180.48	3500
2000	Landsat 7	2000/5/6	172.86	3750
2014	Landsat 8	2014/6/6	127.98	4500
2015	Landsat 8	2015/7/11	112.92	4550

图 5.6　克拉牙依拉克沟地形情况

结合实地调访和遥感影像分析,冰川跃动灾害发生前,沟道内冰舌表面与两侧冰碛堤高差不大,当地牧民可以横穿沟道冰川到达两支冰川交汇的地区,并在该区建有房屋畜舍。在冰川跃动期时,冰川的快速运动带动大量物质的迁移,积蓄区冰面下降,而接收区则冰量增加,冰面上升(图 5.7)。据相关资料[53],2013～2015年,克拉牙依拉克东西支冰川消融区仅平均升高了(0.45±0.70)m,而从图 5.8 可以看出,克拉牙依拉克西支第一个汇合口 A 处(海拔 3600～4100m)冰面高程相对 2013 年平均下降了(-47.82±0.70)m,最大凹陷(178.38±0.70)m,大量的冰川物质迁移到克拉牙依拉克冰川东西支汇合口 B(海拔 3100～3500m),从而造成了 B 处冰面高程平均增加了(40.20±0.70)m,最高隆起(130.58±0.70)m。其中,A 处为跃动的主要积蓄区,B 处为跃动的主要接收区,根据两期 DEM 结果得到冰川跃动区域面积 7.27km^2,冰川平均抬升高度 32.3m,得到隆起冰川的体积约为 2.35×10^{8}m^3,并且从上到下逐渐增加,最高处达 97.7m,主要积蓄区 A 处冰川体积损失 2.4×10^{8}m^3,主要接收区 B 处体积增加 2.2×10^{8}m^3 [53]。

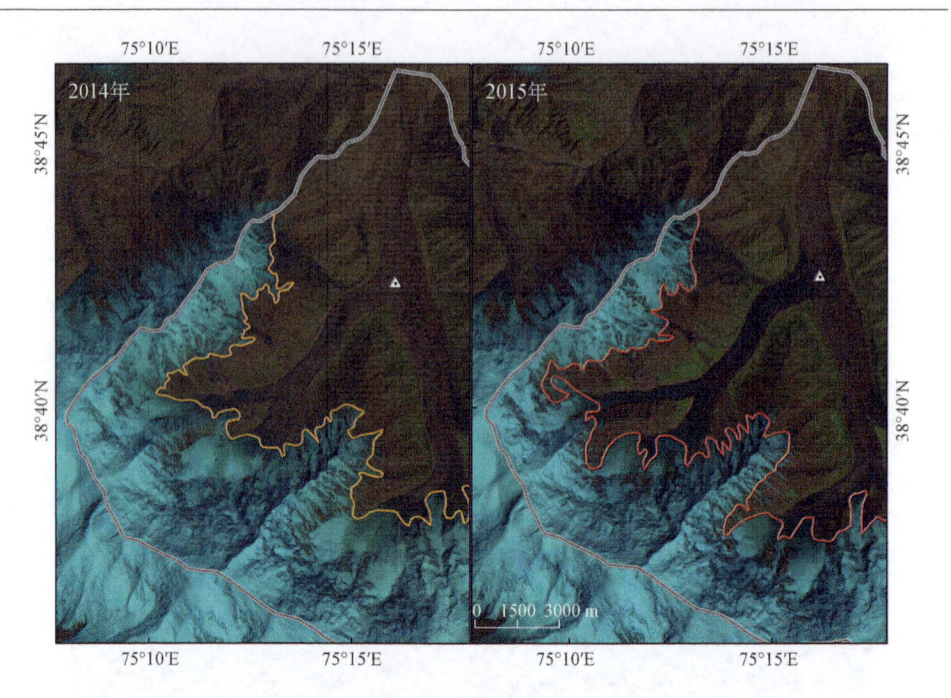

图 5.7　冰川跃动前后地形变化比较

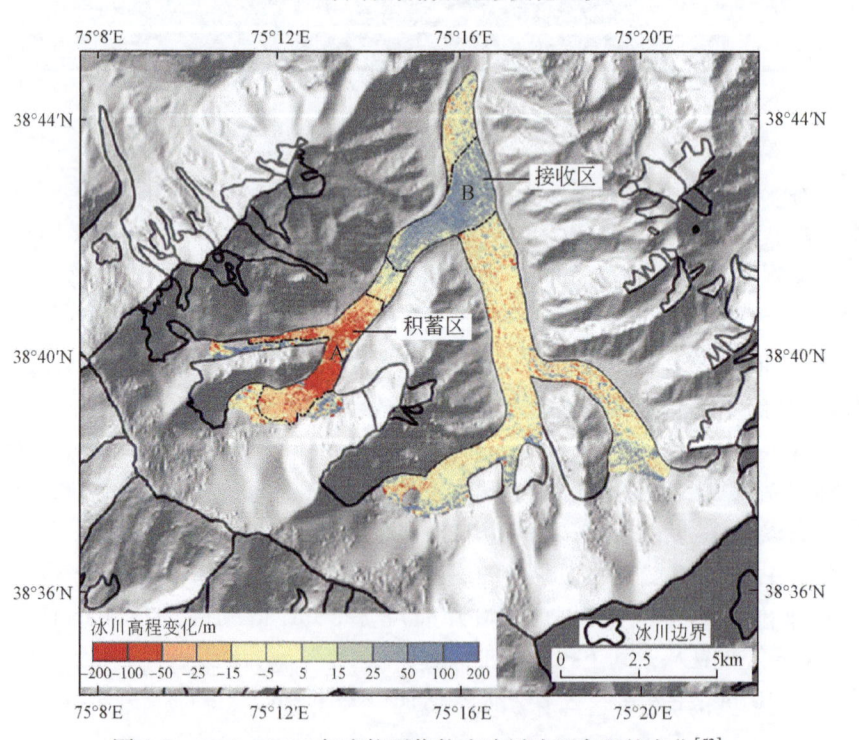

图 5.8　2013~2015 年克拉牙依拉克冰川冰面高程的变化[53]

5.2 冰川径流的影响因素分析

5.2.1 资料及方法

克勒克水文站是盖孜河干流水量控制站,将其观测数据作为分析盖孜河流域山区气候变化和冰川径流的基础数据。为了保证分析结果的可靠性和一致性,降水、气温和径流的观测数据均采用1961~2014年数据。其中,1961~1989年采用毛炜峄等[57]文章中数据,1990~2014年数据为搜集的观测数据。

年际变化的分析主要采用线性趋势分析法,年代际变化分析采用柱形图对比法,分别计算降水、气温和径流的年代际平均值,以1961~1970年代表20世纪60年代,1971~1980年代表70年代,1981~1990年代表80年代,1991~2000年代表90年代,2001~2010年代表21世纪前10年。未来出山径流的预测采用多元线性回归方法。

5.2.2 气温变化特征

1.气温的年际变化

该流域近54年平均气温为7.56℃,在研究时段内,年平均气温总体呈线性上升趋势(图5.9),线性增温率为0.34℃/10a,线性上升趋势通过了0.01的显著性

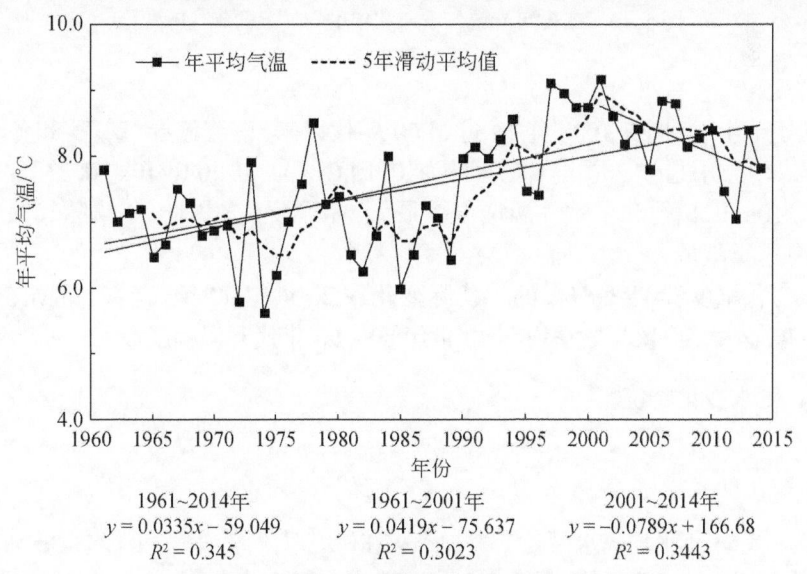

1961~2014年
$y = 0.0335x - 59.049$
$R^2 = 0.345$

1961~2001年
$y = 0.0419x - 75.637$
$R^2 = 0.3023$

2001~2014年
$y = -0.0789x + 166.68$
$R^2 = 0.3443$

图5.9 盖孜河流域年平均气温的年际变化

水平检验。进一步分析表明,年平均气温呈现出明显的阶段性特征。1961~2001年,年平均气温呈波动性上升态势,2001年达到最大值9.15℃,上升趋势通过了0.01的显著性水平检验。2001~2014年,年平均气温呈波动性下降趋势,通过了0.05的显著性水平检验。

2. 气温的年代际和季节变化

1) 年代际变化

自20世纪60年代以来,该流域气温整体呈上升趋势,并通过了0.05的显著性水平检验。从20世纪60年代到21世纪前10年,该流域气温呈连续上升趋势,其中以20世纪80~90年代的上升幅度最大,而2011~2014年来气温有所下降(图5.10)。

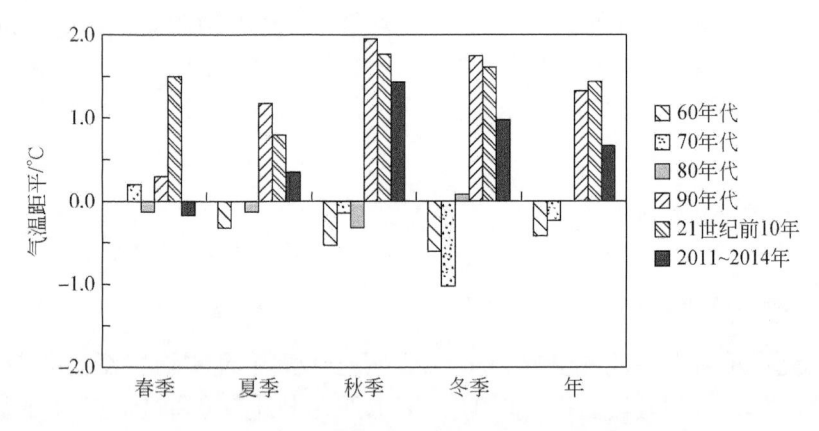

图5.10 盖孜河流域各季节和年平均气温的年代际变化

2) 季节变化

从季节上看(图5.10),自20世纪60年代以来,该流域春、夏、秋和冬季气温总体均呈上升趋势,增温率分别为0.10℃/10a、0.20℃/10a、0.51℃/10a和0.50℃/10a,以秋季和冬季气温增温率最大,春季最小。因此,年代际气温的升高以秋、冬季贡献最大。

从变化幅度看,春季气温的年代际变化在20世纪90年代至21世纪前10年升温幅度最大,夏、秋和冬季均在20世纪80~90年代升温幅度最大。

5.2.3 降水变化特征

1. 降水的年际变化

该流域54年平均降水量为133.34mm,在研究时段内,年平均降水量波动比较剧烈,总体上呈线性下降趋势(图5.11),但下降趋势不显著,下降幅度为3.87mm/10a。

降水量的变化呈现出明显的"降-升-降"阶段性特征。1961~1990年,年降水量呈波动性下降趋势,且通过了0.05的显著性水平检验,下降幅度为9.13mm/10a;1990~2005年,年降水量呈波动性增加趋势,且通过了0.01的显著性水平检验,增加幅度为38.99mm/10a;2005~2014年,年降水量呈下降趋势,下降幅度为64.33mm/10a,尤其是2009~2014年,年降水量呈直线下降趋势,2014年仅为58.60mm。

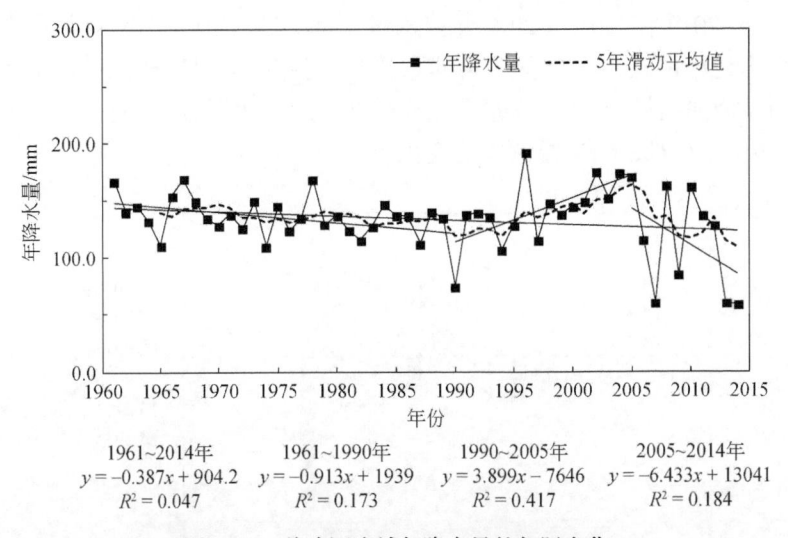

图5.11 盖孜河流域年降水量的年际变化

2. 降水量的年代际和季节变化

1) 降水量的年内分配

表5.3为月降水量及所占年降水量的比例。由表5.3可以看出,盖孜河流域降水量年内分配不均,春、夏两季降水多且相对集中,秋季各月份降水则分布不均匀,冬季降水较为稀少。春、夏两季(3~8月)连续6个月的降水量占年降水总量的73.47%,秋、冬两季的降水量占年降水量的26.53%,可见该流域降水量主要集中于春、夏两季。也就是说,春、夏两季降水量的变化趋势基本可以代表年降水量的变化趋势。

表5.3 盖孜河流域克勒克水文站月降水量及所占年降水量比例

要素	月份											
	1	2	3	4	5	6	7	8	9	10	11	12
月降水量/mm	3.51	4.78	10.30	14.41	19.34	19.36	13.18	18.64	13.08	8.32	1.70	2.99
占年降水量比例/%	2.71	3.68	7.95	11.12	14.92	14.93	10.17	14.38	10.10	6.42	1.31	2.31

注:表中数据为1990~2014年观测数据。

2) 年代际变化

自 20 世纪 60 年代以来,降水量呈波动性变化,从 60 年代到 70 年代,降水量有所下降,自 80 年代至 21 世纪前 10 年,降水量呈连续增加趋势,2011~2014 年气温大幅下降(图 5.12)。

3) 季节变化

从季节上看(图 5.12),春、夏两季降水量均呈现出"降-升-降"的变化趋势,其中 20 世纪 70 年代、2011~2014 年降水量均呈明显的下降态势,这与年降水量的年代际变化趋势相似。秋、冬两季降水量均呈交替变化态势,秋、冬两季 70 年代降水量呈明显增加趋势,与年降水量的年代际变化趋势相反,这也进一步证明了年降水量的变化主要取决于春、夏两季的变化。

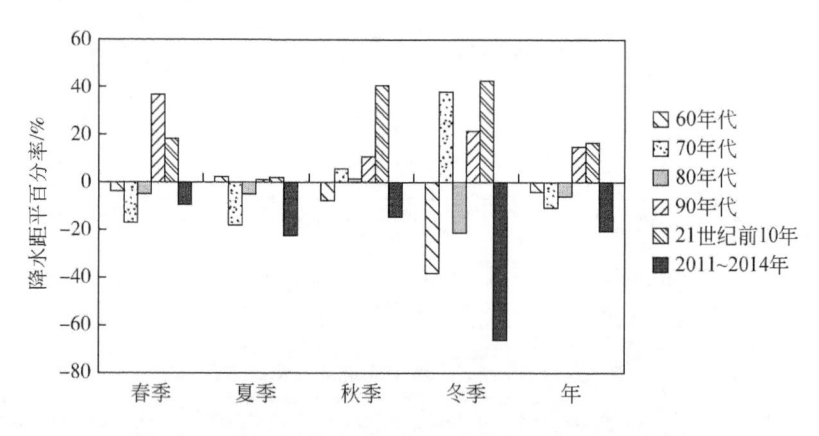

图 5.12 盖孜河流域各季节和年平均降水量的年代际变化

从变化幅度看,春季降水量的年代际变化在 20 世纪 80~90 年代增加幅度最大,夏、秋和冬季均在 21 世纪前 10 年和 2011~2014 年下降幅度最大。

5.2.4 气候变化对出山径流的影响

1. 径流的年际变化

该流域 54 年平均径流量为 9.36 亿 m^3,年平均径流量波动比较剧烈,总体呈线性下降趋势(图 5.13),但下降趋势不显著,下降幅度仅为 0.21 亿 m^3/10a。

2. 径流的年内分配

表 5.4 为月径流量及所占年径流量的比例,与降水量年内分配特征类似,盖孜河流域径流量年内分配极不均匀,径流量非常集中,连续最大 4 个月径流量(6~9

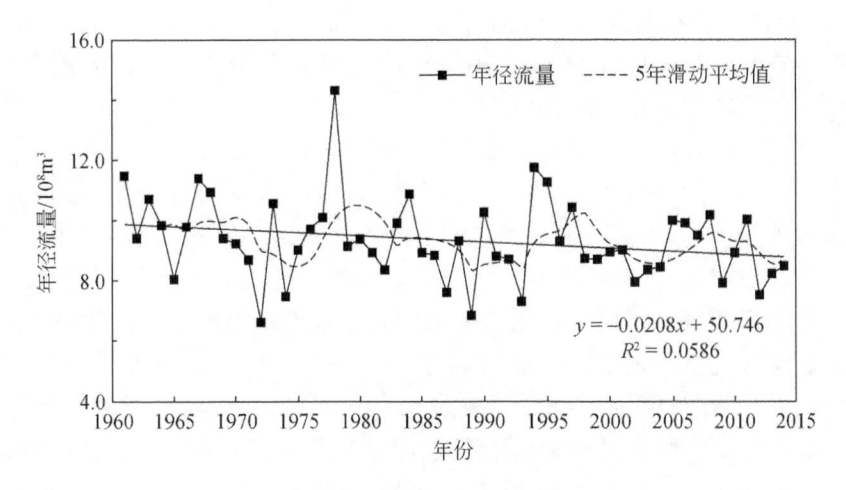

图 5.13　盖孜河流域年平均径流量的年际变化

月)占年径流量的 70.52%,较降水量集中的月份(3~8 月)有所延后。春季(3~5 月)径流量变化较为均衡,占年径流量的 14.58%,主要来源于上年度冬季和本年度春季季节性积雪融水及地下水的补给;夏季(6~8 月)径流量比重最大,占年径流量的 59.13%,因夏季是降水最多、气温最高的季节,径流主要来源于高山冰川融水和降水的补给;秋季(9~11 月)径流量占年径流量的 19.60%,各月份分布不均衡,径流主要来源于高山冰川融水、降水量补给;冬季(11 月至次年 2 月)径流量最少,占年径流量的 6.69%,主要受地下水补给。

表 5.4　盖孜河流域克勒克水文站月径流量及所占年径流量比例

要素	月份											
	1	2	3	4	5	6	7	8	9	10	11	12
月径流量/亿 m³	0.19	0.21	0.32	0.49	0.54	1.17	2.21	2.14	1.06	0.47	0.30	0.22
占年径流量比/%	2.07	2.24	3.47	5.28	5.83	12.53	23.67	22.92	11.39	5.04	3.17	2.39

注:表中数据为 1990~2014 年观测数据。

3. 山区气候变化对径流的影响

盖孜河流域上游人类活动很少,对下垫面的影响很小,故气候变化是克勒克站径流的主要影响因素。对气象要素与径流的相关分析表明,出山径流与年平均气温的相关系数为 0.278,通过了 0.05 的显著性水平检验,出山径流与降水量的相关系数为 0.246,通过了 0.1 的显著性水平检验[图 5.14(a)]。也就是说,出山径流和气温的关系比和降水的关系更加密切。这主要因为盖孜河流域上游冰川、积雪广泛分布,冰雪融水为径流的重要组成部分。出山径流的丰枯基本上与气温的高低、降水量的多少相对应,在气温较高、降水量充足的暖湿年份,出山径流一般偏丰,如 1967 年、1978 年、2008 年;在气温较低、降水量较少的冷干年份,出山径流一般偏枯,如 1974 年、1987 年、2013 年。

出山径流年际变化波动态势与气温和降水的波动态势存在一定差异[图 5.14(b)],这可能因为奥布段公路区段冰川表面消融是冰川泥石流形成的最主要供给水源,而冰川消融主要影响因素包括以下两方面:一方面是气候因素,包括气温和大气降水、太阳辐射等;另一方面属于冰川自身特点,如冰川类型、位置及其所处地形环境等。冰川或积雪接受太阳直接辐射量与地表面接收程度差别很大,裸露且污化轻微冰川,冰面反照率为 40% ~ 50%,而新鲜雪面反照率为 89%[21],因此,当冰川表面多被积雪覆盖时,由于大量太阳能未能被充分利用,冰川的消融条件将发生改变,冰川融水量将减少。在雨雾或阴天,无论冰川所处坡向或位置如何,均受太阳散射辐射影响,从而促使冰川发生连续均匀的融化。在晴朗天气,冰崩和雪崩频发,易形成短历时冰雪消融型洪水泥石流。因此,盖孜河流域冰川径流与气温和降水相关性研究,可能采用月和天的气象数据进行相关性分析更加合理。

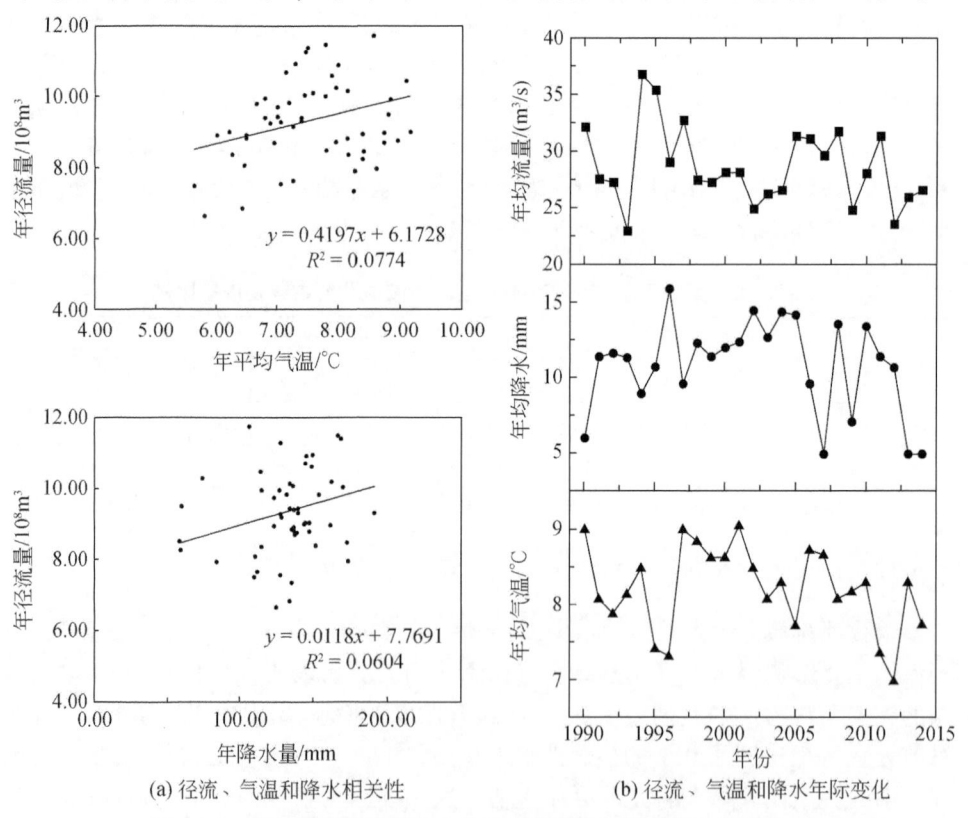

(a) 径流、气温和降水相关性　　(b) 径流、气温和降水年际变化

图 5.14　盖孜河流域克勒克水文站径流量与气温和降水量的关系

5.2.5 出山径流未来的可能变化

基于联合国政府间气候变化专门委员会(IPCC)全球气候变化评估报告和中国气象局发布的全球气候变化及其影响的国家评估报告[58],利用流域出山径流与气温、降水之间的关系,结合54年的气候变化特征,可对未来50年不同气候变化背景下的径流变化情况进行预测。径流与气温、降水之间的多元线性回归模式为

$$Q(P,T) = A+BT+CP \tag{5.1}$$

式中,Q为盖孜河流域克勒克站年平均流量,m^3/s;T为年平均气温,℃;P为年降水量,mm;A、B、C为待定系数。根据54年的盖孜河流域出山径流、气温、降水观测数据序列,获得未来不同气候变化条件下,盖孜河流域径流变化的预测计算模式:

$$Q = 4.627 + 0.424 \times T + 0.011 \times P \tag{5.2}$$

由于年降水量P和年均温度T均为独立自变量,降水和温度的可能变化将对径流产生叠加影响,即可得到不同气候变化组合背景下,盖孜河流域出山径流的可能变化值。假设未来年平均气温分别以0℃、1.0℃、2.0℃、3.0℃和4.0℃的幅度升高,年降水量以-20%、-10%、0、10%、20%的增量变化,共可设置25种气候场景。将上述组合依次按式(5.2)可计算出未来50年盖孜河流域出山径流量的可能变化率(表5.5)。

表5.5 不同气候情境下盖孜河流域出山径流变化率 （单位:%）

ΔP	ΔT				
	0℃	1℃	2℃	3℃	4℃
-20%	-4.64	-0.11	4.42	8.95	13.48
-10%	-3.08	1.45	5.98	10.51	15.04
0%	0.00	3.02	7.55	12.08	16.61
10%	0.06	4.59	9.12	13.65	18.18
20%	1.62	6.15	10.68	15.21	19.74

由表5.5可知,在假定的未来50年中25种气候变化组合背景下,盖孜河流域出山径流可能会持续增加(图5.15)。按照54年来气温的年变化倾向率0.34℃/10a和年降水量变化倾向率-3.87mm/10a分析,假定流域冰川物质平衡不变,当克勒克站气温上升4℃,年降水量增加20%时,流域出山径流可能将比目前水平增加19.74%;当气温不变,降水量减少20%时,流域出山径流可能将比目前水平减少4.64%;当降水量不变,气温上升4℃时,流域出山径流可能将比目前水平增加16.61%。

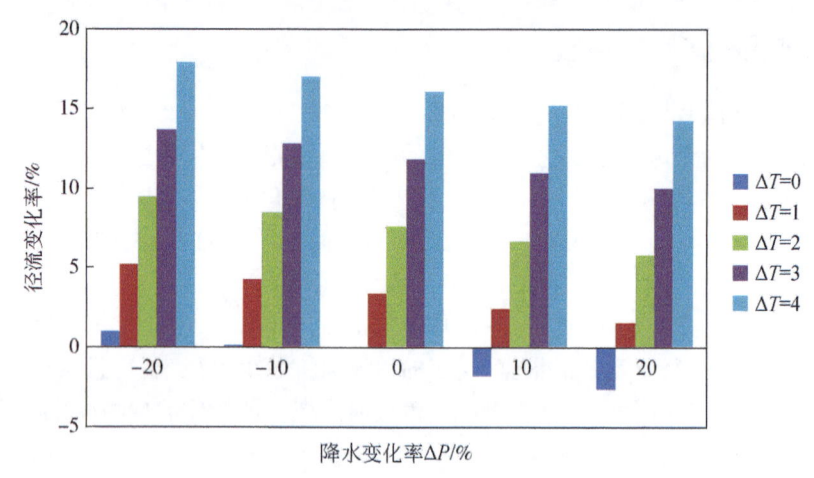

图 5.15　不同气候情境下盖孜河流域出山径流变化图

5.3　典型流域冰川径流的产汇流模型

　　与暴雨型泥石流相比,冰川泥石流具有规模大、流动时间长、大冲大淤、破坏力强等特征,难以采取有效措施对其进行防治;又加上冰川泥石流发生受控于温度因素,常常发生在天气晴朗的高温季节和时段,具有突发性和频发性,而且其源区处于高海拔地区,难以进行监测,导致人们难以对其进行前期判识和预测预报。

　　冰川泥石流按照其水动力条件,可分为冰雪融水型泥石流、冰崩雪崩型泥石流和冰湖溃决型泥石流,其中冰雪融水型泥石流是最为常见的类型。冰川泥石流与一般的降雨型泥石流有着相似的形成过程,但同时也有自己的特点。从各河段冰雪覆盖率与径流增长情况分析,布伦口站以上流域面积为 8851km^2,冰雪覆盖率为 10.4%,布伦口站至克勒克站区间流域面积为 902km^2,冰雪覆盖率为 36.9%,为前者冰雪覆盖率的 3.54 倍,且后者单位流域面积产水量亦达前者 3.34 倍[44],可见河段径流量不是随流域面积的增加而成倍增大,流域产汇流条件复杂,区间径流在流域面积增加不多的情况下突然增大,是该区间冰雪覆盖率剧增的缘故,因此,在通常以流域面积为主要参数的区间径流计算模式对该地不再适用。另据调查,艾尔库然沟每年少则发生一次泥石流,最多三次,都发生在 7 月 25 日至 8 月 20 日之间,时间都在 16 时前后,历时不超过 15 分钟,而且泥石流均发生在晴朗的天气情况下,平均气温在 18℃ 左右(沟口处),如 1984 年 8 月 18 日泥石流暴发时的气温为 22.6℃(据公路桥以上 50m 处、海拔 2685m 临时气象观测点),该沟泥石流暴发在时间上恰好处在本地区冰川消融的旺季,虽然影响冰川消融的因素很多,但主要与气温关系最大,据实测,流量过程呈锯齿状,随昼夜气温之高低而变化,具有明显的一日一小"峰"的规律。因此,有必要对研究区冰雪融水产汇流进行研究,建立冰雪融水和气温之间的关系模型,为获取冰雪融水型泥石流的暴发临界指标提供依据。

5.3.1 计算理论与方法

冰川泥石流与地表径流量密切相关,而河流径流主要受冰川融水和降水两方面补给,其中冰川融水是研究区冰川泥石流主要补给水源,其可能与气温存在密切关系,因此,本次采用盖孜河流域克勒克站1990~2014年的气温、降水及径流量数据进行分析,通过分析气温及降水量来预估流域内的径流量,利用1stOpt(First Optimization)综合优化分析计算软件平台对径流、气温、降水关系进行拟合,建立径流量与气温、降水的关系,用来对径流量进行预估,进而为冰川泥石流起动机理和监测预警提供支撑。

5.3.2 数据整理分析

针对盖孜河1990~2009年的气温、降水、径流数据进行分析整理,发现径流与气温的相关性较大,在5~10月受降水影响(图5.16)。当温度较低时,径流基本稳定在一定范围内,当温度大于临界值后,径流会随着气温的增大迅速变大;而降水可分为两部分,11月至次年4月降水以降雪为主,对径流的影响稍小,5~10月的降水以降雨为主,则对径流产生直接作用。

通过上述分析,采用1stOpt进行拟合,得到最佳拟合公式如下

$$Q = P_1 + P_2 \times q + P_3 \times (0.5 + \arctan((T-P_4)/P_5)/\pi) \quad (5.3)$$

式中,Q 为径流,m^3/s;T 为气温,℃;q 为降水量,mm。$P_1 \sim P_5$ 为5个参数,arctan 为反三角函数 $\tan^{-1}$。

由公式可知,降水对径流产生直接作用,二者呈线性关系,现令降水项 $q=0$,得到径流与气温关系曲线(图5.17),并对其求导得到导函数。当温度较低时,径流基本稳定在一定范围内,变化不大;当温度大于临界值后,径流会随着气温的增大迅速变大;分析发现该函数与气温、径流现象相符。

5.3.3 拟合结果分析

1. 拟合结果

选取1990~2009年的气温、降水、径流数据,将日数据进行整理,采用上述方程进行拟合。通过对1990~2009年全部数据、有雨日数据、无雨日数据及月平均数据的拟合结果进行整理分析,得到最优参数(表5.6),且相关性系数 R^2 均大于0.74。

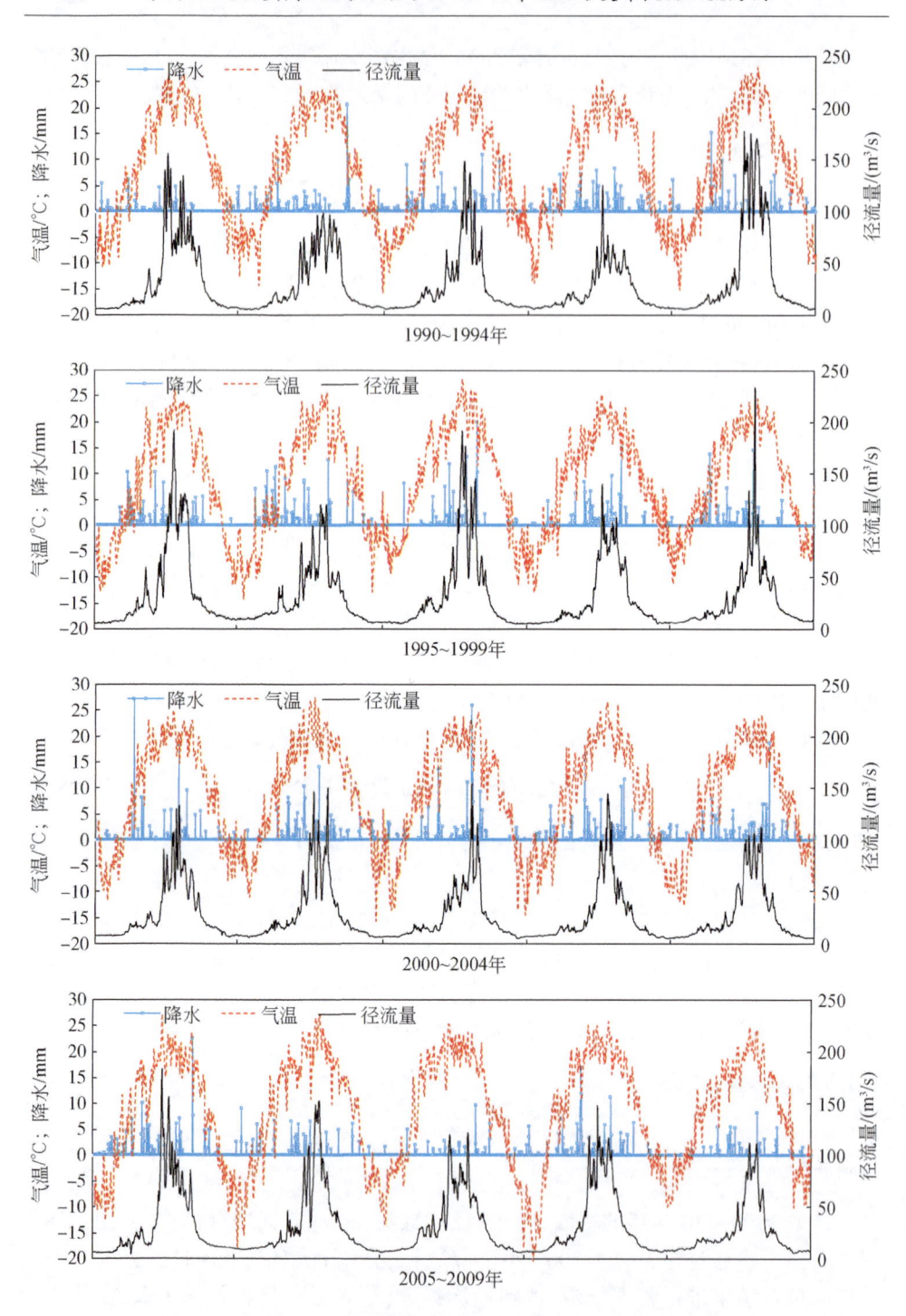

图 5.16　1990~2009 年降水、气温、径流关系图

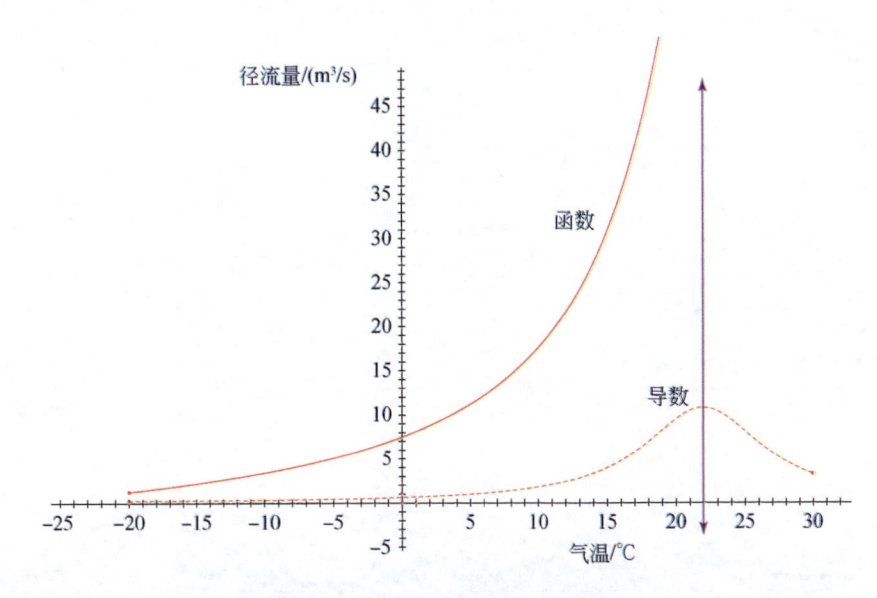

第5章 典型流域冰川融水的产汇流特征

图 5.17　径流与气温的函数及导数

表 5.6　气温、降水、径流拟合参数表

拟合方程	$Q = P_1 + P_2 \times q + P_3 \times (0.5 + \arctan((T - P_4)/P_5)/\pi)$	
拟合方法	麦夸特法（Levenberg-Marquardt）+通用全局优化法	
最优参数	P_1	−5.9
	P_2	1.8
	P_3	178
	P_4	21
	P_5	5.26
相关性	R^2	>0.74

1）全数据拟合结果

选取 1990~2009 年的气温、降水、径流数据，将日数据进行整理，获得 1990~2009 年全部日数据，采用上述方程进行拟合，拟合结果如图 5.18 所示。

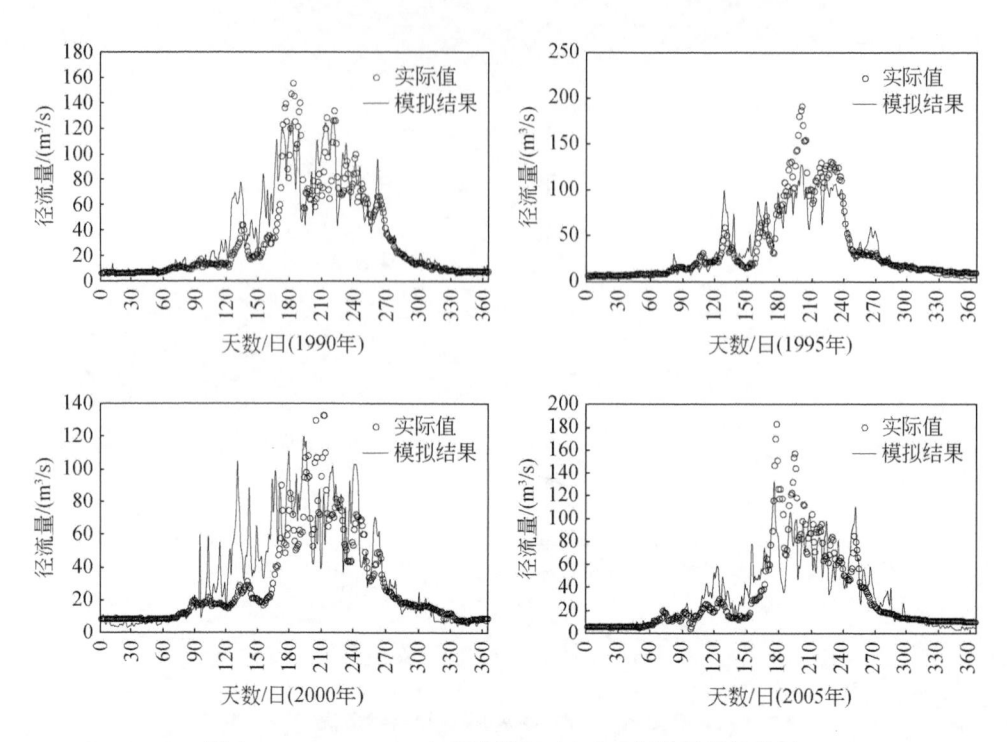

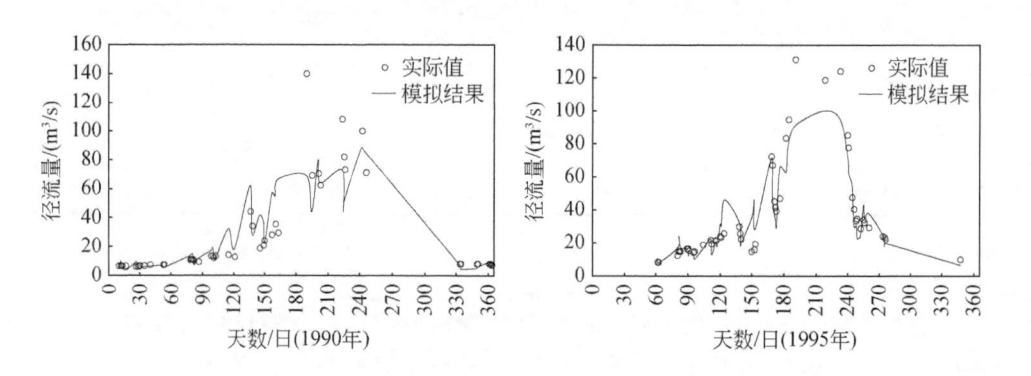

图 5.18　1990~2009 年径流量每日变化实际值及模拟结果

2) 有雨日数据拟合结果

选取 1990~2009 年的气温、降水、径流数据,将日数据进行整理,获得 1990~2009 年有雨日数据,采用上述方程进行拟合,拟合结果如图 5.19 所示。

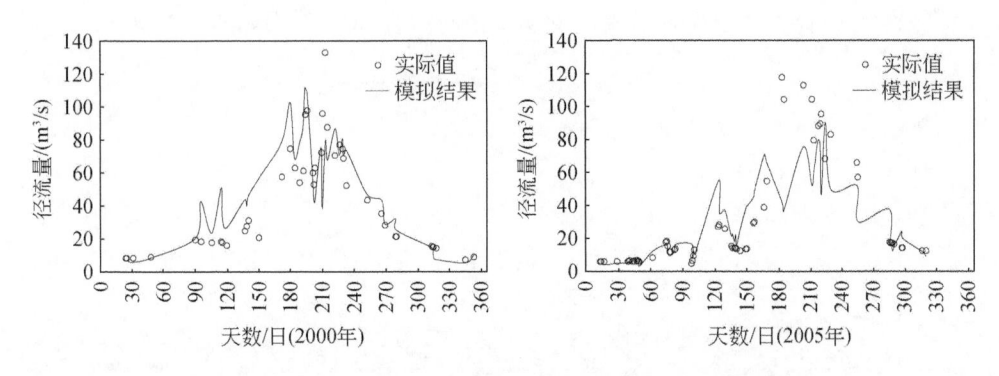

图 5.19　1990~2009 年径流量有雨日变化实际值及模拟结果

3) 无雨日数据拟合结果

选取 1990~2009 年的气温、降水、径流数据,将日数据进行整理,获得 1990~2009 年无雨日数据,采用上述方程进行拟合,拟合结果如图 5.20 所示。

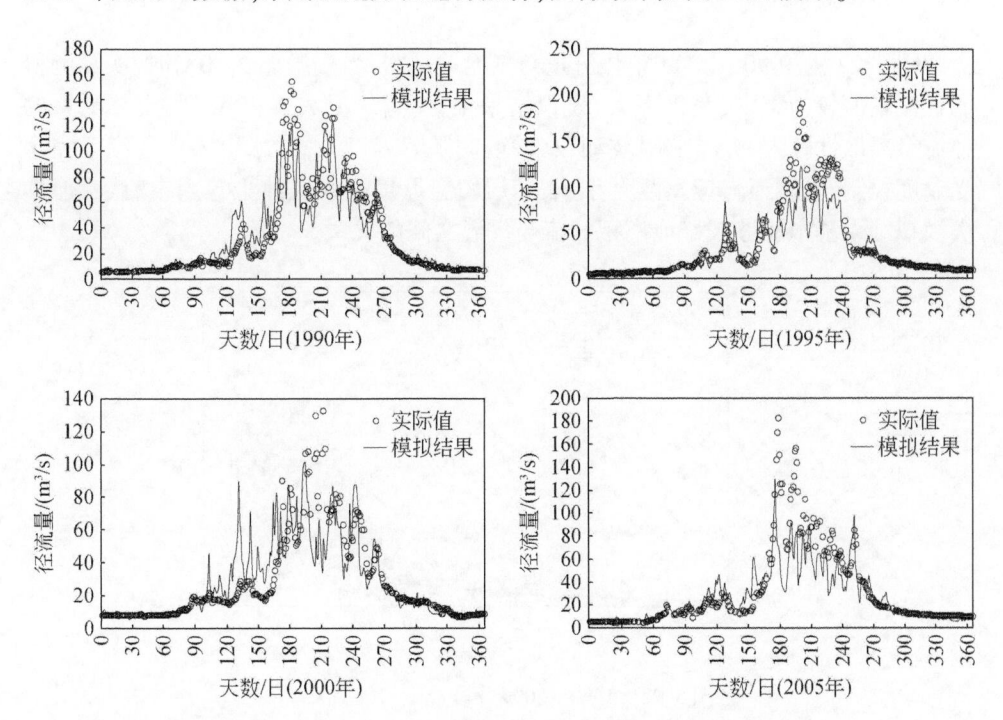

图 5.20　1990~2009 年径流量无雨日变化实际值及模拟结果

4) 月数据拟合结果

选取 1990~2009 年的气温、降水、径流数据,将日数据进行整理,获得每个月份的气温、降水、径流的平均值,采用上述方程进行拟合,拟合结果如图5.21所示。

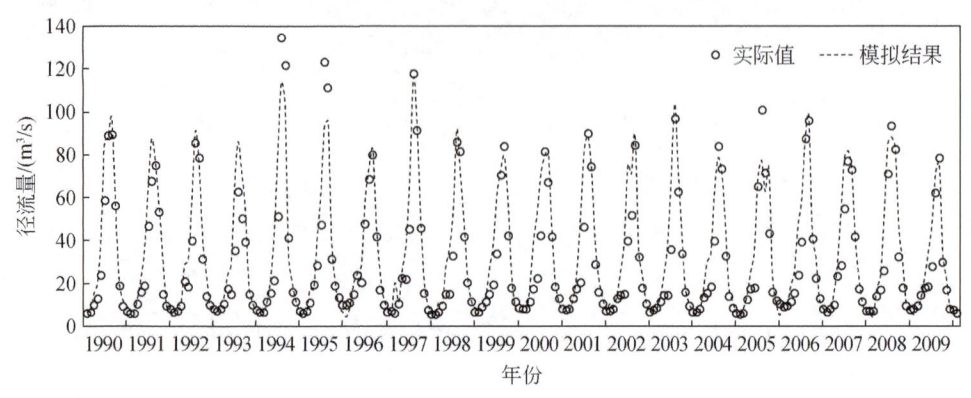

图5.21　1990~2009年径流量每月变化实际值及模拟结果关系

2. 气温与径流量关系

图5.22为1990~2009年径流量与气温关系图,当气温小于10℃时,实际测得的径流量值较为集中,变化不大,模拟结果很好;当气温大于10℃后,实际测得的径流量离散性较大,分布范围波动较大,说明随着温度升高,冰川融水径流不完全受温度控制,可能还与蒸发散大小、表碛层覆盖厚度及大风沙尘等因素有关,但本次模拟结果基本能够较好地模拟径流与气温之间的关系。

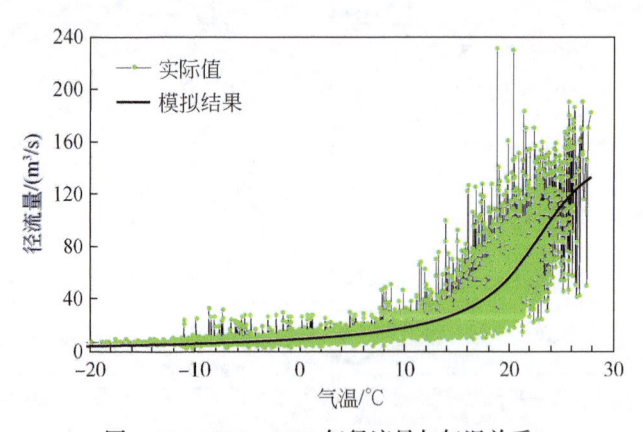

图5.22　1990~2009年径流量与气温关系

3. 降水与径流量关系

图5.23为1990~2009年有雨日中降水与径流量关系图,如图所示,该地区的

日降水量较少,主要集中在 0~10mm。当降水小于 10mm 时,实际测得的径流量值较为集中,变化不大,模拟结果很好;当降水大于 10mm 后,由于实际测得的径流量数据较少,离散性较大,模拟结果基本能够很好地模拟径流与降水之间的趋势关系。

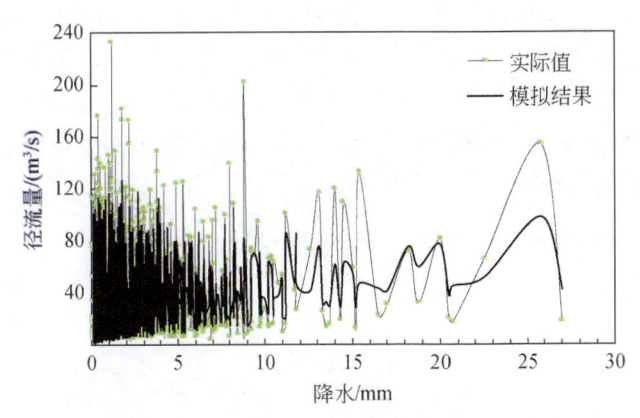

图 5.23　1990~2009 年径流量与降水关系

4. 气温、降水与径流量关系

图 5.24(a) 为 1990~2009 年气温、降水与径流量的三维关系图,图 5.24(b) 反映径流量与气温之间的关系更为明显,即径流量受气温的影响变化更为显著。降水对径流量的波动有着直接的影响,模拟中降水与径流量二者呈线性关系,但由于该地区降水较为匮乏,且观测数据限制,本次研究中降水对径流量的影响较为有限。

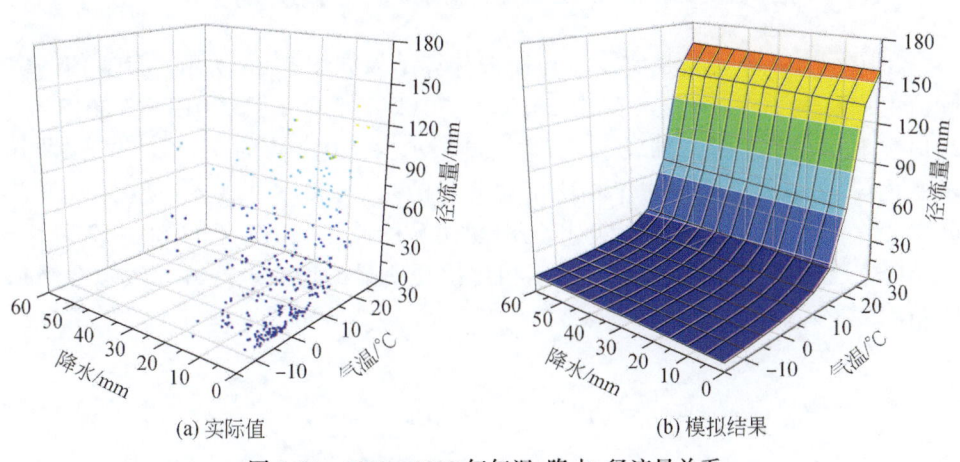

(a) 实际值　　　　　　　　　　(b) 模拟结果

图 5.24　1990~2009 年气温、降水、径流量关系

5.3.4 模型预测及改进

1. 模型预测

根据前面分析,发现该拟合公式能够很好地模拟该地区的气温、降水、径流量之间的关系,因此可用于该地区的径流量预测。本书采取该拟合公式对2010~2014年的径流量进行预测,如图5.25所示为2010~2014年径流量实际月均值及根据以上公式推导出的模拟结果,计算值与实际值走势及大小基本吻合,二者相关性很高,用来预测月平均径流效果很好。

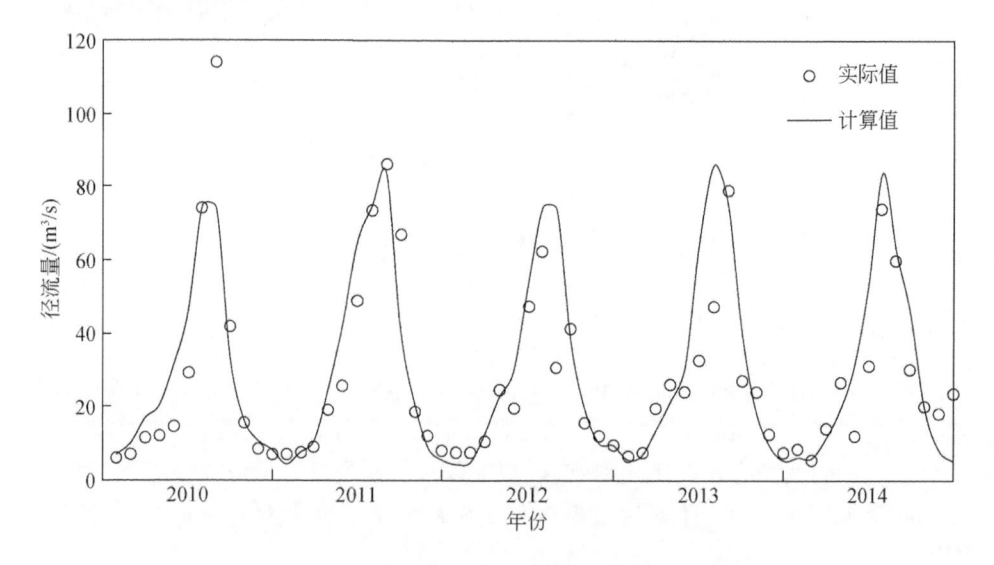

图5.25 2010~2014年径流量预测(按月均数据)

2010~2014年径流量实际值与模拟计算结果如图5.26所示。计算值与实际值走势及大小基本吻合,其中2010年、2011年拟合最好,2012年、2013年、2014年拟合结果稍差。如表5.7~表5.9所示,在2012年的6~8月,气温及降水变化较小,但径流量与往年相比出现明显的减少;2013年的4~7月,气温及降水变化较小,但径流量与往年相比出现明显的减少;2014年的11~12月,气温及降水变化较小,但径流量与往年相比出现明显的增大。这就导致拟合结果的精确度下降。

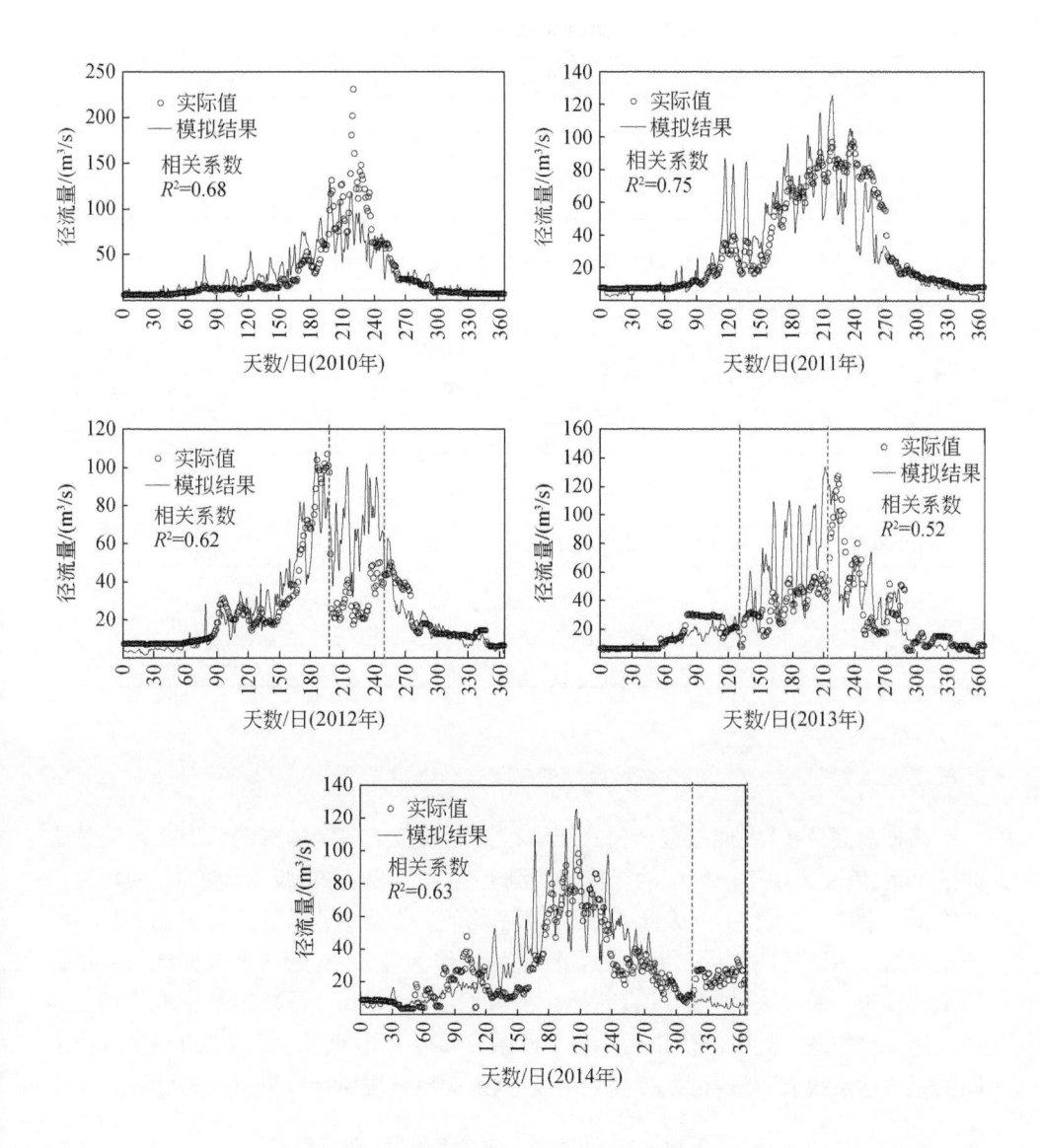

图 5.26　2010～2014 年径流量预测

另外,采用上述拟合公式,通过对 2012～2014 年反常日期内的气温和降水均值及 1990～2009 年相应日期内数据进行计算,计算得到 2012 年、2013 年、2014 年对应气温和降水情况下,预测径流变化率分别为 14.0%、3.8%、11.6%,与往年相对接近,而实际情况径流变化率分别为 62.7%、30.1%、142.4%(表 5.7～表 5.9),与往年相比差异十分巨大,因此,上述公式对于反常数据的拟合结果较差。

表 5.7　2012 年径流量反常数据分析

1990~2009 年 6~8 月平均值			2012 年 6~8 月平均值			变化值		
气温/℃	降水/mm	径流量/(m^3/s)	气温/℃	降水/mm	径流量/(m^3/s)	气温/℃	降水/mm	径流量/(m^3/s)
20.38	0.59	81.02	19.33	0.54	30.25	-1.05	-0.05	-50.77

表 5.8　2013 年径流量反常数据分析

1990~2009 年 4~7 月平均值			2013 年 4~7 月平均值			变化值		
气温/℃	降水/mm	径流量/(m^3/s)	气温/℃	降水/mm	径流量/(m^3/s)	气温/℃	降水/mm	径流量/(m^3/s)
18.57	0.56	52.38	18.36	0.33	36.61	-0.21	-0.23	-15.77

表 5.9　2014 年径流量反常数据分析

1990~2009 年 11~12 月平均值			2014 年 11~12 月平均值			变化值		
气温/℃	降水/mm	径流量/(m^3/s)	气温/℃	降水/mm	径流量/(m^3/s)	气温/℃	降水/mm	径流量/(m^3/s)
-2.23	0.08	9.33	-3.54	0	22.62	-1.31	-0.08	13.29

2. 模型改进

根据前面分析,发现该拟合公式能够很好地模拟该地区的气温、降水、径流量之间的关系,因此可用于该地区的径流量预测。但当出现特殊的反常现象时,模型处理的结果将会产生一定偏差,因此,可以采用平均值的方式进行修正。即气温、降水、径流量数据采用该日期前后 5 天内的数据平均值作为当天的数据,再根据新的数据进行拟合预测。通过这种方式可有效地减少数据波动,降低反常数据的影响作用。经过上述方法处理得到新的优化后的相关性系数如表 5.10 所示,模拟结果与实际值之间的相关性系数 R^2 普遍可以提高 0.1 以上,因此该方法拟合效果将较为显著。

表 5.10　方法优化前后拟合结果相关系数值

年份	相关性系数 R^2	
	方法优化前	方法优化后
2010	0.68	0.83
2011	0.75	0.84
2012	0.62	0.70
2013	0.52	0.63
2014	0.63	0.74

5.3.5 小结

通过对盖孜河流域克勒克站 1990~2014 年的气温、降水及径流量数据进行分析,建立了三者之间的关系,从而通过气温、降水对径流量进行预测。得到主要结论如下。

(1)建立了气温、降水及径流量三者之间的关系,可通过气温、降水对径流量进行预测。拟合公式 $Q=-5.9+1.8\times q+178\times(0.5+\arctan((T-21)/5.26)/\pi)$。

(2)通过上述拟合公式对 2010~2014 年进行了预测,预测效果较好,并分析了出现偏差的原因。

(3)提出数据优化处理方法,降低了反常数据点对结果的影响,从而进一步提高了拟合效果。

第6章 不同径流作用下冰川泥石流起动实验研究

冰碛物一般分布在冰川泥石流的源头附近,由于第四纪多期古冰川侵蚀,在冰斗下部或冰舌末端堆积大量冰碛物,厚度常为数十米至上百米,而在冰碛物之上分布着冰雪融水侵蚀形成的冲沟,为冰川泥石流提供了发育的场所。每当雨季来临,气温升高同时,冰川和积雪加速消融,大量融水汇集到冰碛物冲沟内,并对冲沟边坡产生强烈侵蚀和淘蚀,促使岸坡失稳坍塌而堵塞沟道,在后续融水冲刷侵蚀作用下溃决起动形成泥石流。实地调查发现,冰碛物起动形成泥石流主要存在两种机制,第一种为牵引式起动机制,主要发生在沟道比降较大的源区附近,融水渗透侵蚀冰碛物,促使冰碛物前缘坍塌破坏,进而牵引整个冰碛坡体起动产流,泥石流性质常呈偏黏性;第二种为推移式起动机制,主要发生在沟道比降较小的中下游,大量融水在冲刷冰碛物过程中,形成水石掺混的紊动流体,泥石流性质常呈偏稀性(图6.1)。

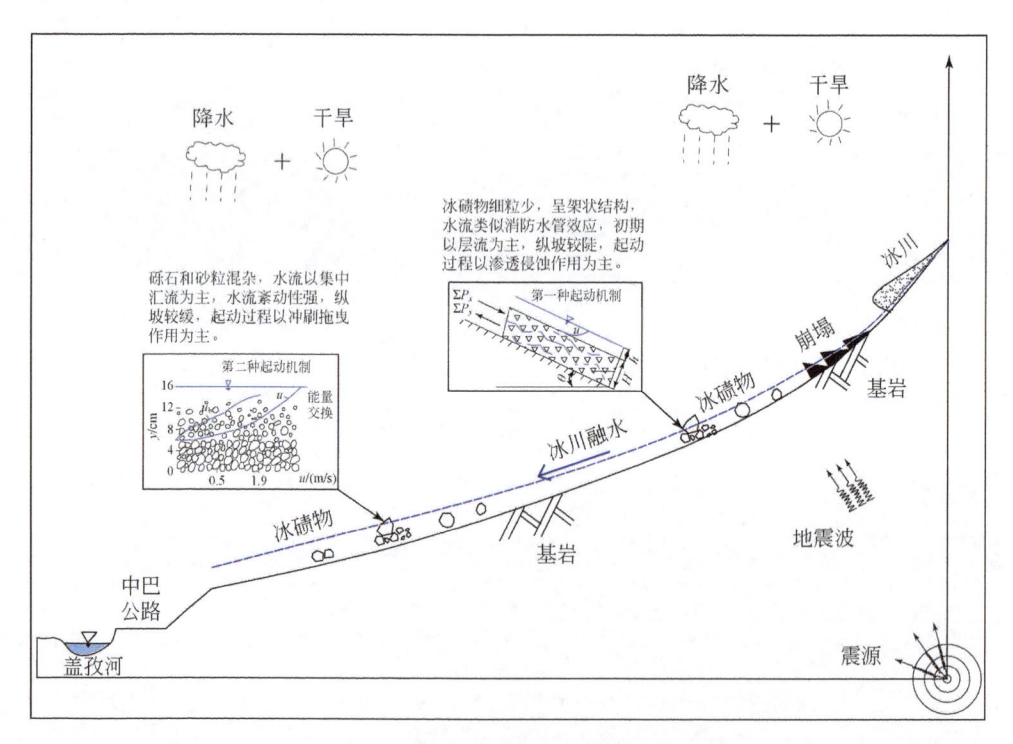

图6.1 冰川泥石流形成机制示意图

长期的冰川运动使流域内的冰碛物和冰水堆积物在高海拔广泛分布,寒冻和冻融等物理风化强烈,冰碛物和冰水堆积物的粒径范围广,粗大颗粒多,而细颗粒较少,特别是黏土颗粒。由粗大颗粒组成的架状结构使得冰碛物和冰水堆积物的孔隙发育,渗透率高,冰碛物和冰水堆积物的特殊组构使其破坏产流具有特殊性。在冰雪融水冲刷侵蚀作用下起动形成泥石流的临界流量较小,究竟多大流量冰雪融水能冲刷冰碛物起动形成泥石流,其水土耦合过程和作用机理复杂,非常有必要进行深入研究。

6.1 前期降水对冰川泥石流起动影响作用分析

冰川泥石流是指由冰川与冰川洪水或其他寒冻风化沉积物在高山冰川环境下所形成的特殊泥砂径流,具有成灾迅速、瞬间暴发、运动距离远、运动速度快及冲出规模大等特点,广泛分布于高海拔地区的交通路段。冰川泥石流的形成机理兼具土力类泥石流和水力类泥石流的机理特征[59],更具复杂性。近年来国内外关于泥石流起动的研究工作日益增多,但大多集中于人工配制土体的室内试验,与天然冰碛土仍然存在一定差异,且针对不同前期降水对天然冰碛土泥石流形成机制影响的研究较为薄弱。本次在对冰川泥石流类型特征和形成要素分析的基础上,选取典型泥石流沟道内天然冰碛土,开展不同初始含水率下的天然冰碛土冰川泥石流起动试验,监测孔隙水压力和体积含水率的变化过程,分析前期降水对冰川泥石流起动的影响。

6.1.1 试验方法

1. 试验土体

本试验于 2016 年 7 月初至 9 月下旬在中巴公路国内段 K1589 处进行,试验土样为牙俄孜沟(38°46′19″N,75°13′37″E)天然冰碛土,位于中巴公路桩号 K1598 处,海拔 2650m。试验土体物源厚度设定为 30cm,根据规范采用剔除法去除超径颗粒,试验土体颗粒分布曲线如图 6.2 所示。

该土体不均匀系数 C_u = 106,曲率系数 C_c = 3.39,细粒含量 8%,说明冰碛土颗粒的粒径分布较不均匀、级配不良,为含细粒土砾。同时测定冰碛土天然密度 ρ = 1.96g/cm³,天然孔隙比为 0.44,孔隙率 0.3,磨圆度较低棱角分明,内摩擦角 36°,渗透系数采用经验公式计算 K = 0.034cm/s[60],渗透性较强。

$$K = 234 d_{20}^2 n^3 \tag{6.1}$$

式中,d_{20} 为土体颗粒分布曲线上纵坐标为 20% 时所对应的土粒粒径,cm;n 为土体孔隙率。

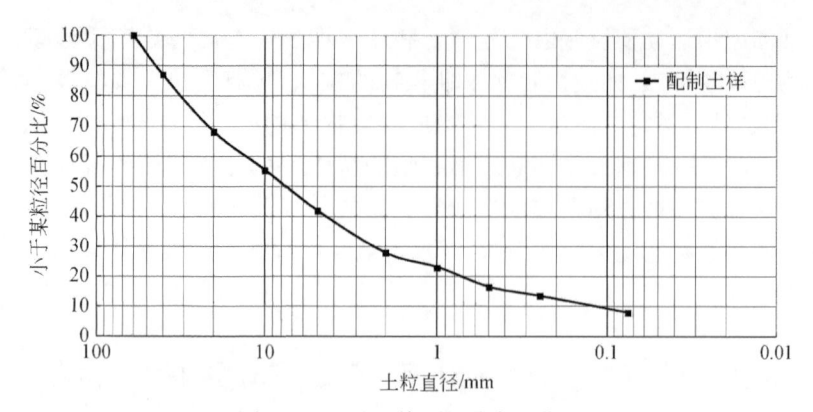

图 6.2　试验土体颗粒分布析曲线

2. 试验模型

中巴公路沿线的牙俄孜沟沟口附近有一处顺直沟道,长度为 40~65m,沟道宽 24~45m,物源堆积厚度 5~8m,沟道的坡度 25°~38°,对该天然物源进行概化,取沟道坡度 30°,取物源段长 50m、宽 30m、厚度 6m,按模型相似比为 1∶20 进行缩尺模型试验研究,试验模型槽尺寸如图 6.3 所示,试验槽体角度为 30°,模型尺寸为 2500mm×1500mm,在钢板槽底部设置条形挡板,挡板纵向间距 500mm,以减小试验槽变形且防止土体向下滑移。模型的两侧槽壁采用透明玻璃板并标注刻度,玻璃板高度为 500mm,根据前人研究成果及经验,在槽内基底铺设卵石以近似模拟自然坡体底面摩擦效果,卵石上铺设厚度为 300mm 的土层,土体分三层铺设、夯实,为防止层间接触部位成为滑裂面,每层土体装好后均用毛刷刨毛,最上层铺撒碎散土。在铺设土层时按设计深度、位置安放传感器,于试验模型正面和侧面分别架设高清摄像机,以便观察记录试验现象。

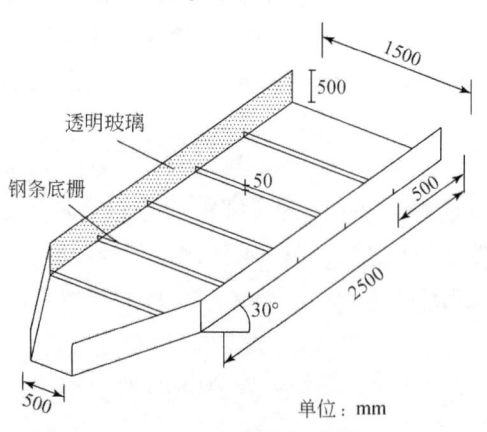

图 6.3　试验模型示意图

3. 试验设计及装置

研究区属高山冰川区域,具备典型的冰川泥石流暴发条件。据气象数据统计,该区域年平均降水量为120mm,7月平均降水量14.7mm,最大日降水量41.7mm,且2004~2014年有大幅增加的趋势。由实测该沟道7月最大流量,设定本次试验流量为1.85m³/h,据观察统计该区域冰川泥石流多发生于阴雨天气,故考虑前期不同降水量对冰川泥石流暴发的影响,设定不同土体初始含水率工况,试验分组参数见表6.1。

表6.1 试验分组参数

坡度/(°)	流量/(m³/h)	质量含水率/%	体积含水率/%
30	1.85	7	13.0
		10	18.6
		13	24.2

冰川泥石流试验模型装置主要由试验槽、储水装置、水量调控装置、数据采集系统构成。为满足试验测量的精度要求,水量调控装置采用流量仪进行测定,体积含水率和孔压的测量采用美国产集成传感器KPSI系列的EC-5,精度可达±2%,埋设位置如图6.4所示。

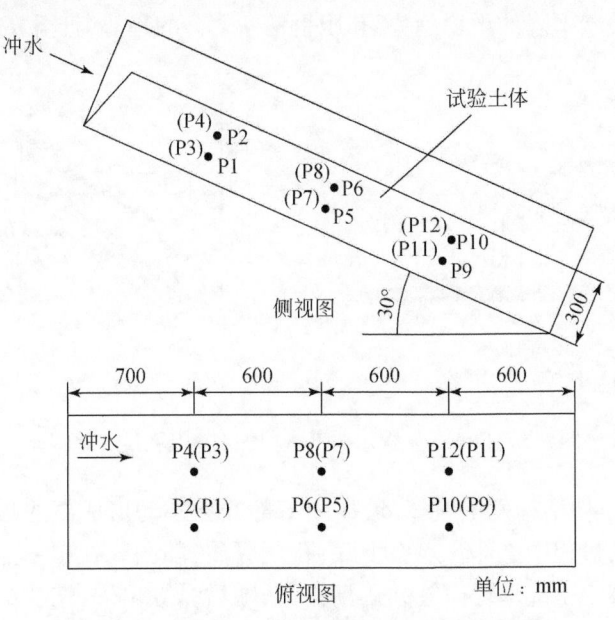

图6.4 孔隙水压力及含水率测点布置示意图

4. 试验步骤

本次试验具体试验步骤如下:①搭建模型槽,根据勘察资料设定试验角度为30°,安装仪器设备,铺设卵石与格栅齐平;②取牙俄孜沟天然原级配土于制样处,底部铺设防水雨布以保证土样细颗粒的留存,剔除超径颗粒($d \geqslant 60mm$),将过筛后的土样围挡并晾晒干燥,掺水充分搅拌均匀至设定初始含水率,置于阴凉处;③土体铺设按照实测天然干密度控制,在装填过程中分层刨毛夯实,同时于设定位置埋设传感器,在已装填好的土体处覆盖防晒布料以减小含水率误差;④标定仪器设备,设定数据采集器运行周期为4s/次,打开水泵开启流量仪开关调整至预设流量,打开摄像机开关,试验开始;⑤采集分析试验数据,查看有无异常等。

6.1.2 试验结果

1. 土体初始体积含水率13%的试验现象

当初始体积含水率13%,冲水流量$1.85m^3/h$时,泥石流试验过程曲线如图6.5所示,试验共持续约230s。试验开始后坡体上部水流多以入渗的形式进入土体,24s后坡面开始产流,坡面细粒物质流失,当水砂流龙头到达坡体中下部时坡面水流显著变小。随着水流的持续入渗,坡体上部土体逐渐达到饱和或部分饱和状态,初始阶段如图6.5中a点所示,可以看到体积含水率在a点间隔20s后陡然上升至峰值,随后呈缓慢下降的平稳趋势,孔压呈不断攀升的趋势,直至b点达到峰值。

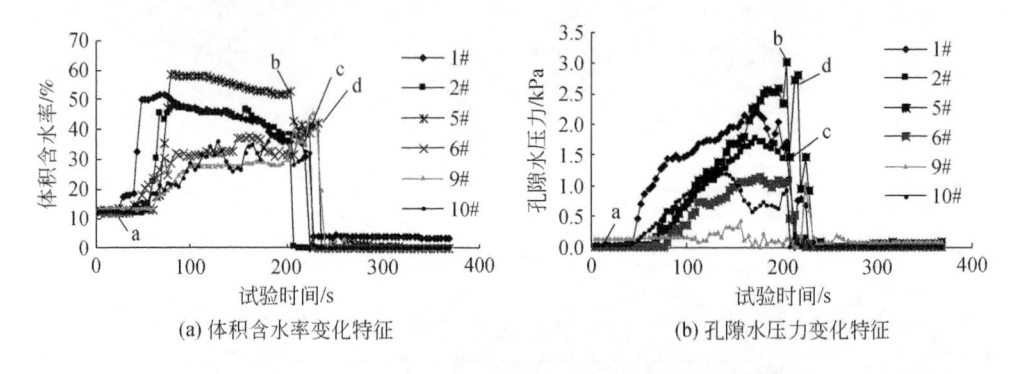

(a) 体积含水率变化特征　　(b) 孔隙水压力变化特征

图6.5　13%初始含水率下体积含水率及孔压变化特征

在80s时土体结构发生破坏,坡体中下部开始蠕动形成新的临空面和渗流通道,在土体蠕动过程中土体含水率下跌、孔压释放,如图6.5中c点所示。随试验时间推移,坡体中下部出现横缝并逐渐扩张,随后纵缝出现,蠕动产生裂隙的部位逐渐被细小颗粒堵塞,220s时孔压急剧抬升至超过土体承载能力,如图6.5中d点所示,随即横缝纵缝遍布整个坡面如图 6.6 所示,坡体发生整体蠕滑。230s 时坡体整体滑移,大范围的泥石流形成。

图 6.6　土体初始体积含水率 13%时坡面蠕滑起动特征

2. 土体初始体积含水率 24.2%的试验现象

因初始体积含水率 18.6%与 24.2%的试验规律一致,选取 24.2%含水率作为分析对象。图 6.7 为初始体积含水率 24.2%,冲水流量 1.85m³/h 时的泥石流起动特征图,试验过程共持续约 1500s。试验开始 4s 后坡面迅速产流并形成黏性泥浆,挟带部分细颗粒在坡体下部堆积,由于下部坡体未浸水相对干燥土体吸水能力强,泥浆的龙头在流动的过程中流速降低,泥浆和固体颗粒于坡体下部沉积形成了一个铺床的过程。

(a) 土体前缘坍塌　　　　　　　　(b) 沟道淤积堵塞

图 6.7　土体初始体积含水率 24.2%时泥石流起动特征

在水流的持续冲刷作用下,坡面被侵蚀形成雏形沟道,并缓慢侵蚀沟道底部及两侧的细粒物质。于 360s 时两条沟道被较大的粗砾堆积堵塞形成水跌,停滞部分中细颗粒,如图 6.7(a)所示。在水砂流的冲刷、挟带、沉积作用下,当粗砾堆积体处滞留土的颗粒堆积高度超过粗砾顶部时即发生小型泥石流或水砂流,沟道上部粗砾石裸露,细颗粒继续堆积形成一个"阵流"的周期性过程,图6.8中的含水率和孔压的变化曲线反映了这一特征。于510s时阻碍水砂流的粗砾堆积体坍塌脱落,突发较大范围土体的滑移。600s时坡体中上部发生坡体蠕滑,形成一条宽深的沟道如图6.7(b)所示,以溯源侵蚀形式继续发展。

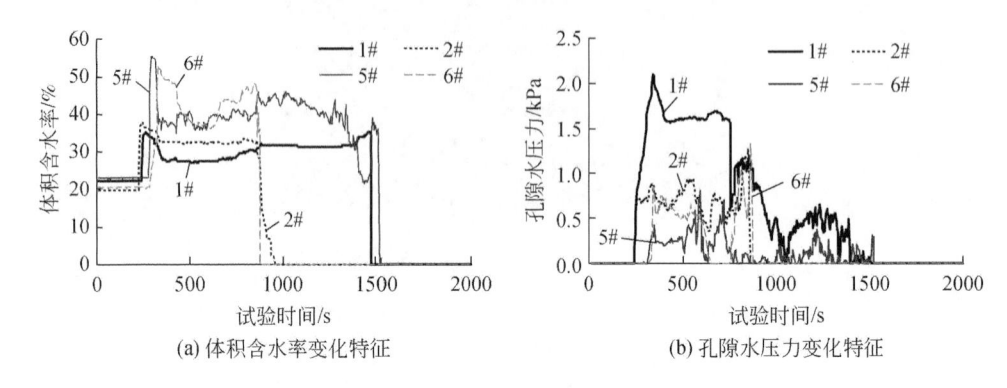

(a) 体积含水率变化特征

(b) 孔隙水压力变化特征

图6.8 24.2%初始含水率下体积含水率和孔压变化特征

6.1.3 试验曲线特征分析

土体含水率和孔压的变化特征在一定程度上可以反映土体内部的结构和受力的情况,对图6.5、图6.8和图6.9体积含水率和孔压峰值曲线进行对比分析,可以得出如下泥石流起动过程中含水率和孔压的增长和消散规律。

1. 含水率与孔压的变化特征

(1) 如图6.5、图6.8所示,土体初始含水率越低,在试验阶段含水率、孔压的提升速度越快,且随着时间的推移,含水率突增后稳定地缓慢下降,当土体产生蠕滑时骤降近乎为0,呈"阶梯形"曲线;孔压的变化特征与含水率相似,但孔压的增长速度较缓,且到达峰值时无平缓期,周期曲线呈"三角形"状,变动幅度大,呈幅度递减的周期形式。如图6.8所示,含水率与孔压曲线呈正相关走势,但随着"阵流"周期性的暴发,土体临空面的增加使得渗流通道畅通,含水率与孔压的相关性逐渐减小。观察图6.5、图6.8各孔位曲线变化,发现孔位布设位置远离出水口处,曲线变化不平稳,规律性较差,这是水流在冲刷运动的过程中出现水流改道、不均匀渗流现象所导致,在这个不均匀运动过程中可能还存在大量的水土作用交换规律,有待进一步研究探讨;同时考虑到试验设定采集频率为4s/次,在突发点时刻处采集密度可能尚有欠缺,故与Iverson和Lahusen[61]在水槽试验中高频率测得的孔压曲线作对比,结果一致,证明试验可以反映基本规律。

(2) 分析图6.5发现,埋深较浅的偶数孔位水土物质交换频繁,含水率和孔压波动较大，但位于坡体下部且埋深较大的9#孔位的孔压在小幅度波动变化后只发生一个突增现象，这可能是由于该点位于坡体下部，渗流通道较短且较为通畅，于下部坍塌时刻堵塞渗流通道导致孔压突增。同时对比试验现象发现孔压达到峰值时刻即为泥石流的爆发时刻，在泥石流周期性爆发后孔压急剧降低，其降低程度与"阵流"爆发程度呈正相关，即 $\Delta u/u \propto D$，若该点全部坍塌、滑移则孔压消散近似为 0。

(3) 如图 6.9 所示，当初始含水率较低时，含水率、孔压峰值曲线普遍处于上方，即 $w_0 \propto 1/u_{max}$，$w_0 \propto 1/w_{max}$；试验过程中体积含水率峰值可达 0.6，假定此时该埋设点位置土体为完全饱和状态即 $V_w = V_V$，则 $n = w_v = V_w/V$，可推得此时孔隙率约为试验土体原孔隙率的 2 倍，也存在此时该点土体处于非完全饱和状态的可能，但无论何种情况，此时该点孔隙率都大于或等于 0.6，说明在水流的作用下粒间孔隙急剧扩大。

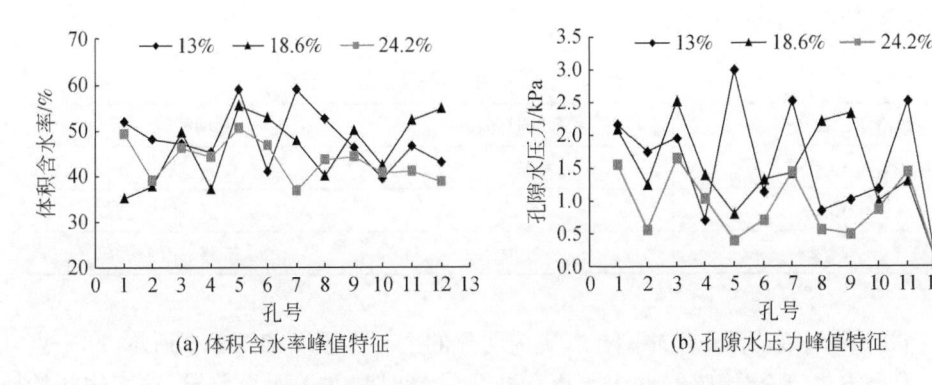

(a) 体积含水率峰值特征

(b) 孔隙水压力峰值特征

图 6.9 不同初始含水率条件下各孔位体积含水率和孔压峰值特征

2. 含水率与孔隙水压力的时间和空间关系

对比分析图 6.5 与图 6.8，可以得出如下时空关系特征。

(1) 埋设位置靠近出水口处的点位，埋深下层点位的含水率率先升高；相反地，埋设距离较远处的点位，上层点位的含水率率先升高，且同一点位达到孔压峰值时刻比达到含水率峰值时刻滞后，即 $T(u_{max}) > T(\omega_{max})$。

(2) 泥石流开始暴发时刻与土体上层孔位达到孔压峰值时刻相同，泥石流局部暴发时刻与下层孔位达到孔压峰值时刻相同，即 $T(u_{max}) = T(S)$；且初始含水率越大泥石流暴发时刻越早，泥石流暴发的时刻与初始含水率呈负相关，即 $\omega_0 \propto 1/T(S)$。

(3) 从坡面纵向布设位置看，坡体上部的含水率及孔压上升时间早、速度快，且上部峰值比下部峰值整体偏大；从土体深度布设位置看，同一点处的下层孔位的孔压较上层孔位大，即 $u_u > u_d$。

6.1.4 泥石流起动模式和机理分析

1. 泥石流起动模式分析

根据试验现象分析,泥石流起动特征见表6.2。当初始含水率较低时,渗流表现明显。如图6.5所示,埋深较深处的1#传感器含水率率先升高,孔压随之抬升,土体底部达到饱和或部分饱和状态,20s后埋深较浅的2#传感器含水率开始升高,表明水流到达1#、2#传感器埋设位置时已渗入土体底部,并在土体底部形成渗流通道导致1#孔压率先升高。这是由于土体初始含水率较低,土体底部粒间孔隙较为通畅、入渗强度较大,入渗水流将土体底部骨架中的细小颗粒冲出、挟带、淘蚀,导致土体底部含水率、孔压率先增大,当土体骨架的结构性不足以抵抗渗流力和土体自重产生的下滑力和其他外力时,土体前缘率先产生局部蠕动引发整体蠕动,从而导致坡体破坏形成泥石流。

表6.2 泥石流起动特征

初始体积含水率/%	起动时间/s	起动特征
13.0	195	下渗、径流、蠕动、滑移
18.6	153	径流、推移、冲沟、溯源
24.2	130	径流、推移、冲沟、溯源

当初始含水率较高时,冲刷起着更为明显的主导作用。如图6.8所示,同一点位不同埋深的1#、2#传感器的含水率和孔压升高时间并无明显差异,这表明初始入渗强度较弱,在深度剖面上表现为水流均匀入渗,故不同埋深处传感器可以同时感应到土体含水率的变化。坡面径流将碎散颗粒挟带,形成推移质水砂流,水流冲刷产生锥形沟道并不断扩张,土体骨架被淘蚀,引起坡体下部局部坍塌、推移,溯源侵蚀随之发展,泥石流呈"阵流"周期性暴发。根据试验现象将泥石流起动过程划分为四个阶段:①渗流饱和;②径流冲刷蠕动;③前缘坍塌起动;④溯源侵蚀发展。由于渗流作用和冲刷作用在不同的初始含水率下表现出较为明显的差异,故上述各阶段在不同初始含水率下有不同的侧重表现。

2. 泥石流起动机理分析

(1) 内部渗流侵蚀:水流的入渗使土体含水率增大达到饱和或部分饱和状态,在短暂的延迟后孔压随时间推移逐步提升,土体有效应力降低。由图6.9(a)可以看出,任一孔位体积含水率峰值都大于原孔隙率且多为0.4以上,部分孔位峰值接近0.6,是原孔隙率0.3的2倍。这表明由于渗流作用,水体楔入粒间孔隙,在不稳定渗流的作用下产生超静孔隙水压力导致细粒被大量带出,同时水流入渗使包裹土颗粒的水膜厚度变大,减小了土颗粒之间的摩擦力,在渗流力的作用下土体内部细颗粒被冲蚀,土体骨架被架空甚至结构性丧失,土颗粒随入渗水流发生移动,导致孔压突降。随后土颗粒重新排列、堵塞渗流通道,孔压又呈现突增,坡面土体稳定性逐渐降低,图6.5(b)中的b-c-d阶段反映了这一过程。当土体骨架颗粒之间的摩擦力和咬合力等不足以承载渗透力、孔隙水压力等拖曳力时,土体局部失稳,出现裂纹、蠕动、坍塌等现象。

(2)前缘骨架坍塌:试验过程中发现,当坡面开始产流时,坡面水流挟带碎屑体,产生推移质水砂流,并在运动过程中出现"移动-减速-沉积-加速-移动"的周期性现象。这一现象的发生是因水砂流运动迁移过程中固体体积比 S_v 增大,惯性区中较大粒径的固体颗粒沉积,沉积体在坡体下部形成一个小的拦水坎出现"阵流"现象[图6.7(a)],此时推移层和层移层之间的摩阻力 f 增大,两层之间的物质交换增多;随着上部水流深度的增加,跳跃层与层移层之间交换增加,S_v 减小、水砂流的推力 P 增大,推移质水砂流中的固相体于坡体下部堆积,堆积体对自身存在临空面的下部坡体起到加荷作用(图6.7)。

上部加荷作为一个外力作用促进了前缘骨架坍塌,但土体骨架内部稳定性的削弱起着更为关键的作用。如上所述,内部渗流侵蚀直观表现为试验过程中坡面水流浑浊、含砂量的增加,在试验曲线上表现为体积含水率(孔隙率)的大幅增加,且增幅最大可达1倍,表明土体内部细颗粒被严重冲蚀,出现大孔隙的架空骨架,粒间接触应力骤降,渗流侵蚀是引起土体骨架失稳的主要原因,分析示意图如图6.10所示。

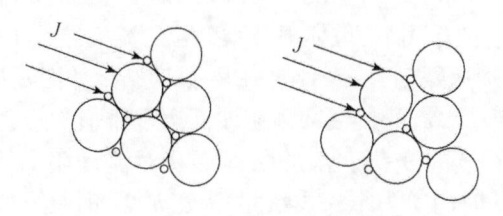

图6.10 骨架失稳分析

将该粒团看作骨架中一个独立受力体,在内部渗流的作用下细粒被挟带、冲蚀,出现大孔隙的架空结构,孔隙体积 V 逐渐增大,粒间接触面积 A_i 减小用折减系数 k_1 表示,同时水膜增厚粒间抗剪强度 τ_i 降低用折减系数 k_2 表示,则粒团中各土颗粒合力 T 可简化为式(6.2)。当时 $T>0$,土颗粒发生相对位移,土体骨架稳定性降低。

$$T(t) = J(t) \cdot V(t) - k_1 \tau(t) \cdot k_2 A(t) \tag{6.2}$$

式中，J 为渗流力；V 为孔隙体积。

宏观上对前缘骨架受力分析如图 6.11 所示，将土体前缘的抗滑力由抗剪强度 τ_i 简化为 $f_1=\tau_i L$，通过上述微观分析可知，在渗流侵蚀作用下粒间抗剪强度降低，故添加一个综合折减系数 $k=k_1 \cdot k_2$，由式（6.3）计算当 $W<0$ 时，堆积体挟带坡面前缘土体沿破坏面整体发生坍塌推移。

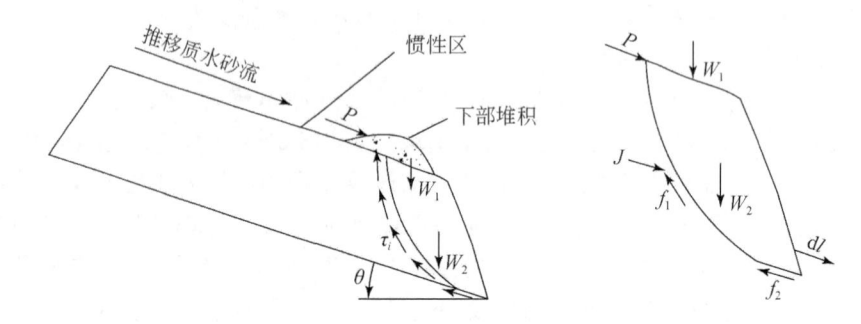

图 6.11 前缘骨架受力分析

$$W=k(f_1+f_2) \cdot \mathrm{d}l-(W_1+W_2)\sin\theta \cdot \mathrm{d}l-(P+J) \cdot \mathrm{d}l \tag{6.3}$$

式中，k 为粒间抗剪强度综合折减系数；f_1 为前缘土体抗剪强度；f_2 为下部堆积与坡面间摩擦力；W_1 为下部堆积重力；W_2 为前缘土体重力；J 为渗流力；P 为水砂流对下部堆积的推力。

假定土体已为临界破坏状态，土中作用力不随时间变化，对式（6.3）求关于时间 t 的 2 阶导数：

$$\mathrm{d}^2W/\mathrm{d}t^2=k(f_1+f_2) \cdot \mathrm{d}a-(W_1+W_2)\sin\theta \cdot \mathrm{d}a-(P+J) \cdot \mathrm{d}a \tag{6.4}$$

在持续的渗流侵蚀作用下，坡体下部土颗粒的流失导致土体抗剪强度降低，当 $\mathrm{d}^2W/\mathrm{d}t^2>0$ 时，土体加速蠕动，前缘骨架坍塌，试验结果如图 6.7(a)所示。

（3）径流冲刷起动水流的持续冲刷使坡面出现雏形沟道，并开始缓慢下切、拓宽，如图 6.7(a)到(b)的变化。沟道断面形状对流动阻力大小有一定影响，如图 6.7(a)所示，初始时沟道为窄深式断面，沟宽 $b<2h$ 时具有较大的水力半径和平均流速，弗劳德数 Fr 相应较大，水砂流对沟道底部和两侧边壁侵蚀较为严重，表现为图 6.7(b)所示的沟道被下切、拓宽。同时坡体下部坍塌汇聚，冲沟中的水砂流紊流态削弱，弗劳德数 Fr 降低，水砂流对沟道两侧侵蚀减缓，对上部临空面侵蚀加剧，沟道上延。在溯源侵蚀的过程中，由于粗砾堆积体的阻碍，形成的两条沟道被粗砾堆积体堵塞停滞部分细颗粒[图 6.7(b)]；当细粒堆积体高度超过粗砾堆积体高度时即暴发小型泥石流或水砂流，形成一个周期性过程。对比试验现象与图 6.5、图 6.8 所示的含水率和孔压曲线，可以看出初始含水率 13% 的试验曲线整体呈一个周期，近似呈"阶梯形"曲线；初始含水率 24.2% 的试验曲线呈数个叠加

的"阶梯形",为数个小范围泥石流周期性循环暴发的结果。

随着粗砾堆积体下部细颗粒逐渐被水流淘蚀,堆积体坍塌脱落,突发局部滑移,大范围泥石流起动,形成宽深的沟道。上述过程周期性循环,冲沟不断被拓宽、加深、溯源,最终形成一条通畅的泥石流沟道,图6.12为起动过程示意图。

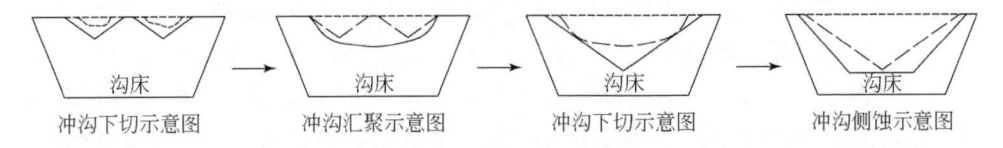

图6.12 径流冲刷下泥石流起动过程示意

通过试验现象及上述分析,将冰川泥石流起动机理划分为:内部渗流侵蚀、前缘骨架坍塌、径流冲刷起动。内部渗流侵蚀和前缘骨架坍塌虽然表现为土力类机理特征但同时兼具水力类机理特征;径流冲刷起动则更多表现为水力类泥石流的机理特征,但同时存在粗砾坍塌脱落引发的土力类泥石流的试验现象。证明了与其他类型泥石流相比,冰川泥石流的形成显著兼具水力类和土力类的机理特征,且其兼具的特征随土体初始含水率的变化表现出侧重点的不同。

6.1.5 小结

(1)将研究区不同前期降水下的冰川泥石流起动类型初步定义为坍塌推移型。初始含水率较低时渗流表现明显,体积含水率可达原孔隙率的2倍,初始含水率较高时渗流与冲刷共同起主导作用;土体初始含水率越大,泥石流在小范围内开始暴发的时间越短,因此,当存在冰川融水且前期降水量较多时,应及时做好泥石流的预警和防治措施。

(2)孔隙水压力达到峰值时刻与泥石流暴发时刻一致,但滞后于含水率达到峰值的时刻即 $T(u_{max})=T(S)>T(\omega_{max})$。土体含水率和孔隙水压力的曲线呈周期性变化:含水率为"阶梯形"的周期性叠加,孔隙水压力为递减的"三角形"周期性叠加,每个周期的峰值对应泥石流阶段性的暴发。

(3)试验区冰川泥石流起动过程可以划分为四个阶段:①渗流饱和;②径流冲刷蠕动;③前缘坍塌起动;④溯源侵蚀发展。将其形成机理分为内部渗流侵蚀、前缘骨架坍塌和径流冲刷起动。试验结果进一步证明了冰川泥石流显著兼具水力类和土力类泥石流的机理特征,且其兼具的特征随土体初始含水率的变化表现出不同的侧重点。

6.2 融水渗透冲刷冰碛土起动形成泥石流的实验研究

国内学者已基本摸清了我国冰川泥石流总体的分布规律、发育条件及类型特征,并针对西藏高原地区、新疆天山地区等冰川泥石流多发高发地区,初步开展了与泥石流形成过程及起动机理等相关的研究工作。目前公格尔山地区冰川泥石流研究基础相对薄弱,大多研究都是基于定性调查和评价,缺乏基于物理实验分析冰川泥石流的起动过程,对冰川泥石流形成机理的认识不够深刻。因此,在对新疆公格尔山地区典型冰川泥石流沟道及其物源特征等分析基础上,以原状冰碛土作为试验土体,开展了不同融水量下泥石流起动的水槽实验,监测土体内部结构应力变化并观测其起动过程与现象,进而分析此类泥石流起动形式及其形成机理。

6.2.1 试验方法

1. 试验土体

试验用土采用中巴公路K1603处沟道内的冰碛土[图6.13(a)],具体位置为38°46′41″N,75°13′23″E,冰碛土干密度为$2.33g/cm^3$,渗透系数为27.4mm/min,天然含水量2.1%~8.68%。冰碛物的表面为灰白色,呈骨架结构,冰碛石磨圆度很低,多呈棱角至次棱角状。

冰碛土体颗粒粒径级配曲线如图6.13(c)所示,从冰碛土体级配曲线可以得出,不均匀系数C_u=310>5,曲率系数C_s=0.99<1,说明冰碛土为不良级配土,粗细颗粒分布不均匀,粒径分布范围广,颗粒以砾砂为主,粉黏粒含量较低,其中砾石含量为52.38%,砂粒含量为29.17%,粉粒、黏土含量分别为16.52%和1.93%。试验土中黏土矿物组成及粒度分析如图6.13(b)所示,黏土中含多种矿物成分,主要为石英、伊利石、方解石、绿泥石等,其中石英占28.3%,伊利石占26.3%,方解石占15.2%,绿泥石占13%,高岭石、长石及乌钢石含量低于10%。

2. 试验模型

该试验以中巴公路K1603处沟道内一顺直沟段为原型,沟道长度约60m,宽度8~10m,堆积物厚度4~7m,沟道坡度24°~29°,对该天然沟道进行概化,取沟道坡度25°,取物源段长50m、宽8m、厚度6m,按模型相似比为1∶20进行缩尺模型试验研究,试验模型包括试验水槽、土体铺设及传感器布置(图6.14)。试验水槽是由底部和一侧用钢板焊接,另一侧为有机玻璃板组成的尺寸为350cm×40cm×50cm(长×宽×高)的矩形槽,其坡度可调,调节范围为5°~25°。

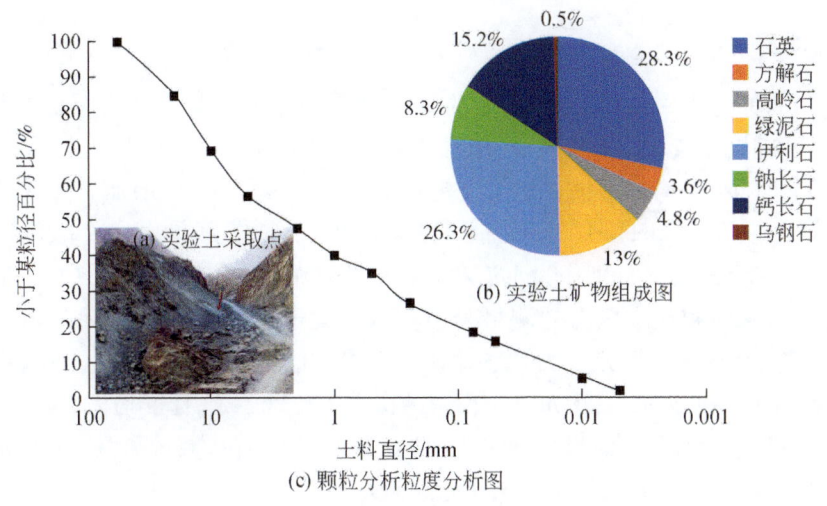

图 6.13 实验土采取点及颗粒分析图

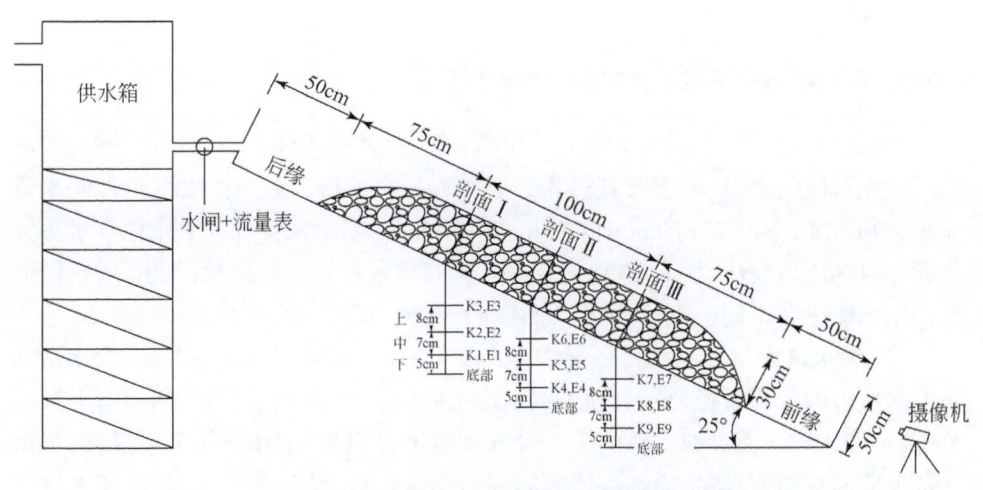

图 6.14 试验水槽模型、土体铺设及传感器布置图

据气象数据统计,该区域年平均降水量为120mm,7月平均降水量14.7mm,最大日降水量41.7mm,且2004~2014年有大幅增加的趋势。以实测该沟道7月最大流量为依据,设定本次试验标准流量为32L/min(即1.93m³/h),本次试验控制水流流量分别为标准流量的25%、37.5%、50%、200%(即8L/min、12L/min、16L/min和56L/min),通过控制供水箱出口处的阀门来改变水流流量大小,进而研究冰碛土体在不同融水流量下冲刷起动形成泥石流的过程。试验过程中,在试验水槽正面及一侧(安装有机玻璃一侧)架设高清摄像机,对试验过程中的现象进行实时记录。

3. 试验步骤

(1)将原样土中粒径大于 15cm 的块石剔除后晒干,原样土平均天然含水量为 5.3%,为近似模拟实际土体情况,配置含水量为 6% 的土样作为试验土。

(2)将试验土均匀摊铺在底部已铺设卵石的试验槽中,以增加土体底部摩阻力,土体铺设情况如图 6.13 所示,铺设厚度为 30cm,长度为 250cm,试验槽前、后缘各 50cm 不铺设土样,分别作为水流和泥石流的过渡段。

(3)含水量和孔水压力的测量采用美国产集成传感器,型号分别为 EC-5 和 KPSI。将含水量及孔隙水压力传感器探头埋设在已堆积完成的试验土中,探头布置情况如图 6.14 所示,其中每个剖面两种探头各布置 3 个,深度均为 25cm、18cm、10cm,但流量为 8L/min 时,只在剖面Ⅰ、Ⅱ两处布置探头,探头数量和埋置深度均与上述一致;探头布置完成后,对扰动土样进行压实,静置 12 小时待用。

(4)冰碛土体自然固结 12 小时后,架设摄像机,一切准备就绪后,打开供水箱出口处阀门。

6.2.2 不同融水量下泥石流起动试验现象分析

不同融水量具有不同的渗流力和冲刷力,致使冰碛土体在不同水流冲刷下,起动形成泥石流的规模、形态及其过程中破坏特征都有所差异。本次试验控制水流流量分别为 8L/min、12L/min、16L/min 和 56L/min,记录试验过程中体积含水量变化和孔隙水压力变化(图 6.15),捕获泥石流起动过程中实验现象(图 6.16),以近似模拟冰碛土在不同融水量下起动形成泥石流的过程。

(1)融水量为 8L/min 时,径流快速入渗。200s 时,坡脚处出现汇流,含水量和孔隙水压力因水流未触及探头埋设位置均无响应。1200s 时,部分含水量有上升趋势,其中埋置在水槽上端底部的 1、2 号含水量上升明显,细体颗粒不断迁移,水槽底部形成局部通道,持续冲刷一段时间通道仍未贯通,坡脚汇流变清,冰碛土体仍处于稳定状态,仅坡脚少量土体发生破坏。

(2)融水量为 12L/min 时,径流快速下渗。120s 时,含水量和孔隙水压力快速上升,坡脚处有细颗粒迁出,土体内孔隙率发生变化,孔隙水压力达到峰值后呈波动式下降。600s 时,坡脚处土体发生坍塌且堆积坡脚抑制水流的正常流动,使中下游上部土体水位上升,对应含水量和孔隙水压力快速上升。800s 时,土体底部形成一条完整的渗流通道,细体颗粒沿通道不断迁出,致使土体内部孔隙率不断发生变化,孔隙水压力出现上下波动。1800s 时,土体发生下沉应力释放后向前蠕动一段距离,土体的重新排列使渗流通道变窄,6~9 号孔隙水压力传感器快速上升。土体坍塌从前缘向后缘方向延伸 75cm 后保持稳定,坡脚产流变清,不改变融水量难以起动形成泥石流。

(3) 融水量为 16L/min 时, 出现蓄满产流且径流快速冲刷土体表面, 致表面颗粒发生跳跃、滚动、平动等形式运动, 部分颗粒被挟带走, 表面出现粗化。10s 时坡脚处出现浑浊泥流, 表面土体出现多条裂缝。30s 时坡脚处出现垮塌, 土体内含水量和孔隙水压力开始逐渐上升, 冲沟下切严重, 溯源侵蚀加剧, 土体表面形成固定冲沟。130s 时, 孔隙水压力上升至峰值, 土体发生坍塌堵塞沟道, 后溃决形成泥石流。泥石流持续约 20s 后消失, 孔隙水压力快速下降, 土体表面形成了竖直的临空面, 下切侵蚀和溯源侵蚀减弱, 土体颗粒发生重组, 孔隙率变小, 孔隙水压力又逐渐上升, 水流侧蚀冲沟一侧土体, 使土体底部被掏空失稳坍塌堵塞冲沟, 水流大量汇集后溃决再次形成大规模泥石流。泥石流现象持续约 10s 后消失, 坡脚出现高含沙水流, 孔隙水压力快速下降, 部分探头被水流冲出急速下降至零。

(4) 融水量为 56L/min 时, 水流出现超渗产流且快速冲刷表面, 粗细颗粒迅速被冲走, 土体表面瞬间粗化, 且出现多处横向裂缝。20s 时坡脚处土体发生坍塌, 120s 时冲沟下切严重, 溯源侵蚀加剧, 水槽表面形成一条固定的弯曲状冲沟, 坡脚处坍塌体堵塞冲沟, 上部土体瞬间超饱和, 一次彻底失稳呈流态化, 运动至堵塞处溃决形成大规模泥石流, 在堆积区形成了 1.1m×1.0m×0.2m 的堆积扇。泥石流全过程仅 30s, 含水量和孔隙水压力探头来不及响应, 已被水流冲出, 1~3 含水量和孔隙水压力探头未被冲出, 随水流继续增大, 相应含水和孔压曲线呈上升趋势。

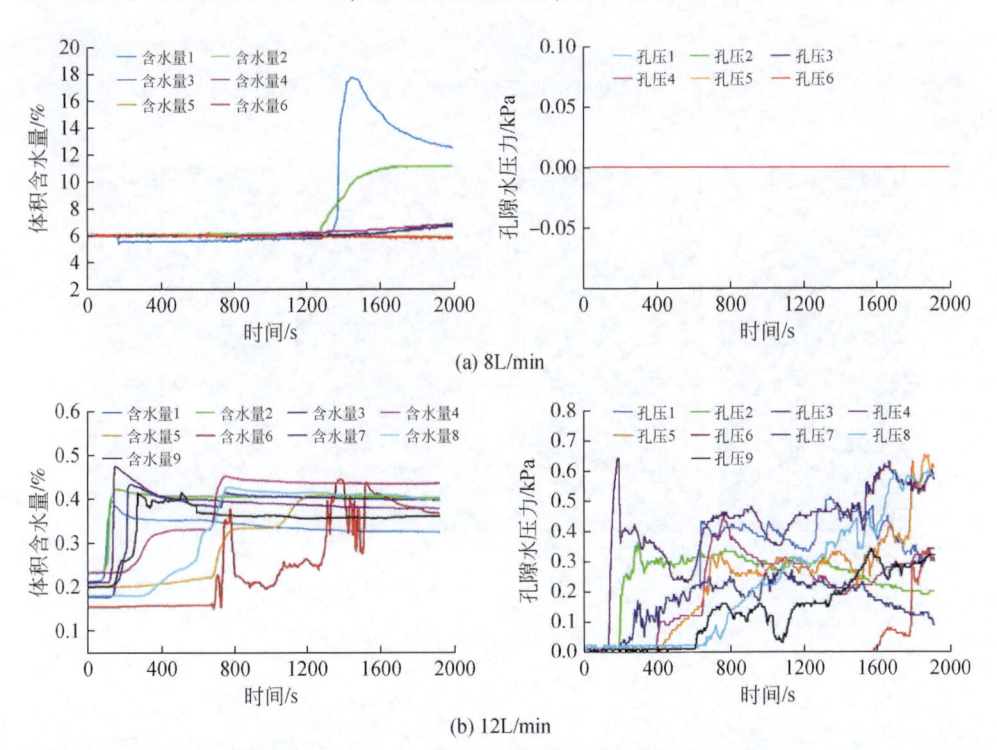

(a) 8L/min

(b) 12L/min

(c) 16L/min

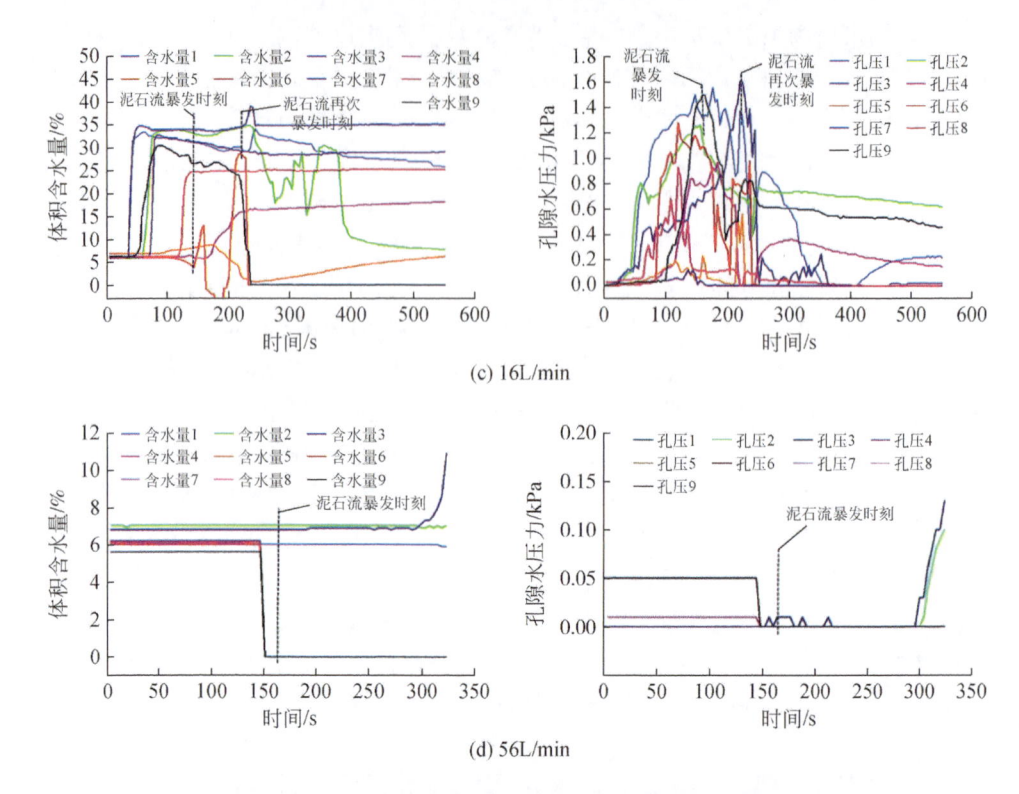

(d) 56L/min

图 6.15 不同流量条件下含水量、孔隙水压力变化图

(a) 8L/min 坡脚少量土体坍塌
(b) 12L/min 坡脚大量土体坍塌
(c) 16L/min 暴发形成泥石流
(d) 56L/min 暴发形成泥石流

图 6.16 不同水量冲刷冰碛土起动形成泥石流

6.2.3 不同融水量下泥石流起动过程阶段分析

本次实验根据土体内体积含水量和孔隙水压力的变化特征,并结合泥石流形成过程中土体破坏现象,将冰雪融水型泥石流的形成过程分为四个阶段:①径流渗透阶段;②溯源侵蚀阶段;③冲刷起动阶段;④堵塞溃决阶段。具体描述如下。

(1)径流渗透阶段如图6.17(a)所示,实验初始阶段,径流将土体表面的细体颗粒及部分粗颗粒起动带走,土体表层孔隙率增大,水流渗透力增强,在此过程中,水流也不断下渗,并将土体内部的细体颗粒不断迁出,形成稳定的渗流通道,在坡脚的渗流通道出口形成高含沙水流。

(2)溯源侵蚀阶段如图6.17(b)所示,随着来流的冲刷,土体中上部粗化过程致使土体孔隙率和渗透量增大,土体内部和表层细体颗粒均被侵蚀输移至土体中下部,由顶部至坡脚渗透能力减弱,细颗粒含量增多。当顶部来水不断渗透时,整个坡体将形成较大水力梯度,在坡脚处土体含水量和孔隙水压力迅速上升,致使坡脚处土体首先发生坍塌堆积坡脚,并随着坡脚处牵引和顶部水持续冲刷作用。此阶段以溯源侵蚀的坍塌形式诱发小规模泥石流。

(3)冲刷起动阶段如图6.17(c)所示,随着坡脚坍塌泥石流体发生堆积,溯源侵蚀减弱,径流沿表层冲刷超饱和土体,并沿主线方向冲切拉槽,形成一条固定冲沟,沟道内坡度约为20°。随着水流继续不断冲蚀,沟道宽度和深度不断增大,逐渐出现局部岸坡失稳坍塌现象。

(4)堵塞溃决阶段如图6.17(d)所示,随着沟道内下蚀和侧蚀作用加剧,沟道两侧已超饱和土体发生局部坍塌和淤积堵塞沟道,随水流持续冲刷和能量蓄积,淤堵点发生溃决而形成大规模泥石流,并在沿途铲刮裹挟堆积土体形成更大规模泥石流。

(a) 径流渗透　　(b) 溯源侵蚀　　(c) 冲刷起动　　(d) 堵塞溃决

图6.17　泥石流起动过程图

6.2.4 不同融水量下泥石流起动机理分析

1. 渗流饱和

冰碛土呈骨架结构,砾砂含量高,角砾、砂砾、粉黏粒以不规则的薄层形式分布于砾石层中,且分布极不均匀,又加上粉黏粒含量较低,致使土石之间胶结脆弱,结构松散,渗透性大,通过原位渗透试验得到的渗透率为 27.4mm/min,如图 6.18 所示。融水量为 8~12L/min 时,水流以径流入渗为主,渗流易沿大孔隙快速进入土体而发生渗流饱和;融水量为 16L/min 时,水流出现蓄满产流,表面径流冲刷土体致表面粗化,孔隙率增大,渗透能力增强,加速土体渗流饱和;融水量为 56L/min 时,水流出现超渗产流,表面土体瞬间饱和,同时,水流来不及下渗至土体深部而形成径流,径流快速冲刷土体形成泥石流。

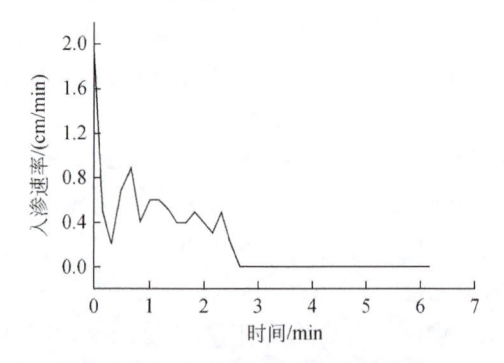

图 6.18 冰碛土原位渗透实验曲线

2. 渗透侵蚀

随着水流的不断侵蚀,土体内部的细体颗粒被不断迁出,坡脚渗出浑浊水流,水槽底部局部出现渗流通道,随着渗流的继续,大量细体颗粒流失导致土体底部形成一条宽约 10mm 的渗流通道(图 6.19),同时随着通道逐渐变宽(最宽处达 20mm),更多的细体颗粒通过渗流通道被挟带走。

图 6.19 冰碛土层内的渗流通道

3. 骨架坍塌

渗流通道形成后,中后缘细颗粒不断向前缘迁移,部分细颗粒因粗颗粒阻挡淤积至坡脚,使坡脚处土体孔隙率减小,孔隙水压力急速上升,导致坡脚处土体首先发生坍塌,同时细颗粒的迁出使通道变宽,土体结构有效强度降低,粗颗粒浸润后颗粒间咬合力下降,在重力及水动力作用下土体下沉20mm并向下部蠕动6mm(图6.20)。颗粒结构发生重组,渗流通道变窄,孔隙率变小,当土体剪切强度大于抗剪强度时,土体骨架发生滑动、坍塌等形式破坏,骨架受力分析如图6.21所示。

根据极限平衡理论,冰碛土受水动力冲刷过程中,土体的剪切强度和抗剪强度可表达为

$$\sum F_m = F + G\sin\theta \tag{6.5}$$

$$\sum F_f = f + C \tag{6.6}$$

式中,$\sum F_m$为土体剪切强度;$\sum F_f$为抗剪强度(以摩擦力为主);F为水动力(渗流力和冲刷力);G为土体重力;f为摩擦力;C为颗粒之间的黏结力。

当$\sum F_m \leq \sum F_f$时,土体颗粒保持稳定状态,随着水动力F的增大,土体含水量增加,孔隙水压力增大,导致土体的有效内摩擦角和土体表观凝聚力降低,颗粒之间的有效黏结降低,抗剪强度逐渐减小,同时土体剪切强度在逐渐增大。当$\sum F_m > \sum F_f$时,前缘土体内部平衡被打破,骨架颗粒失稳发生坍塌。从土体后缘至前缘形成较大动水头压力,对土体产生较大冲击能,同时后缘细颗粒被输移至前缘发生孔隙淤堵,致使孔隙水压力瞬间增大,因此,土体内部结构和应力状态发生改变,前缘土体优先发生坍塌破坏。

(a) 表面颗粒移动前　　　　(b) 表面颗粒移动后

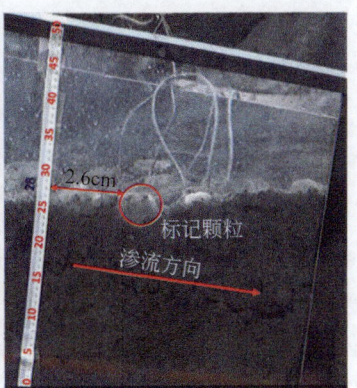

图6.20　冰碛土内土体颗粒移动

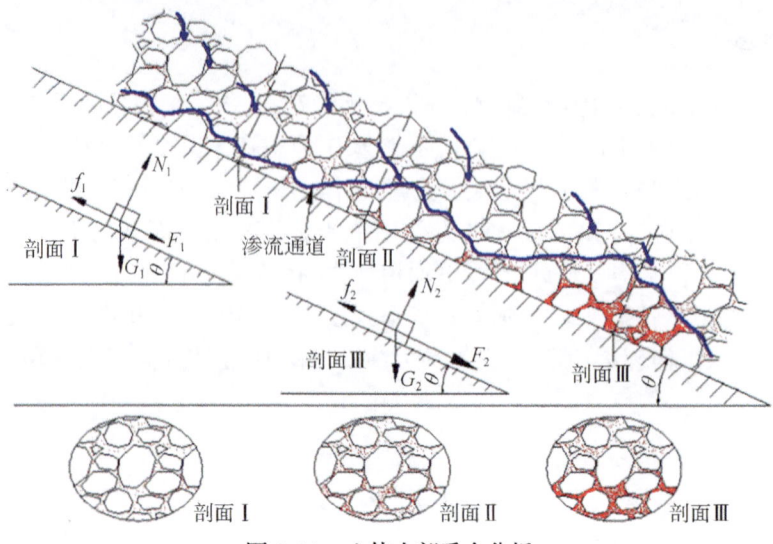

图 6.21 土体内部受力分析

4. 冲刷起动

土体骨架坍塌后,土体组构发生重组,暂时趋于稳定,但水流沿主线方向冲切拉槽而在土体表面形成固定冲沟,水流沿冲沟逐渐发生下切和侧蚀(图 6.22),不断加宽加深,同时水流冲蚀沟道两侧土体发生局部坍塌堵塞沟道,随着水流持续冲刷和能量蓄积,堵塞土体发生溃决而形成更大规模泥石流。

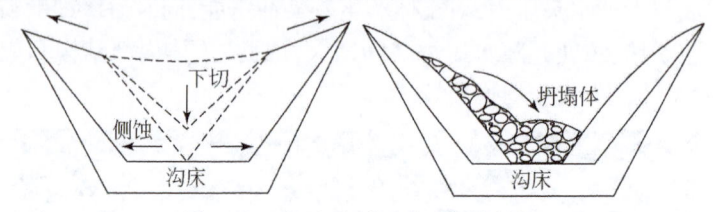

图 6.22 径流冲刷下冲沟侵蚀情况

6.2.5 小结

(1)不同融水量冲刷作用下,土体破坏方式、规模及形成泥石流的形式具有一定差异。融水量为 8~12L/min 时,水流以径流入渗为主,土体发生渗流侵蚀破坏,在其内部形成渗流通道,少量细颗粒沿通道迁出,在坡脚形成高含沙水流,未形成泥石流;融水量为 16L/min 时,水流以蓄满产流为主,表面径流冲刷土体致表面粗化,孔隙率增大,渗透能力增强,加速土体渗流饱和,超饱和土体在持续水流作用下而起动形成泥石流;融水量为 56L/min 时,水流以超渗产流为主,表面土体瞬间饱和同时,水流来不及下渗至土体深部而形成径流,径流直接快速冲刷土体形成泥石流,与前者相比,泥石流起动时间早,泥石流规模更大。融水量小于 12L/min 时未形成泥石流,而融水量大于 16L/min 时则起动形成泥石流,据此推测,在 25°坡度条件下,冰碛土起动形成泥石流的临界清水流量为 12~16L/min。

(2)不同融水冲刷冰碛土过程中,不同时间段和不同位置处的含水量、孔隙水压力变化差异明显,且其差异与水动力条件有关。水流主要为渗流时,底部传感器优先响应;水流主要为表面径流时,上部传感器优先响应。无论水动力条件为何种形式,后缘传感器响应优于前缘。冰碛土的特殊骨架结构和不同流量下水动力条件,致使孔隙水压力在泥石流起动前快速上升达到峰值,而后快速波动下降。

(3)根据土体内含水量和孔压的变化特征,结合泥石流起动过程中土体的破坏现象,将冰雪融水型泥石流的起动分为四个阶段,即径流渗透阶段、溯源侵蚀阶段、冲刷起动阶段和堵塞溃决阶段。此类泥石流机理总结为渗流饱和、渗透侵蚀、骨架坍塌和冲刷起动。

6.3 连续增大流量作用下泥石流冲刷起动实验研究

泥石流是山区分布最广泛、成灾最严重的自然灾害之一,降水(降雨、冰雪融水等)作为泥石流最为活跃的形成因素,被学者广泛用于泥石流起动机理的研究中,以上研究成果均建立在恒定降水或恒定放水流量作用基础上,在持续增加流量作用下的泥石流研究并未涉及,仅部分学者在泥石流灾害调查研究中提到了前期降水作用对泥石流形成的贡献,并未开展相关的试验研究。

公格尔山地区水文气象资料显示,在一年和一天内冰川融水流量与气温随时间变化均具有一致性(图 6.23),冰川融水量与气温存在明显线性关系且一日内流

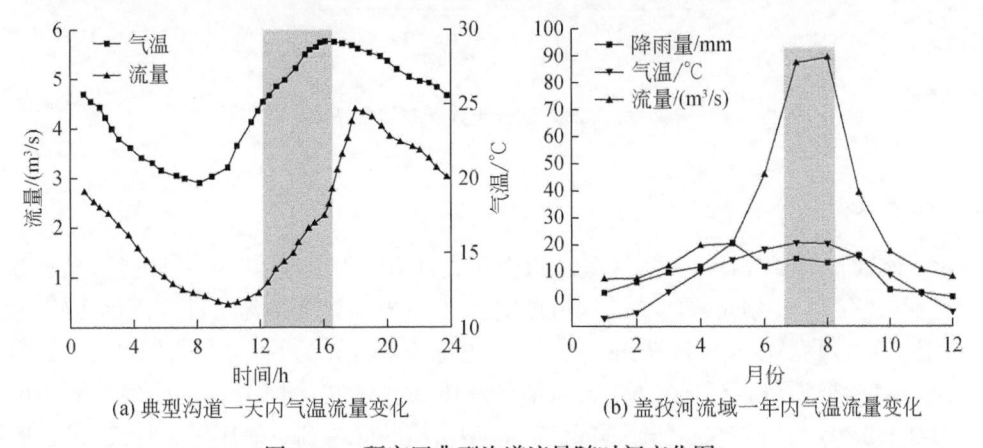

(a) 典型沟道一天内气温流量变化

(b) 盖孜河流域一年内气温流量变化

图 6.23 研究区典型沟道流量随时间变化图

量具有明显滞后性,滞后时间为 1~2 小时。另据冰川泥石流灾害调查发现,大部分冰川泥石流发生于每年 7~8 月某天的 14:00~18:00,也就是流量急剧升高阶段,且形成的泥石流类型多样、规模不等,这可能与持续增大流量下土体内部组构、水动力条件和水土耦合机制有关。据此可知,泥石流实际起动过程总是处于流量连续增大情况下,且在不同时刻融水量下,泥石流形成过程和起动机制不同。因此,研究持续增大流量冲刷冰碛土体起动形成泥石流的过程和机制具有重要理论意义和现实意义。

6.3.1 试验设计与方法

1. 试验土样

试验用土为中巴公路 K1603 处(N38°46′41″,E75°13′23″)沟道内的冰碛物,是第四纪冰期中冰川进退过程留下的冰川沉积。根据现场取样分析得出级配曲线如图 6.24 所示,不均匀系数 C_u = 310>5,曲率系数 C_s = 0.99<1,颗粒中砾石含量为 52.38%,砂粒含量为 29.17%,粉粒、黏土含量分别为 16.52% 和 1.93%,颗粒级配宽,范围广,为级配不良的砾石土。土体表面为灰白色,多呈棱角至次棱角状,磨圆度低,呈骨架结构,较为松散,黏结力较弱,天然含水量为 2.1%~8.68%。

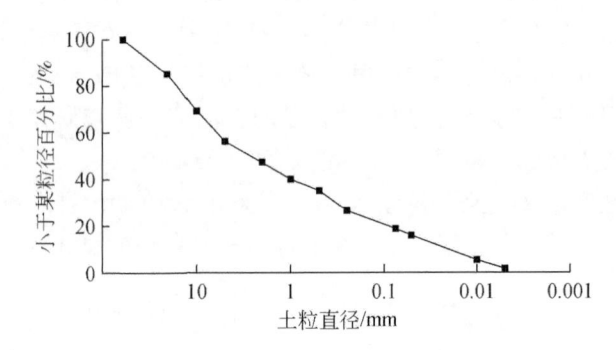

图 6.24 试验土体颗粒级配图

2. 试验模型

该试验以中巴公路 K1603 处沟道内一顺直沟段为原型,该沟道长度约 60m,宽度 8~10m,堆积物厚度 4~7m,沟道坡度 24°~29°,对该天然沟道进行概化,取沟道坡度 25°,取物源段长 50m、宽 8m、厚度 6m,按模型相似比为 1:20 进行缩尺模型试验研究,试验模型包括试验水槽、土体铺设及传感器布置(图 6.25)。模型水槽的尺寸为 350cm×40cm×50cm(长×宽×高),模型水槽的底端和一侧用钢板焊接,另一侧采用5mm厚的有机玻璃板。调节供水箱出口处的阀门来改变水流流量大小,进而研究冰碛土体在持续增大流量作用下冲刷起动形成泥石流的过程。试验过程中,在模型水槽正面及一侧(安装有机玻璃一侧)架设高清摄像机,对试验过程中的现象进行实时记录。

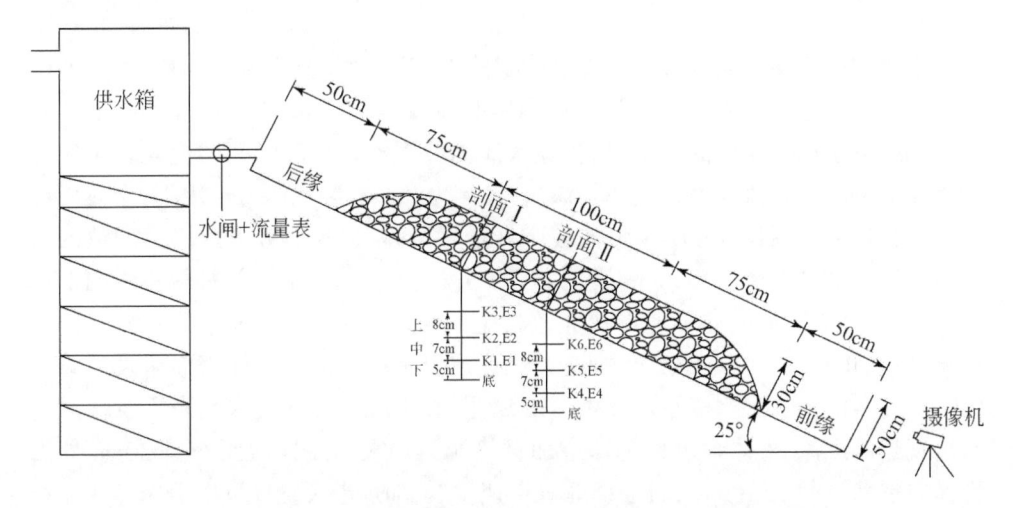

图6.25 试验水槽模型、土体铺设及传感器布置图

3. 试验步骤

(1)考虑到试验槽宽度的限制,剔除直径大于10cm的块石后晒干,原样土平均天然含水量为5.3%,为近似模拟实际土体情况,配置含水量为6%的土样作为试验土。

(2)将试验土均匀摊铺在底部已铺设卵石的试验槽中,以增加土体底部摩阻力。矩形断面最佳泥石流排导尺寸为土体厚度与断面宽度比为1∶2,水槽宽度为40cm,最终确定土样厚度为30cm,土样长度为250cm,试验槽前、后缘各50cm不铺设土样(图6.25),分别作为水流和泥石流的过渡段。

(3)将配置好的试验土体分三次填筑至试验槽中,每次填土厚度为10cm,压实、平整后再完成下一次的填筑,确保压实后的土体密度与原型土体密度大体一致。将含水量及孔隙水压力传感器探头埋设在已堆积完成的试验土中,探头布置情况如图6.25中的两个剖面处,其中每个剖面两种探头各布置三个,深度均为25cm、18cm、10cm,探头布置完成后,对扰动土样进行压实,静置12小时待用。

(4)冰碛土体自然固结24小时后,设置数据采集频率为4s/次,架设摄像机,打开供水箱出口处阀门,调节流量,试验开始,坡脚产流后用量筒每隔1min接一次,并观察试验现象,若产流变清,土体破坏现象减弱,则增大水流流量,记录水流流量增变的开始和结束时间。

6.3.2 试验现象与特征分析

1. 实验现象

本次实验选择为流量持续增加的冲刷模式,流量由小到大逐渐增加,以近似模拟实际泥石流起动过程。人工放水冲刷实验流量为 8L/min、12L/min、16L/min 和 56L/min,分别记录相应的含水量、孔隙水压力及泥沙含量随时间的变化。①融水量为 8L/min 时,径流在坡顶快速下渗,在渗流力和超孔隙水压力作用下,土体内部的细体颗粒沿粗颗粒缝隙随水流向坡脚处迁移,130s 时坡脚处形成极其浑浊的高含沙水流。②融水量由 8L/min 增至 12L/min 过程中,大量表层细颗粒不断向下迁移,渗流路径逐渐形成并贯通形成完整稳定的渗流通道(渗流通道尺寸约 10mm,最宽处在 20mm)。水流持续冲刷 22min 后,水流逐渐变清且土体表面未发生破坏[图 6.26(a)]。③融水流量由 12L/min 增至 16L/min 过程中,水流来不及快速下渗出现超渗产流,土体含水量迅速增加且渗流力加大,3330s 时距坡脚 30cm 处出现横向裂缝[图 6.26(b)],且裂缝宽度迅速发展,随后沿裂缝处发生坍塌形成泥石流。土体坍塌使上游土体形成临空面[图 6.26(c)],在水流持续时不断增加,暂存土体表层出现湿润块状结合体,并发生下沉和向下蠕动的现象。④融水量增至 56L/min,前期水流冲刷使土体完全接近饱和,出现蓄满产流,强烈的水流迅速冲刷表面块状结合体形成泥石流[图 6.26(d)],泥石流冲刷土体表面致其粗化且形成数条细小沟槽,沟槽尺寸随来流的冲刷不断增大,粗大块石形成稳定架空结构,水流沿沟槽以高含沙水流形式排泄。

(a) 8L/min　(b) 12L/min　(c) 16L/min　(d) 56L/min

图 6.26　试验土体主要破坏形态

2. 体积含水量及孔隙水压力

不同部位土体在水流冲刷过程中体积含水量反映了土体内部含水量的变化，而孔隙水压力体现了内部应力状态的改变。整个实验过程体积含水量和孔隙水压力随时间的变化情况如图6.27所示，变化趋势具有一定的规律性。

(1) 整个实验过程，体积含水量和孔隙水压力均随时间呈先上升后下降的趋势，且孔隙水压力曲线呈现波动特征。产生波动现象的原因是细颗粒含量大量流失导致土体结构变化，进而影响孔隙率的变化。实验前期($t=1300s$)，由于传感器探头布置高程高于现有水位，孔隙水压力和体积含水量均未响应，此后土体在水流渗透作用下，虽含水量逐渐增加，但孔隙水压力因土体孔隙率大易消散仍未发生响应，当融水量增至16L/min时($t=3300s$)，水位和浸润线不断上升，孔隙水压力逐渐增加。实验后期($t=4400s$)融水量达到56L/min，水流冲刷侵蚀强烈，部分传感器探头被水流冲出，对应曲线迅速下降至零。

(2) 不同位置处体积含水量和孔隙水压力具有明显的差异性。初期水流以渗流为主时，埋置土体底部的传感器首先发生响应；后期水流以径流冲刷为主时，埋置在土体上部的传感器首先发生响应。水流无论是以哪种形式存在，水槽上游端的传感器发生响应优于水槽下游端。

(3) 随着流量的增加，体积含水量和孔隙水压力呈现出突变特征。水量越大，体积含水量和孔隙水压力的峰值越大，且到达峰值的速率越快，如2号体积含水量探头，流量在8L/min时，经1660s达到峰值(11.9%)，而流量在16L/min时仅需324s到达峰值(29.7%)；2号孔隙水压力探头流量16L/min，经400s时达到峰值(0.42kPa)，流量增至56L/min时需300s达到峰值(0.52kPa)。

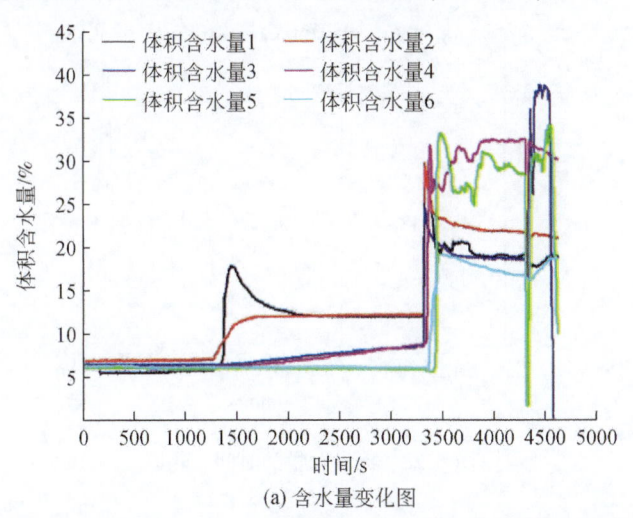

(a) 含水量变化图

(b) 孔隙水压力变化图

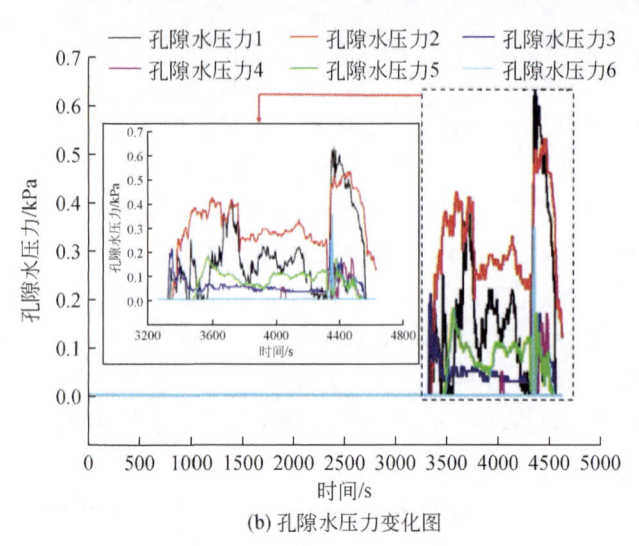

图 6.27　连续增加流量作用下含水量、孔隙水压力变化图

3. 泥沙含量变化

在水流持续冲刷过程中,分析出口处泥沙含量随时间的变化特征(图6.28),发现不同水量作用下,泥沙含量随时间具有先上升到达峰值后下降的趋势,泥沙含量峰值点对应了土体的失稳与泥石流起动时刻。泥沙含量随时间变化过程中具有波动特征,波动性产生的原因包括两个方面:一方面为流量较小时,细颗粒在土体内部被挟带至坡脚,形成高含沙水流,而后期由于无足够泥沙补给,在稳定渗流通道内形成水水流;另一方面是坡脚处土体的坍塌抑制了水流的流通,渗流通道被堵

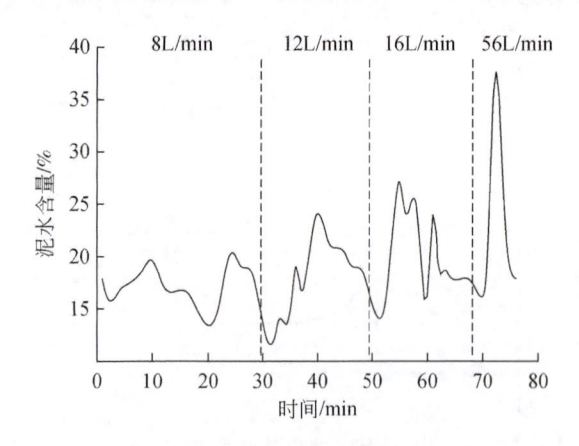

图 6.28　泥沙含量随时间变化图

塞,坡脚产沙量变小,待堵塞土体发生溃决后大量泥沙随水流顺流而下,产流量增大,土体的骨架坍塌淤堵与泥石流冲刷起动是一个反复循环的过程。

融水流量相对较小(8L/min、12L/min)时,渗流潜蚀致细颗粒迁移是泥沙含量产生的主要途径,试验前期入渗的水流小部分被土体吸收,大部分在渗流通道内排泄,水流稳定且泥沙量较小;融水流量较大(16L/min、56L/min)时,泥沙含量主要是由径流剪切力剥蚀表层土体所产生的,冲刷后期由于大部分表层细颗粒被冲走,细颗粒含量减少而大颗粒又难以被水流带走,因此产流量快速下降。总体来说,融水流量大小与泥沙含量成正相关,增大流量时泥沙含量具有突增特征。融水流量越大,渗流或径流在土体中产生的作用力就越强,提前进入输沙侵蚀阶段时刻越早,泥沙含量越大。同时,在某一稳定流量下,随着土体破坏和泥石流起动,泥沙含量呈现出明显波动性变化。

6.3.3 泥石流形成过程与起动机制

1. 渗流潜蚀

试验土体主要由砾石土和砂砾组成,黏粒含量低,孔隙度大,透水性强,有利于水流的入渗和下渗。水流在融水流量较小时,以渗流为主,其中水流的入渗又可以分为三个阶段:完全入渗阶段、渗流阶段及渗透阶段。首先为完全入渗阶段,冰碛土初始含水量较小,吸水能力较大,含水量的增加使水分子吸附在颗粒表面,由于土体孔隙度较大,此阶段过程持续时间相对较短;其次为渗流阶段,随着放水时长的增加,土体含水量逐渐增加,入渗能力下降,在渗流作用下细颗粒沿粗颗粒之间的孔隙由坡顶向坡脚方向发生移动并迁出,此阶段坡脚处产出高含沙水流;最后为渗透阶段,水流入渗量稳定,由于大量细体颗粒迁出土体内部形成了完整的渗流通道,且通道尺寸随细颗粒的流失逐渐加宽后稳定,水流沿渗流通道稳定流动,此阶段从水槽侧壁可观察到完整的渗流通道。实验前后对同一位置处土样进行级配分析(图 6.29)发现:后缘土体小于 2mm 颗粒含量由试验前的 25.15% 减少至 19.5%;前缘土体小于 2mm 颗粒由试验前的 23.46% 增加至 28.23%,说明在水流冲刷作用下,坡顶细颗粒减少,坡脚处细颗粒含量增加,且试验后坡脚位置处的细体颗粒含量大于坡顶处。

2. 坍塌溜滑

水流的渗流潜蚀导致土体强度和稳定性降低,在后续来流作用下,土体发生坍塌。增大水流流量,前期水流的大量入渗,导致入渗能力降低,此时水流来不及快速下渗形成超渗产流。在渗流力和径流冲击力的作用下,土体处于受拉状态,当拉

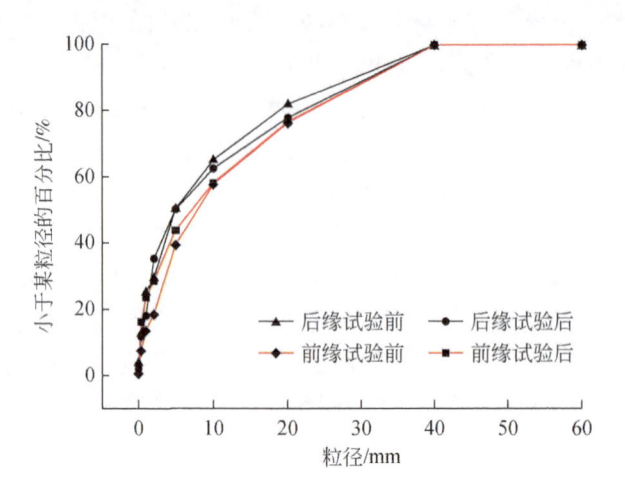

图6.29 试验前后观测点处颗粒级配变化

应力大于土体的极限值时,土体表面开裂[图6.30(b)]。坡面径流一方面进入裂缝产生静水压力,另一方面径流进入裂缝过程中碰撞土体产生冲击力。在静水压力和冲击力作用下裂缝逐渐扩展,裂缝达到一定深度时,土体发生坍塌,且坍塌逐渐向坡顶方向发展[图6.30(c)]。渗流潜蚀细颗粒大量迁出导致土体被架空,坍塌的土体堆积在坡脚处,抑制水流正常流通,导致孔隙水压力上升,水流的长期浸润使颗粒之间有效应力减小,土体的抗剪强度降低,土体的重度和孔隙水压力的增加使得下滑力增大,当抗剪强度小于下滑力时,土体骨架坍塌颗粒发生重组[图6.30(d)],土体又达到新的平衡。

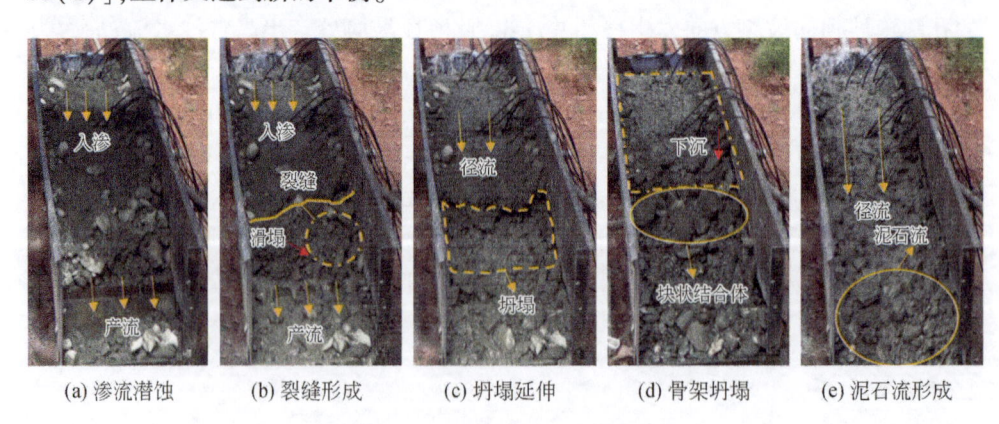

(a) 渗流潜蚀　　(b) 裂缝形成　　(c) 坍塌延伸　　(d) 骨架坍塌　　(e) 泥石流形成

图6.30 泥石流形成机制图

3. 冲刷起动

渗流潜蚀和坍塌溜滑,使得堆积土体坡脚不断后退,土体骨架坍塌发生颗粒重组,暂时趋于稳定,增大流量产生径流冲刷,其过程包括三个阶段:面蚀、起动形成泥石流和细沟侵蚀。首先颗粒重组孔隙变小,渗透能力下降,加之前期水流的浸润土体接近饱和,增大流量形成蓄满产流,水层很薄呈片状漫流状态,水流在运动过程中沿坡面梯度方向产生径流剪切力,破坏土体原有结构,分散剥蚀土体颗粒,而坡脚处的松散团状土体遇水软化、解体,随水流一起运动形成泥石流[图6.30(e)]泥石流消失后薄层水流进一步汇集,因土体表层颗粒为非完全单一均质土体,因此其抗冲刷侵蚀能力不同,抗冲蚀能力弱的区域形成多条细沟,细沟水流相对薄层水流较集中,侵蚀能力相对增加,下切侵蚀和侧向侵蚀明显,细沟尺寸规模增大,但在试验过程未出现较大规模的流失,出现此现象的原因一方面是试验时间较短,另一面是前期大量细颗粒的流失,水流难以在土体中保持和汇集。

6.3.4 连续增加流量作用下土体稳定性分析

1. 连续增加流量下土体受力分析

水流在持续增大流量冲刷过程中,试验前期流量较小时,表现为渗流侵蚀阶段,水在静止和运动过程中产生了孔隙水压力和渗透力;试验后期流量较大时,表现为径流侵蚀阶段,快速流动的水流在土体表面产生了径流剪切力。

孔隙水压力是土体中水与骨架接触表面的作用力与反作用力,吴永等[62]根据渗流理论推导出堆积体受到的渗透静水压力为

$$P_w = \gamma_w h_i l_i \tag{6.7}$$

式中,P_w 为孔隙水压力;γ_w 为水的重度;h_i 为土体中平均潜水位;l_i 为第 i 块土体的长度。

渗透力是指土体中的水对土骨架所施加的作用力,渗透力由动水压力和拖拽力两部分共同组成,且渗流方向与流线方向总是一致的,渗透引起的土体中渗透力为

$$\tau_s = \gamma_w J V_i \tag{6.8}$$

式中,τ_s 为渗透力;γ_w 为水的重度;J 为水力坡度;V_i 为第 i 块土体的体积。

前人通过大量均质砂土渗流试验[63],得出单位时间通过单位面积的渗流量与有效水头成正比,与渗透直线路径成反比,即

$$Q = K A_i J \tag{6.9}$$

式中,Q 为水流流量;A_i 为第 i 块堆积土体的横截面积;K 为土体渗透系数。

由式(6.8)和式(6.9)整理可得,水流流量与渗透力之间的关系,即

$$\tau_s = \frac{\gamma_w Q V_i}{K A_i} = \frac{\gamma_w Q l_i}{K} \tag{6.10}$$

径流剪切力是坡面径流在水流流动过程中沿坡面梯度方向产生作用力,它破坏土壤结构,分散土壤颗粒,使堆积土体整体稳定系数下降。

Foster 等[64]提出径流剪切力的计算公式为

$$\tau_j = \gamma_w R J' \tag{6.11}$$

式中,τ_j 为径流剪切力;γ_w 为水的重度;R 为水力半径,一般取径流深为 h_0;J' 为水力能坡,取 $\sin\theta$。

吴淑芬等[65]提出坡面径流的水深主要受流量控制,且二者之间呈现出幂函数的关系,即

$$h_0 = 12.37 Q^{0.468} \tag{6.12}$$

由式(6.11)和式(6.12)整理可知径流剪切力为

$$\tau_j = 12.37 \gamma_w Q^{0.468} \sin\theta \tag{6.13}$$

将相关系数代入式(6.10)和式(6.13)中,求得不同流量作用下的渗透力和径流剪切力(图6.31)。渗流侵蚀阶段坡面未产生坡面径流,因此流量为 8L/min 和 12L/min 时无径流剪切力;径流侵蚀阶段,既有渗流又有径流,但此阶段以径流为主,为了方便计算,忽略此阶段的渗透力。

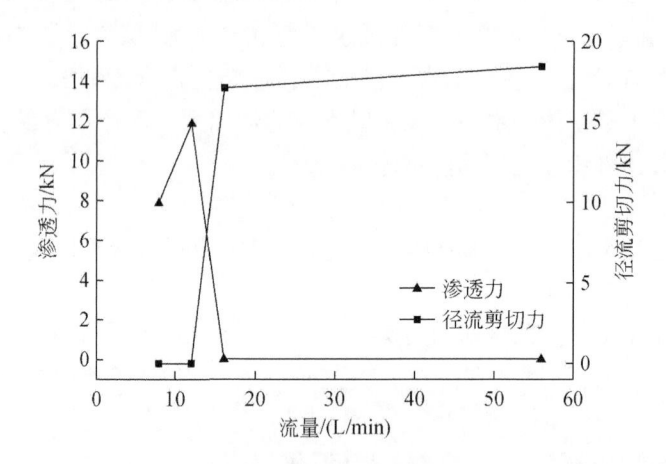

图 6.31 不同流量下渗透力和径流剪切力的变化

2. 稳定性分析

冰碛土在连续增大流量作用下,其受力分析如图 6.32 所示,抗滑力由作用在坡面上产生的摩擦力和土体颗粒之间的黏聚力组成,下滑力主要由渗透力、径流剪

切力及重力沿坡面方向的分力组成。

$$F_{\mathrm{D}} = \tau_{\mathrm{S}} + \tau_{\mathrm{j}} + G\sin\theta = \frac{\gamma_{\mathrm{w}} Q\, l_i}{K} + 12.37\, \gamma_{\mathrm{w}} q^{0.468} \sin\theta + G\sin\theta \quad (6.14)$$

$$F_{\mathrm{R}} = Cl_i + N\tan\phi = Cl_i + (G\cos\theta - h_i \gamma_{\mathrm{w}} l_i)\tan\phi \quad (6.15)$$

$$F_{\mathrm{S}} = \frac{F_{\mathrm{R}}}{F_{\mathrm{D}}} = \frac{Cl_i + (G\cos\theta - h_i \gamma_{\mathrm{w}} l_i)\tan\phi}{\dfrac{\gamma_{\mathrm{w}} Q\, l_i}{K} + 12.37\, \gamma_{\mathrm{w}} Q^{0.468} \sin\theta + G\sin\theta} \quad (6.16)$$

冰碛土相关计算参数如表6.3所示，为研究冰碛土体起动模式和条件，对堆积土体在不同流量作用下稳定性做了计算，结果如表6.4所示。

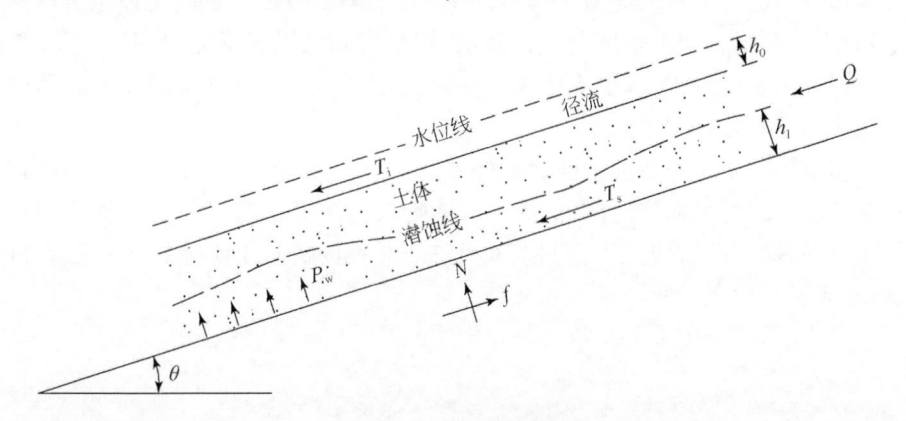

图6.32 土体受力分析

表6.3 冰碛土力学参数

$\varphi/(°)$	c/kPa	$K/(\mathrm{mm/min})$	$\gamma_{\mathrm{s}}/(\mathrm{kN/m^3})$	$\gamma_{\mathrm{w}}/(\mathrm{kN/m^3})$
28~36	18~26	27.4	21~23	9.8

表6.4 不同流量下堆积土体荷载值

Q	τ_{s}	τ_{f}	D	P_i	f_1	f_2
0	0	0	2.79	0	55	3.7
8	7.89	0	2.79	2.45	55	2.21
12	11.84	0	2.89	4.9	32.5	0.53
16	0	17.11	2.98	4.41	17.5	0.42
56	0	18.39	3.08	2.12	2.5	0.39

从表6.4计算结果可看出,在未放水($Q=0$)的初始状态,下滑力的产生主要为重力的分力,且大小明显小于抗滑力,表明堆积土体可以自稳,整体处于稳定状态。放水量较小(8L/min,12L/min)时,水流以渗流为主,未产生径流,因此径流剪切力为0。在渗流侵蚀阶段,增大流量,渗流力和孔隙水压力随之增大,土体受水浸润后黏聚力和内摩擦角随之减小,而土体重度随之增大,因此土体抗滑力随流量增大而减少,下滑力随着流量的增大而增大,但下滑力大小未超过抗滑力的大小,土体仍保持稳定状态;继续增大流量(16L/min,56L/min),坡面出现超渗产流和蓄满产流,此阶段主要为径流侵蚀阶段,渗流侵蚀的影响很小,因此忽略此阶段的渗流力,径流剪切力随流量的增大而增大,经较长时间的渗流侵蚀的浸润,土体接近饱和或已饱和,土体黏聚力和内摩擦角快速降低,抗滑力随之迅速降低,此时处于增长状态的下滑力大于抗滑力,堆积土体发生失稳,出现坡脚坍塌、骨架坍塌及起动形成泥石流等形式的破坏现象。

堆积土体的稳定系数随不同流量的变化如图6.33所示,从图中可以看出,稳定系数随流量的增大而快速降低,渗流侵蚀阶段内稳定系数均大于1,增大流量进入径流侵蚀,稳定系数快速下降且均小于1。对不同流量下土体稳定系数进行拟合发现,流量与稳定系数呈幂函数关系。

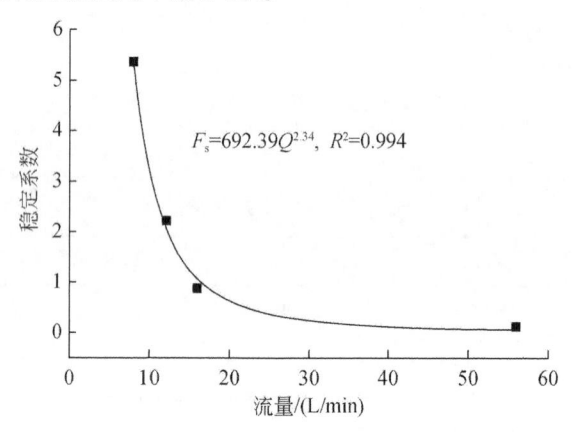

$$F_s = 692.39 Q^{2.34}, \quad R^2 = 0.994$$

图6.33 不同流量与稳定系数的拟合曲线

6.3.5 结论与讨论

(1)不同流量冲刷下冰碛土破坏形式和起动过程不同。流量较小时(<12L/min),土体内部以渗流潜蚀破坏为主,土体内部细颗粒向下迁移,土体并未发生破坏;流量持续增大时(16L/min),土体表面出现径流且在持续水流冲刷作用下发生骨架坍塌;流量较大时(56L/min),土体以径流侵蚀破坏为主,土体在持续水流作用下造成冲刷破坏形成泥石流,暂存土体表面形成冲沟拉槽。

(2)与同条件下恒定流量泥石流起动试验相比,持续增加流量作用下形成的泥石流起动时间滞后,规模较小。这两种条件下泥石流形成模式也不尽相同,恒定流量下泥石流形成模式为坍塌堵塞溃决型,而持续增加流量作用下,冰碛土在不同阶段呈现不同起动模式,较小流量下(<12L/min)以渗透侵蚀破坏为主,较大时以冲刷起动型为主。产生差异的原因是前期水流作用,大量细体颗粒流失导致暂存土体细体含量减少,降低泥石流发生的可能性,在相同流量下难以起动形成泥石流,可供给泥石流起动的物源减少,需更大的水流流量激发起动。

(3)孔隙水压力、含水量作用随时间变化具有多峰特征,且随流量的增大具有突增特征,与同条件下恒定流量泥石流试验相比,持续增加流量过程中含水量没有明显变化,孔隙水压力的数值明显降低,产生此现象原因是前期水流作用使土体饱和含水量基本稳定,细颗粒的流失使土体孔隙增大,孔隙水压力易消散。泥沙产量随时间的变化具有波动特征,泥沙含量随流量的增大也具有突增特征。

(4)在持续增加流量过程中,稳定系数与水流流量呈幂函数关系。随着流量和持续时间的不断增加,土体含水量不断增加并逐渐趋于饱和状态,在此过程中土体黏聚力和摩擦角急剧降低,抗剪强度亦快速降低,同时随着细颗粒的大量流失和土体的饱和,持水能力降低,出现地表径流,持续增大流量冲刷使其径流剪切力快速增大,抗剪强度急速降低且其值小于抗滑力,稳定系数快速降低。

6.4 少黏粒冰碛土体起动形成泥石流的力学机理

通过以上实验发现,冰碛土内部细颗粒迁移、渗流通道形成、颗粒骨架坍塌是造成土体颗粒重组和孔压力上升的根本原因,随着流量增大,坍塌土体和水流充分掺混,冰碛土滑动阻力降低和滑动动力增加是冰碛土失稳起动形成泥石流的重要原因,在此过程中,土体内部渗流潜蚀和表面径流冲刷共同作用是冰川泥石流发生的关键因素。

6.4.1 冰川融水渗流潜蚀过程与临界条件

冰碛土多为不连续的宽级配颗粒组成,在融水渗流作用下,土体内部细颗粒将沿粗骨架间隙被挟带走,从而改变土体的组构和水动力条件,这一过程往往被称为渗流潜蚀,是造成冰碛土失稳起动的重要内因,然而,在以往研究中常常忽略渗流潜蚀作用下泥石流起动过程中颗粒之间及水对颗粒的作用关系。

在渗流潜蚀过程中,随着融水流量增大,土体内部渗流持续进行,细颗粒不断被输移和排出,潜蚀的细颗粒体积和土体空隙率随之增大,且不同流量和浓度的水流在土体骨架内的对流和扩散作用不同,冰碛土内渗流潜蚀过程是一种复杂的物理水动力学过程。除了受融水径流大小影响外,渗流潜蚀过程主要取决于冰碛土组构特征和地形条件,土体组构主要指土体密实程度、颗粒级配及结构形式,地形条件主要是沟道坡度大小。

1. 冰碛土渗流潜蚀过程分析

1)冰碛土渗流潜蚀变形过程阶段分析

天然冰碛土土体 a 经过渗流潜蚀后发生坍塌变形转变为土体 b(图6.34),在此过程中,天然冰碛土内的全部细颗粒被渗流带走,在后续水流持续增大作用下,渗流潜蚀不断发展,土体骨架坍塌而重新排列,进而造成土体发生沉降变形,并形成新的土体组构单元。

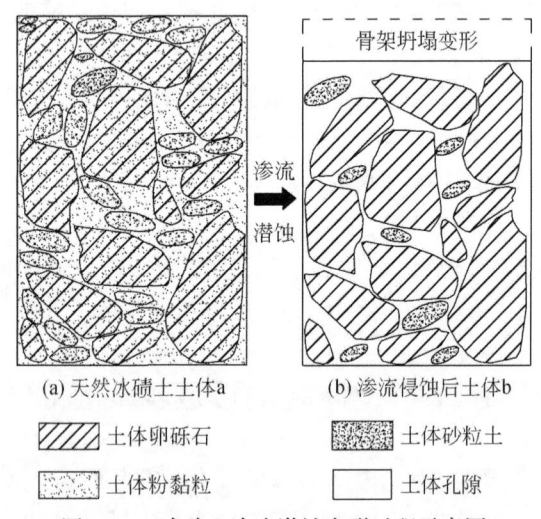

图 6.34 冰碛土渗流潜蚀变形过程示意图

在上面冰碛土渗流潜蚀变形过程中,渗流潜蚀和骨架坍塌变形过程几乎同步发生,并伴随着细颗粒的流失和土体内部组构的变化。为了深入分析该过程中土体渗流潜蚀的影响因素,将其划分为两个阶段(阶段 A、B)和三种状态(状态Ⅰ~Ⅲ)。

图6.35 为某一单位体积冰碛土土体单元模型,图中状态Ⅰ为冰碛土发生渗流潜蚀之前的状态,对应天然状态下冰碛土;状态Ⅱ为冰碛土中的细颗粒被潜蚀渗流全部输移带走,此状态下冰碛土尚未发生骨架坍塌变形,其实这是一个假想的瞬间状态;状态Ⅲ为冰碛土体经历了细颗粒的流失以及骨架坍塌作用后,土体发生沉降变形和结构重组后的稳定状态。

阶段 A:冰碛土物质成分变化过程。在处于状态Ⅰ时,冰碛土内的细颗粒被渗流潜蚀流失,该阶段主要为冰碛土颗粒成分的物理变化,随着全部细颗粒被潜蚀,土体内孔隙度逐渐增大,冰碛土单元由状态Ⅰ过渡到状态Ⅱ。

阶段 B:土体内部结构变化过程。在处于状态Ⅱ时,由于受到连续水流和自重

(a) 状态Ⅰ　　　　　　(b) 状态Ⅱ　　　　　　(c) 状态Ⅲ

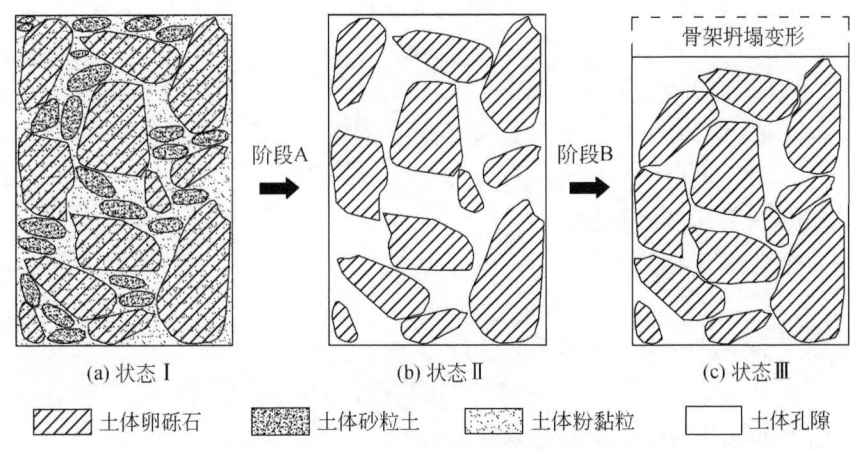

▨ 土体卵砾石　　▩ 土体砂粒土　　▦ 土体粉黏粒　　□ 土体孔隙

图 6.35　冰碛土渗流潜蚀变形阶段模型示意图

荷载的作用,大孔隙且架空结构的冰碛土发生坍塌,在变形不断增大过程中,土体结构发生重组,冰碛土单元由状态Ⅱ过渡到状态Ⅲ。

2)冰碛土渗流潜蚀变形过程分析

在综合考虑冰碛土三种状态和两个阶段的特点基础上,从三个方面对冰碛土渗流潜蚀变形过程进行分析。

(1)状态Ⅰ和状态Ⅱ的土体总体积相等,即

$$V_1 = V_2 \tag{6.17}$$

式中,V_1为状态Ⅰ土体总体积,V_2为状态Ⅱ土体总体积。

在阶段 A 中细颗粒被输移带走,土体内固体颗粒总体积减小,孔隙比增大,即

$$e_1 < e_2 \tag{6.18}$$

式中,e_1为状态Ⅰ土体孔隙比,e_2为状态Ⅱ土体孔隙比。

土体总体积,孔隙比以及减少的细颗粒之间存在如下关系:

$$V_1/(e_1+1) - V_2/(e_2+1) = m/\rho \tag{6.19}$$

式中,m为细颗粒的总质量;ρ为细颗粒的密度。

结合式(6.17)和式(6.19),可得

$$1/(e_1+1) - 1/(e_2+1) = \omega \tag{6.20}$$

式中,$\omega = m/\rho V_1$,为天然冰碛土(状态Ⅰ)内的细颗粒体积率(细颗粒土体积与土体总体积比率)。

如定义渗流潜蚀过程中潜蚀变形系数,则有

$$\delta_{1-2} = 1 - V_2/V_1 \tag{6.21}$$

式中,δ_{1-2}为阶段 A 的体积变形系数。

结合式(6.17),得

$$\delta_{1-2} = 0 \tag{6.22}$$

(2)经历阶段 B,与状态 Ⅱ 相比,状态 Ⅲ 土体总体积有所减小,即
$$V_2 > V_3 \tag{6.23}$$
式中,V_3 为状态 Ⅲ 土体总体积。

此时土体中固体颗粒体积不变,存在如下关系:
$$V_2/(e_2+1) = V_3/(e_3+1) \tag{6.24}$$
式中,e_3 为状态 Ⅲ 土体孔隙比。

当发生骨架坍塌变形后,则有
$$(e_3+1)/(e_2+1) = V_3/V_2 \tag{6.25}$$

根据上面定义的潜蚀变形系数,得
$$\delta_{2\text{-}3} = 1 - V_3/V_2 \tag{6.26}$$
式中,$\delta_{2\text{-}3}$ 为阶段 B 的潜蚀变形系数。

结合式(6.23)和式(6.24),最终可得
$$\delta_{2\text{-}3} = 1 - (e_3+1)/(e_2+1) \tag{6.27}$$

由式(6.20)与式(6.25)可得
$$\delta_{2\text{-}3} = (e_1-e_3)/(e_1+1) + (e_3+1)\omega \tag{6.28}$$

由式(6.22)和式(6.28)可得
$$\delta_{1\text{-}3} = \delta_{1\text{-}2} + \delta_{2\text{-}3} = (e_1-e_3)/(e_1+1) + (e_3+1)\omega \tag{6.29}$$
式中,$\delta_{1\text{-}3}$ 为整个渗流潜蚀变形过程的变形系数。由式(6.29)可发现,潜蚀变形系数不仅与状态 Ⅰ 下的孔隙比和细颗粒含量有关,还与状态 Ⅲ 下的孔隙比密切相关。

(3)与状态 Ⅰ 相比,状态 Ⅲ 时土体细颗粒流失,固体细颗粒物质减小,而土体粗颗粒体积不变,在此过程中,潜蚀变形系数受两个阶段共同作用影响。

2. 冰碛土渗流潜蚀临界条件分析

1)局部失稳破坏

冰碛土内渗透水流总是发生在任意方向,在渗流潜蚀作用下,细颗粒在粗颗粒形成的孔隙通道中移动流失,有时也伴随着少量粗颗粒被带走(图6.36),进而在冰碛土体内形成管状渗流通道。渗流潜蚀发展破坏过程需要有一定的时间,是一种渐进性质的破坏,当渗透力小于土体抗剪强度时,虽然细颗粒被带走,但粗颗粒形成的骨架尚能支持,粗颗粒骨架不会发生破坏,随着融水流量和流速的不断增大,土体孔隙不断扩大,渗透速度不断增加,少量较粗的颗粒也相继被水流逐渐带走,在土体内形成贯通的径流通道,一旦融水将会造成土体骨架坍塌破坏,进而起动形成泥石流。如果细颗粒在土体内部运动时发生淤堵,则大量细颗粒将受到边界条件限制而集中堆积于淤堵点,进而造成渗流阻塞和孔隙水压力骤增,诱发冰碛土局部液化失稳破坏(图6.37)。

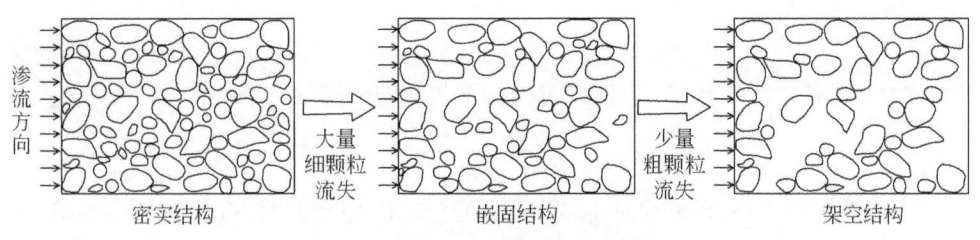

第6章 不同径流作用下冰川泥石流起动实验研究

图6.36 冰碛土内部渗流潜蚀过程示意图

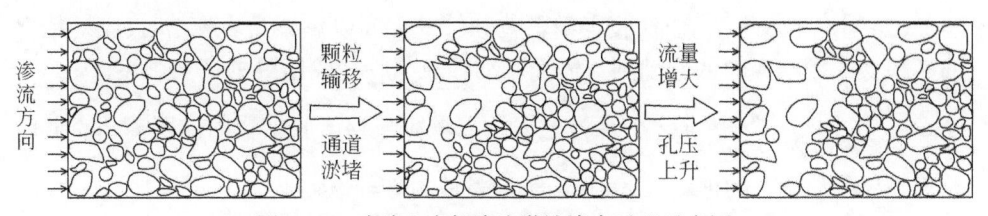

图6.37 冰碛土内部渗流潜蚀堵塞过程示意图

对细颗粒在粗颗粒内的运动进行研究,可取单个可动细颗粒及其赋存的圆管空间作为研究对象[66],对可动细颗粒进行受力分析。以单个细颗粒为研究对象,假定可动细颗粒周围是由骨架颗粒围成的微型圆管,在自上而下的渗流作用下,细颗粒受到的力包括细颗粒的水下重力、渗流对其向下的拖曳力和细颗粒与孔隙壁之间的黏聚力(图6.38),其中渗透力是渗流作用在土颗粒表面而产生的法向和切向力的合力。

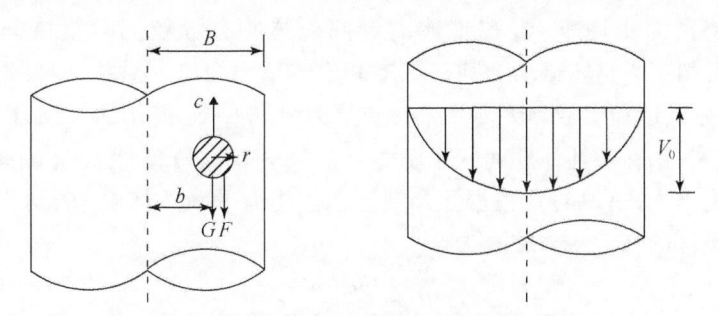

图6.38 冰碛土内渗流通道横截面管道模型

(1)根据李喜安等[66]的推导结果,当渗流方向向下时,细颗粒受到渗流向上的拖曳力为 $F=6\pi\mu r[v_0(1-b^2/B^2)]$,其中:$r$ 为细颗粒半径,b 为细颗粒中心到微型圆管轴线的垂直距离,B 为微型圆管的半径,μ 为颗粒-流体系统的表观黏滞系数。

细颗粒的水下重力为 $G'=(\gamma_s-\gamma_w)\cdot\dfrac{3}{4}\pi r^3$,$\gamma_s$ 为细颗粒的重度,γ_w 为水的重度;假设细颗粒与孔隙壁之间的黏聚力为 c,则对于处于临界起动状态的细颗粒,其

静力平衡条件为

$$G' = c - F \tag{6.30}$$

将上述各式代入式(6.30),则可得到细颗粒的临界起动条件:

$$v_o = \frac{B^2}{2\mu r(2B-r)} \left[\frac{c}{3\pi r} - \frac{1}{4}(\gamma_s - \gamma_w)r^2 \right] \tag{6.31}$$

当细颗粒半径 r 不变时,其临界起动的渗流速度只和渗流孔隙截面半径 B、表观黏滞系数 μ 及土体黏聚力 c 有关,此时细颗粒的起动主要需克服细颗粒与孔隙壁之间的黏聚力。

(2)当发生水平渗流时,假定细颗粒和管壁之间以黏聚力 c 胶结时,胶结接触的面积为 s,则细颗粒的起动则只需克服细颗粒与管壁胶结处的抗剪强度 $\tau = G_N \cdot \tan\varphi + c$,其中 $\sigma_N = \frac{G'}{s} = \frac{4}{3s}\pi r^3 (\gamma_s - \gamma_w)$,$\varphi$ 为细颗粒与管壁胶结物的内摩擦角。此时处于临界起动状态的细颗粒,其极限平衡条件为 $F = \tau$,即

$$v_o = \frac{B^2(G'\tan\varphi/s + c)}{6\pi\mu r^2(2B-R)} = \frac{B^2[4\pi r^3(\gamma_s - \gamma_w)\tan\varphi/s + 3c]}{18\pi\mu r^2(2B-r)} \tag{6.32}$$

(3)若细颗粒和管壁之间无任何胶结,即 $c = 0$,此时处于临界起动状态的细颗粒,则只需克服细颗粒与管壁之间的静摩擦力 $f = G' \cdot \tan\varphi'$,其极限平衡条件为 $F = f = G' \cdot \tan\varphi'$。$\varphi'$ 为细颗粒在松散堆积状态时的内摩擦角,即

$$v_o = \frac{B^2 r^2 (\gamma_s - \gamma_w) \tan\varphi'}{9\mu(2B-r)} \tag{6.33}$$

2)整体失稳起动

当在渗透力作用下,饱和土体内局部土体所有颗粒同时整体失稳破坏时(图6.39),则应取整体运动的圆柱状饱和土体单元为研究对象,假设土体单元高为 h,半径为 r,饱和土的黏聚力为 c,浮重度为 $\gamma' = \gamma_{sat} - \gamma_w$,超压水头为 H_0,则其所受作用力包括作用在圆柱体底面的水压力 $P = \pi r^2 \gamma_w (H_0 + r)$、圆柱土体侧面及底面黏聚力的合力 $C = \pi rc(2h+r)$,根据饱和圆柱土体受力平衡条件 $C = P$,可得土层发生整体失稳破坏的临界水力坡降为

$$H_0 = \frac{2hc}{r\gamma_w} + \frac{c}{\gamma_w} - r \tag{6.34}$$

通过上面分析可知,无论是局部失稳破坏还是整体失稳起动,发生破坏的土体均是在饱和状态,而实际情况中还存在另外两种渗流作用方式,其发生破坏的土体在起动瞬间处于非饱和状态,两种渗流破坏情况为:①新近沉积冰碛土体或经搬运再堆积的冰水堆积物总是处于松散架空结构,土体的破坏水头可能比有渗流时产生的水头小,即土体强度小于渗透力,一旦土层中产生渗流就会使土体发生破坏[67];②冰帽冰川融水常常沿高陡岩坡高速下泄,致使水流渗流力突然施加于松散冰碛土体上,在强大冲击力下破坏的那部分土体中还来不及产生渗流就发生了破坏。

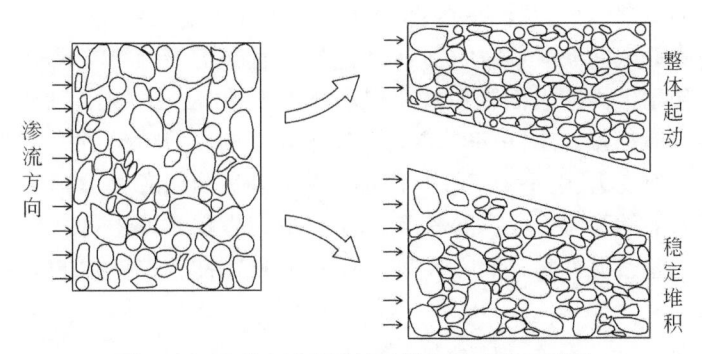

图 6.39　冰碛土渗流潜蚀整体起动过程示意图

6.4.2　冰碛土体径流冲刷过程与临界条件

1. 单个颗粒冲刷起动过程与临界条件

在冰川融水作用下沟道泥沙颗粒起动是一个不断向下冲刷侵蚀的过程,进而形成一定的临界起动坡度和临界冲刷深度。水流渗流力能够显著降低泥沙颗粒起动的临界切向应力,进而促使泥沙颗粒冲刷起动,是影响沟道冰碛颗粒物冲刷起动的重要因素。

泥沙颗粒起动的临界条件相关因素包括力、流速和功率,但与泥沙颗粒起动直接相关的是力,即切应力作用,因为泥沙颗粒起动的本质是静力学平衡问题,单个泥沙颗粒一般受到水流拖曳力、重力和上举力作用。而从公路沿线泥石流起动过程和沟道堆积形态的观察发现,当沟道比降较大,或两岸沟道地下水位和河水位相差悬殊时,沟道表面颗粒还将承受渗流力作用。沟道冰碛物粗颗粒多且杂乱堆积,致使微地形变化大,又加上日融水径流变化较大,沟道水流常呈或大或小的振荡性变化,非恒定水流将引起沟道冰碛土内孔隙水压力明显累积增加,并在冰碛物内部形成贯通的渗流通道,细颗粒随着水流一起沿渗流通道被排泄,同时伴随着显著的床面泥沙颗粒起动,以上现象均可在野外冰碛土冲刷起动实验过程中观测到。

由此可知,冰川融水引发的冰碛物内部渗流响应,与泥沙颗粒冲刷起动引起的冰碛物表面泥沙运动密切相关,在此过程中,泥沙起动和颗粒冲刷属传统泥沙动力学内容,渗流侵蚀是土力学的研究范畴。本书将泥沙动力学与土力学理论相结合,试图探究融水作用下冰碛物表面颗粒的冲刷运动过程和临界起动条件。

1) 单个颗粒起动物理模型

在泥石流沟道内中,处于振动变化的融水引起的附加应力将改变沟道冰碛土内部应力场,不同位置的土体则由于孔隙水压力累积幅值差异而引起压力梯度,从而在土体内部形成渗流。沟道表面被认为是自由排水边界,渗流力的方向将是压力梯度减小的方向,总是从沟床内部指向沟道表面。前人曾研究指出[68,69],渗流力能够显著降低床面泥沙颗粒的临界起动流速,促进泥沙颗粒的起动,在波动变化的非恒定流作用下沟道表面颗粒冲刷过程如图 6.40 所示。图 6.40(a)为沟道表层任意选取泥沙颗粒 A,图 6.40(b)为泥沙颗粒 A 的受力情况,泥沙颗粒承受的主要作用力包括拖曳力、上举力、重力、内部渗流力和表面切应力,其中渗流力主要包括垂直床面向上的渗流力或斜向渗流力的垂向分量,据此可建立力学平衡方程,如果床面切应力超过泥沙颗粒的临界起动切应力,则泥沙颗粒将会冲刷起动。

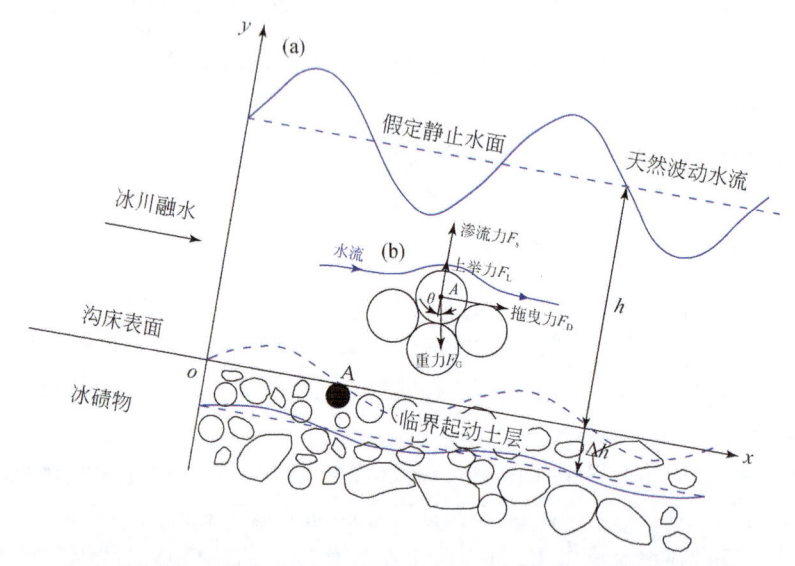

图 6.40 波动式非恒定水流作用下沟道冰碛物表面冲刷过程示意图

随着水流的不断增大,床面泥沙颗粒起动将以推移、跃移或悬浮形式运动,随着水深 h 不断加深,大量床面泥沙将被冲刷起动,进而造成沟床不断向下侵蚀发展,在床面附近形成一定临界厚度的起动饱和土层。随着冲刷侵蚀作用增强,临界起动土层的厚度 Δh 将不断增大,然而水深增加将显著降低床面切应力,当床面切应力与泥沙颗粒起动临界切应力相等时,则床面的冲刷侵蚀现象将消失,进而可获得临界起动土层厚度,即临界冲刷深度,定义为初始沟床面与最终冲刷面之间的厚度 Δh。

2)单个泥沙颗粒起动临界条件

对于单个的泥沙颗粒,在考虑水流对泥沙颗粒的上举力、拖曳力、泥沙颗粒重力和内部渗流力基础上,可建立泥沙颗粒起动时瞬时平衡方程:

$$F_D = (F_G\cos\theta - F_L - F_S)\tan\varphi + F_G\sin\theta \tag{6.35}$$

式中,F_D 为水流拖曳力;F_G 为泥沙浮重;F_L 为上举力;F_S 为渗流力;φ 为饱和土静止内摩擦角;θ 为沟道纵坡坡度。根据窦国仁等[70]和王虎等[71]的研究:

$$F_D = C_D \frac{\pi d^2}{4} \frac{\tau_s}{2} \tag{6.36}$$

$$F_L = C_L \frac{\pi d^2}{4} \frac{\tau_s}{2} \tag{6.37}$$

$$F_G = (\rho_s - \rho) g \frac{\pi}{6} d^3 \tag{6.38}$$

$$F_S = \frac{\pi d^3}{6} \frac{\Delta p}{\Delta L} \tag{6.39}$$

式中,τ_s 为临界起动切应力;d 为泥沙粒径(一般取为中值粒径 d_{50});ρ_s 为泥沙颗粒密度;ρ 为水体密度;阻力系数 $C_D = 0.4$;上举力系数 $C_L = 0.1$;ΔL 为沟床内部两点之间的深度差;ΔP 为两点之间的超孔隙水压力差。

将式(6.36)~式(6.39)代入式(6.35),则可得临界起动切应力 τ_s 表达式:

$$\tau_s = \frac{4(\rho_s - \rho) g d (\cos\theta \tan\varphi + \sin\theta) - 4d \frac{\Delta P}{\Delta L} \tan\varphi}{3(C_D + C_L \tan\varphi)} \tag{6.40}$$

水流振动引起沟床表面的最大切应力 τ_m,可表示为

$$\tau_m = \frac{1}{2} f_w \rho_1 u_m^2 \tag{6.41}$$

式中,u_m 为沟底最大轨迹质点速度;ρ_1 为床面附近流体密度;f_w 为琼森阻力系数,取决于边界层中的流态,具体取决于水流雷诺数 Re 和沟床面相对粗糙度 a_m/r,计算公式如下:

$$a_m = \frac{H}{2} \frac{1}{sh(2\pi h/L)} \tag{6.42}$$

$$Re = \frac{u_m a_m}{v} = \frac{\pi H^2}{2T^2} \frac{1}{[sh(2\pi h/L)]^2} \tag{6.43}$$

式中,H 为波动水流的波高;h 为静止水深;a_m 为近底波浪质点位移的振幅;v 为水体运动黏滞系数,一般取 $v = 0.01 \text{cm}^3/\text{s}$,对于平坦面,$r$ 为泥沙颗粒半径,根据相对粗糙度和雷诺数确定。

通过床面最大切应力 τ_m 与临界起动切应力 τ_s 对比,即可判定泥沙颗粒是否起动。如果融水水深 h 持续增大,则 τ_m 将不断减小,当 τ_s 超过 τ_m 时,则冲刷侵蚀过程将停止,此时即可得到临界冲刷深度 Δh。

2. 沟道冰碛土冲刷过程与临界起动条件

冰碛土具有结构松散、孔隙大和透水性强等特点,其相应水力学性质与常规结构堆积体差异较大,有关泥石流起动的传统研究成果,难以很好地阐释沟道冰碛土失稳起动形成泥石流的力学机制。考虑沟道冰碛土的特殊组构特征,本次借助土力学和水力学的相关理论,研究冰碛土体内孔隙水压力的变化规律,探究沟道松散

冰碛土在融水作用下的失稳起动机制和冲刷临界条件。

随着高温季节来临,冰川融水加剧,丰富融水径流将急剧增加沟道水量,进而促使沟道冰碛土内水位不断上升,并改变土体内的水动力条件,进而促使冰碛土体失稳起动形成冰川泥石流。对于天然沟道松散冰碛土,由于沟道地形变化大,不同位置处冰碛土体的堆积坡度和宽度往往是不同的,为计算方便,本次按不同堆积坡度和宽度将沟道冰碛土体划分成 n 段(图 6.41),假定其中第 i 段土体平均厚度为 H_i,平均宽度为 B_i,平均沟床坡度为 θ_i,在流量 Q_i 确定的情况下,第 i 段堆积体平均潜水位 h_i 也是固定不变的,在此基础上分析冰碛土冲刷起动形成泥石流的水动力特征。

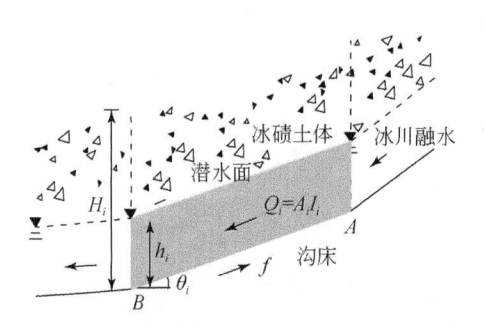

(a) 沟道冰碛土体起动机制分析图

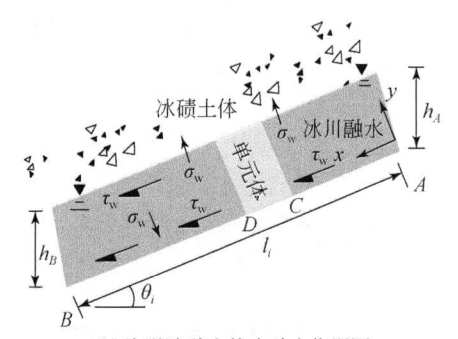

(b) 沟道冰碛土体水动力作用图

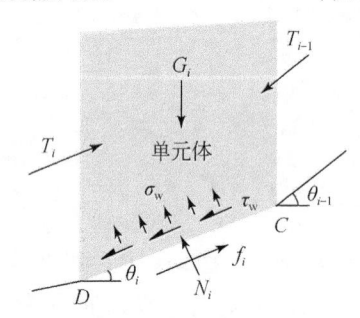

(c) 冰碛土单元体受力分析图

图 6.41 沟道冰碛土冲刷起动过程示意图

当冰川融水在第 i 块冰碛土体内形成潜水径流时,假设在 A 处形成高度 h_A 的自由入口水头,在 B 处形成高度 h_B 的自由出口水头,根据渗流力学理论,在冰碛土 A、B 两点之间形成的静水压力分别为 $P_A = \gamma_w h_A$ 和 $P_B = \gamma_w h_B$,若以 A 为原点,沿沟道 AB 方向建立 x 坐标系,沿垂直流动方向建立 y 坐标系,则在沟道长度为 l_i 范围内,形成渗透静水压力 P 沿沟床方向 x 的分布规律[式(6.44)],将式(6.44)沿沟床 x 方向积分,可得在第 i 块堆积体受到的潜水静压力 P_i[式(6.45)],进一步得到堆积体基底上水流平均垂直压应力 σ_{wi}[式(6.46)]:

$$p = p_A - \frac{x}{l_i}(p_A - p_B + \gamma_w l_i \sin\theta_i) + \gamma_w x \sin\theta_i \tag{6.44}$$

$$p_i = \frac{(p_A + P_B)l_i}{2} = h_i \gamma_w l_i \tag{6.45}$$

$$\sigma_{wi} = \frac{P_i}{l_i} = \gamma_w h_i \tag{6.46}$$

式中,γ_w 为潜水重度,$h_i = (h_A + h_B)/2$ 为第 i 块堆积体中平均潜水位。

另外,融水在沟道冰碛土体内产生潜水径流时,不仅对土体底部产生垂直静水压力,还会在土体内部产生渗流动水压力,并以拖曳的形式作用在土体上。根据连续介质理论,冰碛土体内任一点受到的渗流动水压力为 D_s,则水流对单位宽度沟道冰碛土的渗流动水压力为 D_{si},最终沟道水流的渗流作用对土体的拖曳力为 ι_{wi},

$$D_s = \gamma_w J \tag{6.47}$$

$$D_{si} = \int_0^{h_i}\int_0^{l_i} \lambda \gamma_w J \mathrm{d}x \mathrm{d}y = \lambda l_i h_i \gamma_w J_i \tag{6.48}$$

$$\iota_{wi} = \frac{D_{si}}{l_i} = \frac{\lambda h_i \gamma_w [h_A + l_i \sin\theta - h_B]}{l_i} \tag{6.49}$$

$$J_i = \frac{h_A + l_i \sin\theta_i - h_B}{l_i} \tag{6.50}$$

式中,D_s 和 J 分别为渗流的动水压力矢量和水力坡度矢量;λ 为冰碛土的孔隙度;J 为沟道冰碛物中潜水的水力坡度。

进一步分析冰碛土体的受力状态,在不考虑条块间剪切错动的情况下,控制第 i 段冰碛土体稳定的作用力包括重力、静/动水压力、条块间的剩余下滑力、基底支撑力和基底抗滑力[64],若该力系能够保持平衡,则堆积体条块处于稳定状态。根据受力分析可知,某一条块 i 沿沟床面 AB 向下滑动的下滑力为 D_i,对应作用在条块 i 上的抗滑力为 F_i,进一步借助莫尔-库仑抗剪强度理论有 f_i:

$$D_i = D_{si} + T_{i-1}\cos(\theta_{i-1} - \theta_i) + G_i \sin\theta_i \tag{6.51}$$

$$F_i = T_i + f_i \tag{6.52}$$

$$f_i = cl_i + [G\cos\theta_i + T_i \sin(\theta_{i-1} - \theta)_i - \gamma_w h_i l_i]\tan\varphi \tag{6.53}$$

式中,G_i 为条块 i 的重力;c 为松散冰碛物黏聚力,一般情况下 $c = 0$;φ 为松散堆积体内摩擦角;f_i 为条块 i 上基底抗滑力,T_{i-1} 为条块 $i-1$ 的剩余下滑力,对 $i=1$ 和 $i=n$ 的初始和末端条块而言,剩余下滑力是不存在的。

由上面分析可知,当单元条块 i 满足 $F_i > D_i$ 时,则其处于稳定状态,第 1 至第 i 块之间单元体也处于稳定状态,当第 n 块单元条块满足 $F_n > D_n$ 时,则整个沟道冰碛土体处于稳定状态。反之,如果第 i 单元条块稳定,而第 n 单元条块不稳定,则冰碛土体前部表面可能会发生部分起动现象,此时堆积体整体近满足$f_i \geqslant D_i$。

6.4.3 冰川泥石流起动临界清水流量

冰川泥石流沟道是一种坡度陡、遭受冰川融水冲刷的集水通道。大量冰川融水径流沿陡峭山坡汇集形成单宽流量与流速都很大的股状水流。沟道内冰碛物和冰水堆积物松散且较为丰富,当其受水流冲刷侵蚀时将被掀动或遭受揭底,则导致泥石流起动。冰川泥石流的特点在于冰碛物质起动形成泥石流是依靠径流提供推移力进而发生和维持运动,各粒径固体颗粒起动概率远大于泥河流泥沙起动概率,其起动时沟道遭受水流强烈侵蚀,沟道松散冰碛物是冰川泥石流固体物质主要来源。

冰川泥石流沟由于具有沟道比降大、物源丰富且大石块多等特点,泥石流规模大、冲击力强和治理难度大,目前并无有效防护措施,即便零星采取以实体排导工程为主的措施,其治理效果也不佳。而采用监测预警手段防治泥石流灾害,为当前冰川泥石流防治提供了新的思路和方法,冰川泥石流主要和冰川融水径流有关,故冰川泥石流监测预警关键在于合理确定泥石流起动的临界径流量。

1. 计算方法

中巴公路奥布段公路两侧沟道内存在大量冰碛物和冰水堆积物,这些特殊组构的冰碛物成为发生冰川泥石流的物质基础,而冰碛物是否发生超过临界状态的位移形成泥石流则在于沟道水流的水动力特征。沟道是一种输送洪水径流,又遭到侵蚀的集水道,其内水流属于一种坡面径流与河道水流之间的流水类型,其水文特征表现为随着温度变化具有流量变化大和暴涨暴落等特点[72]。一定流量的冰川融水径流进入松散冰碛物,将会促使松散土体冲刷起动破坏,同时水流势能也将固体物质与水充分掺混运动,促使更大规模泥石流起动发生。因此沟道冰碛物质由静止状态变为运动状态的临界水流条件是泥石流的起动条件之一,解决沟道内引发冰川泥石流起动所需要达到的融水清水流量临界值的问题,可以解决预防沟道内冰川泥石流发生时监测对象的临界状态判断问题,为冰川泥石流发生监测提供关键的技术方法。

冰川泥石流起动临界融水清水流量计算方法步骤如下。

(1)首先确定沟道冰川泥石流特征过流断面。

根据调查测绘在冰川泥石流典型沟段选择一段沟道顺直、沟床比降均一的沟段作为特征过流沟段,以所述特征过流沟段的中间断面作为特征过流断面。

(2)其次确定沟道地形地质基本参数数据。

调查测量确定沟道地形地质基本参数数据,所述地形地质基本参数数据包括特征过流断面冰碛物内粗化层中值粒径d_{50}、特征过流断面宽度B、固体物质容重

γ_s、特征过流沟段比降 i 和沟道糙率 n。

(3) 最后确定沟道冰川泥石流起动临界融水清水流量 Q：

$$Q = VBh \tag{6.54}$$

式中，Q 为冰川泥石流起动临界融水清水流量，m³/s；B 为特征过流断面宽度，m；V 为特征过流断面平均流速，m/s，依式(6.55)和式(6.56)联立计算确定；h 为冰川泥石流起动临界径流水深(m)，依式(6.58)计算确定。

其中，特征过流断面平均流速、冰川泥石流起动临界径流水深可根据以下公式联立计算获得：

$$P = 1 - \frac{1}{\sqrt{2\pi}} \int_{-\infty}^{\omega} \exp\left[-\frac{x^2}{2}\right] dx \tag{6.55}$$

式中，P 为沟道松散固定物质粗化层中值粒径起动概率，取 73%~85%；ω 为计算颗粒起动概率的积分上限，依式(6.56)计算确定。

$$\omega = 5.03 \sqrt{\frac{\gamma_s - \gamma}{\gamma} g d_{50}} \times \left[\frac{h}{d_{50}}\right]^{0.167} V^{-1} - 2.7 \tag{6.56}$$

式中，γ_s 为特征过流断面固体物质容重，g/cm³；γ 为水的容重，g/cm³；g 为重力加速度，m/s²；d_{50} 为特征过流断面粗化层松散物质中值粒径，m；V 为特征过流断面平均流速，m/s，依式(6.55)和(6.56)联立计算确定；h 为冰川泥石流起动临界融水水深(m)，依式(6.58)计算确定。

$$V = \frac{1}{n} R^{\frac{2}{3}} i^{\frac{1}{2}} \tag{6.57}$$

式中，V 为特征过流断面平均流速，m/s，依式(6.55)和式(6.56)联立计算确定；R 为特征过流断面水力半径，m；i 为特征过流沟段比降，%；n 为沟道糙率，%。

$$h = \frac{RB}{B - 2R} \tag{6.58}$$

式中，B 为特征过流断面宽度，m。

2. 基本原理

(1) 沟道冰碛物由静止状态变为运动状态的临界融水水流条件，称为泥沙的起动条件。由于融水水流的脉动以及冰碛物质颗粒在沟床床面上位置的随机性，松散固体物质颗粒起动属于随机现象，根据颗粒的受力特点，在床面瞬时压强和切应力为正态分布的情况下，床面上固体物质颗粒所受的瞬时起动力矩为正态分布[73]，因此认为本次沟道冰碛物颗粒整体起动概率符合正态分布模型。基于此，可根据沟道冰碛物内粗化层中值粒径起动概率 P 取值，并以该概率代表冰川泥石流起动概率。

粗化层是指沟道内松散冰碛物质遭受水流冲刷时，堆积层表面的细颗粒大部分被水流带走，使表层粗化留下的粗颗粒(砾石)的层理结构[74]。冰川泥石流起动主要是由于粗化层遭受融水冲刷而破坏粗化层稳定结构,进而强烈侵蚀沟道物质而揭底形成,因此沟道粗化层破坏的临界水流条件即为冰川泥石流形成的临界融水水流条件,借鉴河流泥沙起动研究成果,可用沟道粗化层中值粒径的起动概率来描述沟道冰川泥石流起动临界条件。

(2)ω 是指数流速公式转化后的计算得到的颗粒起动概率的积分上限。利用现有沟道侵蚀性泥石流起动试验资料可以确定冰川泥石流起动时刻沟道冰碛物质中值粒径的起动概率,进而确定计算颗粒起动概率的积分上限 ω,从而计算特征断面平均水流流速和流深。现有的 ω 计算方法中认为水流对固体颗粒的作用点在固体颗粒顶端,但最新的试验表明水流对固体颗粒的作用点以距床面 $2/3D$(D 为颗粒粒径)处为恰当。基于此变化提供了更适应于大比降沟道(即 $0.1<$ 特征过流沟段比降 $i<0.5$)特性的 ω 计算方法。

(3)基于沟道松散冰碛物质粗化层中值粒径起动概率 P 与起动概率积分上限 ω 计算方法,由现场勘查或测量得到典型沟道冰川泥石流典型沟段的松散物质级配、沟道断面尺寸以及沟道比降等参数,进而计算沟道冰川泥石流起动的水流流速与径流深,从而计算冰川泥石流起动时的临界清水流量 Q。

上述沟道冰川泥石流起动时的临界融水流量 Q 计算方法,在根据式(6.55)实施的计算步骤中,P 取值 73% ~ 85%,该步骤可进行如下两种方式优化。方式一:在简化计算下,P 取平均值 79%;方式二:P 取值根据沟道地形数据特征确定,具体是根据特征过流沟段比降 i 确定,如表 6.5 所列取值。

表 6.5 沟道松散固定物质粗化层中值粒径起动概率与过流沟段比降 i 对应关系

i	$0.1 \leqslant i<0.2$	$0.2 \leqslant i<0.3$	$0.3 \leqslant i<0.4$	$0.4 \leqslant i<0.5$
P	$0.77 \leqslant P<0.83$	$0.74 \leqslant P<0.77$	$0.72 \leqslant P<0.74$	$0.71 \leqslant P<0.72$

3. 典型冰川泥石流临界融水流量

艾尔库然沟位于中巴公路 K1601 处附近,地理位置为 38°46′02″N,75°11′44″E,呈近北西向展布,在中巴公路处经泥石流沟桥、红旗桥及三个涵洞流入盖孜河。流域呈条簸箕形,流域面积为 1.88km²,沟道长 5.5km,沟道总体顺直,局部有小的拐弯,流域形成区、流通区和堆积区分界明显,形成两头小中间细的流域形态。形成区为悬冰-冰斗地形,近乎圈椅状,具有良好汇水地形,储藏大量冰碛物;流通区为陡峭岩石沟槽,坡度 50°~60°,沟谷呈"V"字形,为冰雪融水提供了强大的动能和势能;堆积区为扇形,扇缘宽度为 1.5km 左右,扇顶至盖孜河最大距离约为 1.8km,扇面比降变化于 5°~15°,堆积扇上乱流改道明显,出现多个老泥石流沟道,当前堆积扇以左右两条支沟为主,最大沟道位于堆积扇左侧,沟宽一般在 15~20m,最宽达 22m,深度一般在 8~15m,最深达 20m,公路泥石流沟桥处断面宽 20m,深度约为

18m,沟道比降达到$10°^{[75]}$。下面分别根据不同沟道断面($B=5m$、10m 和 20m)和水力半径(0.4m、0.7m 和 1.0m)进行冰川泥石流起动临界清水流量分析。

1)沟道特征过流断面

在艾尔库然沟泥石流沟内选择距公路上游200m处沟道作为特征过流断面,因为该段沟道顺直、比降均一(图6.42)。

图6.42 艾尔库然沟典型沟道断面

2)沟道地形地质基本参数数据

根据实际调查确定沟道地形基本参数,见表6.6。

(1)特征过流断面冰碛土中测量粗化层中值粒径取 $d_{50}=300mm$。

(2)取特征过流断面宽度 $B=20m$,水力半径 $R=0.4m$。

(3)特征过流沟段比降 $i=0.30$,固体物质容重 $\gamma_s=2.5g/cm^3$,沟道糙率 $n=0.125$。

(4)特征过流断面以上的流域面积 $F=1.88km^2$。

(5)测量特征过流断面以上流域冰碛土产流系数 $i_B=0.5$。

表6.6 道地形地质基本参数数据

d_{50}/mm	i	$\gamma_s/(g/cm^3)$	n	$\gamma/(g/cm^3)$	$G/(m/s^2)$	i_B	F/km^2
300	0.3	2.5	0.125	1	9.8	0.5	1.88

3)沟道冰川泥石流起动临界清水流量

根据表6.6,当 $i=0.30$ 时取起动概率 $P=72\%$,将以上参数代入式(6.54)~式(6.58),得到泥石流起动时刻的径流流速 $V=2.38m/s$,径流流深 h 分别为0.48m、0.43m 和 0.4m,确定泥石流起动临界清水流量($Q=VBh$)分别为 $5.71m^3/s$、$10.23m^3/s$ 和 $19.03m^3/s$[表6.7 和图6.43(a)]。

表6.7 恒定沟道比降下冰川泥石流起动临界清水流量

断面宽度 B/m	计算参数		
	H/m	V/(m/s)	Q/(m³/s)
5	0.48	2.38	5.71
10	0.43	2.38	10.23
20	0.4	2.38	19.03

在给定沟道过流断面 $B=20\text{m}$ 情况下,水力半径 R 分别为 0.4m、0.7m 和 1.0m 时计算泥石流起动临界清水流量,泥石流起动时刻的径流流速 V 分别为 2.38m/s、3.45m/s 和 4.38m/s,径流流深 h 分别为 0.4m、0.75m 和 1.1m,确定泥石流起动临界清水流量($Q=VBh$)分别为 19.03m³/s、51.82m³/s 和 96.4m³/s[表 6.8 和图 6.43(b)]。

表6.8 恒定断面下冰川泥石流起动临界清水流量

水力半径 R/m	计算参数		
	H/m	V/(m/s)	Q/(m³/s)
0.4	0.4	2.38	19.03
0.7	0.75	3.45	51.82
1	1.1	4.38	96.4

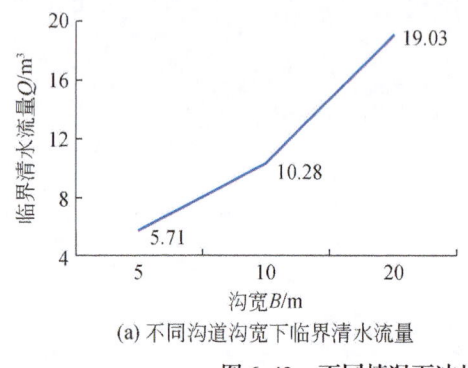

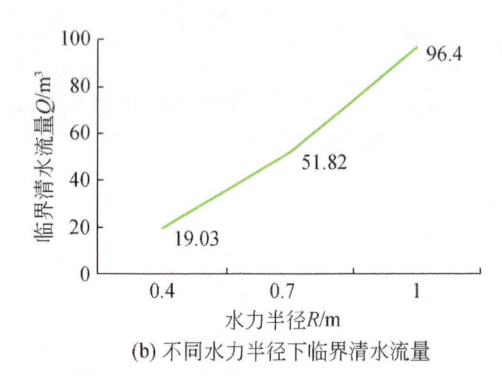

(a) 不同沟道沟宽下临界清水流量　　(b) 不同水力半径下临界清水流量

图6.43　不同情况下冰川泥石流起动临界清水流量

6.4.4 冰碛物起动形成泥石流临界流量控制研究

由于不同类型泥石流的颗粒组构和容重不同,其形成机理和影响因素往往存在较大差异。对于冰川泥石流目前并未真正揭示其起动与冰川融水量之间的关系,对于如何控制冰川泥石流起动的水动力条件是急需探讨的问题。冰碛物广泛分布于公路两侧沟道内,由于其具有大骨架和相互嵌合的结构特点,在水流作用下冰碛土发生渗透剪切破坏深度是固定的,冰川泥石流形成时水流充填冰碛土的孔隙,如果特定水流能引起层移厚度大于冰碛土产生运动的最小厚度,就会形成泥石流,且随着融水量增大,可起动的层移层厚度也增大。因此,以下主要研究冰川融水渗透冲刷下,冰碛土可起动的层移层厚度与所需冰川融水量的关系。

1. 冰碛物起动形成泥石流模型建立

一般泥石流可划分为形成区、流通区和堆积区三部分,而公路两侧冰川泥石流则划分为明显的汇水动力区和固体物质补给区,如艾尔库然沟泥石流沟道分区(图6.44),其汇水动力区和固体物质补给区的相互作用关系是本次研究的重点。

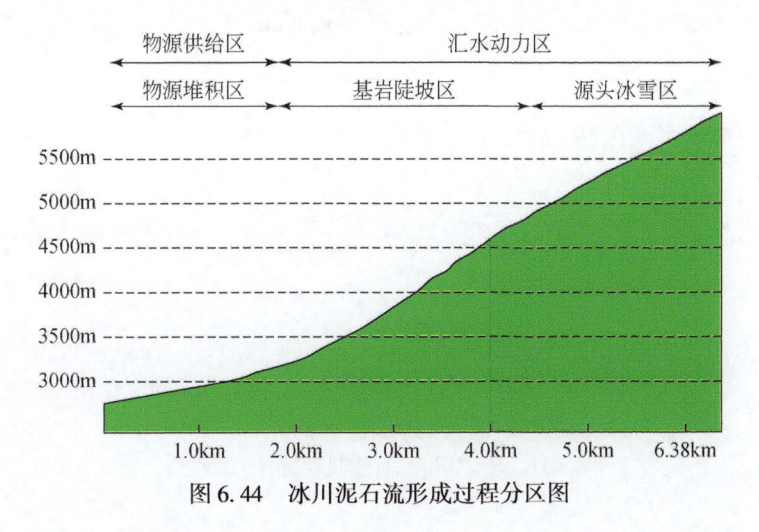

图6.44 冰川泥石流形成过程分区图

由于冰碛土特殊组构特征,冰川融水形成泥石流多为水石流或稀性泥石流,冰川泥石流总是在坡度陡峭的沟道中以层移形式起动,层移层厚度要大得多,且为山区泥石流运动的主要形式,而粗大颗粒沿河床床面滚动、滑动或跳跃前进,其运动特性接近于推移质运动为主的挟沙水流。由此可见,可借鉴水力学中"层移运动-推移质运动"的有关理论去分析冰川泥石流的起动形成机理。

冰川泥石流一般发生在冰川广泛分布且冰碛物大量存在的流域内,其物质组成以粗颗粒为主,运动形式属于层移-推移运动,基于动力增加和阻力减少的力学平衡关系,来分析冰碛物形成泥石流的起动条件。中巴公路两侧沟道内存在大量松散冰碛物及冰水堆积物,在一定冰川融水径流冲刷侵蚀下极易使其转化为层移层,假定沟道内的冰川融水为均匀流,冰川泥石流体内没有悬移运动的细颗粒,冰碛物形成泥石流起动过程见图6.45。

由图6.45分析可知,在稳定融水径流作用下,驱动冰碛物运动的作用力为

$$T = [S'_{vm}(\gamma_s - \gamma)z + \gamma(h_0 + z)]\sin\theta \tag{6.59}$$

式中,T 为作用在水体及沉积物的剪切力;S'_{vm} 为冰川泥石流层移层平均浓度;z 为粗颗粒层移运动的厚度;θ 为沟谷倾角;h_0 为松散堆积物上的水深;γ_s 为堆积物重度;γ 为水的重度。此时,层移阻力为

$$T_L = \cos\theta[S'_{vm}(\gamma_s - \gamma)z]\tan\alpha + T_f \tag{6.60}$$

式中,T_L 为层移阻力;$\tan\alpha$ 为颗粒间宏观摩擦系数,一般取 0.85;T_f 为水流紊动剪切阻力,在层移运动固体浓度很高时,水流运动紊动剪切力相对于固体物质的输移阻力很小,可以忽略不计。为了求出冰川泥石流发生时的临界状况,使以上两式相等,可得

$$T = T_L \tag{6.61}$$

$$\tan\theta = \frac{S'_{vm}(\gamma_s - \gamma)\tan\alpha}{S'_{vm}(\gamma_s - \gamma) + \gamma\dfrac{h}{z}} \tag{6.62}$$

式中,h 为水石流流深,$h = h_0 + z$。

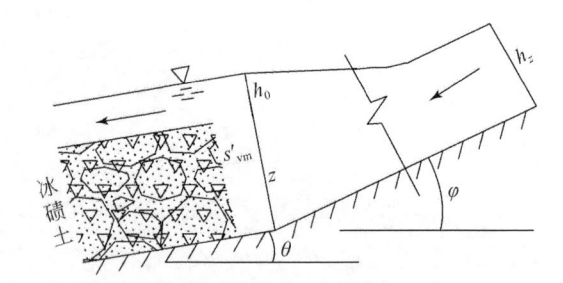

图 6.45 冰川泥石流起动过程示意图

2. 冰川泥石流起动临界条件分析

在本次冰川泥石流起动分析过程中,忽略外力促使冰碛物内部颗粒的膨胀作用,认为泥石流层移层平均浓度 S'_{vm} 与粗颗粒的极限浓度 S_{vm} 大致相等。费祥俊[76]指出较均匀的粗颗粒极限浓度 $S'_{vm} = 0.55 \sim 0.6$,在这里取 0.6,$S'_{vm} = S_{vm} = 0.6$。本计算中 γ_s 取 2.7kN/m³,γ 取 1kN/m³,因此,可以将式(6.62)转化为

$$\frac{h}{z} = 1.02\left(\frac{\tan\alpha}{\tan\theta} - 1\right) \tag{6.63}$$

实际上,沟道内冰川融水水深和冰川泥石流起动时的流深并不一致,起动瞬间冰碛物的孔隙率 ε 与粗颗粒的极限浓度 S_{vm} 存在如下关系

$$\varepsilon = 1 - S_{vm} \tag{6.64}$$

$$h_s = h - (1 - \varepsilon) \times z \tag{6.65}$$

$$\frac{h_s}{z} = \frac{h}{z} - 0.6 \tag{6.66}$$

式中,h_s为汇水动力区松散冰碛物前均匀水深。式(6.63)表示泥石流流深 h 与层移运动厚度 z 的关系,式(6.66)表示汇水动力区接触松散堆积物前的均匀流水深 h_s 与层移运动厚度 z 的关系。

(1)当 $h/z=1$ 时,即泥石流流深 h 与层移运动厚度 z 相等,此时流深充满整个层移层,冰碛土处于完全饱和状态,其垂向平均浓度也就是层移层浓度,而费祥俊[76]研究指出层移层极限浓度为 $S_v=0.6$,$\tan\alpha=0.8$,则由式(6.62)得到 $\tan\theta=0.4$,$\theta=22°$。

(2)当 $h/z>1$ 时,即泥石流流深 h 大于层移运动厚度 z,冰碛物层移层为完全充满整个流深,冰川泥石流浓度未能达到饱和,如以费祥俊[76]提出泥石流下限浓度 $S_v=0.27$ 进行计算,则可得到冰川泥石流起动最小坡度 $\tan\theta=0.25$,$\theta=14°$,此时其平均浓度取决于沟道坡度。

(3)当 $h/z<1$ 时,即泥石流流深 h 小于层移运动厚度 z,在松散冰碛土补给情况下,水深不足将造成泥石流起动驱动力不够,无法形成饱和的冰川泥石流,水流沿颗粒之间空隙渗走。

这与现场调查发现在连续冰川融水径流情况下冰川泥石流起动沟谷坡度在 $10°\sim25°$ 基本相符,基于以上公式计算,可建立不同沟道坡度下汇水动力区均匀流水深 h 与粗颗粒层移运动厚度 z 的关系,随着沟道纵坡的增大,h/z 和 h_s/z 逐渐变小,也就是说,随着沟道纵坡的增大,沿沟道斜向下的重力分量将变大,冰碛物起动驱动剪切力也将增大,一定厚度冰碛物转化为层移运动所需的清水水深将变小(表6.9和图6.46)。

表6.9 不同沟道纵坡下相应比值关系表

沟道纵坡 $\theta/(°)$	$\tan\theta$	h/z	h_s/z
14	0.25	2.25	1.65
15	0.27	2.03	1.43
16	0.29	1.83	1.23
17	0.31	1.65	1.05
18	0.32	1.49	0.89
19	0.34	1.35	0.75
20	0.36	1.22	0.62
21	0.38	1.11	0.51
22	0.40	1.00	0.40

3. 沟道内融水深度的主要影响因素

据以上分析可知,假如沟道纵坡和冰碛物特性不变,融水水深将成为冰川泥石

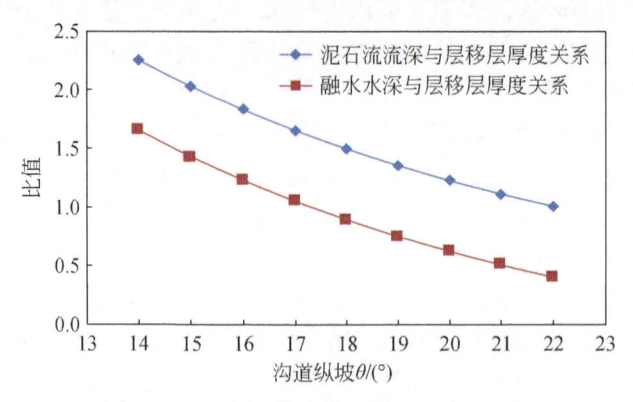

图 6.46　不同沟道纵坡下相应比值关系图

流暴发规模大小的关键性因素,因此,探究控制融水水深的影响因素可为冰川泥石流防治提供参考。

明渠水流是一种具有自由液面的水流,均匀流流速沿程不变,流线为一系列相互平行的直线[77]。冰川泥石流沟谷的局部段可简化为明渠均匀流,借鉴水力学理论分析水深与流量的关系。明渠均匀流控制方程计算见式(6.67),为了求解流量与水深的相互关系,将式(6.67)转化为迭代解形式[式(6.68)],具体公式如下:

$$q_v = \frac{\sqrt{i}}{n} \frac{[h(b+mb)]^{\frac{5}{3}}}{(b+2h\sqrt{1+m^2})^{\frac{2}{3}}} \tag{6.67}$$

$$h_{j+1} = \left(\frac{nq_v}{\sqrt{i}}\right)^{0.6} \frac{(b+2h_j\sqrt{1+m^2})^{0.4}}{b+mh} \tag{6.68}$$

式中,q_v 为均匀流流量,m³/s;i 为沟谷纵坡;h 为均匀流水深,m;b 为沟道宽度,m;m 为沟道岸坡坡率,n 为沟道糙率系数,据实地沟道情况 n 取为 0.045。

据实地调查,冰川泥石流沟道宽度一般为 4~8m,最大可达 12m,本次以沟道平均宽度 6m 进行计算分析,断面形式分为梯形、三角形和矩形三种形式,其中梯形和三角形岸坡坡率 m 分别取为 0.3、0.5 和 1.0,沟道纵坡分别取 14°、18°和22°,相应比降为 250‰、320‰和 400‰。

1)纵坡变化对沟道融水水深的影响

以梯形沟道断面为例,分析沟道纵坡对水深的影响,取纵坡坡度 i 分别为 0.25、0.32 和 0.4,沟岸坡度取为 0.5,通过沟道融水流量与水深的关系曲线发现(图 6.47),在同一断面和相同流量下,纵坡越大,水深则越小,当在流量较小时,纵坡变化对水深的影响并不明显,而随着流量的增大,纵坡变化对水深的影响变大;在同一断面和相同纵坡的沟道内,水深随着流量的增加而变大。

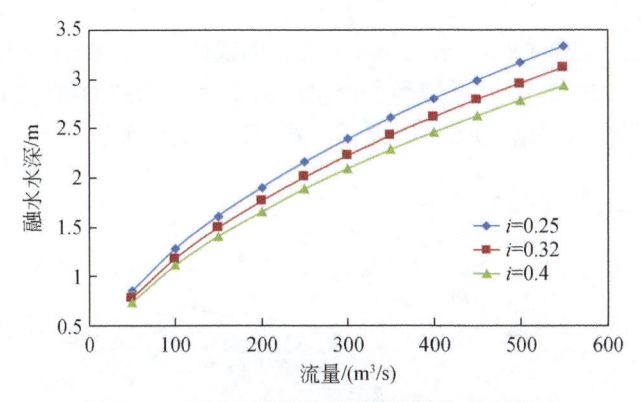

图6.47　不同沟道纵坡下融水深度与流量关系

2) 断面形式对沟道融水水深的影响

本次分别选取三角形、矩形和梯形三种断面形式,来计算分析沟道断面形式对融水水深的影响,在给定的断面参数情况下,通过沟道内融水水深与流量关系曲线发现(图6.48和图6.49),在较小流量时,三角形和梯形断面形式下的水深增加速率比较大,随着流量的持续增加,水深增加速率将逐渐变小,矩形断面形式下水深呈线性增大;在相同沟道坡度和流量下,三角形和矩形断面较梯形断面的水深大;当超过某一临界流量后矩形断面则较三角形断面的水深大。

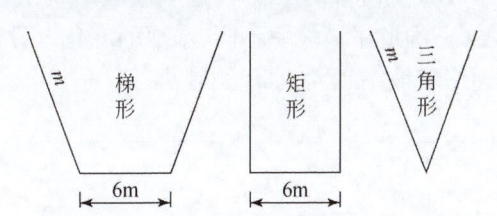

图6.48　冰川泥石流沟道典型断面形式

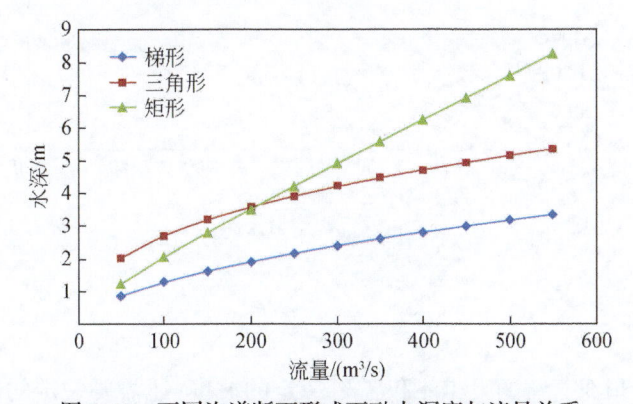

图6.49　不同沟道断面形式下融水深度与流量关系

在不同沟道纵坡下,选取三角形和矩形断面计算分析水深随着流量的变化(图6.50),三个沟道纵坡下,水深与流量关系曲线的交点坐标分别为(200,2.38)、(230,2.38)和(250,2.38),可知沟道流量随着纵坡的增加而增大,而水深却并未发生变化,说明在两种断面形式下,水深与沟道纵坡度无关。

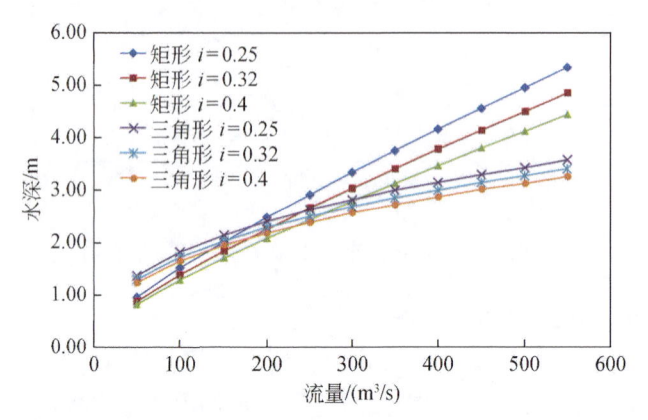

图6.50 不同比降下矩形和三角形断面交点图

3)沟道岸坡坡度对融水水深的影响

对于确定的沟谷断面,沟道岸坡坡度的大小对水深也有一定的影响。以梯形断面为例,选取底宽 $b=6m$,纵坡 $i=0.25$,沟道岸坡坡率 m 分别选取 0.3、0.5 和 1 进行计算比较(图6.51),沟道岸坡坡率不同,水深的变化差异较大,在一定沟道底宽和融水流量下,沟道岸坡坡率越大,水深则越小。

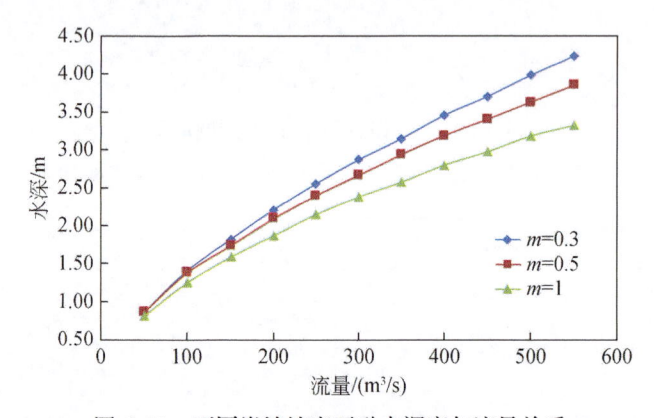

图6.51 不同岸坡坡度下融水深度与流量关系

4. 小结

沟谷中冰川泥石流的发生不仅需要一定的坡度,还需要一定的融水水深。对于确定的沟谷,其断面形式是一定的,通过研究冰川泥石流发生时层移运动厚度与沟谷中所需最小融水水深的相关关系,并利用均匀流的水力学模型理论分析水深与流量的关系,可建立沟谷中层移层厚度与沟谷中水流流量的关系,从而确定冰川泥石流发生时层移运动厚度与所需流量的关系。

通过计算冰碛物起动前均匀流水深 h 与粗颗粒层移运动厚度 z 的关系可知,水深是决定松散冰碛物转化为层移层厚度大小的关键因素。在冰碛物厚度固定不变时,沟道纵坡增大将使其转化为层移运动所需的清水水深变小。

在给定的沟道内,可通过计算松散冰碛物转化为层移层厚度 z 时所需清水水深 h,进而确定相应断面形式下的临界流量 $Q_{临}$。在实际冰川泥石流防治中,可通过流量控制的方法,采用分流方法控制 $Q_{临}$,使流量所对应的水深小于 $h_{水}$,避免沟道松散冰碛物整体性的层移运动,防止冰川泥石流的发生。

第7章 冰川泥石流工程治理关键技术研究

7.1 冰川泥石流的堆积形态及对公路的影响

中巴公路沿线冰川泥石流发育,每年均发生不同程度的泥石流掩埋公路危害,因此,泥石流堆积的形态和范围,直接影响公路工程和泥石流防护工程的规划与设计。在公路沿线的泥石流运动观测和相关堆积模型试验现象中发现,泥石流的堆积形态与其流动速度没有很大的关系,泥石流堆积是其运动过程中寻求自身能量平衡的一个过程[78],可以用静态平衡的方法分析其淤积形态和范围。

7.1.1 计算理论及方法

在泥石流研究中发现,泥石流浆体流动存在某一最小临界厚度,当小于这个厚度后泥石流将发生停淤,因此采用静力平衡的方法进行分析(图7.1)。假设沟道保持坡度倾角为 α 不变,以沟底沟道方向为坐标轴 x,距离记为 l,将 y 方向作为竖直方向,并将厚度记为 h,可得

$$l = \frac{-\cos\alpha}{\rho g \sin^2\alpha}[\rho g h \sin\alpha + \tau_B \ln(\tau_B - \rho g h \sin\alpha)] + c \tag{7.1}$$

式中,ρ 为泥石流体密度,t/m³;g 为重力加速度,9.81m/s²;τ_B 为泥石流极限剪切应力,kN/m²;α 为沟道坡度,°。

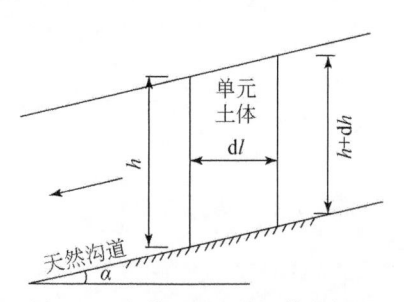

图7.1 沟道泥石流单元体分析图

如以泥石流极限剪切应力 $\tau_B = \rho g h \sin\alpha$ 为界,其堆积形态分为两组曲线 Ⅰ 和 Ⅱ[78],两组曲线最终都趋近于 h_0($h_0 = \frac{\tau_B}{\rho g \sin\alpha}$),$h_0$ 可近似认为是在沟道中的残留层厚度(图7.2)。

曲线Ⅰ组为泥石流在无拦挡的沟道内的淤积形态曲线,假设 $l=0$ 时, $h=0$,则 $l=\dfrac{-\cos\alpha}{\rho g\sin^2\alpha}\left[\rho gh\sin\alpha+\tau_B\ln\dfrac{\tau_B-\rho gh\sin\alpha}{\tau_B}\right]$;曲线Ⅱ组为泥石流在拦坝工程实施后的淤积曲线。设 $l=0$ 时, $h=H$, H 为拦挡工程高度,则 $l=\dfrac{-\cos\alpha}{\rho g\sin^2\alpha}\left[\rho g(h-H)\sin\alpha+\tau_B\ln\dfrac{\tau_B-\rho gh\sin\alpha}{\tau_B-\rho gH\sin\alpha}\right]$;当 $\alpha=0$ 时,即水平沟道时,则 $l=\dfrac{\rho g}{2\tau_B}h^2$ 。下面将针对这两种情况对泥石流堆积形态进行讨论及分析。

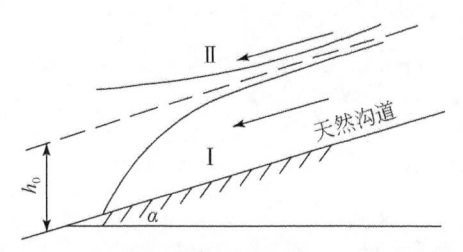

图7.2 冰川泥石流沟道天然堆积形态示意图

7.1.2 无拦挡工程的沟道泥石流堆积形态

1. 参数 τ_B 对堆积形态的影响

对于高浓度浆液,天然泥石流泥浆体属于宾汉流体,宾汉极限剪应力是破坏浆体结构所需的最小力,其对泥石流体流动堆积特性具有重要作用。当 τ_B 逐渐增大时,最终堆积厚度 h_0 逐渐增大,到达最大厚度 h_0 时水平距离 l 也不断增加。泥石流堆积体最终堆积形态均是与坡面趋于平行,堆积厚度趋近于 h_0 。随着水平距离 l 的增大,堆积曲线斜率迅速减小并趋于0, τ_B 越小,堆积曲线的斜率越小,但形态基本一致,随着 τ_B 的增大,堆积曲线斜率有所增大(表7.1和图7.3)。另外,由于黏性泥石流的 τ_B 大于稀性泥石流,因此,在其他条件不变的情况下,黏性泥石流堆积厚度更大。

表7.1 改变 τ_B 时相应计算参数

角度 α/(°)	弧度 α	τ_B/kPa	ρ/(t/m³)	g/(m/s²)	h_0/m
2	0.017	0.010	1.61	9.81	0.036
2	0.017	0.020	1.61	9.81	0.073
2	0.017	0.030	1.61	9.81	0.109
2	0.017	0.040	1.61	9.81	0.145

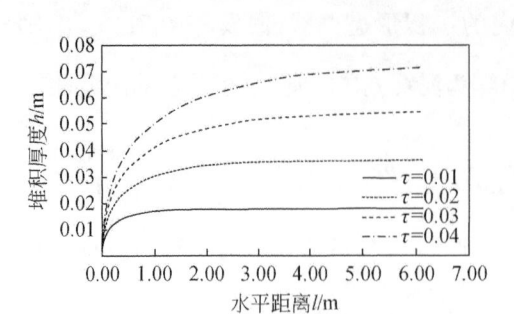

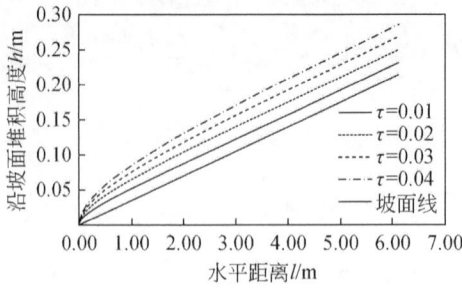

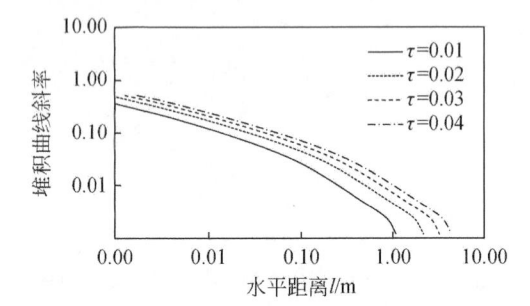

图7.3 不同剪切应力下泥石流堆积形态参数

2. 参数ρ对堆积形态的影响

泥石流体密度是影响泥石流性质、运动和堆积特性的重要参数,当ρ逐渐增大时,最终堆积厚度h_0逐渐减小,到达最大厚度h_0时水平距离l也不断减小。泥石流堆积体最终堆积形态均是与坡面趋于平行,堆积厚度趋近于h_0。随着水平距离l的增大,堆积曲线斜率迅速减小并趋于0,ρ越小,堆积曲线的斜率稍大,但差异较小,且形态基本一致,随着ρ的增大,堆积曲线斜率稍有减小(表7.2和图7.4)。另外,由于黏性泥石流的ρ稍大于稀性泥石流,因此,在其他条件不变的情况下,黏性泥石流堆积厚度比稀性泥石流稍小。

表7.2 改变密度ρ时相应计算参数

角度α/(°)	弧度α	τ_B/kPa	ρ/(t/m³)	g/(m/s²)	h_0/m
2	0.017	0.020	1.60	9.81	0.073
2	0.035	0.020	1.80	9.81	0.037
2	0.052	0.020	2.00	9.81	0.024
2	0.070	0.020	2.20	9.81	0.018

3. 参数α对堆积形态的影响

沟道坡度为泥石流运动提供动力条件,影响泥石流形成、运动和堆积的整个过

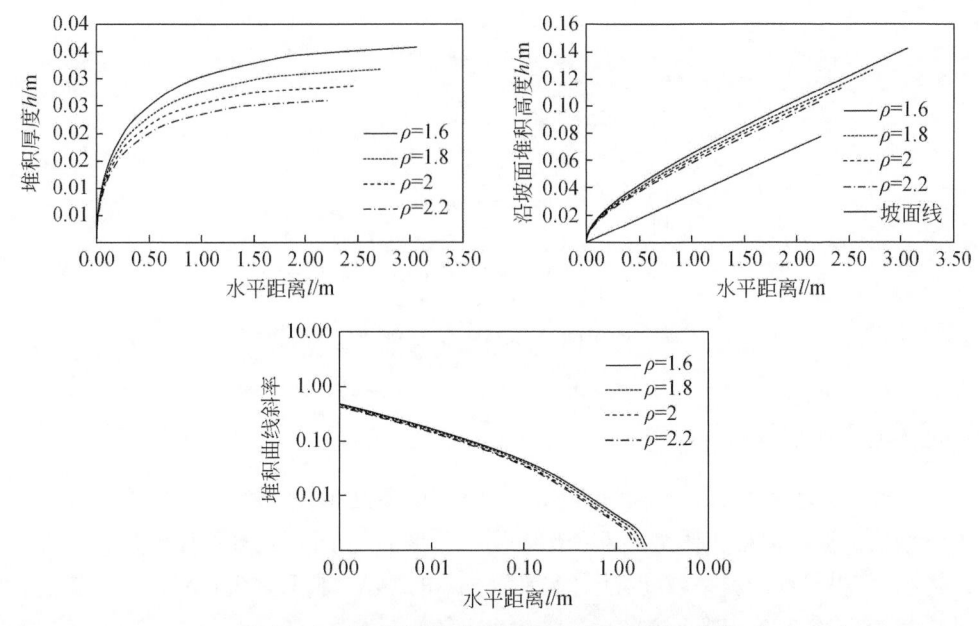

图7.4 不同泥石流密度下泥石流堆积形态参数

程。沟道坡度 α 对堆积曲线影响较大,当 α 逐渐增大时,最终堆积厚度 h_0 逐渐减小,到达最大厚度 h_0 时水平距离 l 也不断减小。随着水平距离 l 的增大,堆积曲线斜率迅速减小并趋于0,泥石流堆积体最终堆积形态均是与坡面趋于平行,堆积厚度趋近于 h_0(表7.3和图7.5)。另外,沟道坡度 α 反映地形对泥石流的影响,地形越陡,泥石流的堆积厚度越小,与实际情况相符。

表7.3 改变坡度 α 时相应计算参数

角度 $\alpha/(°)$	弧度 α	τ_B/kPa	$\rho/(t/m^3)$	$g/(m/s^2)$	h_0/m
1	0.017	0.020	1.60	9.81	0.073
2	0.035	0.020	1.60	9.81	0.037
3	0.052	0.020	1.60	9.81	0.024
4	0.070	0.020	1.60	9.81	0.018

7.1.3 有拦挡工程沟道泥石流堆积形态

在泥石流沟道内的拦挡工程,将对泥石流堆积形态产生较大影响,并将极大降低泥石流对公路工程的破坏程度,下面重点分析有拦挡工程后沟道泥石流堆积形态特征。

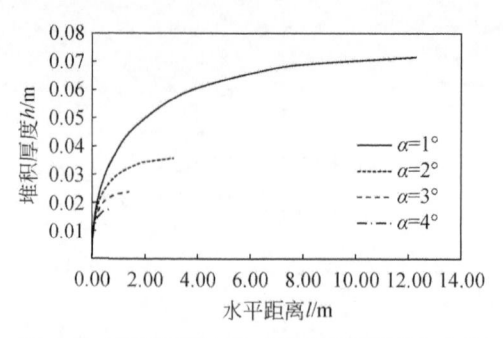

图 7.5　不同沟道坡度下泥石流堆积厚度变化

1. 参数 τ_B 对堆积形态的影响

当 τ_B 逐渐增大时，最终堆积厚度 h_0 逐渐增大，到达最终厚度 h_0 时水平距离 l 也不断增加。泥石流堆积体最终堆积形态均是与坡面趋于平行，堆积厚度趋近于 h_0。τ_B 越小，堆积曲线的斜率越陡，随着水平距离 l 的增大，堆积曲线斜率由陡变缓，并迅速趋于 0（图 7.6 和表 7.4）。

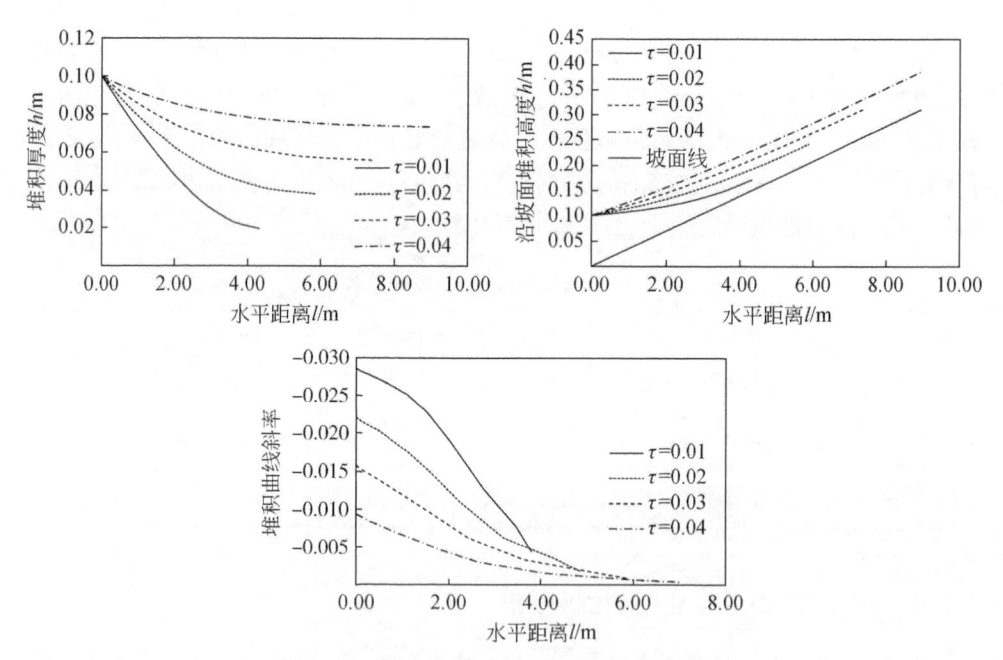

图 7.6　不同剪切应力下泥石流堆积形态参数

表7.4 改变τ_B时相应计算参数

角度 $\alpha/(°)$	弧度 α	τ_B/kPa	$\rho/(t/m^3)$	$g/(m/s^2)$	H/m	h_0/m
2	0.035	0.010	1.60	9.81	0.10	0.018
2	0.035	0.020	1.60	9.81	0.10	0.037
2	0.035	0.030	1.60	9.81	0.10	0.055
2	0.035	0.040	1.60	9.81	0.10	0.073

2. 参数 ρ 对堆积形态的影响

当 ρ 逐渐增大时，最终堆积厚度 h_0 逐渐减小，到达最大厚度 h_0 时水平距离 l 有所减小，但总体变化不明显。泥石流堆积体最终堆积形态均是与坡面趋于平行，堆积厚度趋近于 h_0。ρ 越大，堆积曲线的斜率越陡，随着水平距离 l 的增大，堆积曲线斜率由陡变缓，并迅速趋于 0。堆积曲线的斜率总体差异较小，且形态基本一致（图 7.7 和表 7.5）。

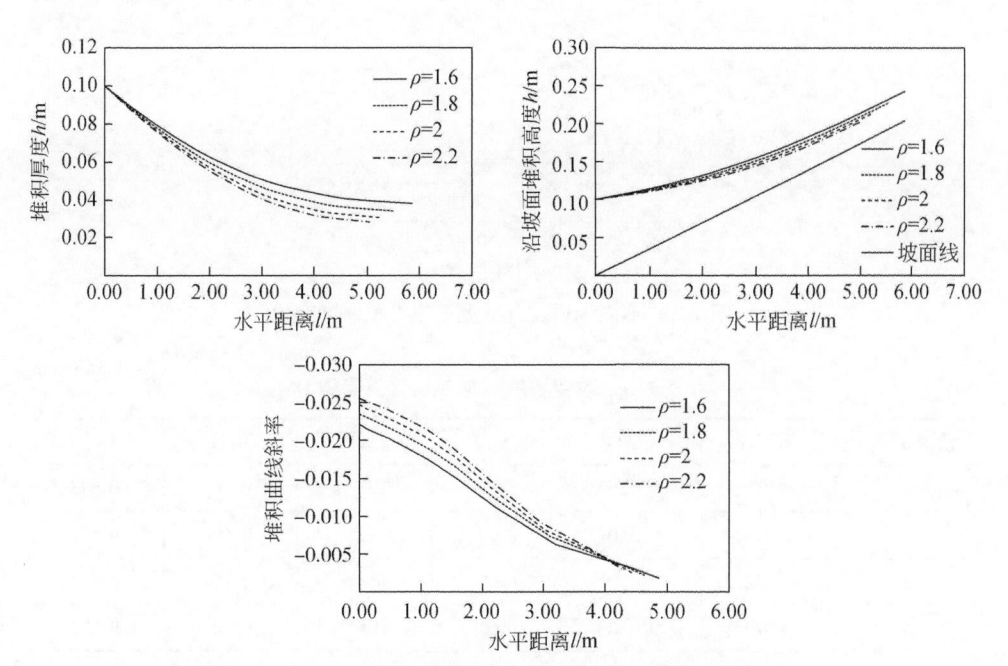

图 7.7 不同泥石流密度下泥石流堆积形态参数

表7.5 改变密度 ρ 时相应计算参数

角度 $\alpha/(°)$	弧度 α	τ_B/kPa	$\rho/(t/m^3)$	$g/(m/s^2)$	H/m	h_0/m
2	0.035	0.020	1.60	9.81	0.10	0.037
2	0.035	0.020	1.80	9.81	0.10	0.032
2	0.035	0.020	2.00	9.81	0.10	0.029
2	0.035	0.020	2.20	9.81	0.10	0.027

3. 参数 α 对堆积形态的影响

沟道坡度 α 对堆积曲线影响较大,当 α 逐渐增大时,最终堆积厚度 h_0 逐渐减小,到达最大厚度 h_0 时水平距离 l 也不断减小。随着水平距离 l 的增大,堆积曲线斜率迅速减小并趋于0,泥石流堆积体最终堆积形态均是与坡面趋于平行,堆积厚度趋近于 h_0(图7.8 和表7.6)。

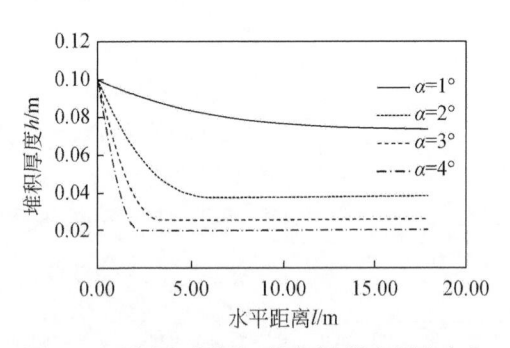

图7.8 不同沟道坡度下泥石流堆积厚度变化

表7.6 改变坡度 α 时相应计算参数

角度 $\alpha/(°)$	弧度 α	τ_B/kPa	$\rho/(t/m^3)$	$g/(m/s^2)$	H/m	h_0/m
1	0.017	0.020	1.60	9.81	0.10	0.073
2	0.035	0.020	1.60	9.81	0.10	0.037
3	0.052	0.020	1.60	9.81	0.10	0.024
4	0.070	0.020	1.60	9.81	0.10	0.018

4. 参数 H 对堆积形态的影响

拦挡结构的拦挡高度 H 对拦挡结构后面一定范围内堆积形态影响较大,该段范围内,土体趋于平缓。随着 H 的增大,到达最终厚度 h_0 时水平距离 l 也不断增大。随着水平距离 l 的增大,堆积曲线斜率迅速减小并趋于0,泥石流堆积体最终堆积形态均是与坡面趋于平行,堆积厚度趋近于 h_0(表7.7和图7.9)。

表7.7 改变拦挡高度 H 时相应计算参数

角度 $\alpha/(°)$	弧度 α	τ_B/kPa	$\rho/(\text{t/m}^3)$	$g/(\text{m/s}^2)$	H/m	h_0/m
2	0.035	0.020	1.80	9.81	0.05	0.032
2	0.035	0.020	1.80	9.81	0.10	0.032
2	0.035	0.020	1.80	9.81	0.15	0.032
2	0.035	0.020	1.80	9.81	0.20	0.032

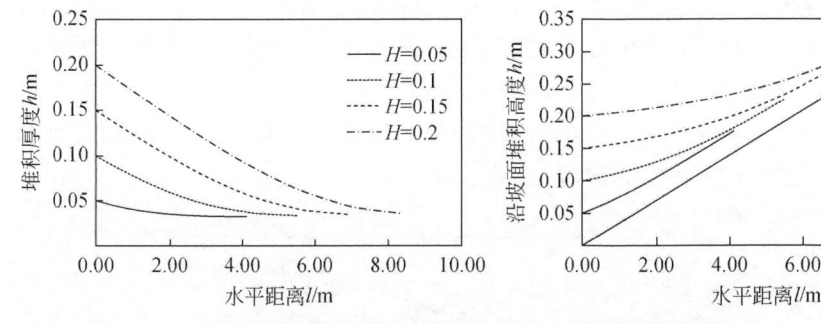

图7.9 不同拦挡高度下泥石流堆积形态参数

7.1.4 不同类型泥石流对公路的影响

采用上述曲线,分析不同类型泥石流堆积对公路形态的影响,拟设置沟槽坡度 $\alpha=2°$,拦挡结构高度 $H=0.1\text{m}$,根据颗粒组成及容重大小,本次泥石流分类及参数见表7.8。

表7.8 泥石流分类及相应参数

分类名称	黏性泥石流	稀性泥石流
密度 $\rho/(\text{t/m}^3)$	2.00	1.60
极限剪应力 τ_B/kPa	0.02	0.01

如图7.10所示,无论有无拦挡结构,黏性泥石流的堆积厚度大于稀性泥石流的堆积厚度,因此,黏性泥石流对公路的掩埋影响更大。

7.1.5 拦挡结构对泥石流掩埋公路的影响

采用上述曲线对采用拦挡结构前后,分析是否对公路产生泥石流堆积影响

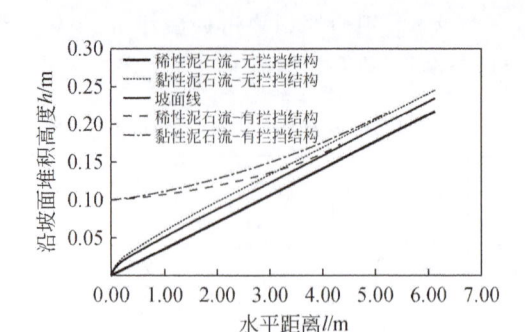

图 7.10　不同类型泥石流的天然堆积形态参数

（图 7.11）。参数如下：沟道坡度 $\alpha=2°$，拦挡结构高度 $H=0.1\mathrm{m}$，泥石流密度 $\rho=2.0\mathrm{t/m^3}$，极限剪应力 $\tau_B=0.02\mathrm{kPa}$。当公路没有设置拦挡结构时，每次发生泥石流公路都会出现掩埋现象，掩埋厚度逐次叠加，即使清理道路，之后依然会发生公路掩埋，且掩埋的厚度与是否清理无关，这对公路工程存在较大的不良影响，这与中巴公路沿线泥石流堆积掩埋公路情况一致。

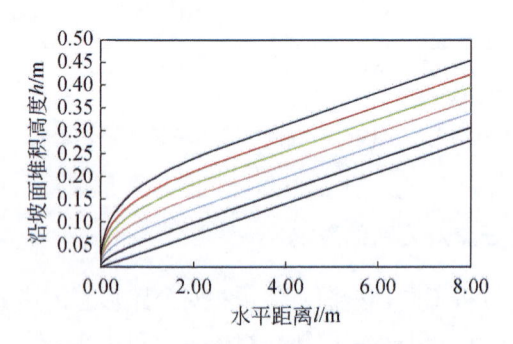

图 7.11　无拦挡结构时泥石流堆积曲线

如公路设置拦挡结构，当泥石流发生时，将会在拦挡结构后部堆积，从而使得道路免于掩埋危害，减轻泥石流对公路运行的影响（图 7.12）。随着泥石流发生次数的增加，拦挡结构后部泥石流堆积体的坡度将逐渐接近原始地表坡度，当堆积坡度与原始地表相同时，再发生的泥石流将越过拦挡结构，并在其前方发生堆积，影响公路安全，因此拦挡结构并非一直发挥作用，其存在一个有效时期，有效时期与泥石流自身性质及发生次数、拦挡结构物高度有关。因此，拦挡结构可以在其有效时期内有效地减轻、减缓泥石流对公路的掩埋危害。

7.1.6　小结

本书采用不等厚度的假设，得到了泥石流的堆积方程式，并从泥石流性质、沟槽坡度、拦挡结构高度等方面进行分析，得到了其对泥石流堆积形态的影响。分析

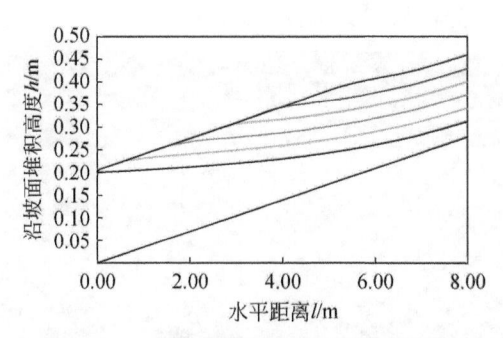

图 7.12　有拦挡结构时泥石流堆积曲线

了不同性质泥石流的堆积形态及厚度,黏性泥石流的堆积厚度要大于稀性泥石流,前者对公路的掩埋危害大于后者。分析了拦挡结构对防治泥石流对公路危害的作用,设置拦挡结构能够在一定时期内有效地减轻、减缓泥石流对公路的掩埋危害。

7.2　拦砂坝作用下泥石流堆积实验研究

冰川泥石流主要是冰川融水、陡峻地形以及丰富的松散冰碛物共同作用所致。其中融水强度作为自然条件,人们无法调节,只能通过改善植被来影响产流汇流条件;地形坡度也是自然条件,在沟道中修建拦挡坝,只能使局部地形坡度减缓,一个坝所能控制的距离很短,常需在一定长度沟道里修建很多个坝(称为坝系)才能改变地形坡度[79],所以控制泥石流暴发的主要对策是减少流域内固体物质的积储,采取各种形式的工程措施对沟道加以控制,以从根本上减少物质侵蚀。

泥石流防治措施中的防护、预防、预警、预报等非工程措施无法有效控制泥石流,只能在一定程度上减轻泥石流造成的危害,工程措施可以迅速长期地控制泥石流,是泥石流防治的主要措施,当前泥石流的防治可归纳为"稳、拦、排",经过系列的泥石流工程防治之后,泥石流的性质、规模和频率都将改变,具体反映在泥石流容重指标的改变、流量指标、一次泥石流总量、流速和搬运的最大颗粒粒径的改变等方面,而建立相应的模型对这些改变进行模拟分析计算在泥石流防治效果评估中是非常必要的。本书研究有无拦砂坝情况下,泥石流性质和规模的变化情况,同时分析拦砂坝在不同工况下对泥石流堆积的影响。

7.2.1　实验土体的基本性质

为了模拟泥石流起动、形成过程,研究泥石流起动的力学特征,实验用样品采用原状土体,取自中巴公路奥布段桩号 K1562 处泥石流沟道内(图 7.13),先对试样进行颗粒分析,然后将样品风干待用,试验土则去除粒径大于 60mm 的颗粒,其余各粒径组的重量百分比与原状土体相应粒径组的重量百分含量相等,随机采取了 3 组土样,通过颗粒分析获得其级配(表 7.9)。

图 7.13 实验土体情况

表 7.9 实验土体颗粒分析成果表

编号	颗粒成分/%								
	砾粒/mm				砂粒/mm			粉粒/mm	
	>60	60~40	40~20	20~10	10~5	5~2	2~0.5	0.5~0.25	0.25~0.075	<0.075
1	0.00	4.00	6.40	31.20	21.19	17.21	9.60	6.21	2.33	1.86
2	0.00	0.00	4.46	29.20	30.70	23.76	7.42	0.99	1.98	1.49
3	0.00	4.00	9.60	24.02	26.40	18.44	6.60	6.44	2.60	1.90

从土体的颗粒组成来看,泥石流源区土体为典型的宽级配砾石土(图 7.14),砾石组成所占的比重较大,达 80.0%~88.1%;砂粒组分所占的比重为 10.4%~18.1%;粉粒及黏粒组分所占的比重也较小,只占 1.5%~1.9%。

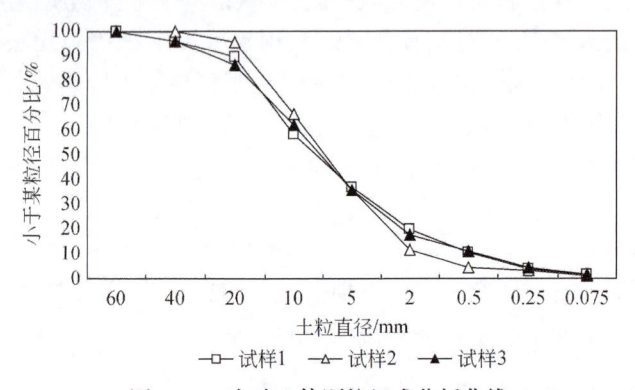

图 7.14 实验土体颗粒组成分析曲线

7.2.2 实验模型与设备布设

本次实验装置包括拦砂坝模型、沟道、水箱、摄像机、取样器、电子秤、秒表、卷尺、直尺、罗盘和管线等。

1. 拦砂坝

通过查阅文献和实地考察西部山区部分重力式拦砂坝的横断面参数,即拦砂坝坝高 H、坝顶宽度 b、坝上游面边坡 n_1、下游面边坡 n_2 和坝底宽 B。这些参数之间存在的一定的规律,可将其凝练出重力式拦砂坝横断面的基本尺寸(表7.10)。

表7.10 西部山区部分重力式拦砂坝横断面基本尺寸表

参数	小型	中型	大型		
坝高 H/m	<10	10~15	15~20	20~30	>30
坝顶宽 b/m	1.0~3.0	3.0	3.0	4.0	>5.0
上游面边坡 n_1	1:0.4~1:1	1:0.6~1:0.8	1:0.6	1:0.6	1:0.60
下游面边坡 n_2	1:0~1:0.1	1:0~1:0.1	1:0~1:0.1	1:0~1:0.1	>1:0.1

根据西部山区重力式拦砂坝横断面的基本尺寸统计信息,确定实验所用的拦砂坝的横断面参数(图7.15)。本次实验以托卡依沟拦砂坝工程为原型,拦砂坝采用混凝土重力坝,相似比采用 1:80,拦砂坝的坝顶宽 10cm,坝顶长 40cm,坝高 30cm,迎水面坡度为 1:0.2,背水面坡垂直。拟定可拦截的最大实验土体的粒径为 4~6cm,根据规范要求,拦砂坝排泄孔位置尽可能分布在坝体溢流段范围,孔数不低于 2 孔,多采取"品"字形交错布设。孔径及间距一般可按以下条件选取:单孔孔径 $D \geq (2~4.5)D_m$,孔间壁厚 $D_b \geq (1~1.5)D$(D_m 为过流中最大石块粒径),由于模型尺寸较小,为维持坝体的结构稳定性,故排泄孔孔口取下限值,两孔间距取大值,故孔口大小为 4cm×8cm,两孔的间距为 15cm。稳定性分析的计算结果和实践均表明采用该结构的拦砂坝处于稳定状态。拦砂坝坝体采用的材料为水泥、河沙和水。水泥:砂:水的比例为 5:5:1。其中水泥为复合硅酸盐水泥。

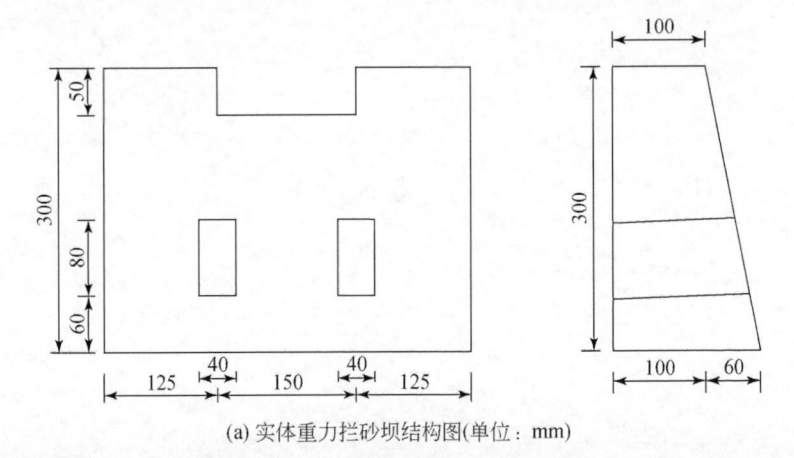

(a) 实体重力拦砂坝结构图(单位:mm)

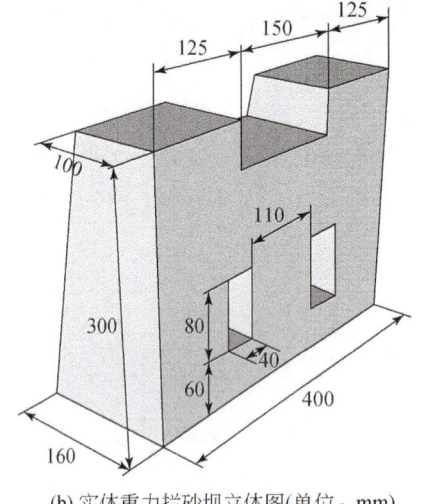

(b) 实体重力拦砂坝立体图(单位：mm)　　　　　(c) 现场实验模型图

图 7.15　泥石流过坝实验拦砂坝示意图及原型照片

2. 沟道及物源布设

根据实地调查,公路沿线冰川泥石流沟道沟床比降在 176‰ ~ 364‰。本实验模拟特定的天然泥石流沟谷形态,沟床坡度分两段,拦砂坝后 0 ~ 1.25m 范围,沟床坡度定为 15°,泥石流沟沟道两侧坡度约为 80°,1.25 ~ 2.25m 范围沟床坡度定为 18°,沟道两侧坡度约为 40°,以模拟天然泥石流沟床形态(图 7.16)。

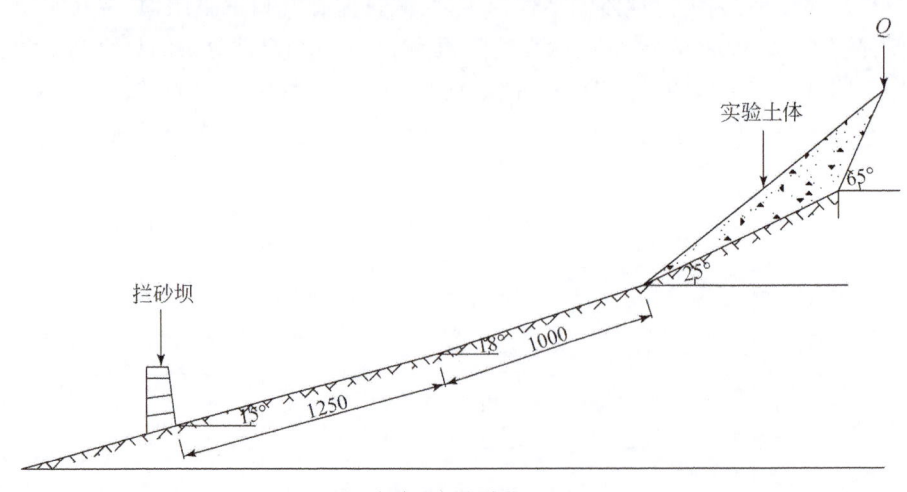

(a) 实验示意图(单位：cm)

(b) 现场实验模型图

图 7.16 泥石流过坝实验水槽示意图及原型

实验用沟道为在野外制作的由水泥砂浆衬砌的沟道,长 2.25m,底宽 0.4m,深 0.15~0.45m。在沟道入口下游 2.25m 处安装拦砂坝。在沟道侧面及拦砂坝侧面,绘制标志刻度,以便观察和测量泥石流运动时的泥深和残留物的厚度(图 7.16)。

根据公路沿线泥石流沟形成的坡度特征,泥石流的起动大部分在坡度较大的坡面,坡度大多在 25°~40°,本实验取 25°坡度作为形成区坡度,将松散土体作为泥石流实验物源。

3. 供水系统

供水系统由临时蓄水池、水泵、水箱、粗细水管若干和沟道组成。临时蓄水池的水经水泵进入水箱。控制水箱阀门,调节出水流量,设定标准流量为 $Q=100L/min$,使水流经粗水管抵达堆积的松散物源处。土体在水流作用下失稳起动形成泥石流,进而汇入沟道。

4. 测量系统

测量系统包括电子秤、秒表、取样器、罗盘、卷尺和直尺。在实验时,每隔 20s 需同时在拦砂坝上下游采取泥石流样品,以便研究泥石流容重与时间的关系。

5. 摄影系统

摄影测量系统由多台数码摄像机组成(图 7.17)。为了更全面地了解和分析泥石流过坝过程、淤积物形态、泥石流流量变化情况,在实验沟道上下游方向分别安装一台数码摄像机,以便从不同方位了解泥石流过坝过程和水位变化情况,同时下游方向摄像机可观察泥石流影响公路范围及在公路上淤积的长度及厚度。

图 7.17 泥石流过坝实验摄像机平面展布图
①位于沟道上游的摄像机,用于观测泥石流过坝过程、泥石流过坝时的水位变化过程;
②位于沟口的摄像机,用于观测泥石流过坝过程及道路淤积长度、厚度

6. 实验装置布设

实验前,需要布设的装置或材料有实验土体、取样器、电子秤、摄像机、水管、分水箱、水泵和临时蓄水池。将松散土体堆积在物源区。在土体上方放置一水管,以提供实验所需的清水。在实验区上下游分别放置一个摄像机,以记录实验过程。在拦砂坝上下游处都放置取样器,以便及时采取泥石流样品。在坝侧面适当位置摆放一个电子秤,以便称取泥石流样品质量。用水管将水箱、水泵及储水池连接在一起,并根据实验区实地情况调整好各仪器和设备的相对位置。实验布置图如图 7.18 所示。

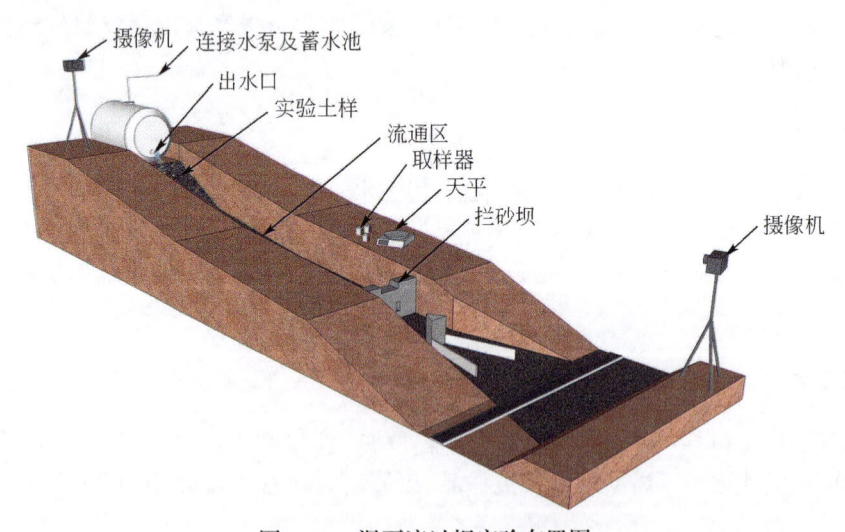

图 7.18 泥石流过坝实验布置图

7.2.3 实验方法

考虑空库、半库和满库三种工况下,在野外开展拦砂坝作用下的泥石流容重衰减实验(表7.11),研究泥石流过坝的过程及过坝前后的泥石流容重变化。

(1)过坝前后的泥石流容重。
(2)泥石流过坝实验完成后的泥石流堆积形态。
(3)拦砂坝的拦蓄量。
(4)泥石流实验完成后的堆积体颗粒级配分布。

表7.11 实验过程中不同工况的基本参数

序号	编号	孔口大小	水槽坡度/(°) 上游段	水槽坡度/(°) 下游段	物源量/kg	清水流量/(mL/s)	状态
1	K1	4mm×8mm	18	15	5.5	$0.5Q$	空库1
2	K2	4mm×8mm	18	15	5.5	$0.75Q$	空库2
3	K3	4mm×8mm	18	15	5.5	Q	空库3
4	B1	4mm×8mm	18	15	5.5	$0.5Q$	半库1
5	B2	4mm×8mm	18	15	5.5	$0.75Q$	半库2
6	B3	4mm×8mm	18	15	5.5	Q	半库3
7	M1	4mm×8mm	18	15	5.5	$0.5Q$	满库1
8	M2	4mm×8mm	18	15	5.5	$0.75Q$	满库2
9	M3	4mm×8mm	18	15	5.5	Q	满库3
10	W1	—	18	15	5.5	$0.5Q$	无坝1
11	W2	—	18	15	5.5	$0.75Q$	无坝2
12	W3	—	18	15	5.5	$1.0Q$	无坝3

7.2.4 实验现象

泥石流过坝实验的实验现象包括拦砂坝空库、半库和满库三个状态下的实验现象及无拦砂坝情况下的实验现象。此处列出了具有代表性的实验现象。

1. 拦砂坝空库状态下的实验现象

图7.19~图7.21分别为K1、K2、K3工况拦砂坝作用下泥石流实验过程。不同流量下空库状态下的实验现象基本一致,以实验K2作为代表。启动电源后,供水系统开始工作,并以0.75Q的流量稳定地供水。在清水作用下,堆积于物源区的松散固体物质中的细小颗粒,混入水中沿坡面向下运动。流体开始进入沟道前段,之后流体中的液体率先抵达拦砂坝,固相抵达拦砂坝并开始减速。大量的泥石流

体进入沟道,逐渐淤积在拦砂坝前。随着流体的注入,坝前的泥位开始上升。当泥位到达拦砂坝排水口处,流体穿过排水孔抵达拦砂坝下游。随着拦砂坝上游堆积的固体颗粒物质逐渐增多,拦砂坝处的泥位达到最大,在供水量不变的情况下此后的泥位几乎恒定不变,固体物质逐渐向拦砂坝处淤积。

实验结束后,源区的松散物质几乎全部被冲走。实验完成后的沟床平均坡度比降较原始沟床小,平均坡度约为 11.8°,其中距离坝后 60cm 范围沟床平均坡度为 11.5°,60~120cm 范围沟道平均坡度约为 12.8°。拦砂坝两个排水孔均未被堵塞。拦砂坝下游沟道内几乎没有粗大固体颗粒物质。

2. 拦砂坝半库状态下的实验现象

图 7.22~图 7.24 分别为 B1、B2、B3 工况拦砂坝作用下泥石流实验过程。不同流量下半库状态下的实验现象基本一致,以实验 B2 作为代表。实验前的拦砂坝处土体堆积高度为 12.5cm,拦砂坝上游沟道平均坡度为 13°。

实验结束后,源区的松散物质几乎全部被冲走,拦砂坝上游的堆积物颗粒比较均匀。实验完成后的沟床平均坡度与原始沟床基本平行,平均坡度约为 15°。实验开始前拦砂坝堵塞在排水孔的固体颗粒部分被冲向下游,实验后拦砂坝排水孔仍有部分堵塞,存在少量固体颗粒。拦砂坝下游沟道内粗大固体颗粒物质较少。

3. 拦砂坝满库状态下的实验现象

图 7.25~图 7.27 分别为满库状态下 M1、M2、M3 工况拦砂坝作用下泥石流实验过程。不同流量下满库状态下的实验现象基本一致,以 M2 实验说明拦砂坝在满库状态下的实验现象。实验前的拦砂坝处土体堆积高度 25.0cm,拦砂坝上游沟道平均坡度为 11°。

实验完成后的沟床平均坡度比降较原始沟床小,平均坡度约为 11.1°,其中距离坝后 60cm 范围沟床平均坡度为 10.1°,60~120cm 范围沟道平均坡度约为 10.8°。

4. 无拦砂坝情况下的实验现象

图 7.28~图 7.30 分别为无拦砂坝情况下 W1、W2、W3 工况拦砂坝作用下泥石流实验过程图。不同流量无拦砂坝情况下的实验现象基本一致,以 W2 实验说明无拦砂坝情况下的实验现象。在清水作用下,堆积于物源区的松散固体物质中的细小颗粒,混入水中沿坡面向下运动。流体开始进入沟道前段,大量的泥石流体进入沟道,固体颗粒物质逐渐淤积在沟道内。随着流体的注入细小颗粒几乎被冲走,沟道内仅剩余粗大固体颗粒物质,且淤积厚度不均匀,冲沟较为明显。

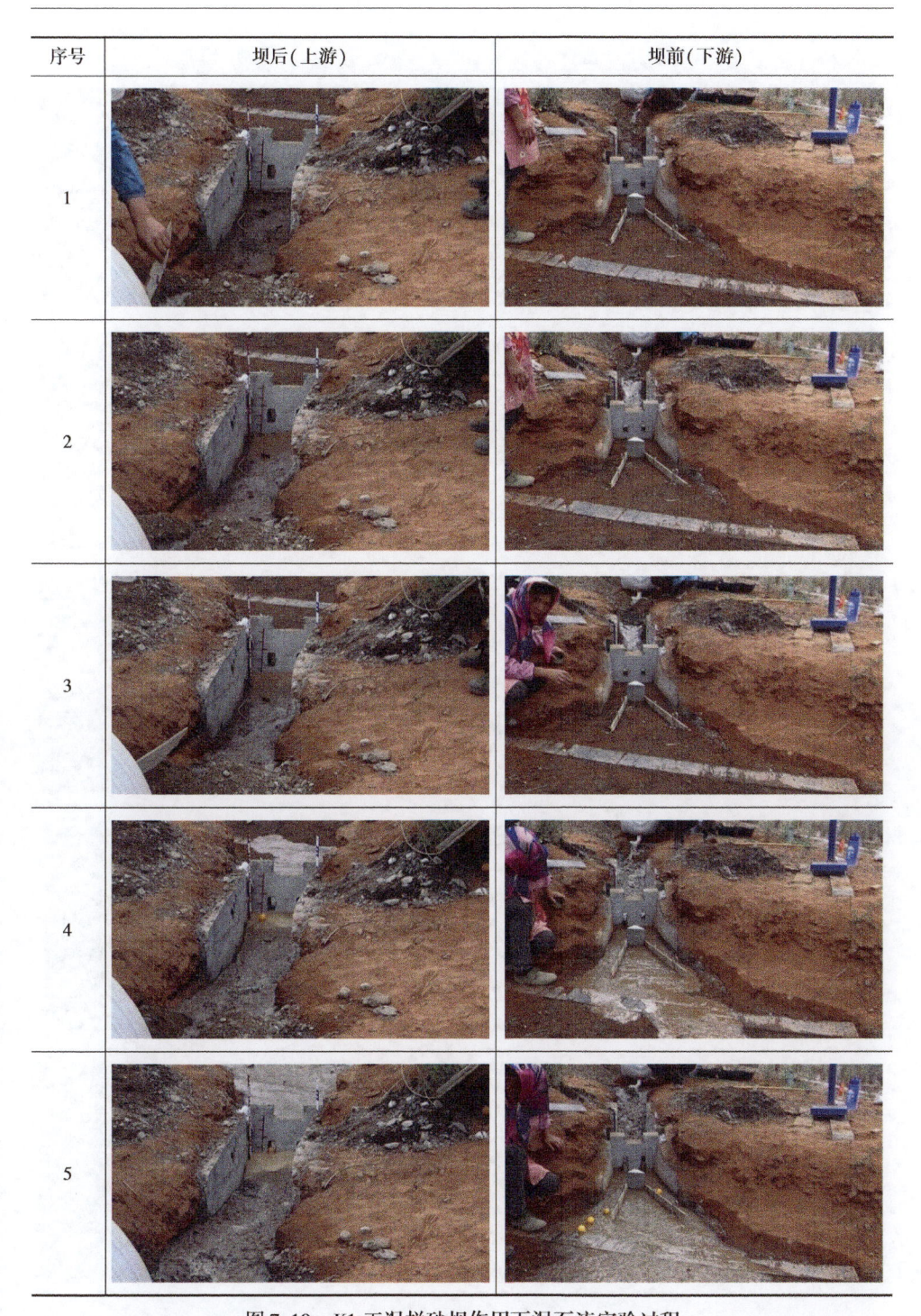

序号	坝后(上游)	坝前(下游)
1		
2		
3		
4		
5		

图 7.19　K1 工况拦砂坝作用下泥石流实验过程

1. 泥石流开始；2. 泥石流到达坝体；3. 泥石流在坝后淤积；4. 泥石流过坝；5. 泥石流稳定

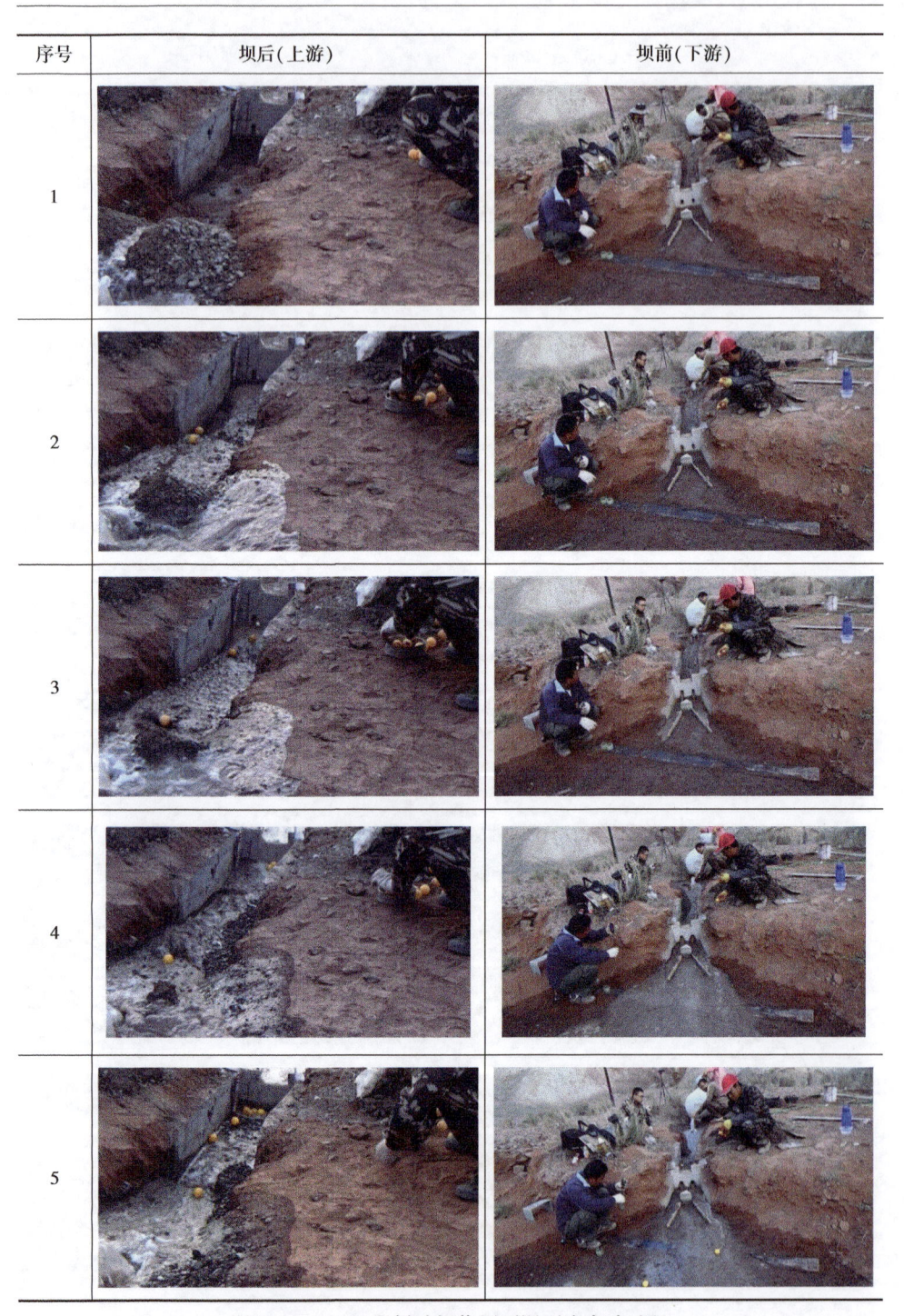

图 7.20　K2 工况拦砂坝作用下泥石流实验过程

1. 泥石流开始；2. 泥石流到达坝体；3. 泥石流在坝后淤积；4. 泥石流过坝；5. 泥石流稳定

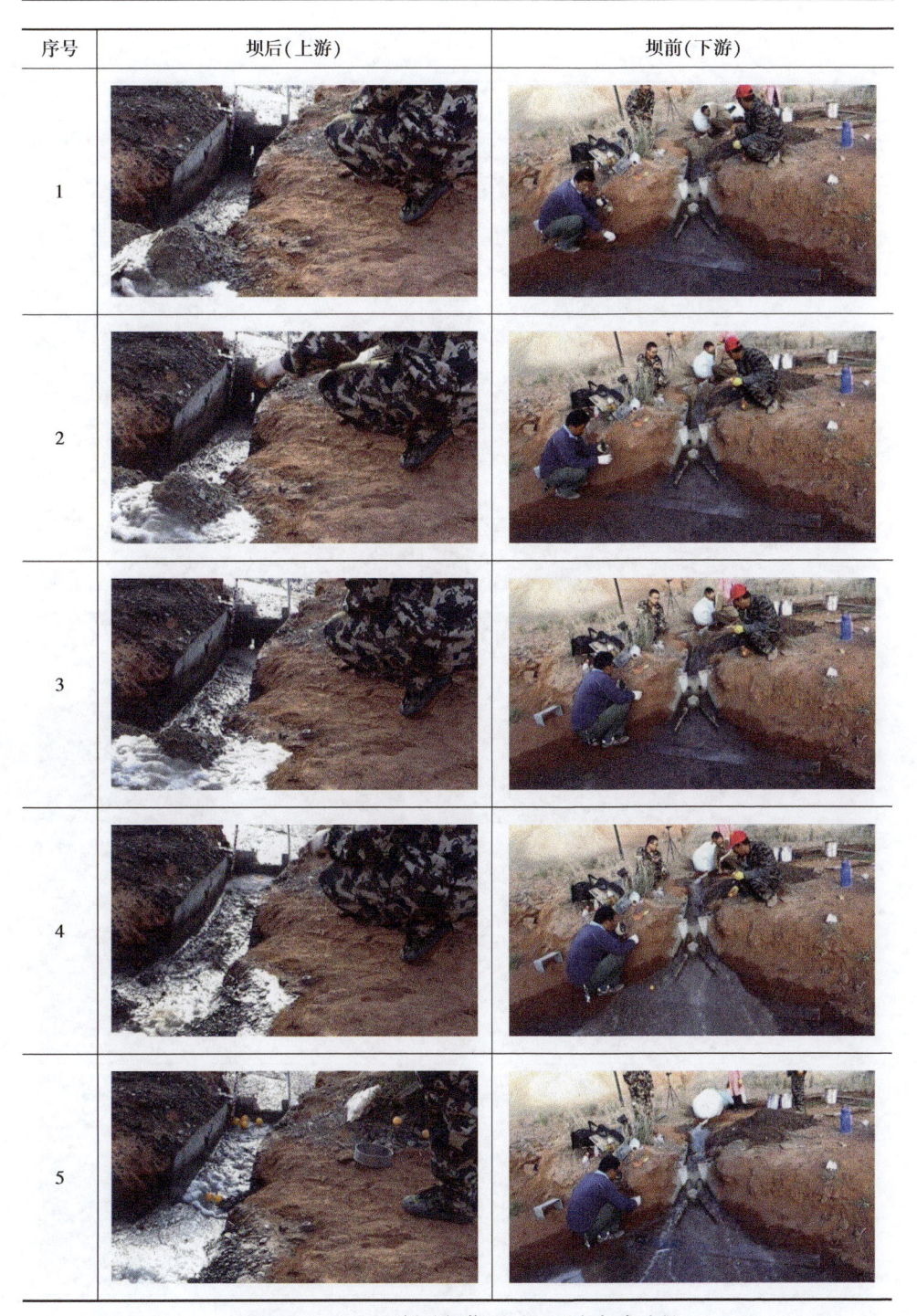

第7章 冰川泥石流工程治理关键技术研究

序号	坝后(上游)	坝前(下游)
1		
2		
3		
4		
5		

图7.21 K3工况拦砂坝作用下泥石流实验过程
1. 泥石流开始；2. 泥石流到达坝体；3. 泥石流在坝后淤积；4. 泥石流过坝；5. 泥石流稳定

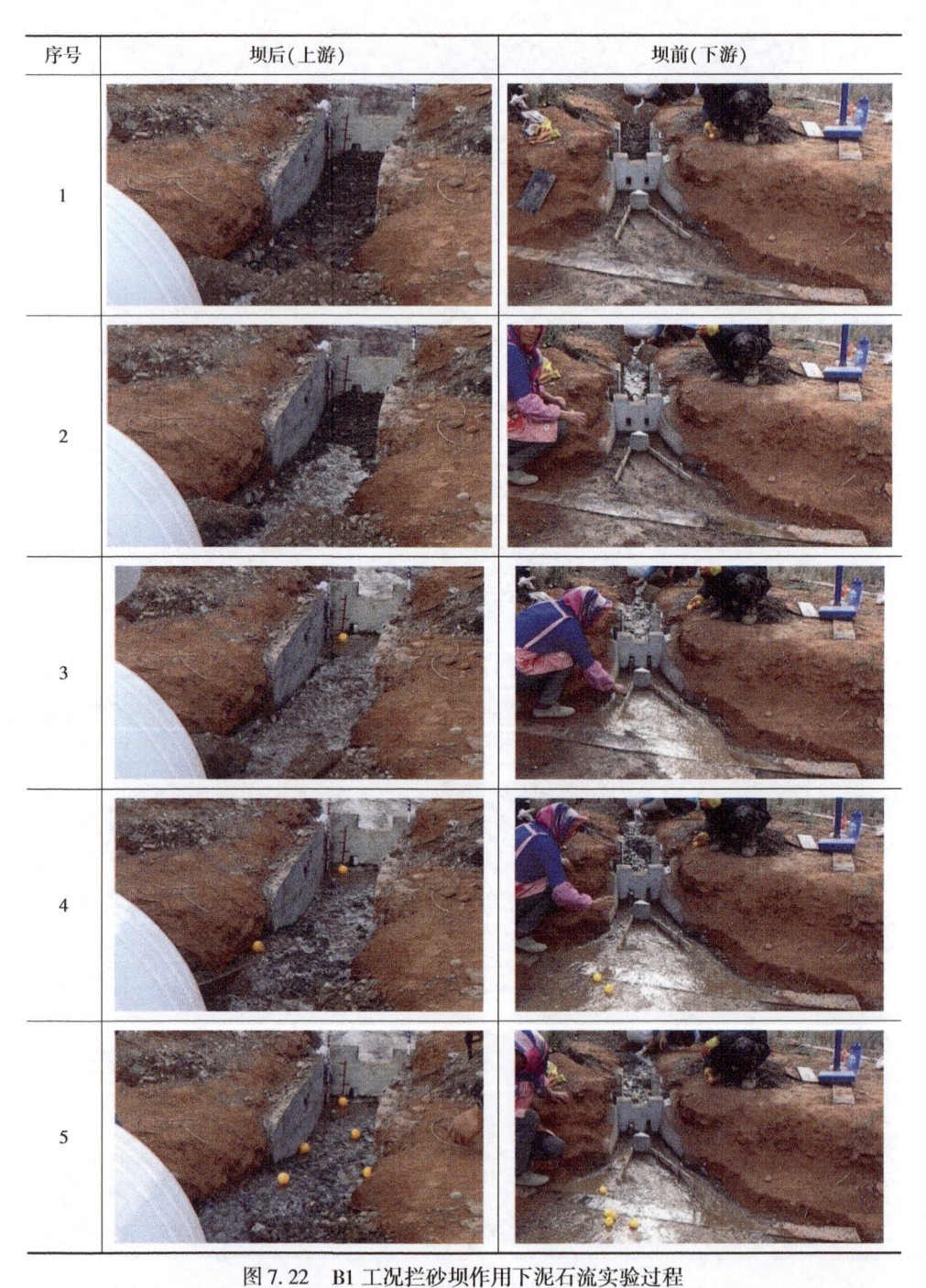

图 7.22 B1 工况拦砂坝作用下泥石流实验过程
1. 泥石流开始；2. 泥石流经库区；3. 泥石流开始过坝；4. 泥石流过坝最高泥位；5. 泥石流稳定

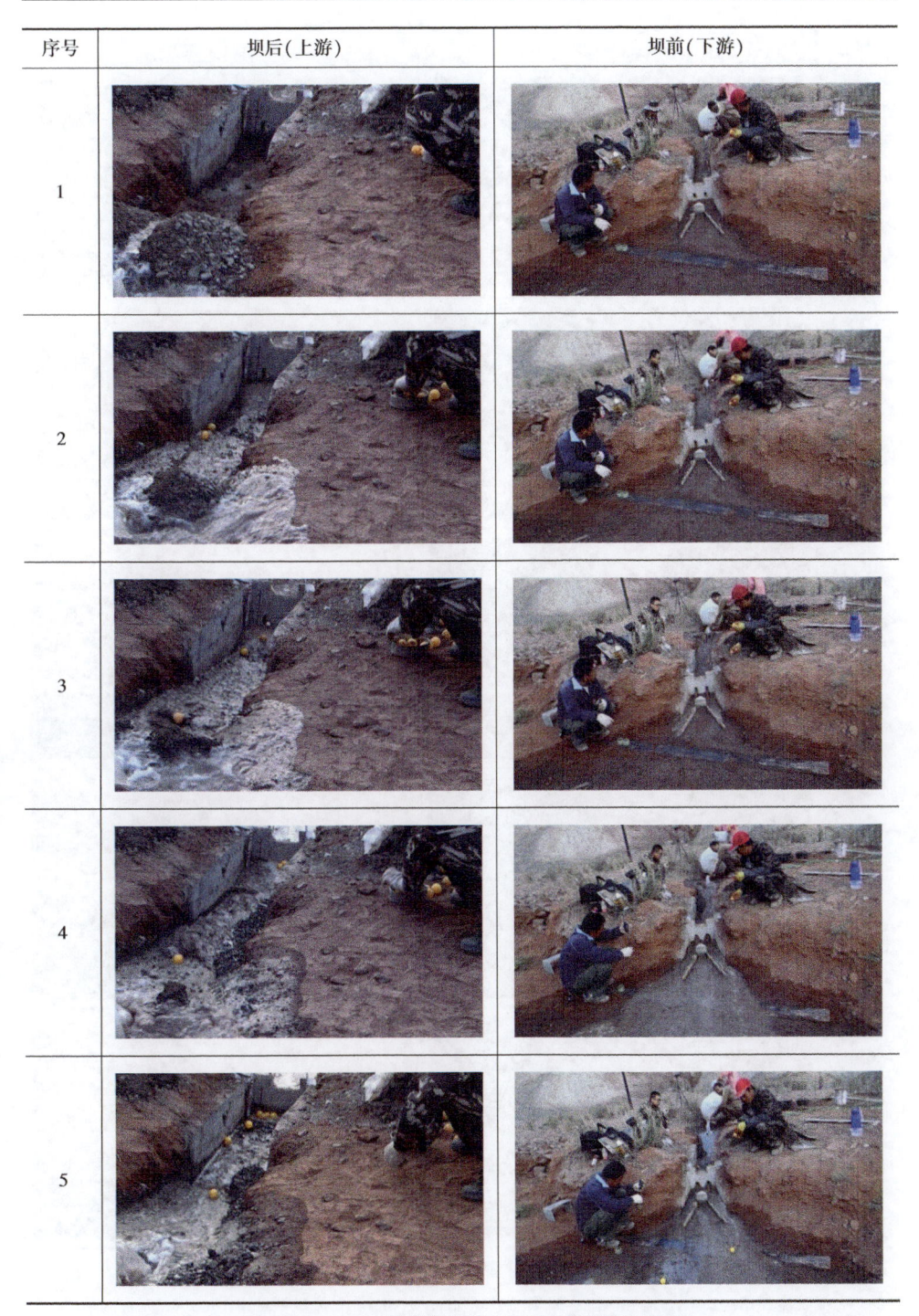

序号	坝后(上游)	坝前(下游)
1		
2		
3		
4		
5		

图 7.23 B2 工况拦砂坝作用下泥石流实验过程

1. 泥石流开始；2. 泥石流经库区；3. 泥石流开始过坝；4. 泥石流过坝最高泥位；5. 泥石流稳定

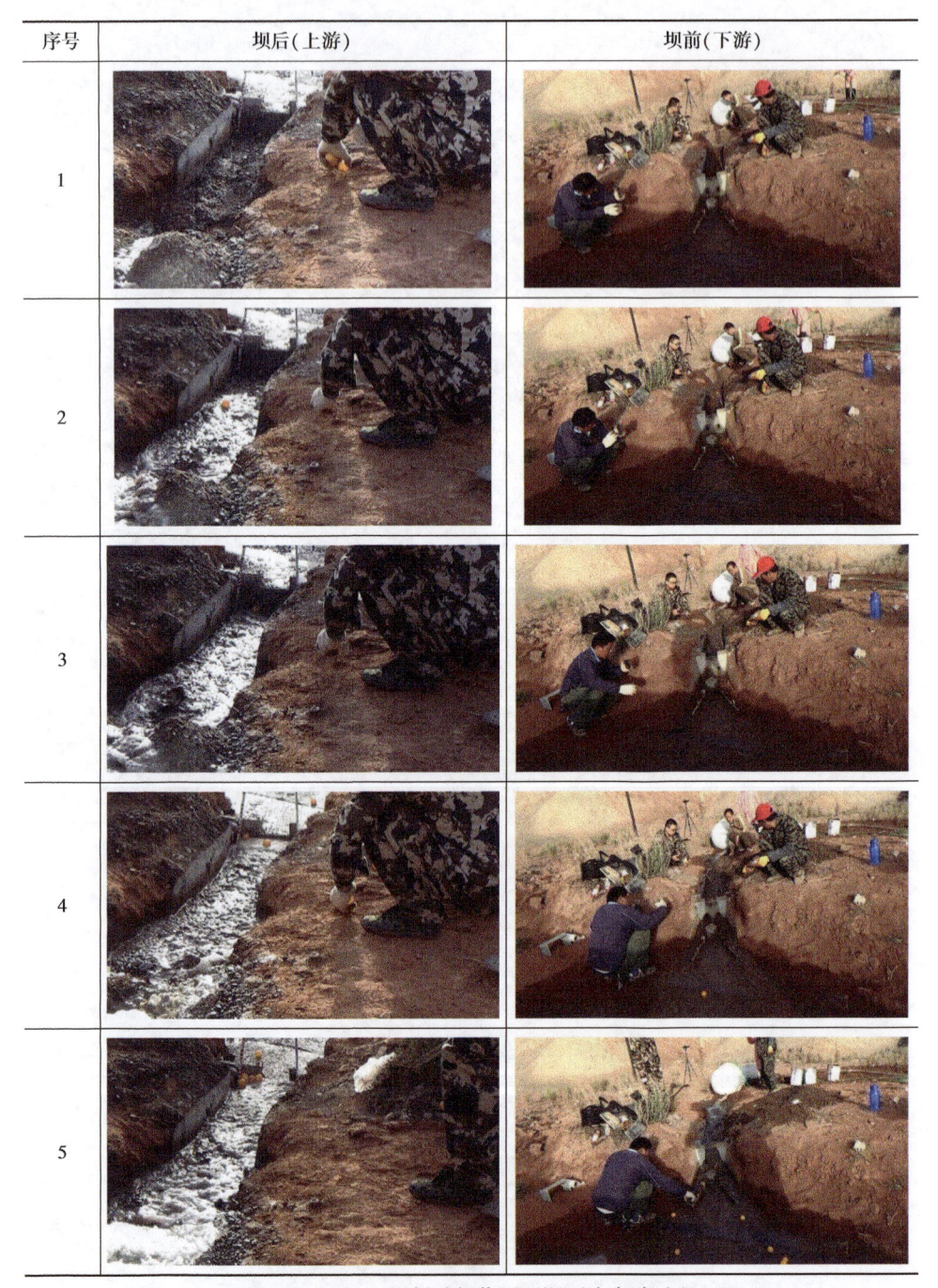

·204· 冰川泥石流起动机理与防治方法——以中巴公路奥布段泥石流为例

序号	坝后(上游)	坝前(下游)
1		
2		
3		
4		
5		

图7.24 B3工况拦砂坝作用下泥石流实验过程
1. 泥石流开始；2. 泥石流经库区；3. 泥石流开始过坝；4. 泥石流过坝最高泥位；5. 泥石流翻坝

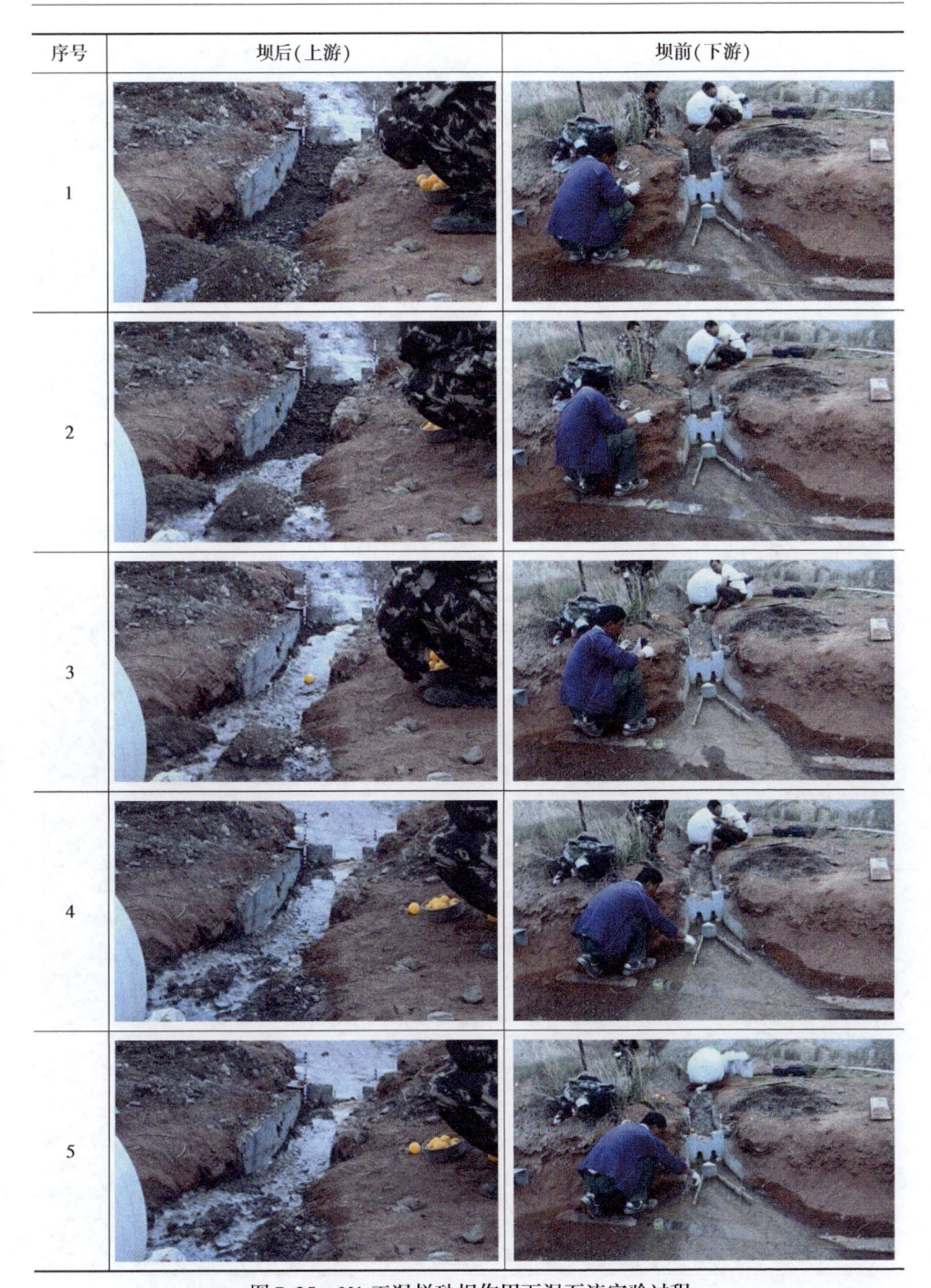

第7章 冰川泥石流工程治理关键技术研究

序号	坝后(上游)	坝前(下游)
1		
2		
3		
4		
5		

图 7.25 M1 工况拦砂坝作用下泥石流实验过程

1. 泥石流开始；2. 泥石流经库区；3. 泥石流开始过坝；4. 泥石流过坝最高泥位；5. 泥石流稳定

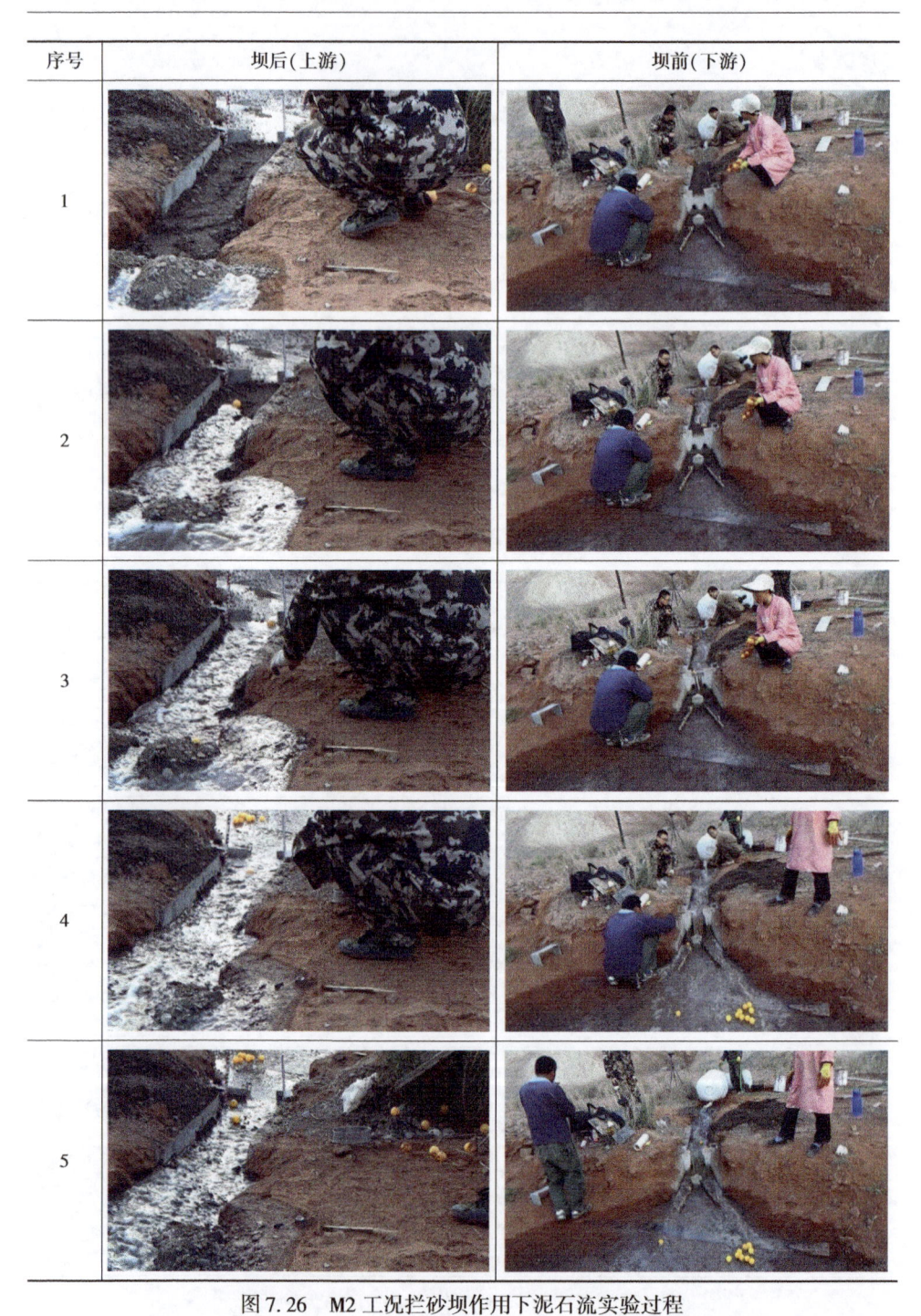

图 7.26　M2 工况拦砂坝作用下泥石流实验过程

1. 泥石流开始；2. 泥石流经库区；3. 泥石流开始过坝；4. 泥石流过坝最高泥位；5. 泥石流稳定

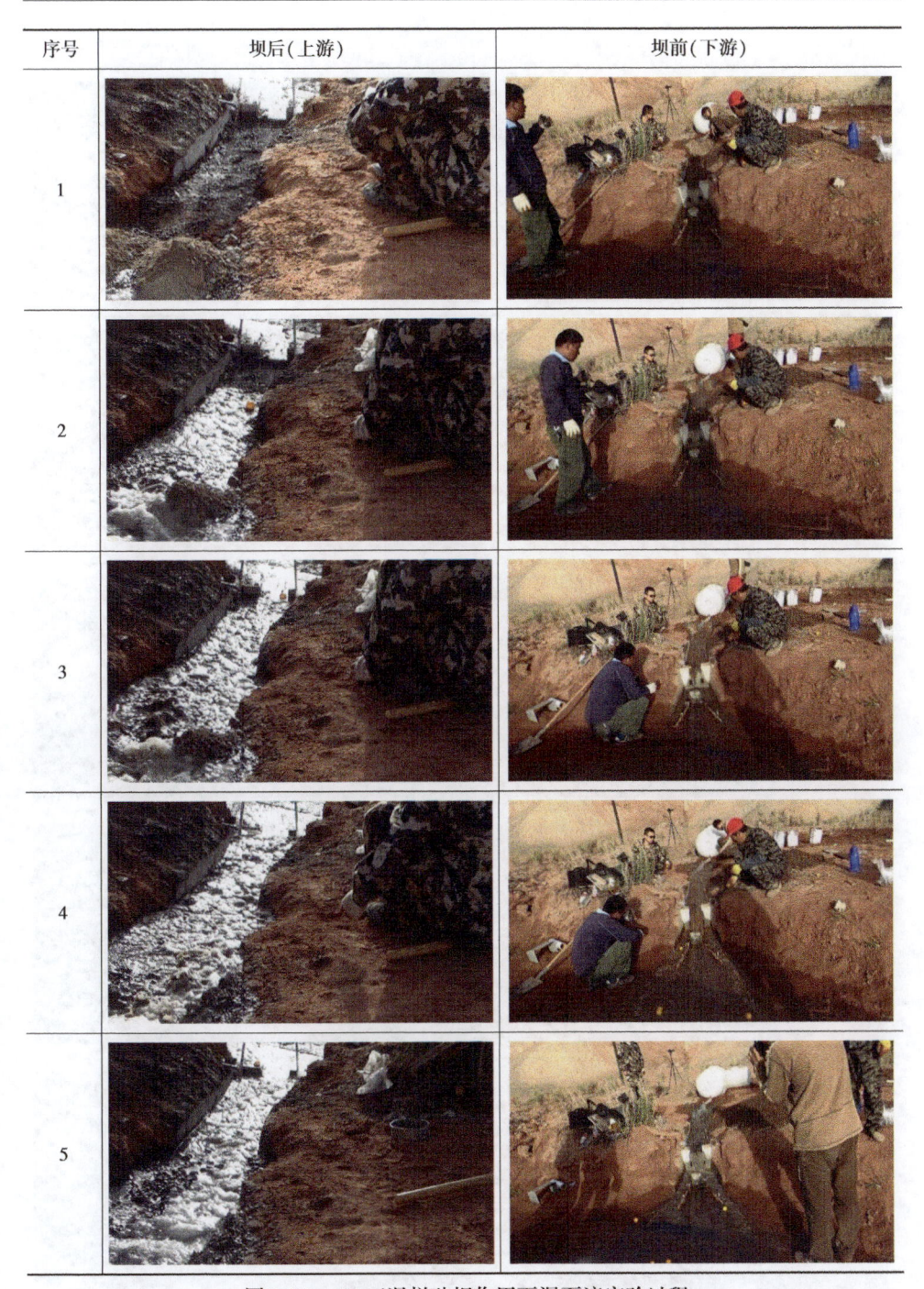

图 7.27 M3 工况拦砂坝作用下泥石流实验过程

1. 泥石流开始；2. 泥石流经库区；3. 泥石流开始过坝；4. 泥石流过坝最高泥位；5. 泥石流稳定

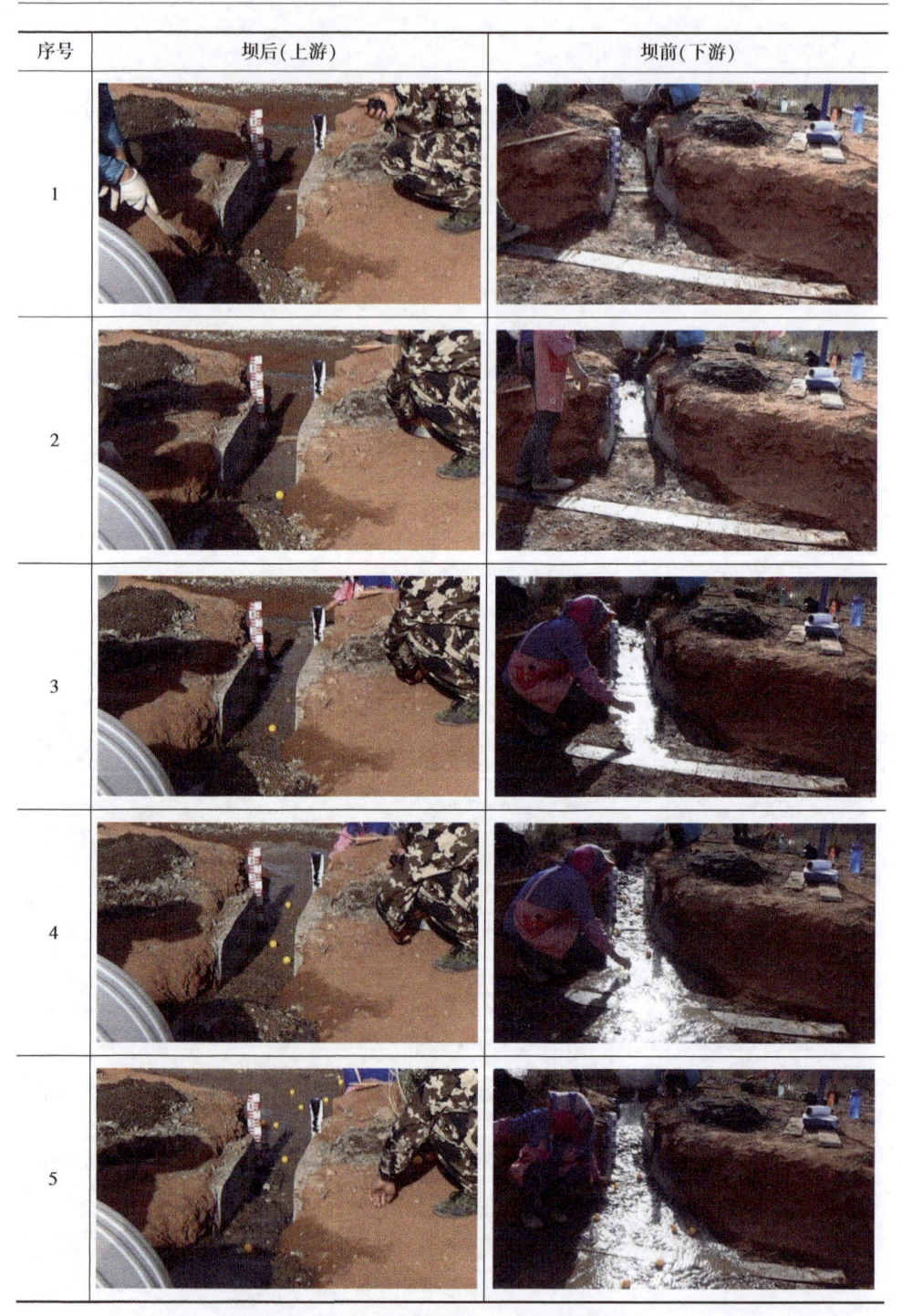

序号	坝后(上游)	坝前(下游)
1		
2		
3		
4		
5		

图 7.28 W1 工况拦砂坝作用下泥石流实验过程

1. 泥石流开始；2. 泥石流到达坝址位置；3. 泥石流到达道路位置；4. 泥石流流通；5. 泥石流稳定

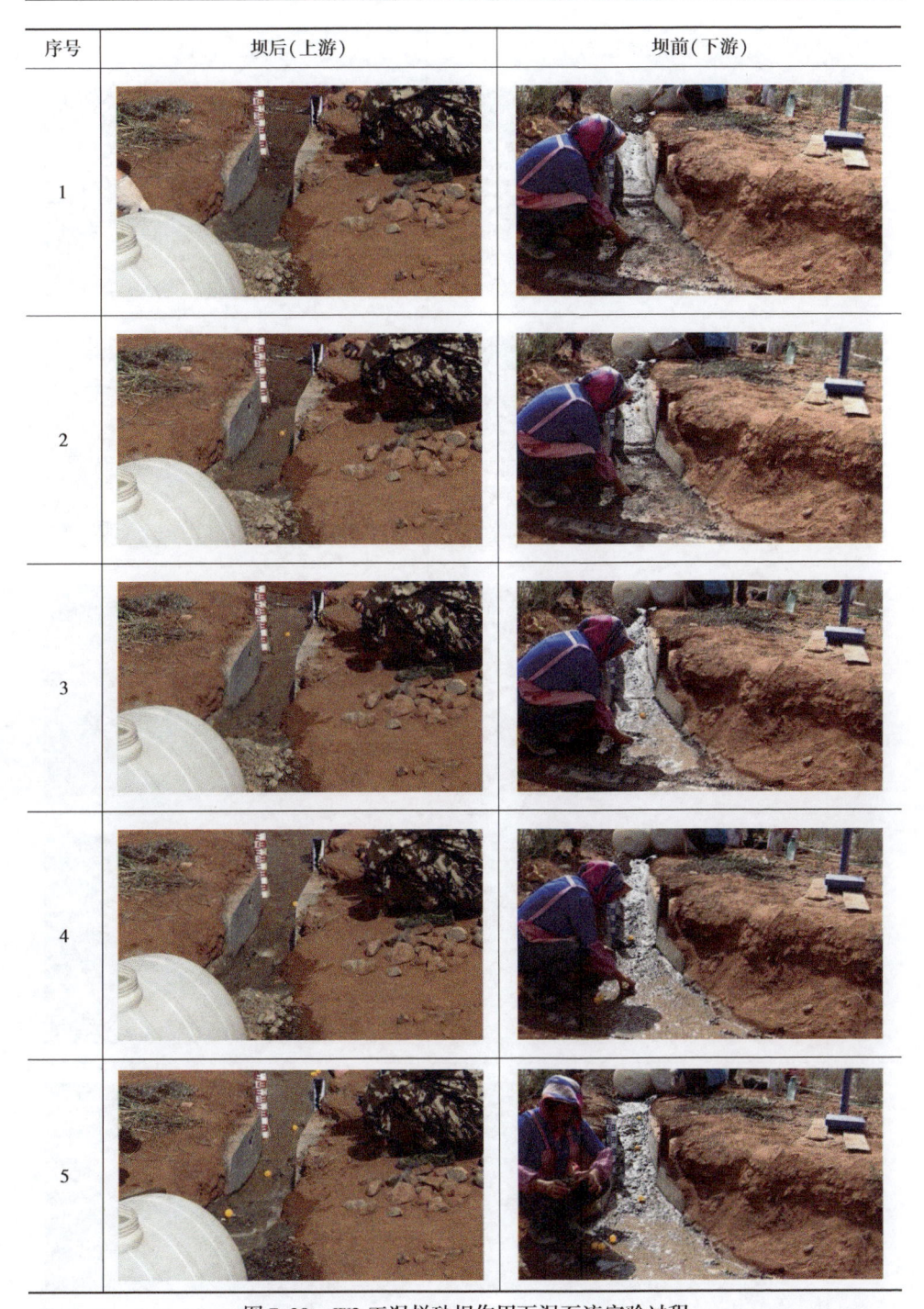

第7章 冰川泥石流工程治理关键技术研究

序号	坝后(上游)	坝前(下游)
1		
2		
3		
4		
5		

图7.29 W2工况拦砂坝作用下泥石流实验过程

1. 泥石流开始；2. 泥石流到达坝址位置；3. 泥石流到达道路位置；4. 泥石流流通；5. 泥石流稳定

· 210 ·   冰川泥石流起动机理与防治方法——以中巴公路奥布段泥石流为例

序号	坝后(上游)	坝前(下游)
1		
2		
3		
4		
5		

图 7.30 W3 工况拦砂坝作用下泥石流实验过程

1. 泥石流开始；2. 泥石流到达坝址位置；3. 泥石流到达道路位置；4. 泥石流流通；5. 泥石流稳定

7.2.5 实验成果分析

通过野外的泥石流过坝实验研究,观察泥石流过坝的现象,量测泥石流过坝后的泥沙淤积厚度和泥石流的容重变化,获得土体的颗粒组成变化。

1. 泥石流过坝过程

泥石流过坝的过程与拦砂坝所处的状况有关。下面根据对实验现象进行总结分析,概化了三种工况下的泥石流过坝过程。

1)空库状态下的泥石流过坝现象与过程

当拦砂坝处于空库状态,从泥石流进入拦砂坝库区开始,直至拦砂坝下游处出现泥石流,该过程可概化为四个过程,如图7.31所示。泥石流铺床过程[图7.31(a)]:泥石流在起动后,经过流通区,到达拦砂坝处,泥石流体未遇到任何阻拦,跟未修坝之前的状态一致。减速并开始淤积[图7.31(b)]:泥石流体在抵达拦砂坝后,流体的速度逐渐降低至0,泥石流体开始淤积,在重力作用下,泥石流体开始出现分层,固体物质开始沉淀,堆积于底部,使原沟床比降降低。快速淤积过程[图7.31(c)]:随着时间的增加,进入拦砂坝库区的流体总量增加,使得淤积的固体物质增多,导致泥石流体的泥位升高,直到泥石流体抵达拦砂坝排水孔。过坝过程[图7.31(d)]:在泥石流体抵达拦砂坝排水孔后,随着上游泥石流体的注入,泥石流将穿过排水孔向下游运动。

(a) 泥石流铺床过程 (b) 减速并开始淤积

(c) 快速淤积过程 (d) 过坝过程

图7.31 拦砂坝空库工况下泥石流实验过程

2) 半库状态下的泥石流过坝现象与过程

拦砂坝处于半库状态。从泥石流进入拦砂坝库区开始,直至拦砂坝下游处出现泥石流。该过程可概化为两个过程,如图 7.32 所示。泥石流铺床过程[图 7.32(a)]:泥石流在起动后,经过流通区,到达拦砂坝处,此过程与空库状态下的过程相似。过坝过程[图 7.32(b)]:在泥石流体抵达拦砂坝排水孔后,随着上游泥石流体的注入,泥石流将穿过排水孔向下游运动。

(a) 泥石流铺床过程　　　　　　　　(b) 过坝过程

图 7.32　拦砂坝半库 B1 工况下泥石流实验过程

如图 7.33 所示,当泥石流规模增大时,如果坝体排水孔通过泥石流能力不足,还会出现以下情况。快速淤积过程[图 7.33(c)]:随着时间的增加,进入拦砂坝的流体总量增加,淤积的固体物质增多,使得泥石流体的泥位升高,直到泥石流体抵达拦砂坝溢流口处。翻坝过程[图 7.33(d)]:在泥石流体淤满拦砂坝后,多余的泥石流体从溢流口处流向下游。

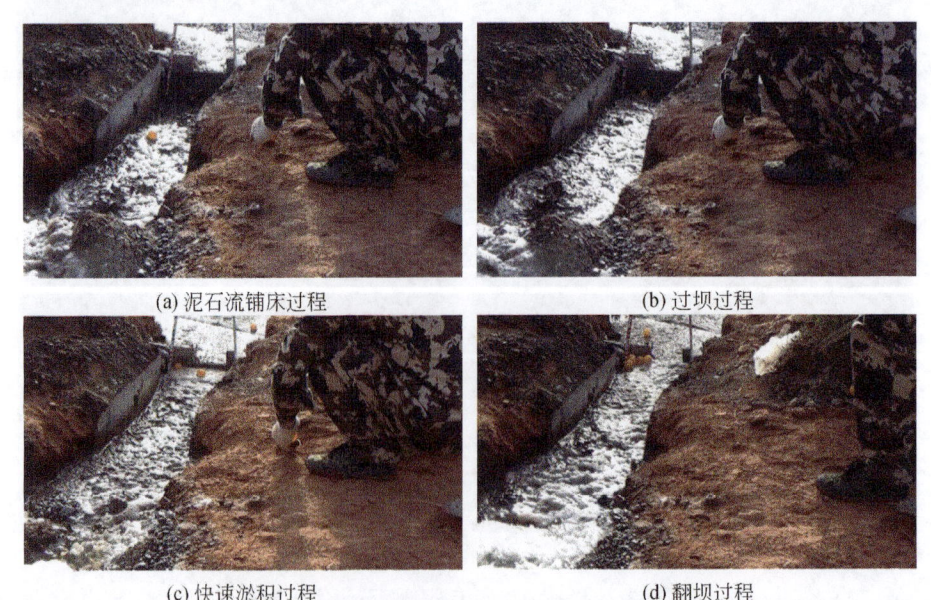

(a) 泥石流铺床过程　　　　　　　　(b) 过坝过程

(c) 快速淤积过程　　　　　　　　(d) 翻坝过程

图 7.33　拦砂坝半库 B3 工况下泥石流实验过程

由于本次试验的土体粒径较大且流量较小,因此坝体排水孔的排泄能力足够,B1、B2 工况未出现如图 7.33(c)、(d)所示的实验现象,仅 B3 工况出现如图 7.33(c)、(d)所示的实验现象。

3)满库状态下的泥石流过坝现象与过程

拦砂坝处于满库状态。从泥石流进入拦砂坝库区开始,直至拦砂坝下游处出现泥石流。该过程可概化为两个过程,如图 7.34 所示。泥石流铺床过程[图 7.34(a)]:泥石流在起动后,经过流通区,到达拦砂坝处。此过程与空库状态下的过程相似。翻坝过程[图 7.34(b)]:泥石流体抵达拦砂坝溢流口后,直接从溢流口处流向下游。

(a) 泥石流铺床过程　　　　　　　　(b) 翻坝过程
图 7.34　拦砂坝满库 M1 工况下泥石流实验过程

2. 拦砂坝后的泥沙淤积形态

泥石流过坝实验结束后的泥沙淤积形态采用坐标轴的形式来描述。以拦砂坝坝底线与沟道中线的交点为原点,以竖直方向为纵轴,以沟道中线为横轴(因沟道倾斜,横轴亦倾斜,正方向为指向沟道上游方向)。每隔 20cm 测量一个淤砂高度,然后点绘成淤砂形态剖面图。

实验结果表明,拦砂坝后的泥沙淤积形态与拦砂坝所处的工况及泥石流动力学特性有关。工况不同、规模不同,泥沙的淤积形态亦不同。

下面将分别讨论相同流量、三种工况下的拦砂坝后的泥沙淤积形态,以及同一工况,不同流量大小时的拦砂坝后的泥沙淤积形态。

1)空库状态下的泥沙淤积形态

空库状态下的泥石流过坝实验共计进行了三次。得到了三种不同形式的泥沙淤积形态,剖面图见图 7.35。图 7.35(a)对图中主要部位进行了说明。空库情况下 K1、K2、K3 工况分别代表流量为 $0.5Q$、$0.75Q$、$1.0Q$ 情况下的工况。从图 7.35 可知,就泥沙淤积厚度而言,实验 K3>K2>K1。因为泥石流规模情况为 K3>K2>K1,发现泥石流的规模越小,泥沙淤积的厚度就越小,泥石流淤积的坡度越缓。其中实验 K1 泥石流的规模较小,不足以挟带大颗粒运动,而小颗粒土体随水流通过坝体难以淤积,因此在靠近坝体附近淤积的土体厚度较小。实验 K2 的淤积形态从拦砂坝排水孔处逐级淤积,淤积的厚度由大变小,在回淤面与沟道相交处淤积厚度几乎接近于0。但局部地方泥沙淤积厚度差别较大,其原因在于不同实验的泥石流动力学参数存在差别导致在局部地方的冲淤有所差别。

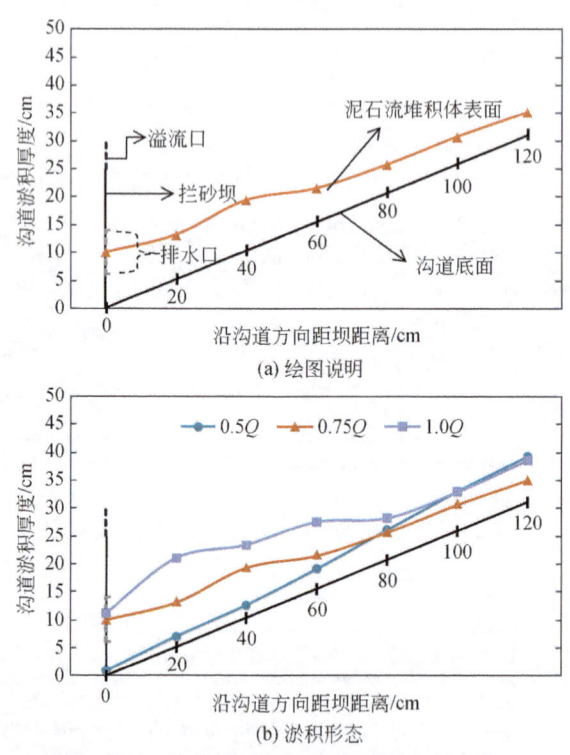

图 7.35 空库状态下的泥沙淤积形态(剖面图)

2)半库状态下的泥沙淤积形态

半库情况下 B1、B2、B3 工况分别代表流量为 $0.5Q$、$0.75Q$、$1.0Q$ 情况下的工况。半库状态下的泥沙淤积形态剖面图见图 7.36。从图可知,就泥沙淤积厚度而

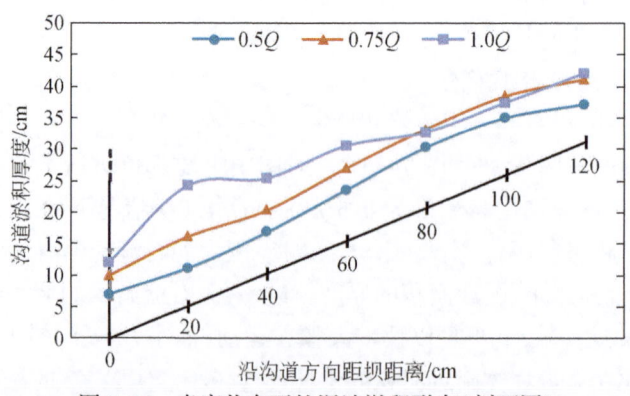

图 7.36 半库状态下的泥沙淤积形态(剖面图)

言,实验 K3>K2>K1,发现泥石流的规模越小,泥沙淤积的厚度就越小,泥石流淤积的坡度越缓。泥沙淤积区内的坡度基本与原始沟道坡度平行。

3) 满库状态下的泥沙淤积形态

满库情况下 M1、M2、M3 工况分别代表流量为 $0.5Q$、$0.75Q$、$1.0Q$ 情况下的工况。满库状态下的泥沙淤积形态剖面图见图 7.37。从图可知,泥石流几乎都是从拦砂坝溢流口处开始堆积。泥沙大致平行于沟道淤积。一般地,淤积形态具有上陡中缓下平的特点。但局部地方泥沙淤积厚度差别较大,其原因在于不同实验的泥石流动力学参数存在差别导致在局部地方的冲淤有所差别。

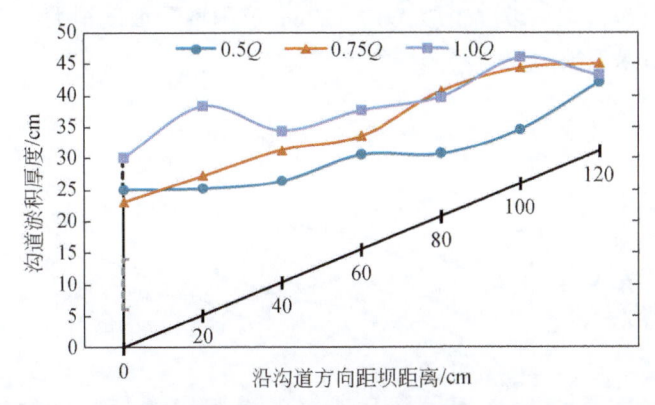

图 7.37 满库状态下的泥沙淤积形态(剖面图)

4) 流量为 $0.5Q$ 状态下的泥沙淤积形态

流量为 $0.5Q$ 状态下的泥石流过坝实验共计进行了空库、半库和满库三种工况的实验。得到了三种不同形式的泥沙淤积形态,剖面图见图 7.38。

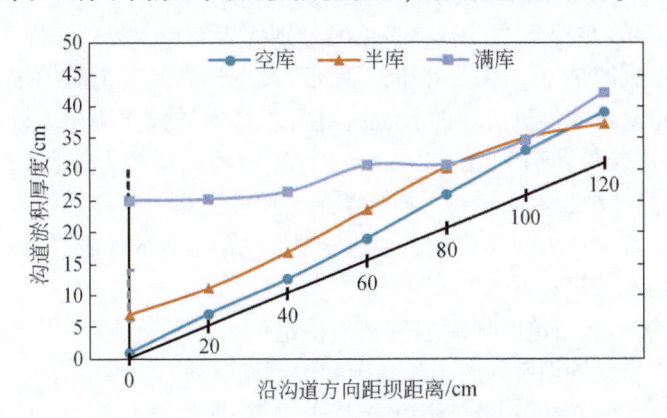

图 7.38 $0.5Q$ 状态下的泥沙淤积形态(剖面图)

流量为 $0.5Q$ 情况下 K1、B1、M1 工况分别代表空库、半库、满库工况。从图 7.38 可知,就泥沙淤积形态而言,三种工况仅在坝后 80cm 范围内存在较大差异,当距离大于 80cm 后,堆积坡度和厚度差异不大。且在空库和半库工况下,在坝体处淤积高度小于等于坝体排水口高度,说明在泥石流规模较小时,坝体排水口排泄能力足够,坝体泥石流淤积高度将保持不变,淤积厚度保持稳定,不能进一步使泥石流填满库体,不能充分发挥坝体作用。因此坝体排水口数量及大小不仅与泥石流内颗粒粒径有关,还与泥石流规模有密切关系。

5) 流量为 0.75Q 状态下的泥沙淤积形态

流量为 0.75Q 情况下 K2、B2、M2 工况分别代表空库、半库、满库工况。泥沙淤积形态剖面图见图 7.39。从图可知,泥沙淤积形态分两部分,具有上陡下缓的特点,在坝体后 60cm 以内坡度较缓,60~120cm 范围堆积坡度稍大。坝体排水口处会出现部分堵塞现象。

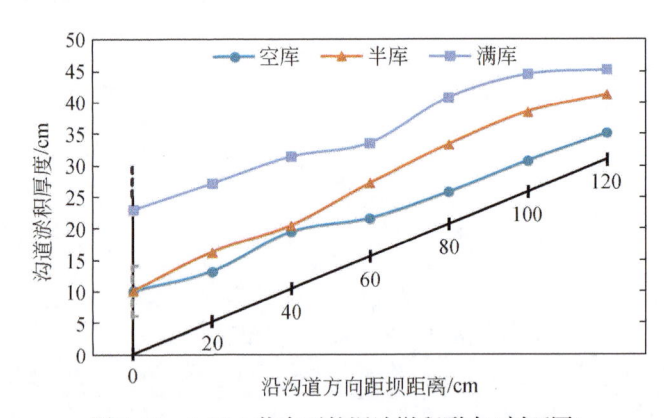

图 7.39 0.75Q 状态下的泥沙淤积形态(剖面图)

6) 流量为 1.0Q 状态下的泥沙淤积形态

流量为 1.0Q 情况下 K3、B3、M3 工况分别代表空库、半库、满库工况。泥沙淤积形态剖面图见图 7.40。从图可知,一般地,淤积形态具有上陡中缓下陡的特点,在坝后靠近排水口或溢流口处即 20cm 范围内,排水导致水流冲力较大,泥沙不易淤积,因此坡度较大;坝后 20~80cm 范围,泥沙容易淤积,坡度较缓;坝后 80~120cm 范围,泥沙淤积坡度稍陡。但局部地方泥沙淤积厚度差别较大,其原因在于不同实验的泥石流动力学参数存在差别导致在局部地方的冲淤有所差别。

7) 拦砂坝坝后泥沙淤积形态

综上所述,当泥石流的规模超过某一特定值后,泥沙大致平行于沟道淤积,具体的淤积形态与拦砂坝所处的工作状态和泥石流的动力学参数有关。当拦砂坝处于空库状态时,泥沙的淤积形态几乎平行于沟道,堆积坡度稍小于原始沟道坡度;当拦砂坝处于半库状态时,泥沙淤积形态大致平行于沟道,但淤积形态前缓后陡(靠近坝体处较缓,远离坝体处较陡),堆积坡度稍小于原始沟道坡度;当拦砂坝处于满库状态时,泥沙淤积形态大致平行于沟道,但淤积形态前缓后陡(靠近坝体处

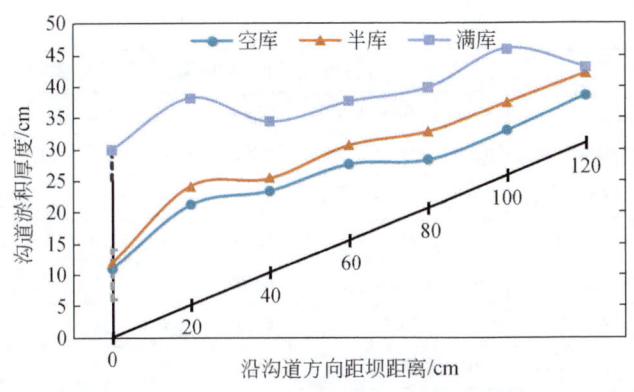

第7章 冰川泥石流工程治理关键技术研究

图7.40 1.0Q状态下的泥沙淤积形态(剖面图)

较缓,远离坝体处较陡)。

3. 拦砂坝前后堆积体颗粒粒径组成分析

在实验完成后,取拦砂坝前后的堆积土体进行土体筛分实验,通过与无坝情况下的土体筛分实验对比,得到拦砂坝对其上下游颗粒粒径分布的影响。筛分实验结果见表7.12,土体不同粒径范围颗粒质量的百分含量见表7.13。

表7.12 泥石流堆积体筛分结果(小于对应筛孔颗粒的质量分数)

流量	工况	编号	颗粒组成(小于对应筛孔颗粒的质量分数)/%							
			60mm	40mm	20mm	10mm	5mm	2mm	0.5mm	0.25mm	0.075mm
0.5Q	无坝	W1-无坝	100.0	100.0	94.0	64.7	37.2	11.6	5.1	4.2	1.9
	空库	K1-坝前	100.0	100.0	100.0	100.0	100.0	78.4	52.8	28.0	3.2
		K1-坝后	100.0	93.6	68.8	40.0	26.4	6.4	4.0	2.4	0.8
	半库	B1-坝前	100.0	100.0	100.0	96.8	84.8	66.4	47.2	20.8	4.0
		B1-坝后	100.0	95.2	75.2	45.6	28.0	11.2	7.2	3.2	1.0
	满库	M1-坝前	100.0	100.0	92.8	86.4	74.4	52.0	31.2	10.4	4.0
		M1-坝后	100.0	95.2	81.6	52.8	29.6	12.8	4.8	3.2	1.3
0.75Q	无坝	W2-无坝	100.0	100.0	95.5	66.3	35.6	11.9	4.5	3.5	1.5
	空库	K2-坝前	100.0	100.0	100.0	88.0	68.0	43.2	25.8	10.4	1.6
		K2-坝后	100.0	96.0	80.0	48.0	21.6	8.0	4.0	4.0	1.4
	半库	B2-坝前	100.0	100.0	100.0	84.0	61.6	36.8	20.8	9.6	1.6
		B2-坝后	100.0	96.0	80.1	48.1	18.4	7.9	3.9	3.9	1.3
	满库	M2-坝前	100.0	100.0	98.4	80.0	58.4	31.2	15.2	7.2	1.6
		M2-坝后	100.0	96.0	81.6	52.0	23.2	10.4	4.8	2.4	0.8

续表

流量	工况	编号	颗粒组成(小于对应筛孔颗粒的质量分数)/%							
			60mm	40mm	20mm	10mm	5mm	2mm	0.5mm	0.25mm	0.075mm
1.0Q	无坝	W3-无坝	100.0	100.0	70.2	56.7	38.1	23.0	11.4	8.6	4.5
		K3-坝前	100.0	100.0	100.0	85.6	60.8	45.6	29.6	20.0	1.6
	空库	K3-坝后	100.0	93.6	68.8	40.0	26.4	12.0	6.4	4.0	0.8
		B3-坝前	100.0	100.0	88.0	67.2	45.6	32.8	18.4	10.4	4.0
	半库	B3-坝后	100.0	96.0	72.0	47.2	34.4	17.6	9.6	5.6	0.8
		M3-坝前	100.0	100.0	84.0	66.4	44.0	31.2	15.2	7.2	1.6
	满库	M3-坝后	100.0	96.4	70.0	52.0	34.4	19.2	12.0	8.8	5.6

表7.13 泥石流堆积体筛分结果(分级筛余质量分数)

流量	工况	编号	颗粒组成(分级筛余质量分数)/%								
			>60mm	60~40mm	40~20mm	20~10mm	10~5mm	5~2mm	2~0.5mm	0.5~0.25mm	0.25~0.075mm	<0.075mm
0.5Q	无坝	W1-无坝	0.00	0.00	6.05	29.30	27.44	25.58	6.51	0.93	2.33	1.86
		K1-坝前	0.00	0.00	0.00	0.00	0.00	21.60	25.60	24.80	24.80	3.20
	空库	K1-坝后	0.00	6.40	24.80	28.80	13.60	20.00	2.40	1.60	1.60	0.80
		B1-坝前	0.00	0.00	0.00	3.20	12.00	18.40	19.20	26.40	16.80	4.00
	半库	B1-坝后	0.00	4.80	20.00	29.60	17.60	16.80	4.00	4.00	2.17	1.03
		M1-坝前	0.00	0.00	7.20	6.40	12.00	22.40	20.80	20.80	6.40	4.00
	满库	M1-坝后	0.00	4.80	13.60	28.80	23.20	16.80	8.00	1.60	1.90	1.30
0.75Q	无坝	W2-无坝	0.00	0.00	4.46	29.21	30.69	23.76	7.43	0.99	1.98	1.49
		K2-坝前	0.00	0.00	0.00	12.00	20.00	24.80	17.60	15.20	8.79	1.61
	空库	K2-坝后	0.00	4.00	15.98	32.06	26.36	13.62	3.94	0.00	2.69	1.35
		B2-坝前	0.00	0.00	0.00	16.00	22.40	24.80	16.00	11.20	8.03	1.57
	半库	B2-坝后	0.00	0.00	15.90	31.96	29.74	10.55	3.91	0.08	2.53	1.33
		M2-坝前	0.00	0.00	1.60	18.40	21.60	27.20	16.00	8.00	5.65	1.55
	满库	M2-坝后	0.00	4.00	14.40	29.60	28.80	12.80	5.60	2.40	1.60	0.80
1.0Q	无坝	W3-无坝	0.00	0.00	29.80	13.47	18.66	15.06	11.58	2.86	4.08	4.49
		K3-坝前	0.00	0.00	0.00	14.40	24.80	15.20	16.00	9.60	18.40	1.60
	空库	K3-坝后	0.00	6.40	24.80	28.80	13.60	14.40	5.60	2.40	3.20	0.80
		B3-坝前	0.00	0.00	12.00	20.80	21.60	12.80	14.40	8.00	6.40	4.00
	半库	B3-坝后	0.00	4.00	24.00	24.80	12.82	16.78	8.00	4.00	4.80	0.80
		M3-坝前	0.00	0.00	16.00	17.60	22.40	12.80	16.00	8.00	5.65	1.55
	满库	M3-坝后	0.00	3.60	26.40	18.00	17.60	15.20	7.20	3.20	3.20	5.60

1)空库状态下的泥石流过坝前后颗粒组成分析

图 7.41～图 7.43 为不同空库工况下泥石流堆积土体的颗粒分析曲线,其中各图的(a)表示小于某粒径土体质量百分比的颗粒级配曲线,(b)表示某一粒径范围内颗粒的质量百分比。可以明显发现,拦砂坝前后的土体粒径组成存在较为明显的差异,拦砂坝后的土体颗粒粒径明显大于拦砂坝前的,说明拦砂坝坝后土体以粗颗粒为主,粒径较大,颗粒较粗;拦砂坝坝前的土体以细小颗粒为主,粒径较小,颗粒较细。同时与无拦砂坝情况下进行对比,发现坝前土体粒径小于无拦砂坝情况,坝后土体粒径整体大于无拦砂坝情况,拦砂坝存在较为明显的过滤及筛选作用,将土体中较为粗大的颗粒拦截在拦砂坝后,将较为细小的颗粒随泥石流排泄到拦砂坝下游。筛分实验结果与泥石流实验结束后的观察结果一致。

(a) 小于某粒径质量百分比

(b) 各粒径段质量百分比

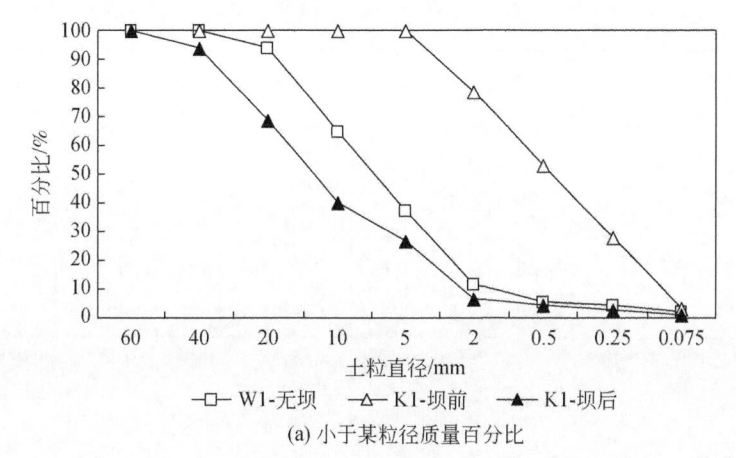

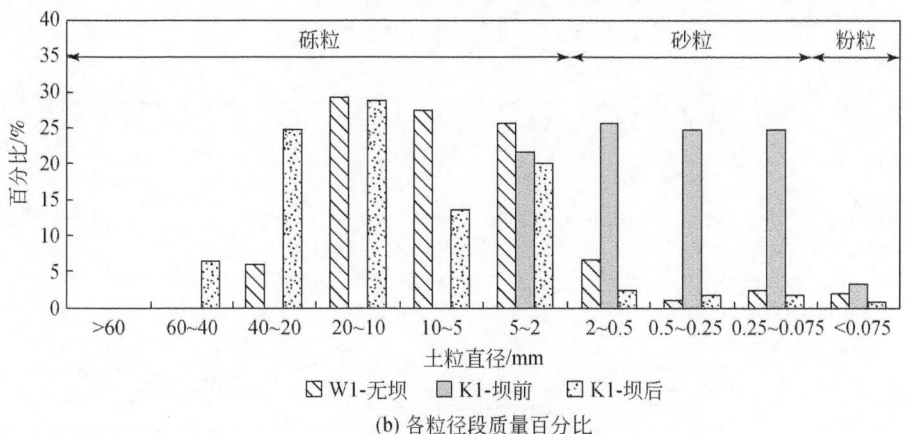

图 7.41　0.5Q 空库状态下土体颗粒粒度分布曲线

(a) 小于某粒径质量百分比

(b) 各粒径段质量百分比

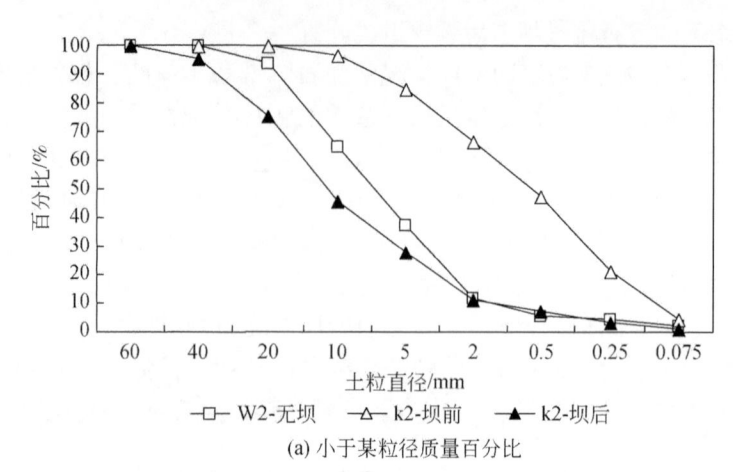

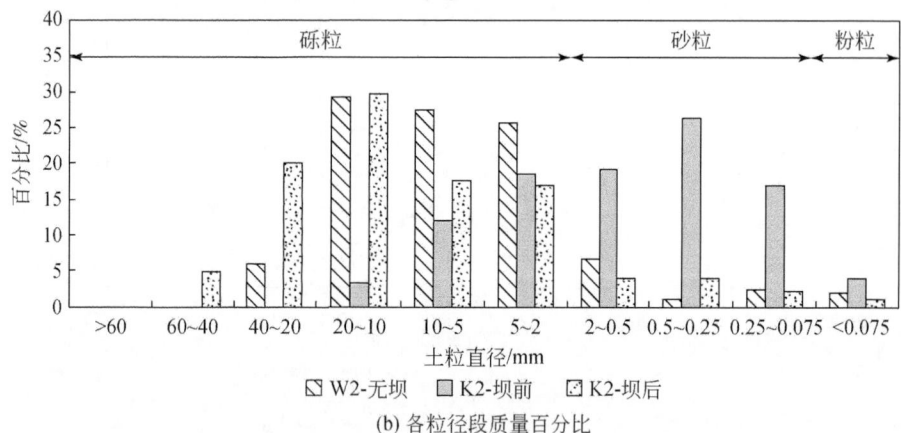

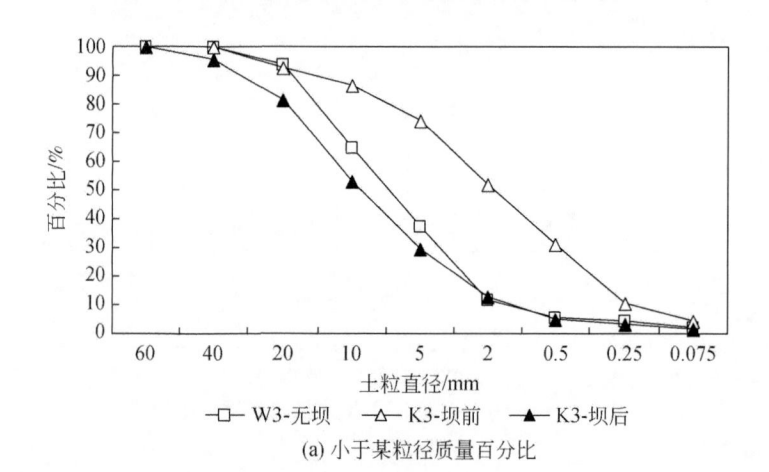

图 7.42　0.75Q 空库状态下土体颗粒粒度分布曲线

(a) 小于某粒径质量百分比

(b) 各粒径段质量百分比

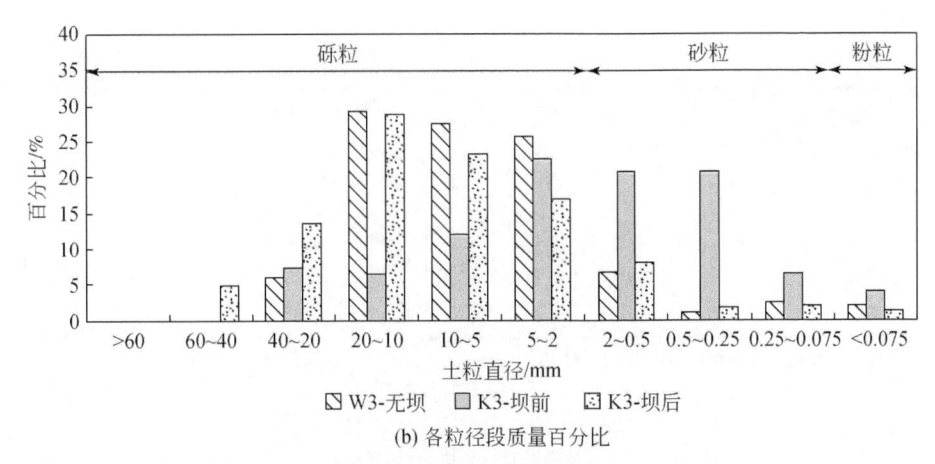

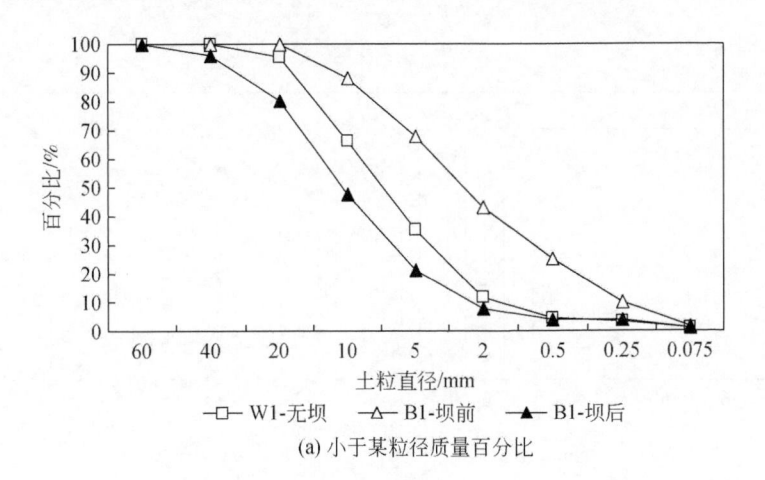

图 7.43 1.0Q 空库状态下土体颗粒粒度分布曲线

2) 半库状态下的泥石流过坝前后颗粒组成分析

图 7.44～图 7.46 为不同半库工况下泥石流堆积土体的颗粒分析曲线,其中各图的(a)表示小于某粒径土体质量百分比的颗粒级配曲线,(b)表示某一粒径范围内颗粒的质量百分比。可以明显发现,拦砂坝前后的土体粒径组成存在较为明显的差异,拦砂坝后的土体颗粒粒径明显大于拦砂坝前的土体粒径,说明拦砂坝坝后土体以粗颗粒为主,粒径较大,颗粒较粗;拦砂坝坝前的土体以细小颗粒为主,粒径较小,颗粒较细。同时与无拦砂坝情况下进行对比,发现坝前土体粒径小于无拦砂坝情况,坝后土体粒径整体大于无拦砂坝情况,拦砂坝存在较为明显的过滤及筛选作用,将土体中较为粗大的颗粒拦截在拦砂坝后,将较为细小的颗粒随泥石流排泄到拦砂坝下游。筛分实验结果与泥石流实验结束后的观察结果一致。

(a) 小于某粒径质量百分比

(b) 各粒径段质量百分比

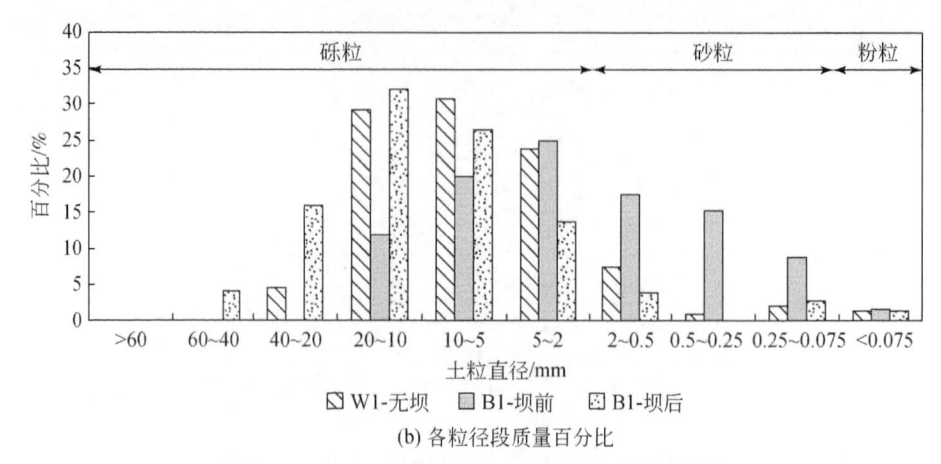

图 7.44　0.5Q 半库状态下土体颗粒粒度分布曲线

(a) 小于某粒径质量百分比

(b) 各粒径段质量百分比

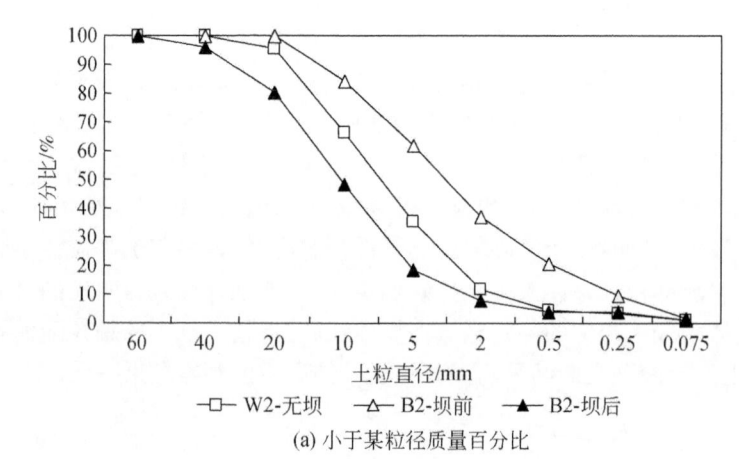

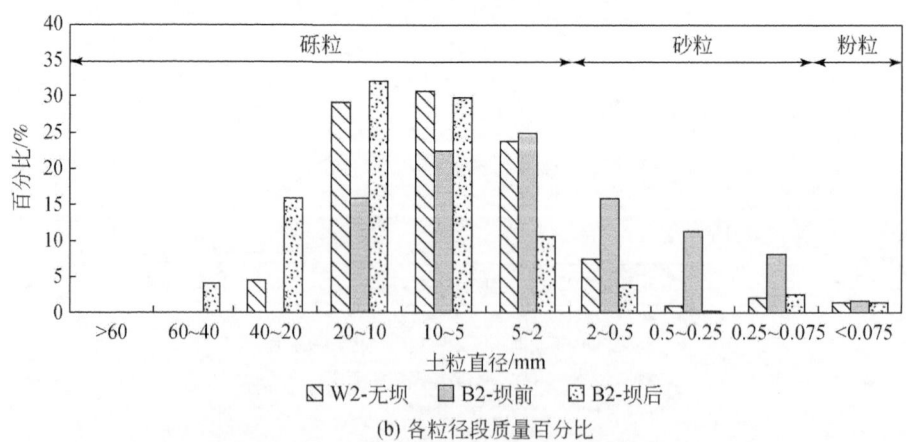

图 7.45　0.75Q 半库状态下土体颗粒粒度分布曲线

(a) 小于某粒径质量百分比

(b) 各粒径段质量百分比

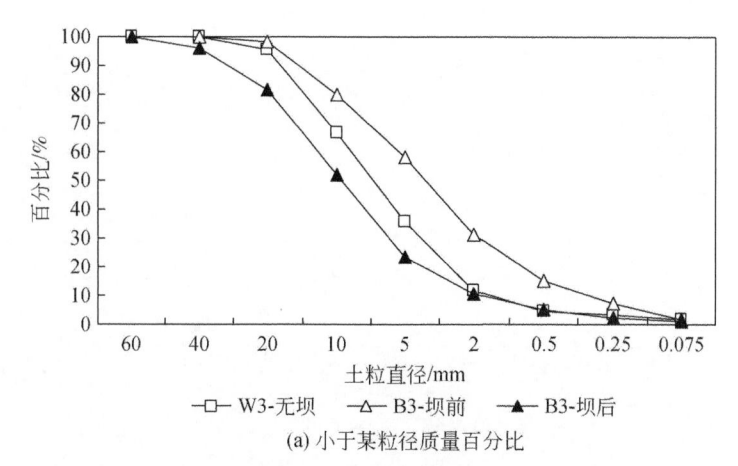

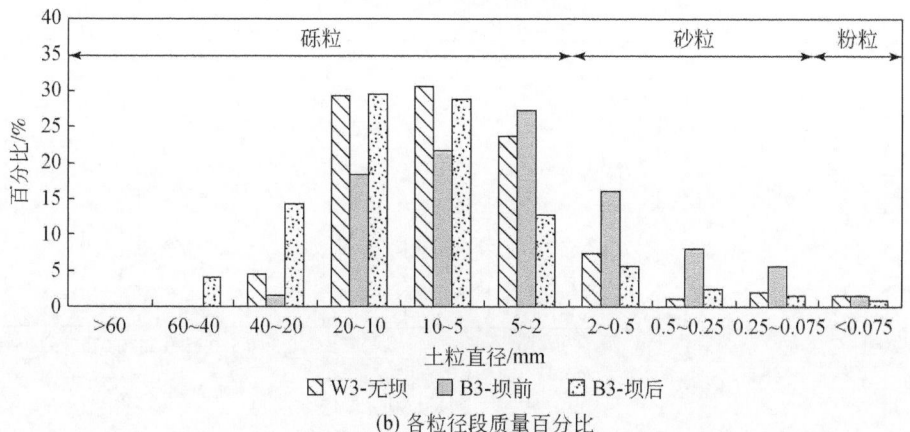

图 7.46　1.0Q 半库状态下土体颗粒粒度分布曲线

3) 满库状态下的泥石流过坝前后颗粒组成分析

图 7.47～图 7.49 为不同满库工况下泥石流堆积土体的颗粒分析曲线,其中各图的(a)表示小于某粒径土体质量百分比的颗粒级配曲线,(b)表示某一粒径范围内颗粒的质量百分比。可以明显发现,拦砂坝前后的土体粒径组成存在较为明显的差异,拦砂坝后的土体颗粒粒径明显大于拦砂坝前的土体粒径,说明拦砂坝坝后土体以粗颗粒为主,粒径较大,颗粒较粗;拦砂坝坝前的土体以细小颗粒为主,粒径较小,颗粒较细。同时与无拦砂坝情况下进行对比,发现坝前土体粒径小于无拦砂坝情况,坝后土体粒径整体大于无拦砂坝情况,拦砂坝存在较为明显的过滤及筛选作用,将土体中较为粗大的颗粒拦截在拦砂坝后,将较为细小的颗粒随泥石流排泄到拦砂坝下游。筛分实验结果与泥石流实验结束后的观察结果一致。

(a) 小于某粒径质量百分比

(b) 各粒径段质量百分比

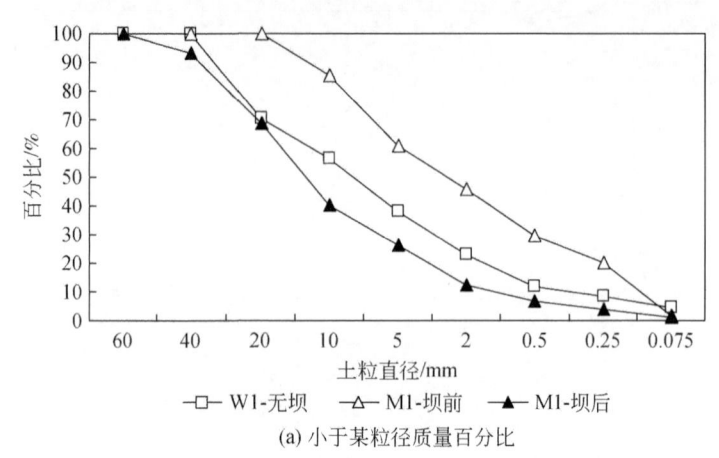

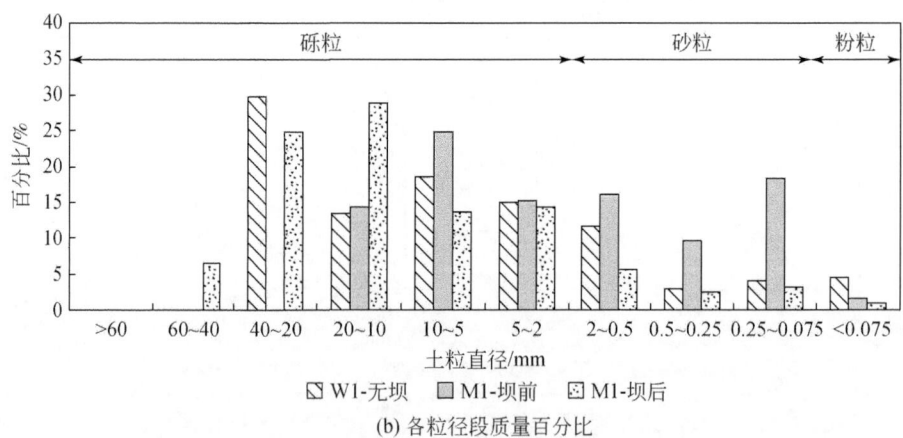

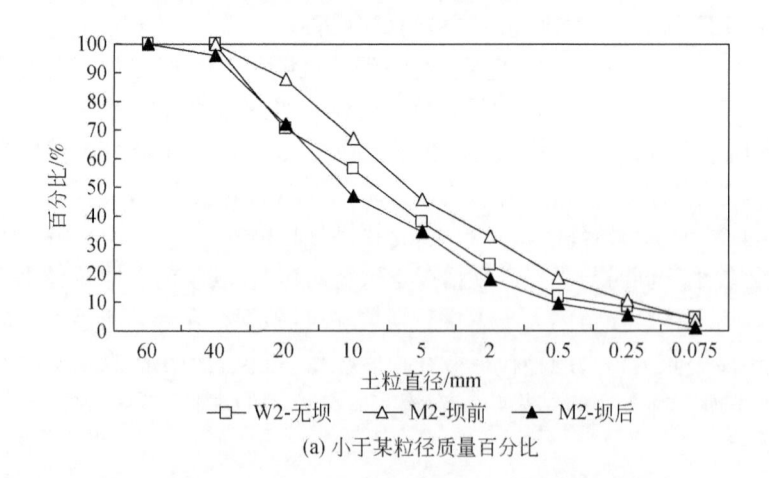

图7.47 0.5Q 满库状态下土体颗粒粒度分布曲线

(a) 小于某粒径质量百分比

第 7 章　冰川泥石流工程治理关键技术研究

(b) 各粒径段质量百分比

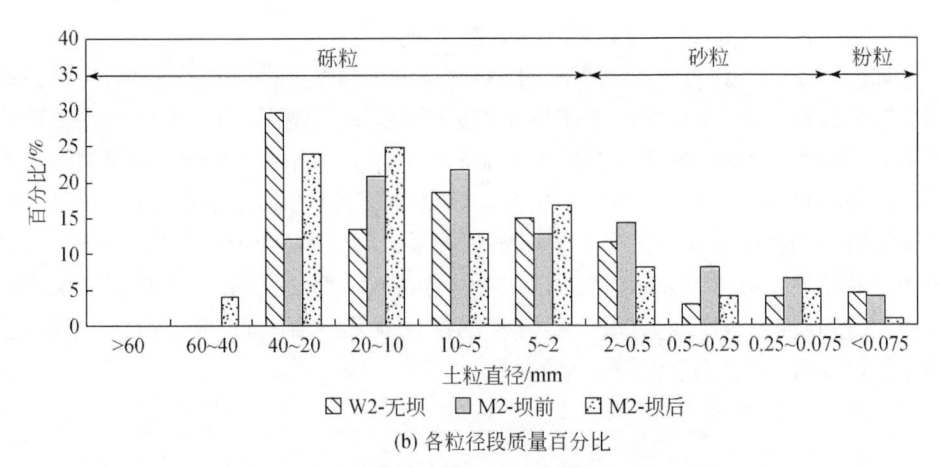

图 7.48　0.75Q 满库状态下土体颗粒粒度分布曲线

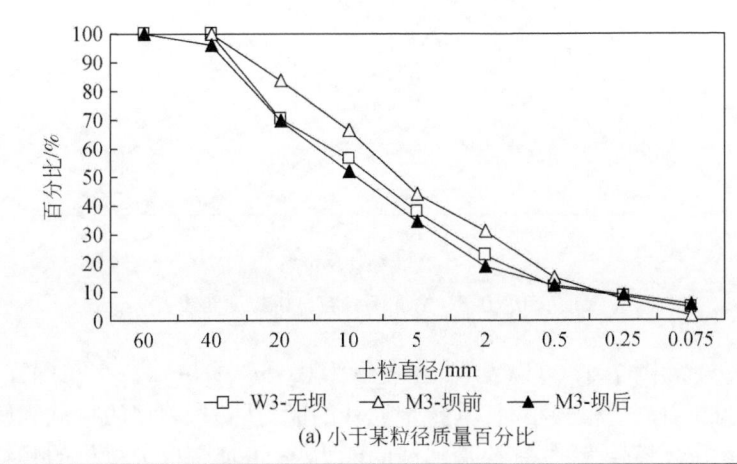

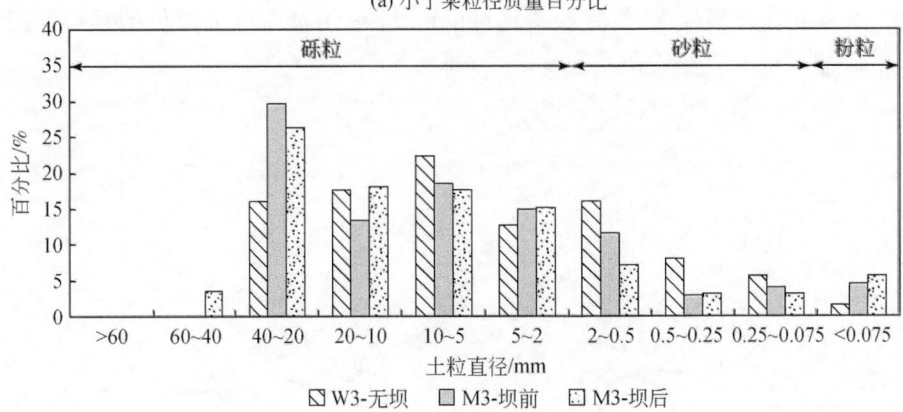

(a) 小于某粒径质量百分比

(b) 各粒径段质量百分比

图 7.49　1.0Q 满库状态下土体颗粒粒度分布曲线

4）不同流量状态下的泥石流过坝前后颗粒组成分析

如图 7.50 所示,将 0.5Q 情况下所有工况的颗粒级配曲线进行汇总,与无拦砂坝情况下进行对比,发现坝前土体粒径均小于无拦砂坝情况,坝后土体粒径整体均大于无拦砂坝情况,拦砂坝存在较为明显的过滤及筛选作用,将土体中较为粗大的颗粒拦截在拦砂坝后,将较为细小的颗粒随泥石流排泄到拦砂坝下游。同时土体的颗粒级配与拦砂坝所处的工况有一定的关系,当拦砂坝处于空库状态下时,拦砂坝的拦截效果最好,拦砂坝前后的粗细颗粒分选较为明显,随着拦砂坝坝后堆积物的增加,拦砂坝由空库变为满库,拦砂坝的拦截效果逐渐减弱,坝体前后的颗粒粒径差异逐渐减小,但仍会保持一定的作用。

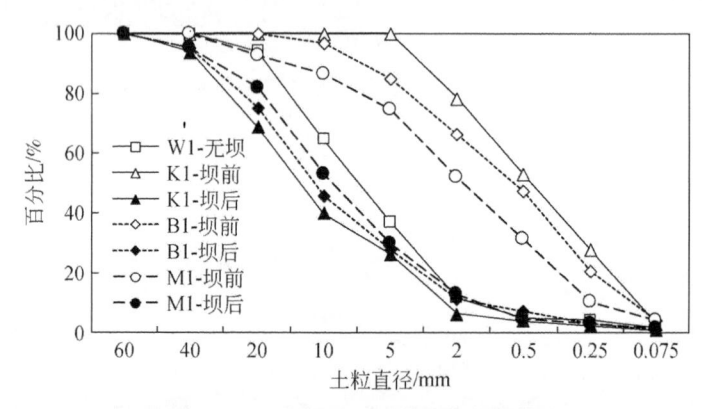

图 7.50　0.5Q 情况下颗粒分析粒度曲线

由图 7.51 和图 7.52 可以发现,在流量为 0.75Q、1.0Q 时,存在同样的规律。同时发现,当泥石流规模较小时,其挟带泥沙的能力弱,拦砂坝的拦截和筛选效果最好;当泥石流规模较大时,其挟带泥沙的能力强,可挟带更大粒径的颗粒通过拦砂坝,因此拦砂坝的拦截和筛选效果会减弱。

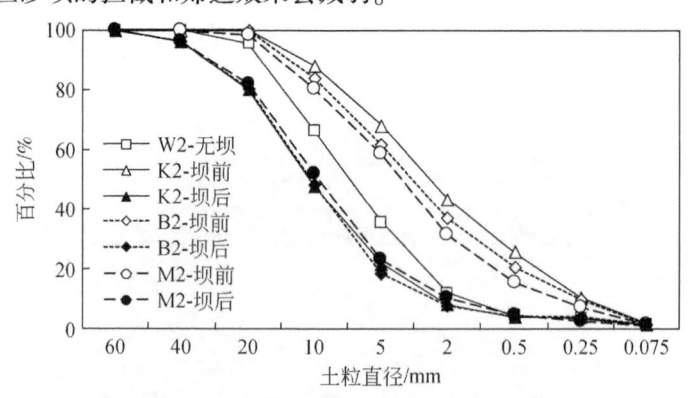

图 7.51　0.75Q 情况下颗粒分析粒度曲线

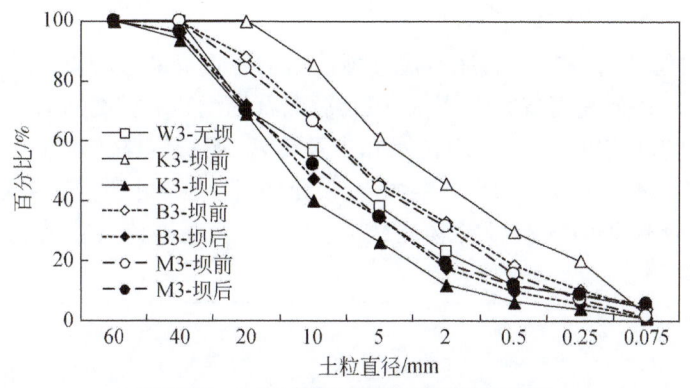

图7.52　1.0Q情况下颗粒分析粒度曲线

拦砂坝对泥石流固体颗粒具有拦截及筛选效果，可以改变泥石流的颗粒粒径组成，将粗颗粒拦截在坝后，使细颗粒随泥石流通过坝体。拦砂坝所处的工况对泥石流堆积体颗粒组成有较大的影响。拦砂坝空库的效果最佳，其次是半库状态，最后是满库状态。

4. 泥石流过坝时的容重衰减过程

1）空库状态下的泥石流容重衰减

图7.53是空库状态下的泥石流过坝前后的容重衰减过程图。拦砂坝可以使泥石流容重降低，并将延后泥石流抵达下游的时间。当拦砂坝处于空库状态时，泥石流体先填满拦砂坝的死库容，若拦砂坝排水孔未被堵塞，泥石流体才从排水孔处流向下游。拦砂坝拦截了大部分的粗颗粒物质，仅允许细颗粒和小部分大颗粒抵达下游。这就使得单位体积内的粗颗粒物质减低，进而使得泥石流容重降低。实验成果K1~K3也证明了这点。

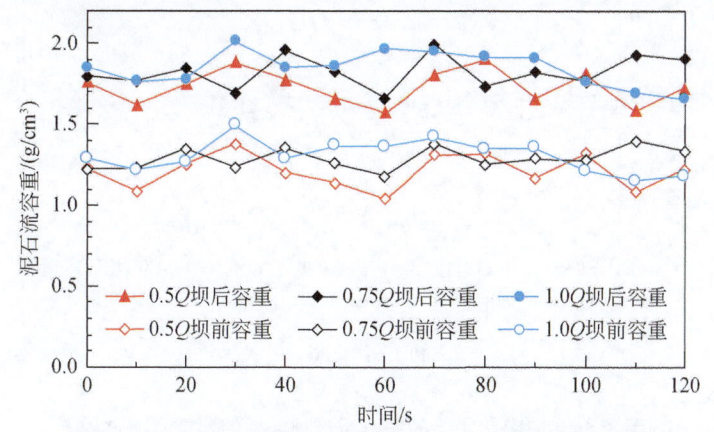

图7.53　空库状态下的泥石流过坝前后的容重衰减过程图
图中横坐标时间原点0表示泥石流过坝后第10s，以下相同，不再赘述

2) 半库状态下的泥石流容重衰减

图 7.54 是半库状态下的泥石流过坝前后的容重衰减过程图。处于半库状态的拦砂坝仍可以使泥石流容重降低,但延后泥石流抵达下游的效果不佳。当拦砂坝处于半空库状态时,若拦砂坝排水孔未被堵塞,泥石流体才从排水孔处流向下游。拦砂坝拦截了大部分的粗颗粒物质,仅允许细颗粒和小部分大颗粒抵达下游。这就使得单位体积内的粗颗粒物质减低,进而使得泥石流容重降低。实验成果 B1~B3 也证明了这点。

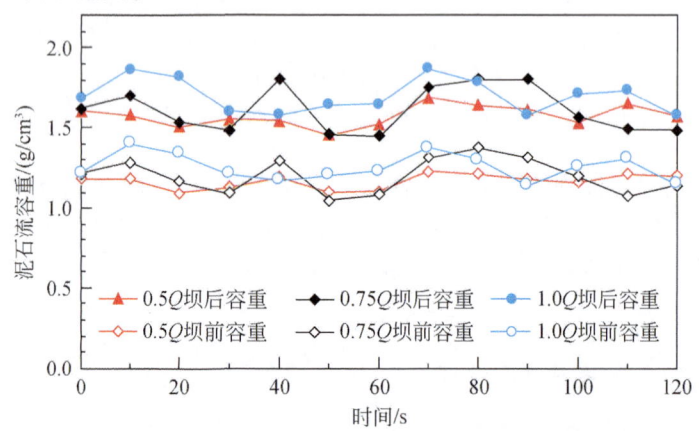

图 7.54 半库状态下的泥石流过坝前后的容重衰减过程图

3) 满库状态下的泥石流容重衰减

图 7.55 是满库状态下的泥石流过坝前后的容重衰减过程图。处于满库状态的拦砂坝使泥石流容重降低和延后泥石流抵达下游的效果不佳。当拦砂坝处于满库状态时,泥石流中的粗颗粒物质难以被拦砂坝拦截,直接进入拦砂坝下游。拦砂

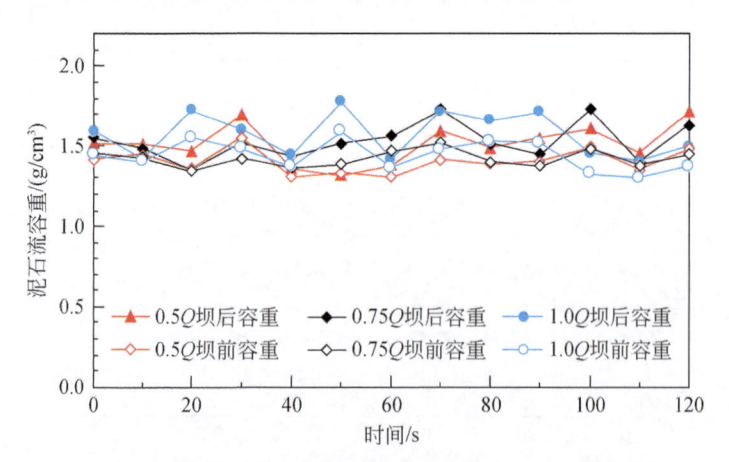

图 7.55 满库状态下的泥石流过坝前后的容重衰减过程图

坝内淤满的固体物质对泥石流体有一定的阻力作用,能降低泥石流体部分能量。实验成果 M1~M3 表明,处于满库状态下的拦砂坝对泥石流性质的影响效果不太显著。

4)拦砂坝作用下的泥石流容重衰减过程

从拦砂坝作用下的泥石流容重衰减实验结果,可以看出拦砂坝可使泥石流容重降低,并延后泥石流抵达下游的时间。从图 7.54 和图 7.55 可知,拦砂坝所处的工况对泥石流容重衰减效果有较大的影响。拦砂坝空库的效果最佳,其次是半库状态,最后是满库状态。

5. 拦砂坝作用下泥石流延时现象

实验中发现,拦砂坝能够在一定程度上减缓泥石流的流速,所以不仅可以使泥石流容重降低,同时还能够延后泥石流到达下游的时间,具体研究如下。

1)拦砂坝不同库容状态下的泥石流延时效果分析

如图 7.56 所示,拦砂坝存在与否以及其库容状态对泥石流的过坝时间及到路时间有明显的影响。当没有拦砂坝时,泥石流流动速度较快,很快就会到达预设坝体位置并冲击道路;当存在拦砂坝时,泥石流流动到坝体处后,会受到坝体的阻碍,泥石流流速降低,固体颗粒沉积,泥石流过坝的时间会大幅延后,有利于降低泥石流的危害程度。

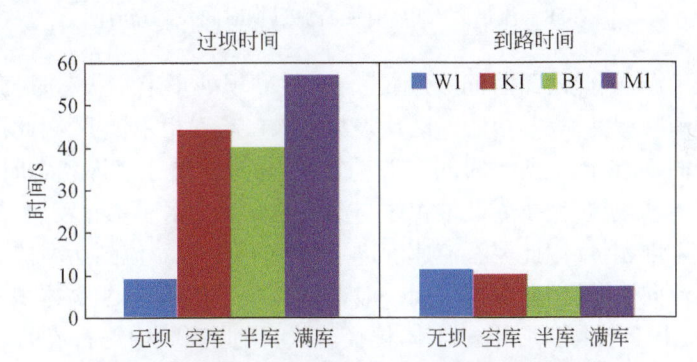

图 7.56　流量为 $0.5Q$ 时泥石流过坝时间及到路时间

图中过坝时间指泥石流开始至泥石流过坝的时间段长度,
到路时间指泥石流过坝后至泥石流到达道路的时间段长度,以下相同,不再赘述

由图 7.56~图 7.58 可知,不同流量情况下,拦砂坝存在与否以及其库容状态对泥石流的过坝时间及到路时间的影响效果基本一致。可总结为以下几点。

(1)拦砂坝的存在可以大幅延迟泥石流到达下游的时间,降低泥石流流速。

(2)拦砂坝不同库容状态下对延迟泥石流存在不同的影响效果,当拦砂坝处于空库状态时,泥石流会在坝后速度逐渐减缓并淤积,当泥石流到达排水口处时才

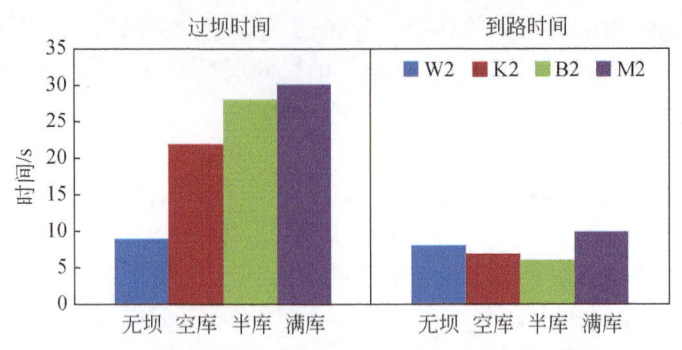

图 7.57　流量为 0.75Q 时泥石流过坝时间及到路时间

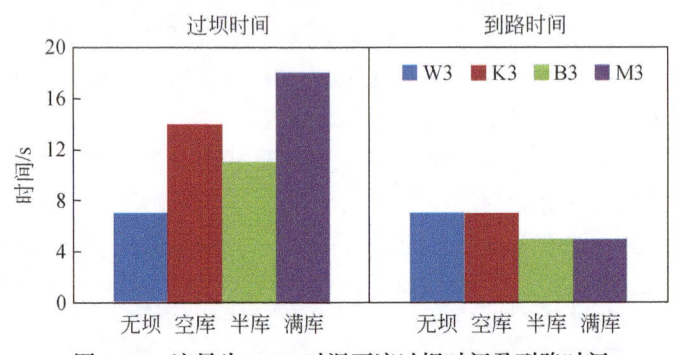

图 7.58　流量为 1.0Q 时泥石流过坝时间及到路时间

会过坝流向下游,因此所需时间一般较长;当拦砂坝处于半库状态时,泥石流会在坝后速度逐渐减缓并淤积,由于库区地表与排水口高程相差较小,因此泥石流会较快地过坝流向下游,因此所需时间一般稍短;当拦砂坝处于满库状态时,泥石流会在坝后速度逐渐减缓,由于库区堆积体与泥石流之间含水率差异较大,泥石流中的水会下渗进入堆积体,因此泥石流速度进一步降低,当泥石流到达坝体后会较快地过坝或翻坝流向下游,因此所需时间一般稍长,时间与库区堆积物体积、渗透系数、含水量有关,由于本实验所用的土体粒径较大,因此实验中泥石流的延迟时间比较久。

(3)拦砂坝的存在对泥石流过坝后至到达道路的时间稍有影响,会稍微减少泥石流到路时间。

(4)拦砂坝及排导槽的存在使得泥石流过坝后水流较为集中,速度稍快,由于过坝后泥石流中固体颗粒粒径稍有降低,加大的水流速度有利于泥石流排淤,减少泥石流在道路上淤积影响交通。

2)不同泥石流规模时拦砂坝的泥石流延时效果分析

由图 7.59 可知,不同库容状态下拦砂坝及无拦砂坝时,泥石流规模对泥石流的过坝时间及到路时间有明显的影响。当泥石流规模从 0.5Q 增加至 1.0Q 时,泥石流过坝时间及到路时间均减少,其中无拦砂坝时泥石流到达下游的时间稍有减少但变化不大;当有拦砂坝时,泥石流随流量的增大过坝时间减少较为明显;泥石流过坝后到路时间均随泥石流规模的增大而稍有减少。

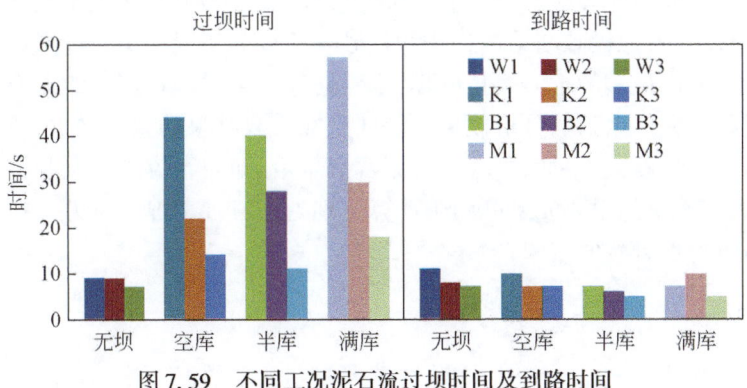

图 7.59　不同工况泥石流过坝时间及到路时间

3) 拦砂坝作用下的泥石流延时效果分析

从拦砂坝作用下的泥石流延时实验结果,可以看出拦砂坝可使泥石流流速降低,并延后泥石流抵达下游的时间。从图 7.56～图 7.59 可知,拦砂坝所处的工况对延后泥石流到达下游的时间有较大的影响。拦砂坝空库的效果最佳,其次是满库状态,最后是半库状态,该效果与泥石流堆积体自身的颗粒粒径、渗透系数、含水率等物理特性有关。

7.2.6　拦砂坝作用下的泥石流容重衰减特征

通过野外的泥石流容重衰减实验,获得了三种工况下的拦砂坝上下游的泥石流的平均容重(表 7.14)。下面将分析这三种工况下的过坝前后的泥石流容重之间的关系,以期凝练出三种工况下的泥石流容重衰减特征。

表 7.14　拦砂坝作用下的泥石流容重实测统计表

序号	编号	坝上游平均容重/(g/cm³)	坝下游平均容重/(g/cm³)
1	K1	1.73	1.21
2	K2	1.83	1.29
3	K3	1.84	1.30
4	B1	1.57	1.16
5	B2	1.61	1.20
6	B3	1.69	1.25
7	M1	1.51	1.40
8	M2	1.53	1.42
9	M3	1.57	1.44

1. 适用条件

泥石流容重衰减的影响因素包括拦砂坝结构型式、拦砂坝所处的工况、上游固体物质和下垫面条件等因素。本书主要研究的是重力坝作用下的泥石流容重衰减特征,故只需要考虑拦砂坝结构型式和拦砂坝所处的工况。实验选取西部山区泥石流拦砂坝使用最多的重力式拦砂坝,未对格栅坝和拱坝作用下的泥石流容重衰减特征进行研究。以下的分析成果均是建立在实验结果的基础之上,且暗含一种边界条件——拦砂坝不足以拦截一次泥石流总量,即泥石流可以顺利抵达拦砂坝下游。因此,本次的主要成果可用于计算分别处于三种工况的重力式拦砂坝作用下的泥石流容重衰减值。

2. 拦砂坝处于空库状态

当拦砂坝处于空库状态时,实验结果表明坝下游的泥石流容重随坝上游容重的降低而呈递减趋势(图7.60)。可以拟合出空库状态下的拦砂坝上下游泥石流容重之间的函数关系式,即空库状态下的拦砂坝作用下泥石流容重衰减关系可表示为

$$y = 0.6393 x^{1.1638} (x>1.5) \quad R^2 = 0.9981 \quad (7.2)$$

式中,x 为坝上游的泥石流容重,g/cm^3;y 为坝下游的泥石流容重,g/cm^3。

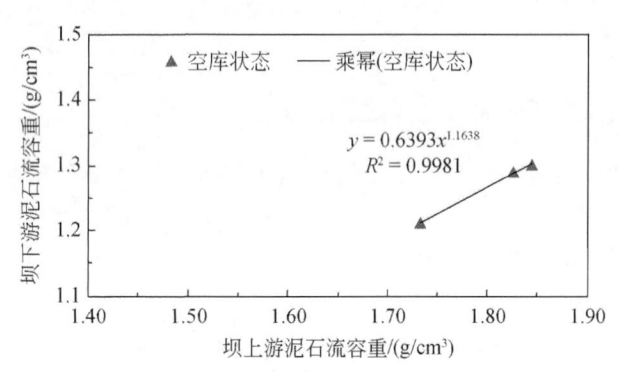

图7.60 空库状态下的拦砂坝上下游泥石流容重关系图

3. 拦砂坝处于半库状态

当拦砂坝处于半库状态时,实验结果表明坝下游的泥石流容重随坝上游容重的降低而呈递减趋势(图7.61)。可以拟合出半库状态下的拦砂坝上下游泥石流容重之间的函数关系式:

$$y = 0.7673 x^{0.926} (x>1.5) \quad R^2 = 0.9913 \quad (7.3)$$

式中,x 为坝上游的泥石流容重,g/cm^3;y 为坝下游的泥石流容重,g/cm^3。

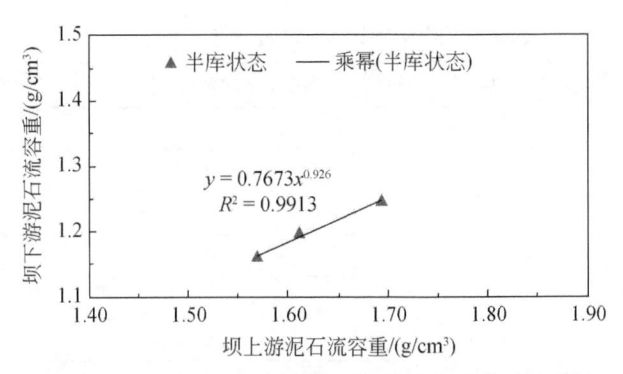

图7.61 半库状态下的拦砂坝上下游泥石流容重关系图

4. 拦砂坝处于满库状态

当拦砂坝处于满库状态时,实验结果表明坝下游的泥石流容重随坝上游容重的降低而呈递减趋势,但衰减不太明显(图7.62)。可以拟合出满库状态下的拦砂坝上下游泥石流容重之间的函数关系式:

$$y = 1.0896x^{0.6159} \quad (x > 1.5) \quad R^2 = 0.9434 \qquad (7.4)$$

式中,x 为坝上游的泥石流容重,g/cm³;y 为坝下游的泥石流容重,g/cm³。

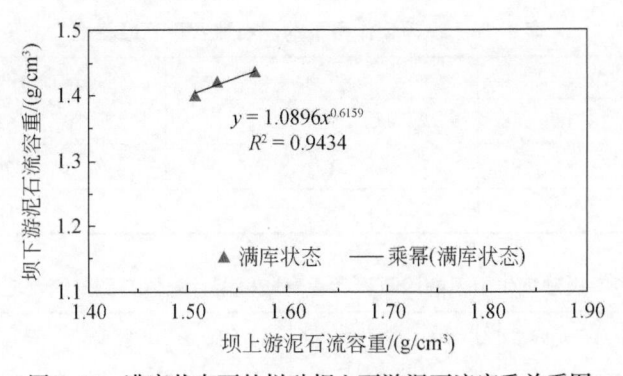

图7.62 满库状态下的拦砂坝上下游泥石流容重关系图

5. 拦砂坝作用下泥石流容重衰减特征

拦砂坝作用下的泥石流容重衰减实验表明,泥石流容重的衰减与拦砂坝所处的工况有关(表7.15)。在空库状态下,拦砂坝下游的泥石流容重为坝上游容重的69.9%~70.7%;在半库状态下,拦砂坝下游的泥石流容重为坝上游容重的73.7%~74.4%;在满库状态下,拦砂坝下游的泥石流容重变化不大,为坝上游容重的91.5%~92.9%。由此可知,泥石流容重衰减幅度的工况优先级为:空库>半库>满库。

表 7.15 拦砂坝作用下的泥石流容重衰减比例

序号	编号	实测坝上平均容重/(g/cm³)	实测坝下平均容重/(g/cm³)	平均容重衰减比例/%
1	K1	1.73	1.21	69.9
2	K2	1.83	1.29	70.7
3	K3	1.84	1.30	70.6
4	B1	1.57	1.16	74.0
5	B2	1.61	1.20	74.4
6	B3	1.69	1.25	73.7
7	M1	1.51	1.40	92.9
8	M2	1.53	1.42	92.9
9	M3	1.57	1.44	91.5

通过对三种工况下的数据进行趋势的回归分析,发现幂指数曲线可以很好地描述其趋势,于是用幂指数对其进行了模拟,最后得到了三种工况下的拦砂坝作用下的泥石流容重衰减模型(表 7.16),将表中的三种模型的计算值与其对应的实测值比较后,发现计算值与实测值的相对误差几乎都在±5%左右(表 7.17),可见泥石流容重衰减模型具有较好的实用性。

表 7.16 拦砂坝作用下的泥石流容重衰减模型

编号	工况	泥石流容重衰减模型
1	空库	$y = 0.6393x^{1.1638}$
2	半库	$y = 0.7673x^{0.926}$
3	满库	$y = 1.0896x^{0.6159}$

表 7.17 拦砂坝作用下的泥石流容重衰减模型计算值与测量值误差分析表

编号	实测坝上游平均容重/(g/cm³)	实测坝下游平均容重/(g/cm³)	计算坝下游平均容重/(g/cm³)	误差/(g/cm³)	相对误差%
K1	1.73	1.21	1.213	−0.003	0.3
K2	1.83	1.29	1.288	0.002	0.2
K3	1.84	1.30	1.303	−0.003	0.2
B1	1.57	1.16	1.165	−0.005	0.3
B2	1.61	1.20	1.194	0.006	0.4
B3	1.69	1.25	1.250	0.00	0.0
M1	1.51	1.40	1.403	−0.003	0.2
M2	1.53	1.42	1.416	0.004	0.3
M3	1.57	1.44	1.438	0.002	0.1

进一步对表 7.16 中的三种衰减模型分析,可统一成

$$y=Ax^B \tag{7.5}$$

式中,x 为坝上游的泥石流容重,g/cm³;y 为坝下游的泥石流容重,g/cm³;A 为衰减系数,与拦砂坝处的泥沙淤积高度有关(空库时 $A=0.6393$;半库时 $A=0.7673$;满库时 $A=1.0896$);B 为容重衰减指数,与库容状态有关(空库时 $B=1.1638$;半库时 $B=0.926$;满库时 $B=0.6159$)。

式(7.5)反映了坝下游的泥石流容重与坝上游泥石流容重之间的幂指数统计关系。这两者之间的关系不是简单的线性关系。该方程反映了坝下游泥石流容重随坝上游泥石流容重的变化的非线性特征。

7.2.7 拦砂坝作用下的泥石流容重衰减成因分析

在拦砂坝的拦截作用下,泥石流体中的粗颗粒含量会降低,导致泥石流中的物质组成发生变化,进而引起泥石流体结构发生变化。泥石流的流体结构被破坏后,导致流体能悬浮的最大颗粒粒径降低。悬浮颗粒粒径的降低,导致泥石流体能输移的粗颗粒减少,最终导致泥石流容重降低。现以形成区为黏性泥石流的实验为例,分析拦砂坝作用下的泥石流容重衰减成因。

1. 拦砂坝拦截粗颗粒使得粗颗粒含量降低

对于刚投入使用的拦砂坝而言,拦砂坝处于空库状态,可以拦截较多的泥石流体中的固体物质,同时削减泥石流的峰值流量,并延长泥石流持续时间。拦砂坝将对泥石流体进行分选,只有小于特定粒径的粗颗粒才能不受拦砂坝的影响进入下游沟道。野外的泥石流模拟实验结果也证实拦砂坝拦截泥石流中的粗颗粒而使下游的粗颗粒含量降低。当拦砂坝处于满库状态下,仍会拦截部分粗颗粒,实验完成后的拦砂坝上下游堆积物如图 7.63 所示。

(a) 拦砂坝后缘　　　　　　　　　　(b) 拦砂坝前缘

图 7.63　拦砂坝前后堆积物

在拦砂坝上下游各取一个泥石流堆积物样品,在相同流量下无拦砂坝泥石流堆积物样品作为对比样品。在室内做了三个样品的颗粒分布实验,获得了颗粒分析成果表(表7.18)及颗粒组成分析曲线(图7.64)。从土体的颗粒组成来看,无坝堆积物的砾石组成所占的比重达76.99%;拦砂坝上游(坝后)的堆积物的砾石组成所占比重较高,达80.80%,而下游(坝前)的堆积物的砾石组成则只有68.80%。由此可知,拦砂坝下游的泥石流体中的粗颗粒含量降低。

表7.18 拦砂坝上下游堆积物颗粒分析成果表

流量	工况	编号	>60mm	60~40mm	40~20mm	20~10mm	10~5mm	5~2mm	2~0.5mm	0.5~0.25mm	0.25~0.075mm	<0.075mm
1.0Q	无坝	W3-无坝	0.00	0.00	29.80	13.47	18.66	15.06	11.58	2.86	4.08	4.49
	满库	M3-坝前	0.00	0.00	16.00	17.60	22.40	12.80	16.00	8.00	5.65	1.55
		M3-坝后	0.00	3.60	26.40	18.00	17.60	15.20	7.20	3.20	3.20	5.60

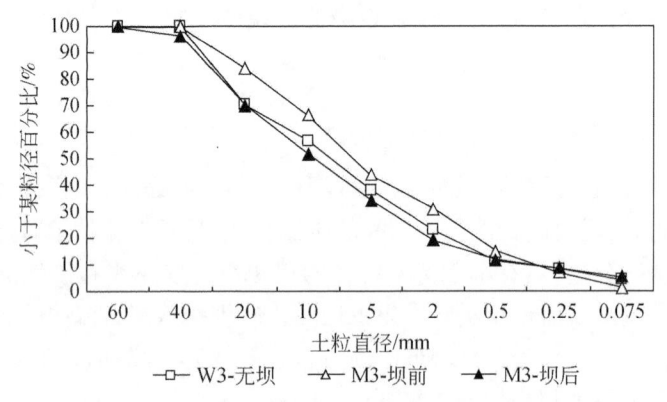

图7.64 拦砂坝上下游堆积物颗粒组成分析曲线

2. 流体物质组成的变化使得流体结构遭到破坏

泥石流体的结构是指泥石流体中黏粒、沙粒和石块等土体与含有电解质的水体之间相互结合的形式[80]。吴积善[81]将泥石流体结构归为三种类型,即网格结构、网粒结构和格架结构。黏性泥石流细粒浆体的结构为蜂窝状的网格结构。粗粒浆体的网粒结构和泥石流体的格架结构各有四种。泥石流体与拦砂坝接触后,在拦砂坝的拦挡下,泥石流体的速度减为0。超过悬浮颗粒最大粒径的石块在重力作用下下沉。泥石流经过拦砂坝后,流体物质组成发生变化,主要表现为粗颗粒含量的减少。粗颗粒的减少使得原有格架结构中的石块脱离粗粒浆体的网粒结构,进而使格架结构向次级格架结构转化,甚至破坏格架结构。经过拦砂坝后,泥石流体中的粗大颗粒物质将停在拦砂坝上游,泥石流体蜂窝状网格结构遭到破坏,同时被禁闭在网格结构中的水体溢出并补充进泥石流体。流体结构的变化使得悬浮的最大颗粒粒径变小。

现以拦砂坝上下游的单位体积的泥石流体为例,比较拦砂坝上下游的泥石流体的容重(图7.65)。考虑拦砂坝的拦截作用后,图7.65(a)中的粗大颗粒被拦截,相对较小的颗粒将进入下游,如图7.65(b)所示。经过比较后,容易发现粗大颗粒部分的物质被较小的颗粒物质和泥石流浆体填充。泥石流浆体的存在,使得填充的这部分物质的总质量小于被填充的粗大颗粒质量。因此,这在某种程度上表明拦砂坝上游的泥石流容重高于下游的泥石流容重。

(a) 坝前的泥石流体样品示意图　　(b) 坝后的泥石流体样品示意图

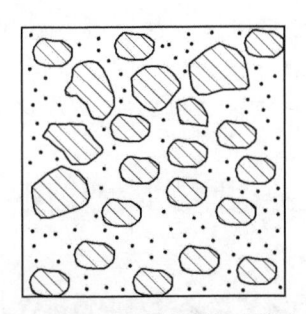

图7.65　单位体积内的泥石流体样品示意图

7.2.8　小结

本次通过对西部山区典型的泥石流拦砂坝调查,开展了重力式拦砂坝拦截泥石流模型实验。以中巴公路奥布段K1562处沟道土体作为实验土样,在野外开展了空库、半库和满库三种工况下的拦砂坝作用下的泥石流实验及无拦砂坝情况下泥石流实验。通过模拟实验研究了泥石流过坝的过程,拦砂坝后的泥沙淤积形态、拦砂坝作用下坝体前后堆积体颗粒粒径变化和拦砂坝作用下的泥石流容重衰减过程。

(1)泥石流的过坝过程与泥石流拦砂坝所处的工况有关。拦砂坝处于空库状态时的泥石流过坝过程可表示为:泥石流铺床过程→减速淤积过程→快速淤积过程→过坝过程。拦砂坝处于半库状态时的泥石流过坝过程可表示为:泥石流铺床过程→部分泥石流过坝过程→快速淤积过程→翻坝过程。拦砂坝处于满库状态时的泥石流过坝过程可表示为:泥石流铺床过程→翻坝过程。

(2)当泥石流的规模超过某一特定值后,泥沙大致平行于沟道淤积,具体的淤积形态与拦砂坝所处的工作状态和泥石流的动力学参数有关。当拦砂坝处于空库状态时,泥沙的淤积形态几乎平行于沟道,堆积坡度稍小于原始沟道坡度;当拦砂坝处于半库状态时,泥沙淤积形态大致平行于沟道,但淤积形态前缓后陡(靠近坝体处较缓,远离坝体处较陡),堆积坡度稍小于原始沟道坡度;当拦砂坝处于满库状态时,泥沙淤积形态大致平行于沟道,但淤积形态前缓后陡(靠近坝体处较缓,远离坝体处较陡)。

(3)拦砂坝对泥石流固体颗粒具有拦截及筛选效果,可以改变泥石流的颗粒粒径组成,将粗颗粒拦截在坝后,使细颗粒随泥石流通过坝体。拦砂坝所处的工况对泥石流堆积体颗粒组成有较大的影响。拦砂坝空库的效果最佳,其次是半库状态,最后是满库状态。

(4)拦砂坝可以使泥石流容重和流速降低,并延后泥石流抵达下游的时间。拦砂坝所处的工况对延后泥石流到达下游时间和泥石流容重衰减效果有较大的影响。拦砂坝空库的效果最佳,其次是半库状态,最后是满库状态。

7.3 排导工程作用下冰川泥石流防治技术研究

7.3.1 泥石流容重衰减对沟道排导纵坡的影响

在泥石流防治工程中,拦挡工程常常与排导工程配合使用。泥石流排导工程是利用自然沟道或由人工开挖并填筑成具有一定过流能力和平面形状的开敞式槽形过流建筑物[82],一般布设于泥石流沟的流通段及堆积区。泥石流排导工程具有结构简单、施工及维护方便、造价低廉、效益明显等优点,其主要作用是将泥石流顺畅排入下游非危害停淤区,以避免泥石流对流通区或堆积区公路工程造成危害。

目前关于泥石流排导槽工程的排导比降可通过理论计算法或经验取值法获得。理论计算法需要获取泥石流的黏度等物理性质参数,而这些参数对于大多数无法观测的泥石流沟而言,是很难获取的,使得理论计算法受到限制。经验取值法或判别法通常适用于具体的泥石流沟。因此,通过调查我国山区现有的排导工程的运行情况,统计分析排导工程系列参数的相互关系,探讨泥石流容重对排导纵坡的影响,确定泥石流排导工程的合理参数,为排导工程设计提供理论支撑。

1. 典型排导槽形式

排导槽是山区泥石流防治中最常用的一种排导工程。按照断面形式,可将排导槽断面形式分为梯形复式断面、弧形底部复式断面、梯形断面、矩形断面和三角形底部复式断面(图7.66)。

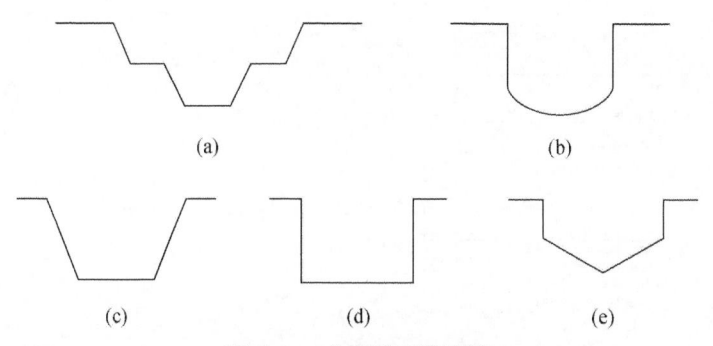

图 7.66　典型断面排导槽

(a)梯形复式断面；(b)弧形底部复式断面；(c)梯形断面；(d)矩形断面；(e)三角形底部复式断面

目前，较为常用的是东川槽和"V"形槽。东川槽，又称肋槛排导槽，它是布设于泥石流堆积扇区，由槽墙和肋槛构成的框架式建筑物(图 7.67)。但在堆积区采取通常的宽浅平的平底槽(槽形、矩形)来排泄泥石流是十分艰难的，利用断面窄、深、尖的特点，就可以有效地在堆积区改变泥石流的冲淤环境来排导泥石流，如"V"形槽(图 7.68)。

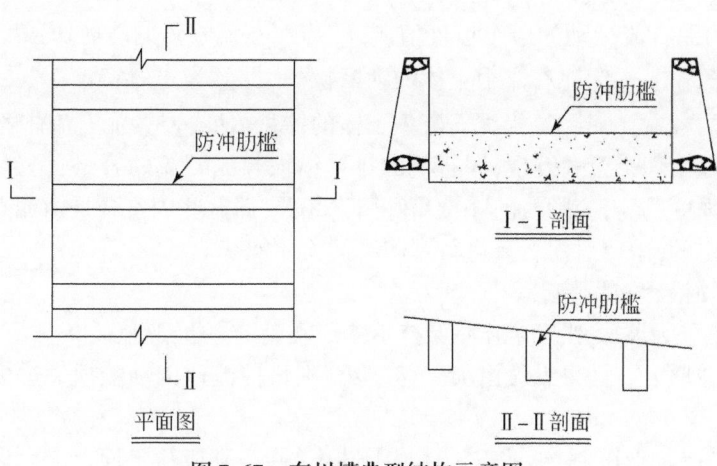

图 7.67　东川槽典型结构示意图

2. 排导纵坡的设定原则

1)排导纵坡理论计算式

排导工程纵坡应大于该沟泥石流运动的最小坡度(θ_m)，其值按式(7.6)、式(7.7)计算[83]。

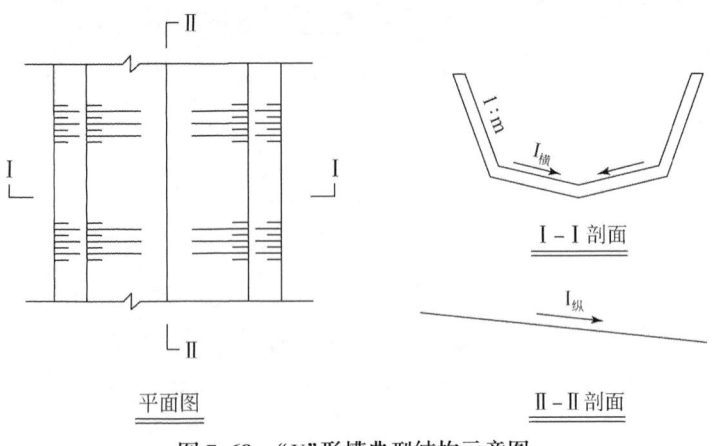

图 7.68 "V"形槽典型结构示意图

对于黏性泥石流：
$$\tan\theta_m > (\gamma_s - \gamma_y)\tan\varphi_m/\gamma_s + \tau_0/C_v H_c \gamma_s \cos\theta_m \tag{7.6}$$

对于稀性泥石流：
$$\tan\theta_m > [(\gamma_s - \gamma_y)C_v H_c \gamma_s \cos\theta_m \tan\varphi_m + \tau_0]/\gamma_c H_c \cos\theta_m \tag{7.7}$$

式中，θ_m 为泥石流运动的最小坡度值，°；τ_0 为泥石流浆体的静剪切强度，Pa；H_c 为泥石流泥深，m；φ_m 为泥石流中土体的动摩擦角，°；γ_s 为土体容重，t/m³；γ_y 为泥流中土体的容重，t/m³；C_v 为泥石流中土体的体积浓度；γ_c 为泥石流体容重，t/m³。

通过以上理论公式发现，泥石流的排导纵坡与泥石流的容重、泥深、泥石流浆体的剪切强度，泥石流颗粒的摩擦角等因素相关，而这些因素又是由泥石流的组成与结构决定的，需要对泥石流进行观测和试验才能获取。

2）排导纵坡沿程布设特点

（1）排导纵坡原则上应沿程保持不变。在特定的地形地质条件下，其纵坡只能由小逐渐增大。如果纵坡由大突然变小，则将使流体因动能损失过大而在槽内淤积堵塞。

（2）若受地形限制，纵坡需设计成上陡下缓时，则应从平面上配套设计成倒喇叭形模式，使之能随着纵坡的变缓而过流断面宽度相应减少，以增大水深，加大流速，保持缓坡段与陡坡段流速有同等的输沙能力和流通效应[84]。

（3）按照沟床冲淤基本平衡的原则进行类比，选择纵坡，或借助实际运行的合理排导槽纵坡进行选择。

3. 泥石流容重对排导纵坡的影响

从已建排导工程的设计经验来看，合理的排导纵坡与容重有关。一般来讲，稀性泥石流以冲刷为主,其排导纵坡宜小,而黏性泥石流以淤积为主,其排导纵坡宜大;甘肃省交通局科学研究所于1981年根据武都地区泥石流研究结果,提出不同类型泥石流的合理纵坡:稀性泥石流3%~10%,黏性泥石流5%~18%(表7.19)。

表7.19 排导纵坡与容重关系经验表

泥石流性质	稀性						黏性		
容重/(t/m³)	1.3~1.5		1.5~1.6		1.6~1.8		1.8~2.0		2.0~2.2
类别	泥流	泥石流	泥流	泥石流	泥流	泥石流	水石流	泥石流	泥石流
纵坡/%	3	3~5	3~5	5~7	5~7	7~10	5~15	8~12	10~18

1) 容重对天然沟道排导纵坡的影响

排导工程的设计纵坡应参考泥石流沟流通区与堆积区的天然纵坡,不宜过大也不宜过小,以达到有效泄洪防淤和防冲刷的目的。对于流通区,由于其沟道形状和尺寸比较稳定,沟段狭窄且顺直,促使泥石流运动过程可达到冲淤平衡状态,故其排导工程的设计纵坡应与泥石流沟流通区稳定的沟床纵坡基本保持一致,不宜过于偏大或偏小;另外,泥石流排导工程的设计纵坡宜大于堆积区纵坡,以避免发生淤积。在整个冲淤平衡过程中,容重对排导纵坡的要求十分突出。

根据周伟在2009年对成昆、东川两线50条泥石流沟的统计资料,得出容重与流通区、堆积区纵坡之间存在以下关系(表7.20):当容重为1.2~1.5t/m³时,其流通区纵坡主要集中在6%~13%,堆积区纵坡主要集中在4%~9%;当容重为1.6~1.8t/m³时,其流通区纵坡主要集中在8%~22%,堆积区纵坡度主要集中在3%~17%;当容重为1.9~2.0t/m³时,其流通区纵坡主要集中在12%~16%,堆积区纵坡主要集中在6%~10%;当容重为2.2~2.3t/m³时,其流通区纵坡主要集中在6%~10%,堆积区纵坡主要集中在4%~6%。

表7.20 泥石流容重与排导纵坡关系统计表

序号	容重/(t/m³)	流通区纵坡/%	堆积区纵坡/%	样本数/个
1	1.2~1.5	6~13	4~9	23
2	1.6~1.8	8~22	3~17	18
3	1.9~2.0	12~16	6~10	5
4	2.2~2.3	6~10	4~6	4

从上述关系可知,低容重(1.2~1.5t/m³)和高容重(2.2~2.3t/m³)的相应排导纵坡值比中容重(1.6~2.0t/m³)的排导纵坡小。

2) 容重对东川槽排导纵坡的影响

云南东川等地大多数是沿泥石流堆积的自然纵坡来设计排导槽纵坡,根据云南东川等地修建的泥石流排导槽(东川槽)的调查,获得排导纵坡与容重关系(图7.69),黏性泥石流的设计纵坡不能小于5‰,稀性泥石流排导纵坡不可小于3‰。

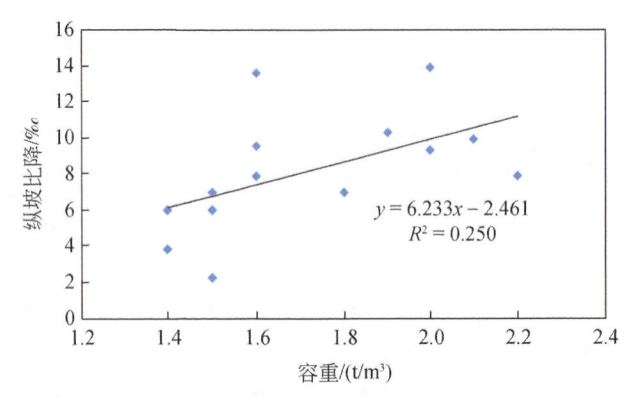

图7.69 泥石流排导槽(东川槽)排导纵坡与容重关系

排导槽(东川槽)排导纵坡与泥石流容重的关系可以用式(7.8)表示:

$$y = 6.233x - 2.461 \quad R^2 = 0.25 \tag{7.8}$$

式中,x 为泥石流容重,g/cm^3;y 为排导纵坡。

由图7.69可知,容重为 $1.4 \sim 1.6 t/m^3$ 的稀性泥石流的排导纵坡多在1‰~10‰;容重为 $1.8 \sim 2.2 t/m^3$ 的黏性泥石流的排导纵坡多在5‰~15‰。另外,排导纵坡与泥石流容重相关,随着容重的增加,相应的排导纵坡亦呈现增加趋势,但容重与排导纵坡之间并非纯粹的线性关系。

3)容重对"V"形槽排导纵坡的影响

"V"形槽底部由含纵、横坡度的两个斜面组成重力束流坡[85],其关系式如下:

$$I_{束} = \sqrt{I_{纵}^2 + I_{横}^2} \tag{7.9}$$

式中,$I_{束}$ 为重力束流坡度,‰;$I_{纵}$ 为"V"形槽纵坡坡度,‰;$I_{横}$ 为"V"形槽底横向坡度,‰。

由式(7.9)可以看出"V"形槽纵横坡度与泥石流固体物质颗粒大小成正比。因此,合理组合"V"形槽的纵横坡度,是使"V"形槽达到理想的排泄防淤效果的关键。

根据周伟[86]对成昆铁路69处及云南2处用"V"形槽整治泥石流排导纵坡的统计资料,获得排导槽纵坡与容重的关系图(图7.70)。

排导槽("V"形槽)排导纵坡与泥石流容重的关系可以用式(7.10)表示:

$$y = 6.822 + 4.811 \quad R^2 = 0.038 \tag{7.10}$$

式中,x 为泥石流容重,g/cm^3;y 为"V"形槽排导纵坡。

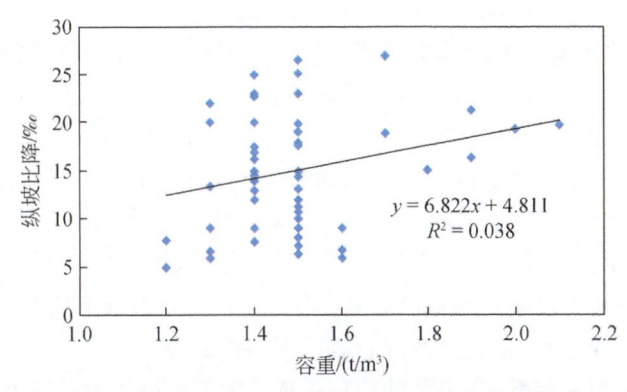

图7.70 泥石流排导槽("V"形槽)排导纵坡与容重关系

根据排导纵坡与容重相关性,随着容重的增加,相应的排导纵坡亦呈现增加趋势,这种增加趋势与东川槽相应的趋势相比,东川槽排导纵坡随容重增加的趋势更明显。由式(7.10)可知,排导纵坡与泥石流容重之间的相关系数较小,说明它们之间并非纯粹的线性关系。

4) 泥石流容重衰减值对排导纵坡的影响

在拦砂坝作用下泥石流容重会出现衰减,即坝下游的泥石流容重小于坝上游的泥石流容重。由泥石流容重与排导纵坡的关系可知,对于天然的排导纵坡而言,低容重($1.2 \sim 1.5 t/m^3$)和高容重($2.2 \sim 2.3 t/m^3$)的流通区和堆积区的排导纵坡比中容重($1.6 \sim 2.0 t/m^3$)的排导纵坡小。以高容重泥石流的衰减为例说明泥石流容重衰减值对排导纵坡的影响。在拦砂坝下游没有排导工程且原有的天然沟道纵坡不变的情况下,高容重的泥石流因拦砂坝作用将变为中容重泥石流。此时所需要的排导纵坡较之前的大,但排导纵坡不变,使得泥石流在下游的天然沟道出现淤积,导致泥石流无法顺利地排出堆积扇区。由此可见,泥石流容重衰减值对天然的排导纵坡还是有一定的影响。

对排导槽而言,泥石流容重衰减后,排导槽的排导纵坡也需要做出相应的调整。东川槽和"V"形槽的排导纵坡与泥石流容重相关,随着容重的增加,相应的排导纵坡亦呈现增加趋势,但容重与排导纵坡之间并非纯粹的线性关系。过坝后的泥石流容重会降低,下游的排导工程的纵坡需要根据实际情况做出相应的调整。

7.3.2 新型浅槛结构对冰川泥石流沟道侵蚀的防治分析

沟道侵蚀型泥石流特点,以淘蚀坡脚和侵蚀沟底为主,防治难度大[87],特别对于大型冰川泥石流堆积体,水流常在冰碛体上冲切拉槽形成沟槽,并不断侵蚀沟道堆积物形成泥石流,如中巴公路奥布段沟道侵蚀型冰川泥石流规模大且暴发频繁,常常给公路造成严重破坏,实际治理困难,投入资金大,且防治效果不佳。

冰川泥石流主要是冰川融水、陡峻地形以及丰富的松散冰碛物共同作用所致,常常发育于高山冰川外围的冰缘区,其沟道比降大使其具有侵蚀力和破坏力巨大等特点[59],给工程防治带来极大困难。其中融水强度作为自然条件,人们无法调节,只能通过改善植被来影响产流汇流条件;地形坡度也是自然条件,直接决定泥石流运动能量大小,可通过改善沟道条件,调节沟道地形坡度,控制泥石流沿途沟道冲刷侵蚀和泥石流规模。王兆印等[88]提出深潭系统是山区河流中常见的河床微地貌现象,研究了在不同的水流流量、河床坡度、床沙级配和上游来沙率条件下,阶梯-深潭的形成过程,在文家沟泥石流治理中得到应用。张晨笛等根据碰撞作用下单个阶梯-深潭稳定性,指出泥沙输移过程中大颗粒碰撞阶梯的关键石块是影响阶梯-深潭的稳定性的主要因素[89]。李文哲等[90]通过实验对阶梯-深潭系统的结构形态、水力特性和消能率展开研究,阐述了阶梯-深潭系统水流能量转化过程与消能机理。李云等[91]提出一种具有强力消能作用的梯-潭型泥石流排导槽。张康等[92]通过在甘肃西汉水流域的泥石流支沟拦山沟进行人工阶梯-深潭系统试验,指出不论是人工消能结构还是自然消能结构,都能起到增阻消能的作用。

泥石流的侵蚀运动过程包括沟床揭底和沟岸侧蚀,上述阶梯-深潭理论以控制泥石流底蚀沟槽为主,而沟岸侧蚀作用也对泥石流形成和运动的影响至关重要,吕立群等[93]通过侧蚀模型和底蚀模型两种水槽实验的对比,指出侧蚀作用更有利于泥石流的形成和运动,对泥石流的龙头高度和速度波动特征更明显。结合中巴公路沿线冰川泥石流沟道冲刷起动过程,得到天然沟道块石自然堆砌形成跌水的思路(图7.71):在冰川泥石流沟道内,由于冰碛土特殊组构和密实度等因素的影响,两侧岸坡物质具有一定的固结程度,能够形成垂直甚至临空沟岸,随着水流不断被冲刷淘蚀沟岸岸脚,大量岸坡物质呈坍塌形式堆积沟道内,伴随泥石流的冲刷可能形成以大石块为骨架的天然跌水,但由于天然跌水自身稳定性一般较差,后期伴随泥石流铲刮裹挟沿途物质而产生流量放大效应。

本书在对中巴公路沿线冰川泥石流沟道冲刷侵蚀过程调查及实际工程的基础上,借鉴阶梯-深潭理论,提出一种新型浅槛防护结构,并对其进行现场水槽冲刷实验,在对其实验现象和效果分析基础上,结合实际沟道侵蚀特征,对新型浅槛结构进行优化设计,并应用于工程实践。

1. 实验方案设计

1)实验土体特征

为了更加真实地模拟冰川泥石流冲刷侵蚀沟道过程,实验用土采用沟道原状土(中巴公路K1603处泥石流沟),而由于实验条件和尺度的限制,将原状土中大

图 7.71 天然沟道块石自然堆砌形成跌水过程

于 5mm 颗粒剔除后作为试验土,其颗粒组成见图 7.72。沟道原状土体不均匀系数 $C_U=310>5$,曲率系数 $C_S=0.99<1$,颗粒中砾石含量为 52.38%,砂粒含量为 29.17%,粉粒、黏土含量分别为 16.52% 和 1.93%,颗粒级配宽,范围广,为级配不良的砾石土。试验土主要组分为砂粒,其所占的比重高达 82.56%,三种土样的具体颗粒级配曲线如图 7.73 所示。

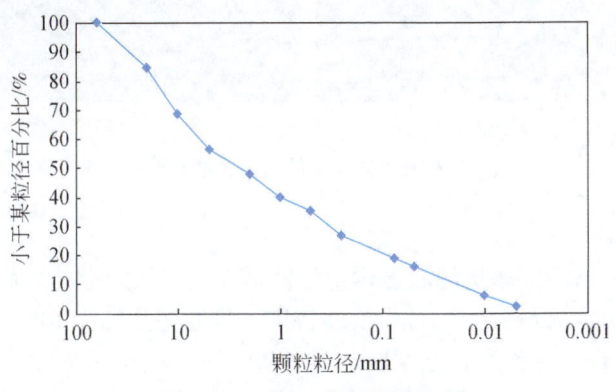

图 7.72 试验土体颗粒级配图

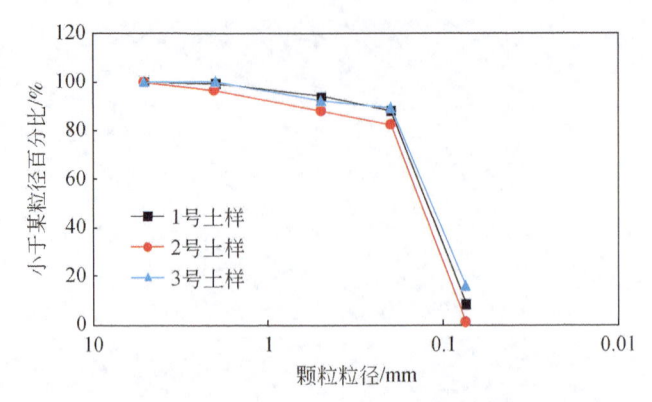

图7.73　三种试验土样颗粒级配曲线

2)浅槛模型设计

借鉴阶梯-深潭理论,结合中巴公路沿线冰川融水冲刷侵蚀沟道形成泥石流过程,提出新型梯级浅槛防治结构;本次实验以几何相似为主,根据实际沟道尺寸,浅槛模型按1∶10的比例进行设计:尺寸40cm×20cm×10cm,中间段填充粒径5cm碎石,两端填充粒径2cm碎石,顶面坡度为5%,浅槛模型的材质及制作流程如图7.74所示。

(a)铅丝笼模型制作　　　　　　　　(b)铅丝笼装样

图7.74　浅槛模型的材质及制作流程

3)实验条件设定

根据中巴公路沿线冰川泥石流沟道坡降调查,公路沿线冰川泥石流沟道沟床比降一般在176‰~364‰。因此本实验特定实验坡度分别为10°、15°和20°,然后又根据相似比,将沟道长度和宽度设定为240cm×32cm,为了对比是否设置浅槛的试验效果和不同浅槛间距下的防治效果,特将浅槛间距设定为25cm、35cm、45cm和不设置浅槛的对比沟道,具体现场布置和实验条件如图7.75和表7.21所示。

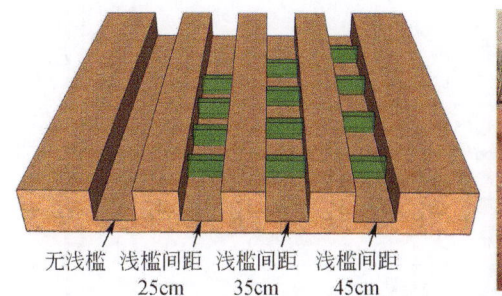

第7章 冰川泥石流工程治理关键技术研究 ·247·

(a) 实验示意图 (b) 现场布置图

图7.75 沟道及物源布置图

表7.21 实验工况及实验条件

序号	坡度/(°)	有无浅槛	浅槛间距距离/cm	沟长/m	沟宽/cm
1	10°	有	25	2.4	32
2		无		2.4	32
3	15°	有	25	2.4	32
4			35	2.6	32
5			45	2.8	32
6		无		2.4	32
7	20°	有	25	2.4	32
8		无		2.4	32

4) 实验步骤

实验前通过罗盘仪测定沟道坡度,并在野外实验场按实验要求做坡度为10°、15°、20°的沟道,并在沟道上游和正前方都架设上摄像机,以便于记录泥石流流动的整个过程。按实验设定条件在沟道上布设梯级浅槛,浅槛出露地表高度为10cm,在沟道底部铺设实验场土体原样,用来模拟泥石流沟床。将松散土体堆积在沟道顶部模拟物源供给,在土体上方放置一水管,以模拟冰川融水集中水流作用;在沟道上下游处各放置一个直尺和罗盘仪,以便及时量测泥石流冲淤沟道的厚度和坡度的变化;在沟道侧面适当位置摆放1~2个直尺,以便测量沟道的冲淤宽度。其他需要布设的装置或材料有实验土体、罗盘仪、直尺、卷尺、摄像机、水管、分水箱、水泵和临时蓄水池。具体实验布置如图7.76所示。

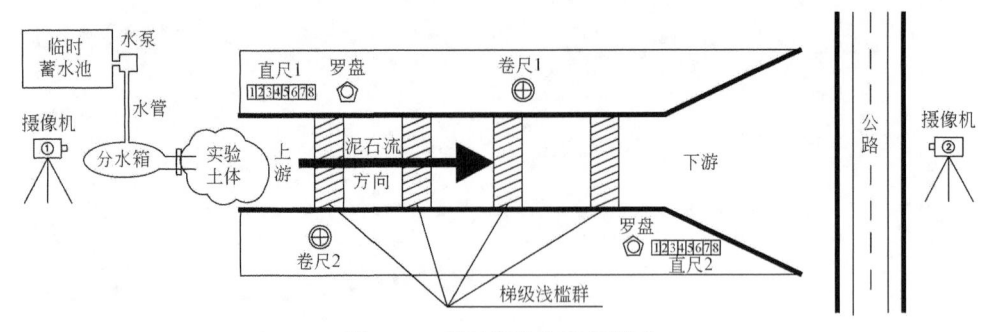

图 7.76　野外实验现场布置图

2. 实验现象分析

实验过程中的可变因素较多,但本实验中重点关注的是浅槛布设的有效性,以及影响沟道侵蚀的两个重要因素即沟坡坡度和浅槛间距。因此先对是否布设浅槛的对比沟道实验组进行分析,然后再对不同坡度或不同浅槛间距及其组合下,泥石流侵蚀沟道过程和现象进行对比分析,以评价其对沟道防冲抗侵效果。

1) 浅槛布设有效性分析

图 7.77 所示的是在沟道坡度为 15°和浅槛间距为 35cm 下设置的对比试验。图 7.77(a) 是不布设梯级浅槛群的沟道冲蚀情况,在物源充足的情况下泥石流能迅速起动,对沟床的破坏较严重。具体则是在沟道上段清水裹带着大量的沟床土体流向沟道下端,使沟床上段出现一条纵向的凹型沟,而对于沟道的下游则会出现震荡型横剖面,出现的原因就是泥石流的容重增加超出所含流体的动力致使泥石流中的固体颗粒发生沉淀淤积,但流体仍发生向前的冲刷行为,故在冲刷与淤积的交替中形成了沟道下游的震荡型横剖面。布置梯级浅槛群时的沟道拦截效果是比较明显的,如图 7.77(b) 所示。浅槛能很好地将泥石流在沟口至第一级浅槛前冲蚀的沟床固体物质拦截在浅槛前,并且几乎还能将泥石流中的液体成分在越过浅槛时因高差冲蚀的全部沟床固体物拦挡在下一级浅槛前,完全展现了浅槛归拢束流的显著效果,如图 7.78(a) 所示。实验结束后,源区的松散物质几乎全部被冲走,沟道上段(沟口位置处)出现一条纵向的凹型沟。而对于沟道整体的淤积情况如图 7.77(c) 所示,在槛前出现了回淤区[值得注意的是根据以往文献和本次实验发现只有浅槛间距超过 30cm 时,才会出现槛前回淤区,可当泥石流流量较大时浅槛被整体淹没后两侧的沟壁冲蚀严重如图 7.78(b) 所示,此时浅槛成功的关键则在于两侧淘蚀的控制],因此在浅槛之间出现了平缓型横剖面,即平面几乎没有太大波动。实验完成后在每级槛前均有少量粗大固体颗粒,沟道下段出口处也有较少粗大固体颗粒物质存在。

(a) 沟道底部冲刷情况　　　　　(b) 沟道拦截效果　　　　　(c) 沟道淤积情况

图 7.77　不同工况下的沟道冲刷及淤积情况

(a) 浅槛的归拢束流效果　　　　　(b) 浅槛两侧的淘蚀情况

图 7.78　浅槛作用下的沟道表征

2) 不同沟道坡度下梯级浅槛防治沟道侵蚀的实验现象

在浅槛间距统一设置为 25cm 时，进行 10°、15°、20°工况下布置梯级浅槛群的泥石流对比实验(以不布设浅槛的对应坡度沟道为对比组)，如图 7.79 所示。

(a) 10°沟坡下冲淤情况　　　　　(b) 15°沟坡下冲淤情况　　　　　(c) 20°沟坡下冲淤情况

图 7.79　不同沟坡坡度下的冲刷情况

(1) 冲蚀情况

未布设梯级浅槛群的沟道在不同坡度下实验现象基本一致，以 15°沟坡下冲淤情况作为代表。启动电源后,供水系统开始工作,并以 Q 的流量稳定地供水。在清水作用下,堆积于物源区的松散固体物质中的细小颗粒,混入水中沿坡面向下运动。流体开始进入沟道前段,流体对沟道底面进行冲刷随之出现下凹形横剖面,且具有两端高、中间低的形态特征,主要是泥石流运动过程中中间与两侧流速存在差异造成的,中间流体流速较大,挟带物质能力强,而两侧流体由于受到侧壁的摩擦阻力,较中间流体速度小,故在沟道前段出现明显的凹槽。

在浅槛间距统一设置为 25cm 时,布置梯级浅槛群的沟道在不同坡度下实验现象则表现不一但大体一致,同样以 15°沟坡下冲淤情况作为代表。在起动后但流体未到达沟道内第一个浅槛时表现与无浅槛设置的沟道一致,所以这里不再赘述。接着是流体中的液体率先抵达浅槛,且液体随之立即深入浅槛内,在固相抵达浅槛时液体已基本透过浅槛,由于浅槛先到液体的阻挡固相也开始减速。大量的泥石流体进入沟道,逐渐淤积在浅槛前。随着流体的注入,槛前的泥位开始上升。当泥位到达浅槛自身高度处,流体越过浅槛流向下一级浅槛。此时在槛后方 0~20cm 处,泥石流使沟床被冲刷侵蚀严重。随着上游浅槛堆积的固体颗粒物质逐渐增多,浅槛处的泥位达到最大,在供水量不变的情况下此后的泥位几乎恒定不变,固体物质逐渐向浅槛处淤积。

(2)淤积情况

实验结束后,源区的松散物质几乎全部被冲走。实验完成后的沟床平均坡度比降较原始沟床小,平均坡度约为 17.1°,其中距离沟口 50cm 范围内沟床平均坡度为 19.4°,50~130cm 范围内沟道平均坡度约为 20.5°。浅槛均未发生大的错位运动,对于设置浅槛的沟道下游内几乎没有粗大固体颗粒物质,但对于未设置浅槛的沟道则有粗大固体颗粒物质的出现。

3)不同浅槛间距下沟道侵蚀实验现象

在沟坡坡度统一设置为 15°时,对浅槛间距为 25cm、35cm、45cm 工况下布置梯级浅槛群的泥石流对比实验(以不布设浅槛的对应坡度沟道为对比组),其实验现象如图 7.80 所示。

(a) 间距25cm时的冲刷情况　　(b) 间距35cm时的冲刷情况　　(c) 间距45cm时的冲刷情况

图 7.80　不同浅槛间距下的沟道冲淤情况

(1) 冲蚀情况

布置梯级浅槛群的沟道在不同浅槛间距下实验现象表现不一,同样选取一组间距为35cm时的冲淤情况作为代表。在起动后但流体未到达沟道内第一个浅槛时表现与无浅槛设置的沟道一致,所以这里不再赘述。接着是流体中的液体率先抵达浅槛,且液体随之立即深入浅槛内,在固相抵达浅槛时液体已基本透过浅槛,由于浅槛先到液体的阻挡固相也开始减速。大量的泥石流体进入沟道,逐渐淤积在浅槛前。随着流体的注入,槛前的泥位开始上升。当泥位到达浅槛自身高度处,流体越过浅槛流向下一级浅槛。此时在浅槛后方20cm范围内,沟床冲刷侵蚀严重,在浅槛后方30cm至下一个浅槛之间,动床呈现不同程度的轴向摆动,表现为明显的淤积作用。随着上游浅槛堆积的固体颗粒物质逐渐增多,下一级浅槛处的泥位达到最大,在供水量不变的情况下此后的泥位几乎恒定不变,泥石流中的液体几乎全部从浅槛上部流过并裹带着固体物质逐渐向下一级浅槛处淤积。

(2) 淤积情况

实验结束后,源区的松散物质几乎全部被冲走。实验完成后的沟床平均坡度比降较原始沟床小,平均坡度约为24°,其中距离沟口60cm范围内沟床平均坡度为26.6°,60~170cm范围内沟道平均坡度约为22.8°。浅槛均未发生大的错位运动。下游沟道内几乎没有粗大固体颗粒物质。

3. 梯级浅槛群防治沟道侵蚀效果分析

通过野外的泥石流过槛实验,观察了泥石流过槛的现象,测量了泥石流过槛前后的泥沙冲蚀及淤积厚度、泥石流在沟道内的淤积及冲蚀宽度、沟道内的坡度变化,下面将根据不同的工况进行相关数据的分析。

1) 不同沟坡坡度下是否布设梯级浅槛群的实验成果分析

对于浅槛在泥石流发生的过程中是否具有显著作用进行实验分析,根据单因素控制法,在确定有无浅槛布设的因素后通过改变沟道坡度进行浅槛的作用性分析。实验中选用的分析指标是沟道冲淤后厚度与坡度的变化,对于两个指标在实验中不同工况下的具体情况如图7.81所示。

由图7.81中的数据可知,单从浅槛对泥石流的防治作用上看是显著的,因为从图中可以看出对于没有布设浅槛的沟道在不同沟坡下其冲淤后厚度和坡度变化波动相对于布设浅槛的渠道是剧烈的。另外根据以上计算结果还可以看出在无浅槛的沟道内冲淤较严重,相较于有浅槛的沟道而言沟内起伏较剧烈,这也再次说明浅槛对于缓解泥石流的冲蚀作用明显。本实验数据虽存在一定的误差,但与实际工程比对后发现实验的特征符合常态的泥石流灾害状况。

(a) 10°沟坡下厚度及坡度变化

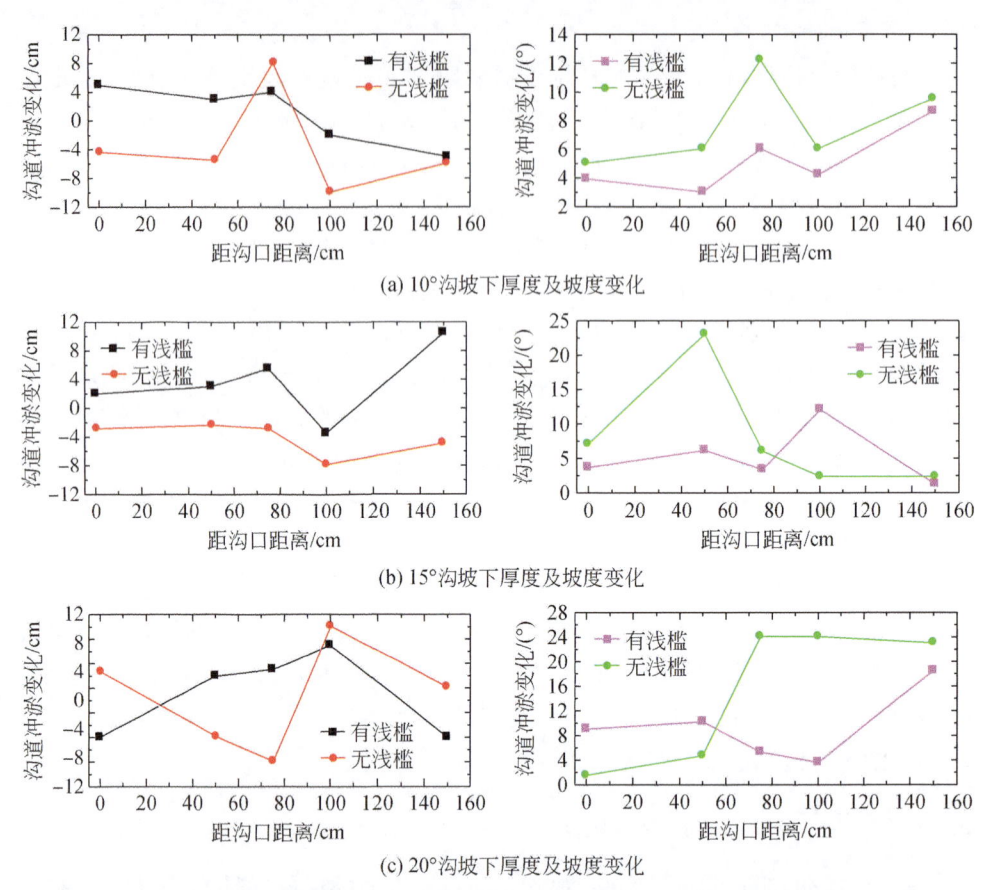

(b) 15°沟坡下厚度及坡度变化

(c) 20°沟坡下厚度及坡度变化

图 7.81 不同沟道坡度下有无浅槛布置的沟道冲淤后厚度及坡度变化情况

2）相同坡度不同浅槛间距的对比实验成果分析

(1) 厚度变化

对图 7.82(a) 中的数据进行计算可得在无浅槛设置时的沟道冲淤变化厚度的平均值为 -4.3cm，在布置浅槛且间距为 25cm 的沟道冲淤变化厚度平均值为 3.5cm，同样在布置浅槛且间距分别为 35cm 和 45cm 的沟道冲淤变化厚度平均值为 5.02cm 和 3.76cm。再将计算所得的无浅槛设置时沟道冲淤变化厚度平均值与布置不同浅槛间距时沟道冲淤变化厚度平均值分别相加求和可得：25cm 时为 -0.8cm；35cm 时为 0.72cm；45cm 时为 0.54cm，根据计算所得的结果可知 45cm 浅槛间距拦截效果较好。

(2) 角度变化

对图 7.82(b) 中的数据进行计算可得在无浅槛设置时的沟道冲淤变化坡度的平均值为 8.12°，在布置浅槛且间距为 25cm 的沟道冲淤变化坡度平均值 5.24°，同样在布置浅槛且间距分别为 35cm 和 45cm 的沟道冲淤变化坡度平均值为 8.7°和 5.3°。根据计算所得的计算结果可知 25cm 浅槛改善沟道坡度效果较好。

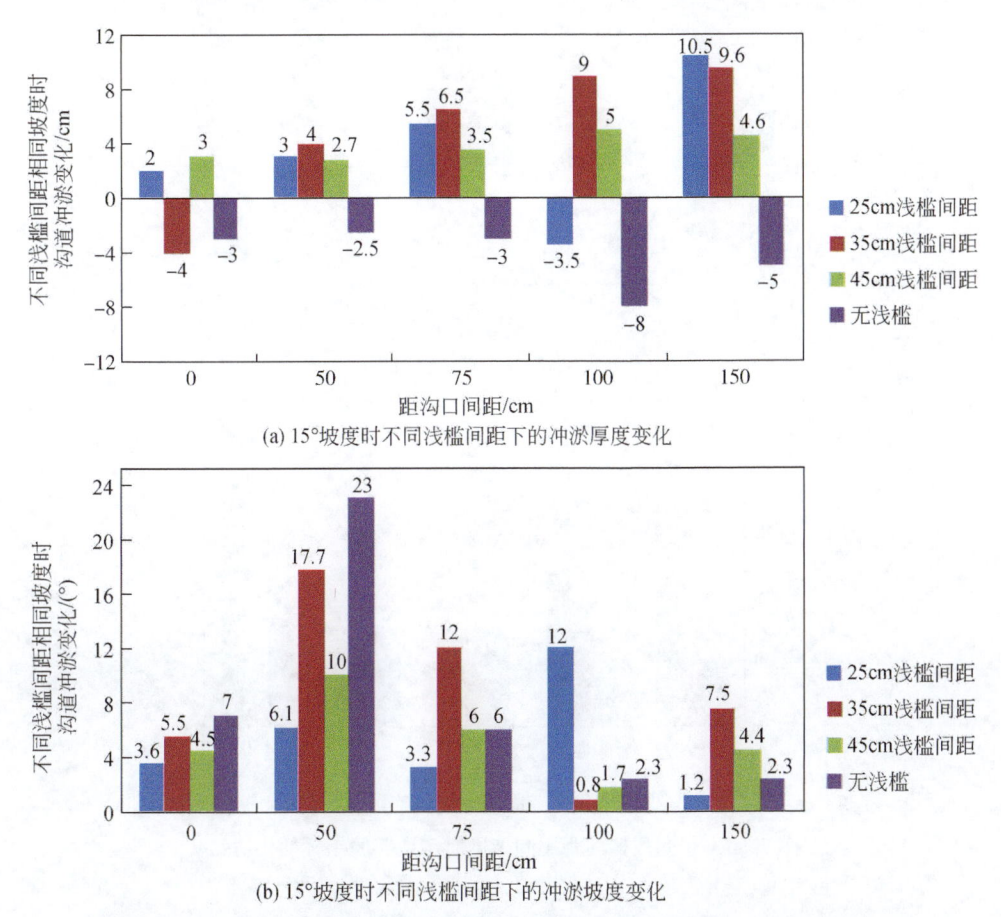

(a) 15°坡度时不同浅槛间距下的冲淤厚度变化

(b) 15°坡度时不同浅槛间距下的冲淤坡度变化

图 7.82　相同坡度不同浅槛间距时是否布置浅槛的沟道冲淤后厚度及坡度变化情况

3) 相同浅槛间距不同坡度时沟道冲淤厚度及坡度实验成果分析

将图 7.83(a) 中的数据进行简单计算，首先计算出在 25cm 浅槛间距时 10°沟坡的冲淤厚度变化平均值为 1cm，然后依次计算出 15°和 20°情况下的冲淤厚度变化平均值分别为 3.5cm 和 4.6cm。根据实验的设计可知平均值的大小代表了浅槛群对泥石流中固体物质的拦截效果的优劣，因此可知 20°坡度浅槛群拦截泥沙效果较好，梯级浅槛群作用明显。

依据上述中对图 7.83(a) 中数据的处理方式也同样对图 7.84(b) 中的数据进行计算后发现，在浅槛间距为 25cm 时 15°~20°坡度的浅槛群改善沟道纵坡作用比较明显。

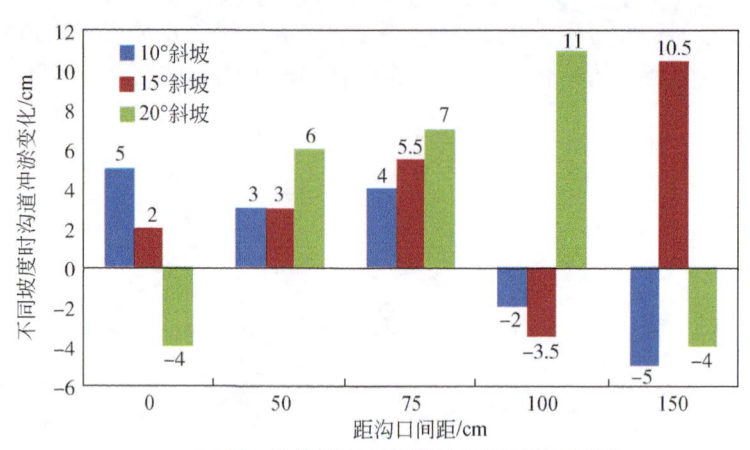

(a) 25cm浅槛间距时不同坡度下的冲淤厚度变化

(b) 25cm浅槛间距时不同坡度下的冲淤坡度变化

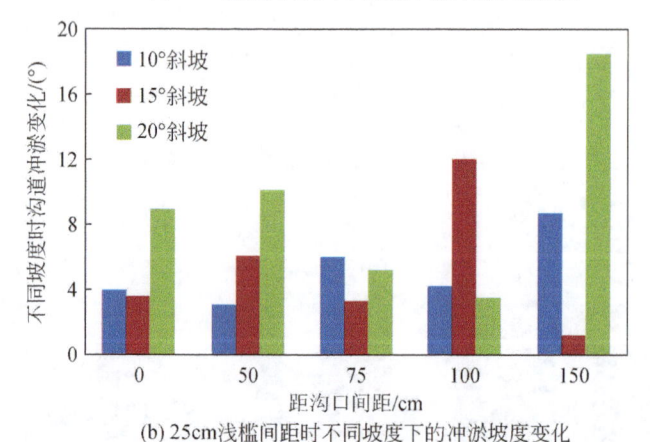

图7.83 相同浅槛间距不同坡度时沟道实验指标变化情况

4. 新型浅槛结构的工程应用及优化设计

在现场模型实验和实际工程应用效果分析发现,浅槛结构可有效防止沟道下切侵蚀,但局部仍会对沟道两侧产生侧蚀;浅槛结构形式稳定,但坝肩部位为水流冲刷破坏关键部位;浅槛顶部横向纵坡较缓,水流较大时已冲刷沟岸和坝肩。因此,对最初提出的浅槛结构进行优化改进,如在两个浅槛之间增设岸坡防护边墙,在坝肩处进行加固处理,在顶部设置矩形或梯形溢流槽,提出最优浅槛防治结构形式,以达到最佳防治效果,整体三维模型如图7.84所示。

1)浅槛的优化

新型浅槛群结构中的浅槛部分区别于以往的浅槛,具体构造如图7.85所示。浅槛通过图中所示的分界线被分成了上下两部分即浅槛主体和浅槛基础,该两部分都是由铅丝石笼箱组合而成,内部填充小颗粒填料(2~5cm),且浅槛基础高度是浅槛主体高度最大值的三分之一。对于浅槛主体部分又进行了进一步细化,将其分为溢流段和非溢流段,为了保证溢流口的位置和高度则要使溢流段宽度为浅槛宽度(浅槛宽度根据沟道宽度设置)的三分之一且位于整个浅槛宽度的中间位置,溢流段高度为非溢流段高度的三分之二。另外,为了保证溢流段的透水性需要在铅丝石笼箱内填充大颗粒填料(10~15cm)。

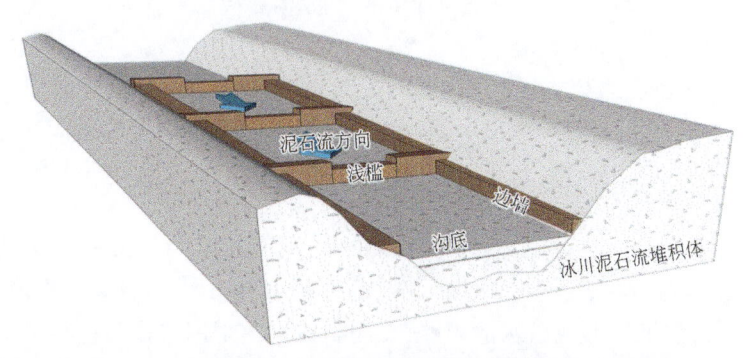

图 7.84 新型梯级浅槛群三维模型

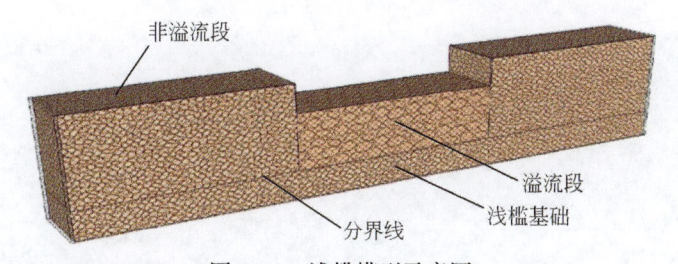

图 7.85 浅槛模型示意图

2) 岸坡防护边墙的优化

岸坡防护边墙部分是区别于原有浅槛群结构的新增部分,它可以有效减轻沟岸侧蚀破坏,增加浅槛群的整体性,提高泥石流防治效果。如图 7.86 所示,边墙也由分界线分成上下两部分即边墙主体和边墙基础,其中边墙基础高度与浅槛基础高度是相同的且为边墙主体高度的二分之一。另外,边墙沿沟道走向的长度 L 和浅槛高度 h、泥石流沟道纵坡坡度 θ 之间满足:

$$\tan\theta = \frac{h}{L} \tag{7.11}$$

边墙也是由铅丝石笼箱组成,为了保证其较低的透水性要填充小颗粒填料。对于新型浅槛群的浅槛厚度和边墙厚度都是根据泥石流沟道的原有宽度进行合理选择的,所以在这里不做参数化描述(为沟道宽度的 1/10~1/8)。

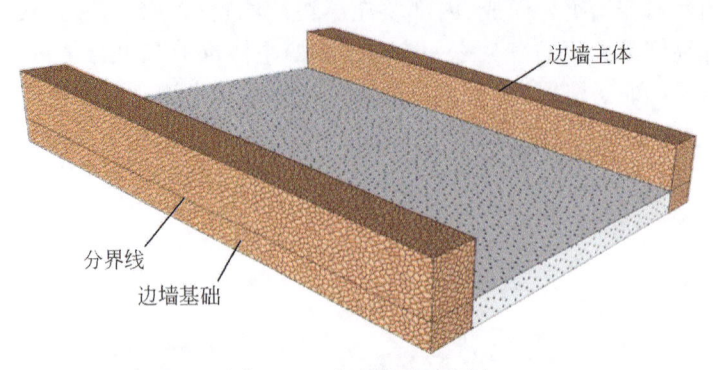

图 7.86　边墙模型示意图

3) 优化案例设计及实施分析

新疆山区某泥石流沟流域面积约 5.2km²,主沟长度约 4.3km,沟道宽度 10～30m,最高高程约 1601m,沟口 287m,相对高差约 1314m,泥石流为水石流。借鉴天然沟道块石自然堆砌形成跌水的思路,在泥石流沟内采用浅槛防护结构,用于大比降沟道的梯级消能降坡,降低泥石流冲刷力和速度,防止泥石流起动,取得良好效果(图 7.87),浅槛群具体设计参数及实施方式如下。

图 7.87　浅槛结构的实际工程应用

根据泥石流的沟道情况,设计各级浅槛长度根据沟道实际宽度确定,间距根据实际沟道比降变化确定,一般在 10～20m,浅槛高度 2.0～2.5m,基础埋深 1.0m,浅槛顶宽约 1.0m,溢流段长度 3.0～5.0m,净高 1.0m,非溢流段对称分布,净高 1.5m,迎水面的坡比为 1∶1.5,背水面的坡比为 1∶4,边墙高度约 1.5m,基础埋深 0.5～1.0m;根据沟道地形条件、堆积情况和防护沟段长度综合确定浅槛群的级数,沟道中设置至少 10 级浅槛。

在泥石流浅槛铺设前应对拟布设位置进行清理整平处理,然后根据浅槛基础及边墙基础的高度进行挖槽,保证浅槛两端及侧翼边墙紧贴原始沟道侧壁;首先,在挖好的基槽上铺设铅丝石笼箱,并将各部分之间紧固连接,然后就地取材将石块填进绑扎好的铅丝石笼箱内,但应区分石块的粒径,保证溢流段内填筑的石块为大粒径,而其余部分全部选用小粒径的石块,最后将填充好的铅丝石笼箱封装好;施工完成后边墙后部需进行回填,以稳固沟道坡脚,另外,如果条件允许,尽量对浅槛两端部采用水泥或混凝土进行浇筑加固,防止泥石流冲毁浅槛肩部;最终,按照以上步骤逐级完成浅槛体系的组装,以形成泥石流梯级浅槛群。

7.3.3 小结

(1)通过对比天然沟道流通区和堆积区的排导纵坡与泥石流容重之间的关系,发现低容重($1.2 \sim 1.5 t/m^3$)和高容重($2.2 \sim 2.3 t/m^3$)的流通区和堆积区的排导纵坡比中容重($1.6 \sim 2.0 t/m^3$)的排导纵坡小。

(2)通过研究泥石流排导槽(东川槽和"V"形槽)排导纵坡与泥石流容重关系,发现东川槽容重为$1.4 \sim 1.6 t/m^3$的稀性泥石流的排导纵坡多在$1\% \sim 10\%$,容重为$1.8 \sim 2.2 t/m^3$的黏性泥石流的排导纵坡多在$5\% \sim 15\%$;"V"形槽容重为$1.4 \sim 1.75 t/m^3$的稀性泥石流的排导纵坡为$4.6\% \sim 28\%$,容重为$1.8 \sim 2.2 t/m^3$的黏性泥石流的排导纵坡在$14\% \sim 21.3\%$。两类排导槽的排导坡度与容重之间关系并非纯粹的线性关系,只是东川槽排导纵坡随容重增加的趋势更明显。

(3)拦砂坝作用下的泥石流容重衰减对排导纵坡有较为明显的影响。根据排导纵坡与泥石流容重关系的研究可知,不同的泥石流容重对应的排导纵坡也不同,随着泥石流容重的衰减,排导纵坡有衰减趋势。过坝后的泥石流容重会降低,下游的排导工程的排导纵坡需要根据实际情况做出相应的调整。

(4)通过不同沟坡坡度下梯级浅槛群实验发现,浅槛对防止泥石流沟道侵蚀作用显著,可有效降低泥石流规模,浅槛群的级数应根据沟道地形条件、堆积情况和防护沟段长度综合确定。

(5)浅槛群内浅槛间距的布置不同,也将会影响防治效果,不同沟坡坡度下需布置的浅槛间距也不同,需根据实际沟道比降大小选择合适的间距,一般浅槛间距在$10 \sim 20 m$。

(6)通过实验发现,相同浅槛间距不同坡度时,浅槛间距为25cm时$15° \sim 20°$坡度的浅槛群改善沟道纵坡作用比较明显。

(7)新型浅槛群可以有效减轻泥石流对沟道侧蚀的破坏,边墙的设置还增强了浅槛群的整体稳定性,在实际冰川泥石流防治应用中效果较好。

7.4 公路冰川泥石流防治新技术

7.4.1 一种基于多级分流排泄的大型冰川泥石流综合防治方法

1. 问题提出

大型冰川泥石流,由于有规模大、冲击力强、暴发的不确定性和灾害异常严重等特点,以及治理难度大和治理费用高等因素限制,越来越受到人们关注。随着我国"一带一路"倡议实施和西部大开发的深化,西部山区经济发展和工程建设活动将越来越活跃,而对冰川泥石流的防治的需求也将越来越旺盛且迫切。在以往泥石流防治设计中很少考虑多级分流排泄的作用,虽然当前人们多采取拦挡、排导和停淤等防护措施对中小规模进行治理,并取得一定效果,但大型冰川泥石流总是沿单一沟道集中输移,规模大且冲击力超强,又加上泥石流流量在各防治工程中分配极不均衡,一旦泥石流规模超过防治工程设防标准,将会发生灾难性的破坏,导致已修建好的排导槽、谷坊坝、拦砂坝等防护工程被瞬间超强冲击力的泥石流破坏和冲毁,从而发生堵溃而产生泥石流规模放大效应;另外,大型冰川泥石流往往形成大型泥石流堆积扇,由于堆积扇区沟道比降较缓且弯道多,泥石流常常发生乱流改道和淤堵溃决,难以采取有效工程措施对其进行针对性治理。

为了防止和减缓大型冰川泥石流产生集中而强大的冲刷和冲击灾害,在泥石流防治设计中必须充分考虑多级分流排泄的调量降能减速作用,调配泥石流流量,限制泥石流流速,降低泥石流冲击冲刷力,控制形成泥石流水动力条件;在充分利用天然沟道排泄能力基础上,对大型冰川泥石流防治工程进行合理规划和配置,实现对泥石流流量沿程合理调配和供需平衡,提出一种基于多级分流排泄的大型泥石流的综合防治方法,避免泥石流对下游保护对象产生集中冲击冲刷、淤堵溃决冲毁和堵河溃决洪水等灾害,保障泥石流沟口村镇、重大工程和基础设施的安全。

2. 方法内容

本方法是针对现有技术的不足,针对大型冰川泥石流规模大、暴发随机性和危害严重等特点,以及防治难度大和治理费用高的情况,提出的一种基于泥石流流量沿程调配的多级分流排泄大型冰川泥石流综合防治方法。在最大限度利用天然沟道输移能力的基础上,采用拦挡、分流和排泄工程组合对冰川泥石流流量进行沿程合理调配,实现不同规模泥石流安全排泄,避免发生大型冰川泥石流集中排泄而发生淤堵溃决和冲击冲刷灾害，充分保障公路等重大基础设施的安全。

本次提出的基于泥石流流量沿程调配的多级分流排泄大型泥石流防治方法，其主要技术思想是：大型泥石流往往存在较大的形成流通区和堆积扇，且扇面上存在多级天然支沟，首先在条件允许情况下，在出山口之前布设多级拦挡工程（谷坊和拦砂坝），并确定经拦挡工程后出山口处泥石流剩余流量，经出山口后，在最大限度利用主沟道输移能力的基础上，将剩余流量与下游工程控制断面（桥梁等）最大允许排泄流量对比分析，确定是否需要向支沟分流排泄及相应分流流量和分级级数，体现分流调量和降能排泄的理念。基于泥石流流量沿程合理调配和供需平衡，对泥石流防治工程体系进行合理规划和配置：如果泥石流能全部通过主沟工程控制断面进行排泄，且不致产生严重冲击和冲刷危害，则仅采用主沟道排泄工程进行泥石流防治；在主沟排泄工程基础上，如果泥石流峰值流量超过主沟工程控制断面过流流量，则优先取拦挡和排泄工程组合进行泥石流防治；如果经主沟拦挡和排泄工程后的泥石流峰值流量仍大于主沟工程控制断面过流流量，则需采用拦挡、分流和排泄的工程组合进行泥石流防治，在出山口处将部分泥石流排泄进入次一级支沟，充分利用次一级支沟排泄能力，如果次一级支沟泥石流峰值流量超过次一级支沟工程控制断面过流流量，则需再次进行分流，以此类推，直至分流支沟泥石流流量满足其相应工程控制断面过流流量。

本书提出的基于多级分流排泄的大型泥石流综合防治方法，在最大限度利用天然沟道输移能力的基础上，通过对泥石流流量进行沿程合理调配和供需分配，采用拦挡、分流和排泄工程组合进行泥石流防治，以降低泥石流规模和冲击力，控制形成泥石流水动力条件（图7.88），具体步骤如下。

A：依据历史泥石流灾害现场调查法或小流域水文计算方法，确定不同频率下泥石流峰值流量Q_T。

B：基于主沟道输移能力和主沟工程控制断面允许过流流量要求，确定可向主沟排泄泥石流的峰值流量Q_1（允许过流流量Q_1=过流断面面积W_1×流速V_1）。

C：当$Q_T \leqslant Q_1$时，即某一频率下泥石流峰值流量Q_T小于等于允许通过主沟工程控制断面过流流量Q_1（也就是泥石流全部能经主沟排泄工程向下游输移），则只采用主沟排泄工程（天然沟道或人工排洪沟）进行泥石流防治；当$Q_T>Q_1$时，即某一频率下泥石流峰值流量Q_T大于主沟工程控制断面允许过流流量Q_1（也就是泥石流不能全部经主沟排泄工程向下游输移），则在出山口以上采用拦挡和排泄工程组合进行泥石流防治（即增加拦挡工程配合排泄工程进行泥石流防治），然后进行步骤D。

D：根据流域出山口以上拦砂坝和谷坊等拦挡工程的类型、数量、库容以及泥石流性质等，估算拦挡工程的拦砂率，并计算通过拦挡工程拦截的泥石流峰值流量Q_B。

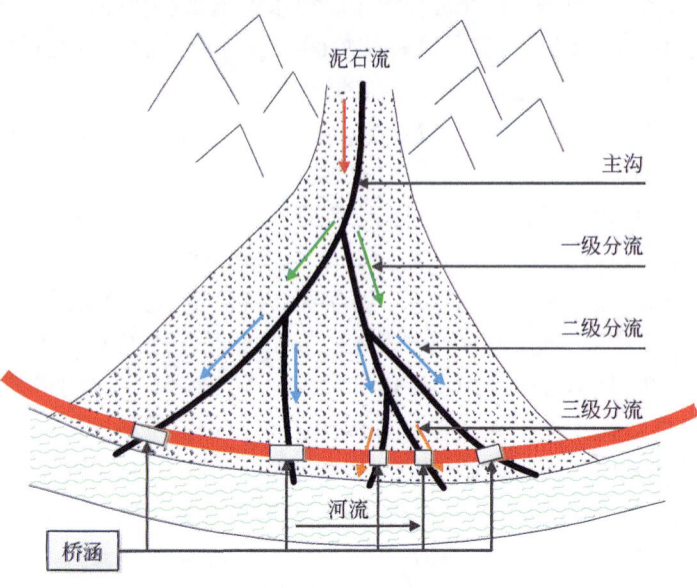

图7.88 大型泥石流多级分流排泄示意图

E：当 $Q_T \leq Q_1+Q_B$ 时，即某一频率下泥石流峰值流量 Q_T 小于等于允许通过主沟工程控制断面过流流量 Q_1 和通过拦挡工程后损失的泥石流峰值流量 Q_B 之和（也就是泥石流全部能经主沟拦挡和排泄工程完全消耗），则只采用主沟排泄工程（天然沟道或人工排洪沟）和拦挡工程（拦砂坝或谷坊）组合进行泥石流防治；当 $Q_T>Q_1+Q_B$ 时，即某一频率下泥石流峰值流量 Q_T 大于允许通过主沟工程控制断面过流流量 Q_1 和通过拦挡工程后损失的泥石流峰值流量 Q_B 之和（也就是泥石流不能全部经主沟拦挡和排泄工程消耗殆尽），则需采用拦挡、排导和分流工程组合进行泥石流防治，然后进行步骤 F。

F：根据泥石流流量沿程调配和供需平衡，步骤 A 得到全流域某一频率下泥石流峰值流量 Q_T，步骤 B 得到通过沟道可向主沟排泄的泥石流峰值流量 Q_1，步骤 D 得到通过拦挡工程后拦截的泥石流峰值流量 Q_B，最终确定进入次一级支沟进行分流排泄的峰值流量 Q_{T_1}（即剩余泥石流），相应流量 $Q_{T_1}=Q_T-Q_1-Q_B$。

G：基于次一级支沟输移能力及其下游工程控制断面允许过流流量要求，确定可向次一级支沟排泄泥石流的峰值流量 Q_2。

H：当 $Q_{T_1} \leq Q_2$ 时，即经主沟拦挡和排泄后泥石流峰值流量 Q_{T_1} 小于等于允许通过次一级支沟工程控制断面过流流量 Q_2（也就是经拦截和排泄后的剩余泥石流全部能通过次一级支沟排泄工程向下游输移），则只采用次一级支沟天然沟道或人工排洪沟进行泥石流防治；当 $Q_{T_1}>Q_2$ 时，即经主沟拦挡和排泄后泥石流峰值流量 Q_{T_1}

大于次一级支沟工程控制断面允许过流流量 Q_2(也就是剩余泥石流不能全部经次一级支沟排泄工程向下游输移),则需通过次二级支沟分流排泄进行泥石流防治(即增加分流排泄工程进行泥石流防治),最终进入次二级支沟进行分流排泄的峰值流量 $Q_{T_2}=Q_T-Q_1-Q_B-Q_2$;以此类推,重复步骤 G 和 H,直至经分流工程排泄后的剩余泥石流满足相应支沟工程控制断面过流流量要求。

当步骤 A 得到泥石流流量 $Q_T \leq Q_{P=5\%}$ 峰值流量时(Q_P 表示不同设计频率的泥石流峰值流量,$P=1/$设计年限×100%,即 $Q_{P=5\%}$、$Q_{P=2\%}$、$Q_{P=1\%}$ 分别表示设计年限为20年、50年、100年的泥石流峰值流量),即泥石流峰值流量 Q_T 小于等于允许通过主沟工程控制断面过流流量 Q_1(一般工程设防标准为 $P=5\%$),则只需采用排泄工程进行泥石流防治时,可将步骤 A 得到的 Q_T 作为排泄工程的峰值流量设计值。当步骤 A 得到泥石流流量 $Q_{P=5\%}<Q_T \leq Q_{P=2\%}$ 峰值流量时,即泥石流峰值流量 Q_T 超过允许通过主沟工程控制断面过流流量 Q_1 较小规模后,则需要采用拦挡和排泄工程组合进行泥石流防治,上述得到的 Q_1 可作为排泄工程的峰值流量设计值,同时,将 Q_T-Q_1 作为拦挡工程拦截泥石流峰值流量值;当步骤 A 得到泥石流流量 $Q_{P=2\%}<Q_T$ 峰值流量时,即泥石流峰值流量 Q_T 超过允许通过主沟工程控制断面过流流量 Q_1 较大规模后,则需要采用拦挡、排泄和分流工程组合进行泥石流防治,将经主沟拦挡和排泄后泥石流峰值流量 Q_{T_1}($Q_{T_1} \leq Q_2$,Q_2 为第一级支沟工程控制断面允许过流流量)作为第一级分流支沟排泄工程设计值;当步骤 A 得到泥石流流量 $Q_{P=1\%}<Q_T$ 峰值流量时,即泥石流峰值流量 Q_T 超过允许通过主沟工程控制断面过流流量 Q_1 非常大规模后,则需要采用拦挡、排泄和多级分流工程组合进行泥石流防治,将经主沟拦挡和排泄后泥石流峰值流量 Q_{T_1} 通过天然沟道或人工排洪沟进行多级分流处理,直至第 n 级支沟工程控制断面允许流量满足第 $n-1$ 级支沟分流流量排泄的要求,将经第 $n-1$ 级分流泥石流流量 $Q_{T_{n-1}}$ 作为第 n 级支沟排泄工程设计值。

上述步骤 A 中,采用小流域水文计算方法(即配方法)计算不同频率下泥石流峰值流量 Q_T,计算公式为:$Q_T=(1+\varphi_C)D_U Q_W$,式中:Q_W 为某一频率暴雨洪水设计流量(m^3/s),可参见各地区水文手册进行计算;φ_C 为泥石流流量增加系数,$\varphi_C=(\gamma_C-\gamma_W)/(\gamma_S-\gamma_C)$;$D_U$ 为泥石流沟道堵塞系数,一般取值为 $1.0 \sim 3.0$;Q_T 为与 Q_W 同频率下泥石流峰值流量(m^3/s);γ_C 为泥石流容重(t/m^3),一般根据实地灾害调查或堆积物颗粒组构确定;γ_W 为清水比重(t/m^3),一般取值为 1.0;γ_S 为泥石流中固体物质比重(t/m^3),根据固体物质岩性成分而定,一般取值为 $2.4 \sim 2.7$。

上述步骤 A 中,采用历史泥石流灾害调查方法,计算泥石流峰值流量 Q_T,再根据其发生日期,确定其经验频率,该方法常在无资料或少资料时采用,或在有资料地区与小流域水文计算流量对比验证。具体步骤如下:首先在泥石流流域中下段选取沟道顺直、沟床比降均一、冲淤相对均衡和泥痕比较清晰的沟段,然后测量沟道断面尺寸,并计算过流断面面积A_C,测量沟床纵坡比降J,按照泥石流流速计算方法计算断面平均流速V_C,最后根据$Q_T=A_C \times V_C$,确定某一频率下泥石流峰值流量,接下来与水文计算流量对比或现场调访目击者证实,综合确定该次泥石流的发生频率。

上述步骤 D 中,所述通过拦挡工程拦截的泥石流峰值流量Q_B,与拦砂坝或谷坊的数量、库容、高度、泥石流性质等多种因素有关,目前主要根据经验确定,一般取$Q_B=(0.2\sim0.8)Q_T$(系数选取依据可参考周必凡等编著的《泥石流防治指南》[83])。

3. 工程设计案例

1) 设计案例一

某泥石流沟流域面积为 16.35km², 主沟长 7.23km, 平均比降为 130‰。采用本书的多级分流排泄大型泥石流防治方法,在最大限度利用天然沟道排泄输移能力的基础上,通过对泥石流流量沿程调配和相应工程组合进行泥石流防治,具体步骤如下。

A: 根据历史泥石流灾害调查法,确定 20 年一遇频率下泥石流峰值流量Q_T(一般工程设防标准)。首先在泥石流沟出山口以上段选取沟道顺直、断面变化不大、冲淤平衡沟段,并测量历史泥石流最大泥痕高度,经计算泥石流最大过流断面面积$W_C=40m^2$,沟床纵比降$J=0.16$,根据泥石流堆积土土样组构分析确定泥石流容重$\gamma_C=13.7kN/m^3$,按照泥石流流速经验公式法计算流速$V_C=2.72m/s$,根据实地调访确定本次泥石流 20 年一遇峰值流量$Q_T=W_C \times V_C=108.8m^3/s$。

B: 基于主沟输移能力和工程控制断面允许过流流量,确定可以通过主沟向下游排泄的泥石流峰值流量Q_1。通过现场调查堆积扇缘处公路桥梁的过流断面面积$W_1=54m^2$,沟道比降为$J=0.15$,按照泥石流流速经验公式计算流速$V_1=2.4m/s$,故可确定工程控制断面允许过流流量$Q_1=W_1 \times V_1=118.8m^3/s$,即主沟允许排泄泥石流流量。

C: 由于满足$Q_T \leq Q_1$,故可仅采取天然沟道排泄工程进行泥石流防治。

步骤 A 中得到$Q_T=108.8m^3/s$作为主沟排泄工程峰值流量设计值。

2) 设计案例二

某泥石流沟流域面积为 16.35km², 主沟长 7.23km, 平均比降为 130‰。与案例一相同之处不再赘述,不同之处在于重点分析泥石流暴发频率为 50 年一遇情况下,基于泥石流流量沿程调配的泥石流防治工程规划和配置。具体步骤如下。

A: 根据小流域水文计算方法(即配方法),确定 50 年一遇频率下泥石流峰值流量Q_T。上述可知通过流域历史灾害调查和室内试验确定,20 年一遇泥石流容重

为 $\gamma_C = 13.7 \text{kN/m}^3$，根据不同频率下泥石流容重统计关系，确定 50 年一遇泥石流容重为 $\gamma_C = 14.8 \text{kN/m}^3$；泥石流体重固体重度 $\gamma_S = 27 \text{kN/m}^3$，清水重度 $\gamma_W = 10 \text{kN/m}^3$，泥石流沟道堵塞系数 $D_U = 2.0$，按照小流域水文方法计算得到 50 年一遇清水流量 $Q_W = 75.4 \text{m}^3/\text{s}$，泥石流流量增加系数 $\varphi_C = (\gamma_C - \gamma_W)/(\gamma_S - \gamma_C) = 0.8$，则 50 年一遇泥石流峰值流量 $Q_{P=2\%} = Q_T = 136.49 \text{m}^3/\text{s}$。

B：如上所述，基于主沟输移能力和工程控制断面允许过流流量，确定可以通过主沟向下游排泄的泥石流峰值流量 $Q_1 = 118.8 \text{m}^3/\text{s}$。

C：由于 $Q_{P=5\%} < Q_1 \leq Q_{P=2\%}$，则主沟允许排泄流量难以满足 50 年一遇泥石流过流流量要求，不能采用单一主沟排泄工程，而需增加拦挡和排泄工程组合进行泥石流防治。

D：通过对出山口以上地形地质条件勘测，并考虑施工难易程度和经济技术可行性，确定修建谷坊和拦砂坝等拦挡工程数量、规模和位置，一般拦挡工程设计标准同工程设防标准，均为 $P=5\%$，据此初步估算通过拦挡工程拦截的泥石流峰值流量 $Q_B = 0.3 Q_{P=5\%} = 32.64 \text{m}^3/\text{s}$。

E：由于满足 $Q_{P=2\%} = Q_T = 136.49 \leq Q_B + Q_1 = 32.64 + 118.8 = 151.44 \text{m}^3/\text{s}$，故只需采用主沟拦挡和排泄工程组合进行泥石流防治。

根据主沟最大排泄输移能力和沿程流量调配原则，步骤 B 得到 $Q_1 = 118.8 \text{m}^3/\text{s}$ 作为主沟排泄工程峰值流量设计值，则 $Q_T - Q_1$ 就应作为拦挡工程拦截泥石流峰值流量 Q_B 计算值，故拦挡工程设计的拦截泥石流峰值流量为 $Q_B = Q_T - Q_1 = 17.69 \text{m}^3/\text{s}$。

3) 设计案例三

某泥石流沟流域面积为 16.35km^2，主沟长 7.23km，平均比降为 130‰。与案例一相同之处不再赘述，不同之处在于重点分析泥石流暴发频率为 100 年一遇情况下，基于泥石流流量沿程调配的泥石流防治工程规划和配置。具体步骤如下。

A：根据小流域水文计算方法（即配方法），确定 100 年一遇频率下泥石流峰值流量 Q_T。根据不同频率下泥石流容重统计关系，确定 100 年一遇泥石流容重为 $\gamma_C = 15.7 \text{kN/m}^3$；泥石流体重固体重度 $\gamma_S = 27 \text{kN/m}^3$，清水重度 $\gamma_W = 10 \text{kN/m}^3$，泥石流沟道堵塞系数 $D_U = 2.0$，按照小流域水文方法计算得到 100 年一遇清水流量 $Q_W = 90.8 \text{m}^3/\text{s}$，泥石流流量增加系数 $\varphi_C = (\gamma_C - \gamma_W)/(\gamma_S - \gamma_C) = 1.1$，则 100 年一遇泥石流峰值流量 $Q_{P=1\%} = Q_T = 188.85 \text{m}^3/\text{s}$。

B：如上所述，基于主沟输移能力和工程控制断面允许过流流量，确定可以通过主沟向下游排泄的泥石流峰值流量 $Q_1 = 118.8 \text{m}^3/\text{s}$。

C：由于 $Q_1 < Q_{P=1\%}$，则主沟允许排泄流量难以满足 100 年一遇泥石流过流流量要求，不能采用单一主沟排泄工程，而需增加拦挡和排泄工程组合进行泥石流防

治,然后进行步骤 D。

D:通过对出山口以上地形地质条件勘测,并考虑施工难易程度和经济技术可行性,确定修建谷坊和拦砂坝等工程数量、位置和规模,初步估算通过拦挡工程拦截的泥石流峰值流量 $Q_B = 0.5 Q_{P=5\%} = 54.4 \text{m}^3/\text{s}$。

E:由于满足 $Q_{P=1\%} = Q_T = 188.85 > Q_B + Q_1 = 54.4 + 118.8 = 173.2 \text{m}^3/\text{s}$,故需采用拦挡、排泄和分流工程组合进行泥石流防治。

F:根据泥石流流量沿程调配和供需平衡原则,步骤 A 得到 100 年一遇频率下泥石流峰值流量 $Q_T = 188.85 \text{m}^3/\text{s}$,步骤 B 得到通过排洪沟可向主沟排泄泥石流峰值流量 $Q_1 = 118.8 \text{m}^3/\text{s}$,步骤 D 得到通过拦挡工程后拦截的泥石流峰值流量 $Q_B = 54.4 \text{m}^3/\text{s}$,最终确定进入次一级支沟进行分流排泄的峰值流量 Q_{T_1}(即剩余泥石流),相应流量 $Q_{T_1} = Q_T - Q_1 - Q_B = 188.85 - 118.8 - 54.4 = 15.65 \text{m}^3/\text{s}$。

G:基于次一级支沟输移能力及其下游工程控制断面允许过流流量要求,确定可向次一级支沟排泄泥石流的峰值流量 Q_2。通过现场调查堆积扇缘处公路涵洞的过流断面面积 $W_2 = 30 \text{m}^2$,沟道比降为 $J = 0.11$,按照泥石流流速经验公式计算流速 $V_2 = 2.2 \text{m/s}$,故可确定次一级支沟工程控制断面允许过流流量 $Q_2 = 66 \text{m}^3/\text{s}$,即支沟允许排泄泥石流流量。

H:由于 $Q_{T_1} < Q_2$ 时,经主沟拦挡和排泄后泥石流峰值流量 Q_{T_1} 小于允许通过次一级支沟工程控制断面过流流量 Q_2(也就是剩余泥石流全部能通过次一级支沟排泄工程向下游输移),则只采用次一级天然沟道就能满足分流排泄的剩余泥石流过流要求。

4)设计案例四

某泥石流沟流域面积为 16.35km^2,主沟长 7.23km,平均比降为 130‰。与案例一相同之处不再赘述,不同之处在于重点分析泥石流暴发频率为 200 年一遇情况下,基于泥石流流量沿程调配的泥石流防治工程规划和配置。具体步骤如下。

A:根据小流域水文计算方法(即配方法),确定 200 年一遇频率下泥石流峰值流量 Q_T。根据不同频率下泥石流容重统计关系,确定 200 年一遇泥石流容重为 $\gamma_C = 17.5 \text{kN/m}^3$;泥石流体重固体重度 $\gamma_S = 27 \text{kN/m}^3$,清水重度 $\gamma_W = 10 \text{kN/m}^3$,泥石流沟道堵塞系数 $D_U = 2.0$,按照小流域水文方法计算得到 200 年一遇清水流量 $Q_W = 150.2 \text{m}^3/\text{s}$,泥石流流量增加系数 $\varphi_C = (\gamma_C - \gamma_W)/(\gamma_S - \gamma_C) = 1.4$,则 200 年一遇泥石流峰值流量 $Q_{P=0.5\%} = Q_T = 325.45 \text{m}^3/\text{s}$。

B:如上所述,基于主沟输移能力和工程控制断面允许过流流量,确定可以通过主沟向下游排泄的泥石流峰值流量 $Q_1 = 118.8 \text{m}^3/\text{s}$。

C:由于 $Q_1 < Q_{P=0.5\%}$,则主沟允许排泄流量远远不能满足 200 年一遇泥石流过流流量要求,不能简单采用上述的拦挡、分流和排泄工程组合进行泥石流防治。

D：通过对出山口以上地形地质条件勘测，并考虑施工难易程度和经济技术可行性，确定修建谷坊和拦砂坝等拦挡工程数量、规模和位置，初步估算通过拦挡工程拦截的泥石流峰值流量 $Q_B = 0.8 Q_{P=5\%} = 87.04 \text{m}^3/\text{s}$。

E：由于满足 $Q_{P=0.5\%} = Q_T = 325.45 > Q_B + Q_1 = 87.04 + 118.8 = 205.84 \text{m}^3/\text{s}$，故需采用拦挡、排泄和多级分流工程组合进行泥石流防治。

F：根据泥石流流量沿程调配和供需平衡，步骤 A 得到 200 年一遇频率下泥石流峰值流量 $Q_T = 325.45 \text{m}^3/\text{s}$，步骤 B 得到通过排洪沟可向主沟排泄泥石流峰值流量 $Q_1 = 118.8 \text{m}^3/\text{s}$，步骤 D 得到通过拦挡工程后拦截的泥石流峰值流量 $Q_B = 87.04 \text{m}^3/\text{s}$，最终确定进入分流排泄的峰值流量 Q_{T_1}（即剩余泥石流），相应流量 $Q_{T_1} = Q_T - Q_1 - Q_B = 325.45 - 118.8 - 87.04 = 119.61 \text{m}^3/\text{s}$。

G：基于次一级支沟输移能力及其下游工程控制断面允许过流流量要求，确定可向次一级支沟排泄泥石流的峰值流量 Q_2。上述可知次一级支沟工程控制断面允许过流流量 $Q_2 = 66 \text{m}^3/\text{s}$，即支沟允许排泄泥石流流量。

H：由于 $Q_{T_1} > Q_2$ 时，经主沟拦挡和排泄后泥石流峰值流量 Q_{T_1} 大于允许通过次一级支沟工程控制断面过流流量 Q_2（也就是剩余泥石流全部能通过次一级支沟排泄工程向下游输移），确定向次二级支沟分流流量 $Q_{T_2} = Q_{T_1} - Q_2 = 119.61 - 66 = 53.61 \text{m}^3/\text{s}$，故需进行次二级分流以满足剩余泥石流顺利排泄。

重复步骤 G 和 H，基于次二级支沟输移能力及其下游工程控制断面允许过流流量要求，确定可向次二级支沟排泄泥石流的峰值流量 Q_3。通过现场调查次二级沟堆积扇缘处公路涵洞的过流断面面积 $W_3 = 32 \text{m}^2$，沟道比降为 $J = 0.09$，按照泥石流流速经验公式计算流速 $V_3 = 1.8 \text{m/s}$，故可确定次二级支沟工程控制断面允许过流流量 $Q_3 = 57.6 \text{m}^3/\text{s}$，即支沟允许排泄泥石流流量。由于 $Q_{T_2} = 53.61 < Q_3 = 57.6$，故经主沟拦挡和排泄以及次一级支沟分流后，剩余泥石流峰值流量 Q_{T_2} 小于允许通过次二级支沟工程控制断面过流流量 Q_3（也就是剩余泥石流全部能通过次二级支沟排泄工程向下游输移），故经过二级分流工程后可以满足泥石流过流要求。

4. 工程实施实例及效果

2015 年 7~8 月，新疆各地经历了一场持续时间长、影响范围广的高温天气，南疆部分地区气温达到了 45℃。中巴公路沿线持续的高温天气，导致冰川加速融化，为洪水泥石流的暴发提供了充足水源，加重了公路泥石流灾害。其中 K1608+500~K1608+600 处温泉三桥泥石流沟发生大型泥石流，造成阻塞桥涵和掩埋公路灾害。该段公路沿线右侧上游分布有多个水电站隧道支洞施工区，隧道弃渣未进行合理规划，随意弃至洞口，阻塞了原本流向温泉二桥的泥石流沟道，导致泥石流改道并在下游汇入流向温泉三桥的沟道。泥石流改道汇流，导致温泉二桥处无泥石流通过,而温泉三桥处超过了沟道及桥涵的排泄能力,最终造成温泉三桥处桥涵路基淤埋(图7.89)。

图7.89 中巴公路 K1608+500~K1608+600 段泥石流多级分流工程示意图

针对该处灾害成灾原因,基于多级分流理论,根据泥石现有流沟道特点进行相应调整分流改造,在分流点①处将泥石流大部分右支沟,减小流向左支沟的泥石流流量,缓解泥石流对温泉三桥的压力;在分流点②处重新沟通原有的流向温泉二桥的泥石流沟道,将部分泥石流引导至左支沟,最终通过温泉二桥排走;经过两级分流,有效地减小了温泉三桥处的泥石流流量,降低了其排泄压力,同时加强桥梁养护,目前桥梁运行状况得到有效的改善(图7.90)。

(a) 工程实施前(2016年)   (b) 工程实施后(2018年)

图7.90 分流排泄工程实施前后温泉三桥运行情况对比图

7.4.2 一种基于分流束流理论的山前公路水毁泥石流防治方法

1. 问题提出

由于研究区冰川泥石流规模大，常形成山前大范围的冲积扇，中巴公路常沿线山前冲洪积扇展布，而在春夏交替季节，大量冰雪融雪沿冲洪积扇呈片状乱流，常造成公路路基多点多段被淘蚀破坏，治理难度大且费用高。

为了防止和减弱山前冲积扇水流对公路路基的冲刷和淘蚀水害，在水流分流束流时需着重考虑山前水流的流量、流速以及山前坡降等因素，从而对河道水流进行引导和控制，降低水流对公路路基的直接冲刷以及对边坡的直接淘蚀作用。在充分利用河道和山前地势的基础上，对路侧导流坝及导流坝群进行合理建设和规划，实现对山前水流的引导，从而提出一种基于分流束流理论的公路水毁防治方法，控制水流的分流束流且减小其冲击破坏力，降低路基水毁风险，保障公路的安全畅通。

2. 方法内容

本方法是针对现今山前季节性融水冲刷范围广、破坏力大和防治困难等特点，以及现有导流坝建设无相应指导依据等，提出的一种基于分流束流理论的山前公路水毁泥石流防治方法，它是将传统导流坝加以规整化，以规范的形状和样式体系替代老导流坝的随意形状和修筑位置，实现对山前河流不同水势的情况进行不同形式的分流束流系统的规划，做到对公路路基及边坡的水毁防护，避免路基水毁治理不当而造成的公路的安全和通畅方面的问题。

本次提出的基于分流束流理论的山前公路水毁泥石流防治方法，其主要技术思想是：山前冲积扇河流往往具有不同的特性，如河流水流量、流速以及河流坡降等不同，并且河流的水势会随着季节出现大的变动，这些因素都会导致防治不当而引起公路安全问题和畅通受阻。在多重因素的促使下，选择在山前河流跨越公路时的分流束流体系（导流坝和导流坝群），通过单个导流坝及其组合进行公路水毁防治；在最大限度利用山前河流地势的基础上，根据不同水流特性和地势特征进行导流坝设计，从而体现分流束流防治理论。基于分流束流理论的山前公路水毁防治方法，对公路水毁防治工程体系进行合理规划和配置：①在山前河流坡降较大的情况下，水流的流速增大，水流对防护结构产生的冲击力加大，对导流坝分束流体系冲刷淘蚀破坏力很强，则可采用迎水面面积较小的"尖"形导流坝进行水毁防治；②河道水流量较大的时候，极易发生水流充盈河道的状况，采用"尖"形导流坝进行水流快速泄压，而水流量较小、水位低的情况下，则可采用防护距离较大的"椭圆"导流坝进行水流分束流引导和防护。

本书提出的基于分流束流理论的山前公路水毁防治方法,在最大限度利用山前河流各项基本特性的基础上,通过对不同山前河流水流量、水流流速和河道坡降等临界条件进行假定,选择相对应合适的防护类型和组合形式,以分流束流导流坝群体系对水流进行引导和调配,控制水流对山前公路的直接冲刷破坏。

导流坝包括两种样式,即尖形和椭圆形。椭圆形导流坝整体呈圆弧状,跨度大,一般适用于水流流速缓、坡降小的山前冲积扇,对水流起到束流作用;尖形导流坝整体形状呈大致对称的三角形,两坝脚的跨度间距小,适用于冲积扇水流流速快、坡降大的情形。两种导流坝的坝脚位置均同两桥涵的八字墙或锥坡等结构顺接,对公路、铁路等交通线路的路基起到冲刷保护作用。

根据当地水文历史资料,假定某处山前河道的河床糙率 n 一定,根据导流坝冲刷公式对其他的相关因素进行界定:

$$h_s = 1.45 \left(\frac{D_e}{h}\right)^{0.4} \cdot \left(\frac{v-v_0'}{v_0}\right) h C_m \tag{7.12}$$

式中,h_s 为导流坝端部局部冲刷深度,m;D_e 为上游导流坝头部端点至岸边距离在垂直水流方向的投影长度,m;h 为导流坝端部冲刷前水深,m;v 为导流坝端部冲刷前的垂线平均流速,m/s,无实际资料时,可用谢才公式计算;v_0 为河床泥沙起流速度,m/s;v_0' 为坝头泥沙起动速度,m/s,$v_0' = 0.75\left(\frac{d}{h}\right)^{0.1} v_0$;$C_m$ 为边坡减冲系数,$C_m = 2.7^{-0.2m}$,m 为边坡系数。

通过导流坝局部冲刷公式发现,局部冲刷深度与诸多因素相关,除个别的泥沙土质因素外,主要和导流坝的形态大小、山前冲洪积扇的地形坡度因素驱使的水流流速和河道水深相关联。故选取相关的临界水流速度、河道临界水深和河道临界坡度为研究参数,进行验证。

与式(7.12)相类似,涉及冲刷深度同流速和水深相关,也提到与导流坝的平面形状有关,说明了不同导流坝的防护性能不一,选择良好的导流坝类型对于公路水流冲刷破坏防治有着重大的作用,故本方法有一定的开拓意义。具体的防治类型选择步骤如下。

(1)针对单一导流坝形式,季节性河流在水势大的时候,河水充盈河道,水流量较大,河道水位高。当河道水位高于临界水高度位 H_1 时,需要及时将水流从公路一侧排泄至另一侧,应采用尖形导流坝进行水流分流引导跨越公路,减少导流坝的迎水面积从而快速分流;水位高度在 $0 \sim H_1$ 时,可采用椭圆形导流坝进行水流的分束流。

(2)针对单一导流坝形式,假定水流量一定,若近公路处的山前河流水流速度大于临界水流速度 V_1,即冲击到导流坝上的水流流速很大,侧面也反映出山前坡度很大的对应关系,坡度大于临界坡度 A_1,水流在流动的过程中会产生一个加速度 a_1,该水流流速一旦超出使导流坝产生破坏的临界流速,便会对导流坝产生破坏作用而直接威胁到公路边坡和路基,从而影响公路的安全畅通。

(3)临界水流速度、河道临界水深两条件均存在时,对于导流坝的类型选择应满足表 7.22 中的对应关系。

表 7.22　导流坝选型参考表 1

水深/m ＼ 流速/(m/s)	1	1.5	2	2.5	3	3.5	4	4.5	5	5.5	6	6.5
0.25	B	B	B	B	B	B	B	B	A			
0.5	B	B	B	B	B	B	B	A	A	A		
0.75	B	B	B	B	B	B	B	A	A	A		
1	B	B	B	B	B	B	A	A	A	A	A	
1.25	B	B	B	B	B	A	A	A	A	A	A	A
1.5	B	B	B	B	A	A	A	A	A	A	A	A
1.75	B	B	B	A	A	A	A	A	A	A	A	A
2	B	B	B	A	A	A	A	A	A	A	A	A
2.25	B	B	B	A	A	A	A	A	A	A	A	A
2.5	B	B	A	A	A	A	A	A	A	A	A	A
2.75	B	B	A	A	A	A	A	A	A	A	A	A
3	B	B	A	A	A	A	A	A	A	A	A	A

注:A 表示尖形导流坝,B 表示椭圆形导流坝;山区河流水位高度深、流速大,某些河段可高达 6~8m/s

(4)临界水流速度、河道临界坡度两条件均存在时,对于导流坝的类型选择应满足表 7.23 中的对应关系。

表 7.23　导流坝选型参考表 2

水深/m ＼ 流速/(m/s)	1	3	5	7	9	11	13	15	17	19	21	23
0.25	B	B	B	B	B	B	B	B	A	A	A	A
0.5	B	B	B	B	B	B	B	A	A	A	A	A
0.75	B	B	B	B	B	B	A	A	A	A	A	A
1	B	B	B	B	B	A	A	A	A	A	A	A
1.25	B	B	B	B	A	A	A	A	A	A	A	A
1.5	B	B	B	B	A	A	A	A	A	A	A	A
1.75	B	B	B	A	A	A	A	A	A	A	A	A
2	B	B	B	A	A	A	A	A	A	A	A	A
2.25	B	B	A	A	A	A	A	A	A	A	A	A

续表

水深/m \ 流速/(m/s)	1	3	5	7	9	11	13	15	17	19	21	23
2.5	B	B	A	A	A	A	A	A	A	A	A	A
2.75	B	B	A	A	A	A	A	A	A	A	A	A
3	B	B	A	A	A	A	A	A	A	A	A	A

注：A 表示尖形导流坝，B 表示椭圆形导流坝；山区河流坡降大，多在 1‰ 以上，而山前河流地势落差极大，山前 5km 内最大落差可达 150m，比降为 30‰ 左右。

(5) 在分流束流导流坝群体系中，针对坡降很大的冲积扇上多条水流跨越公路的情况，应设多个桥涵结构排泄水流，采用尖形导流坝及其导流坝群进行水流分流排导，如图 7.91 所示。

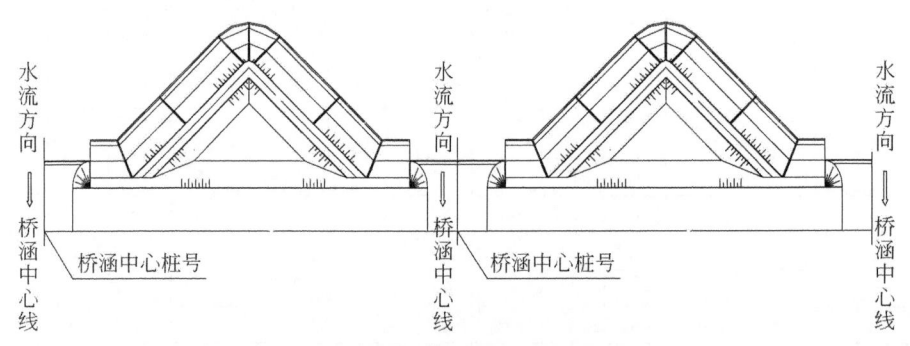

图 7.91 分流束流导流坝群体系组合样式 1

(6) 在分流束流导流坝群体系中，面对地势平缓的宽广冲积扇，也应设多个桥涵结构，采用椭圆形导流坝群进行水流的束流，最终使多条水流汇到相近的一处桥涵穿过公路结构，如图 7.92 所示。

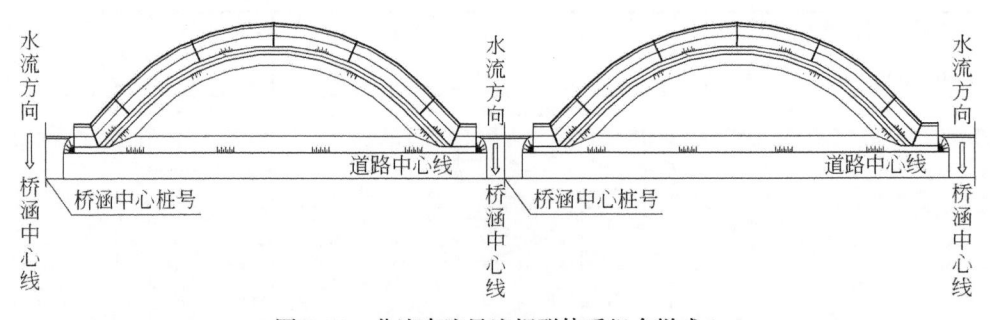

图 7.92 分流束流导流坝群体系组合样式 2

(7) 在分流束流导流坝体系中，单一因素变量改变的情况可采用单一类型的导流坝群进行防治。在坡降较大的区域采用尖形导流坝进行水流分流,而对于坡降平缓的水流处采用椭圆形导流坝进行水流汇集至桥涵通道,采用以上两种导流坝相结合的体系,可以很好地进行公路水毁防治,如图7.93所示。

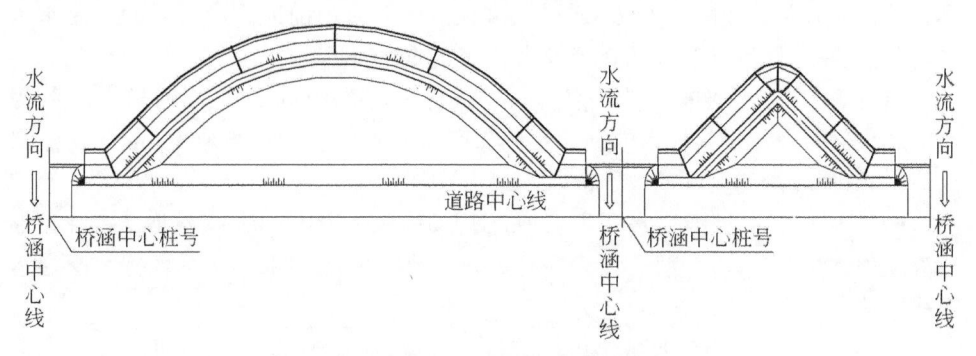

图7.93 分流束流导流坝群体系组合样式3

上述步骤中,H_1是衡量山前河流水流量大小的指标——临界水位高度(针对不同宽度大小的河道而言,采用水位高度更能体现当前河道的水势),在导流坝防治体系中,导流坝的高度一般设置为高于设计洪水位但一般不超过历史最高洪水位,可见公路边坡、路基等结构在遇到如30年一遇最大洪水位时仍会直接面临水流的冲击。V_1为山前河流的临界流速,当河流的水流流速大于临界流速V_1时,一般产生较大的冲刷。A_1为山前河流的河床纵向临界坡度,当河流坡度大于A_1时,为减小防护结构的破坏风险应采用尖形导流坝进行河道水流分流,减少防护结构的迎水面面积,否则可采用椭圆形进行山前河流分汇流。

按照导流坝规范进行设计,坝顶B_1可取$2\sim2.5m$,坝身左右两侧坡降$1:m_1$和$1:m_2$均为$1:1\sim1:2$,其中迎水面设置混凝土预制板b_1为$0.1\sim0.15m$以及砂砾垫层b_2为$0.1\sim0.15m$。导流坝总高度H为$2.5\sim3.5m$,迎水面分为地表部分H_1和地下部分H_2,H_1取$1\sim1.5m$,H_2取$1.5\sim2m$;位于地面以下部分的下方设C30现浇混凝土基础,基础顶面宽B_2为$0.5m$,底面宽B_4为$0.7m$,高度h为$0.6m$。针对尖形导流坝,头部圆弧半径R_1为$0.1\sim0.2m$,可充分避免水流湍急破坏导流坝端部,椭圆汇流坝的大跨度圆弧半径可视工程情况而定。导流坝直墙段L_1同道路夹角α一般取$45°$左右。导流坝护坡每隔$10\sim15m$设伸缩缝,缝宽$0.02m$,用沥青麻絮填塞。所述拦水汇流坝坝身可采用浆砌片石和混凝土等材料进行砌筑,混凝土标号一般为C20、C25或C30等,浆和混凝土预制板,坝脚基础采用现浇混凝土砌筑。

3. 工程设计案例

1) 设计案例一

某地区山前冲积扇有多条河流流经,季节性明显,盈水期水流溢满河床,枯水期水流稀疏改道。经测算,冲积扇总宽度约10.5km,选取一条典型河流为例,它的河道近导流坝处高程为227m,距离路基5km处海拔为328m;近导流坝处河床水深测得最大为1.3m左右,水流流速较快,测得为4.5m/s。采用本书的基于分流束流理论的山前公路水毁防治方法,通过导流坝群体系对山前冲积扇河流的公路水毁进行防治,具体导流坝样式的选择及组合形式的判断步骤如下。

(1)经计算,选取的山前河流5km河道落差为101m,故平均河道坡降约为20.1‰。根据测算资料提供的河床水流深度为1.3m左右,计算取1.3m为河流水深值;水流速取测的实际值4.5m/s。

(2)据表7.23,当河床水深为1.3m,地形坡降为20.1‰时,应选取A——尖形导流坝进行河流分束流规划,以免使防护设施遭到水流冲刷破坏,从而保护交通运输线路的安全。

(3)据表7.22,当河床水深为1.3m,河道水流流速为4.5m/s时,也应选取A——尖形导流坝进行河流分束流冲刷防治。

如图7.94~图7.96所示,山前冲积扇河流纵比降为30‰左右,水流深度在1.5m以上,水流湍急,流速大于3m/s。采用导流坝形式进行水流冲刷防护,按照资料推荐采用尖形导流坝,可减少水流冲刷破坏作用。

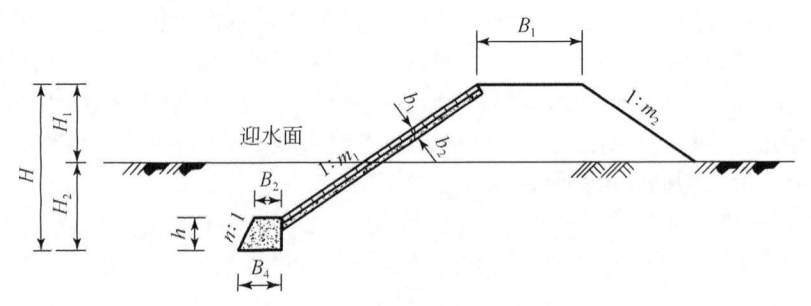

图7.94 导流堤横断面图

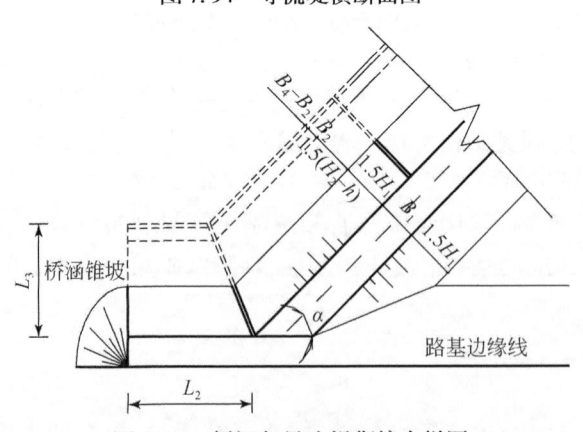

图7.95 桥涵与导流堤衔接大样图

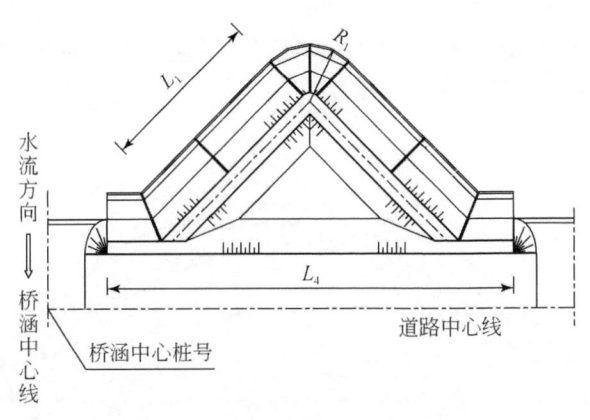

图 7.96 锥尖形导流堤平面布置图

在山前河流跨越公路路基处,修建尖形导流坝。导流坝坝脚接公路桥涵"八字墙"或锥坡,使水流无法直接冲蚀公路路基。导流坝总高度 H 为 3.5m,地表部分 H_1 为 1.5m,地下部分 H_2 高为 2m,故迎水面基础底面深度为 2m,迎水面基础尺寸为:顶部 B_2 为 0.5m,底部 B_4 为 0.7m,高度 h 为 0.6m,且在迎水面侧设有 $n:1$ 的坡度比降为 3:1。导流坝坝顶宽度 B_1 为 2.5m,迎水面设砂砾垫层后 b_1 为 0.1m,砂砾垫层下方铺设 M10 沙浆砌筑 C30 混凝土预制板厚度 b_2 为 0.1m。导流坝坝身两侧比降 $1:m_1$ 和 $1:m_2$ 均为 1:1.5。

图 7.95 中,L_2 为 5m,锥坡侧导流坝水流方向长度 L_3 为迎水面水平长度与基础顶面之和[即 $1.5H_1+1.5(H_2-h)+B_4=5.05m$],导流坝直墙段 L_1 同道路夹角 α 为 45°,直墙段 L_1 长 45m,L_4 长 100m,尖形导流坝端部最大半径 R_1 为 6.3m。

2)设计案例二

某山前区域有多条河流流经交通运输线路,河流水量较大。选取其中一条典型河流为例计算,它的河道 5km 平均纵坡比降为 30.1‰ 近导流坝处河床水深测得最大为 2.1m 左右,水流流速较快,测得为 6m/s。具体导流坝样式的选择及组合形式的判断步骤如下。

(1)根据给定数据,选取的山前河流 5km 河道纵坡比降为 30.1‰,河床水流深度为 2.1m;水流速取测的实际值 6m/s。

(2)据表 7.23,当河床水深为 2.1m,地形坡降为 30.1‰ 时,应选取 A——尖形导流坝进行河流分束流规划,减小水流的冲刷作用和破坏力。

(3)据表 7.22,当河床水深为 2.1m,河道水流流速为 6m/s 时,也应选取 A——尖形导流坝进行河流分束流冲刷防治,对于此处存在多条河流类似情况,可采用尖形导流坝群进行水流的分流排导。

如图7.94、图7.95、图7.97所示,针对山前冲积扇河流纵比降为10‰左右,水流深度在1m以下,水流平缓,季节性枯水明显,流速为2~3m/s。采用导流坝形式进行水流冲刷防护,按照资料推荐采用椭圆形导流坝,对水流进行大面积汇集,从而通过公路桥涵。

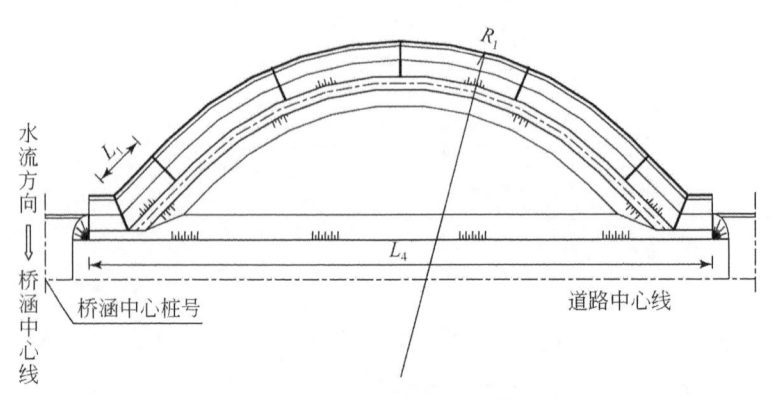

图7.97 椭圆形导流堤平面布置图

在山前河流跨越公路路基处,修建椭圆形导流坝。与典型案例一中相同的尺寸设计在此不做赘述。

导流坝直墙段 L_1 同道路夹角 α 为45°,直墙段 L_1 长15m,L_4 长300m,尖形导流坝端部最大半径 R_1 为51.1m。

4. 工程实施实例及效果

中巴公路奥布段K1575~K1580段公路因绕避坡面型泥石流群,将公路改线至原路线的河对岸,该段为山前冲洪积地貌,局部存在泥石流及山洪危险,其中在K1579+400~K1579+800段存在山洪乱流现象,在春夏交替季节,大量冰雪融雪沿冲洪积扇呈片状乱流,常造成公路路基多点多段被淘蚀破坏,治理难度大且费用高。

针对公路灾害现状,采用以上所述基于分流束流理论对山前公路水毁泥石流进行防治(图7.98和图7.99),根据实际地形建立3个导流堤,2处涵洞进行泥石流汇流排导,目前导流堤及涵洞运行状况良好。

7.4.3 一种组合式泥石流梯级浅槛群

1. 问题提出

目前泥石流工程措施中浅槛是一种最普遍且实用的工程措施。在新疆山区经

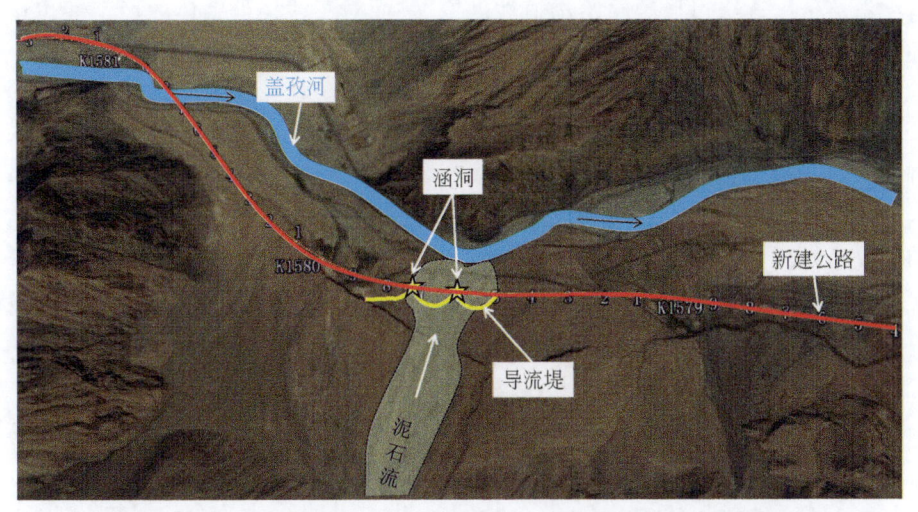

图 7.98　中巴公路 K1579+400～K1579+800 段山前导流工程示意图

图 7.99　中巴公路 K1579+700 处山前分流导流工程效果

常发生雨洪泥石流及冰川泥石流,因地质因素影响经冲淤后形成了很多天然的浅槛,经研究发现在天然浅槛出现的区域泥石流破坏现象得到了改善,证明了其应用价值。但现有技术中的泥石流浅槛无法有效消减泥石流部分能量、减缓泥石流与大块石对槛体的冲击力、降低对泥石流沟道侧壁的损坏,使用年限和寿命短。

2. 方法内容

本次提出组合式泥石流梯级浅槛群的目的就是针对现有技术的不足,提供一种具有消能作用、抗泥石流和大块石冲击、槛体自身稳定性强的组合式泥石流梯级浅槛群,以有效消减泥石流部分能量,减缓泥石流与大块石对槛体的冲击力,减小拦挡主体的损坏,泥石流通过第一级浅槛体系后能增强浅槛群整体的稳定性,且随着泥石流依次逐级过槛后原始沟道坡度变缓,而对于浅槛群整体的稳定性也逐步加强,可达到提高浅槛群使用年限和寿命的目的。

本方法提供了一种组合式泥石流梯级浅槛群,包括 n 级浅槛体系。各级浅槛体系由浅槛基础、浅槛主体、两个侧翼边墙基础和两个侧翼边墙主体,浅槛主体及侧翼边墙主体下表面均与浅槛基础及侧翼边墙基础的上表面连接,第一级浅槛体系的浅槛主体形成迎水面,且迎水面设置了溢流段和非溢流段两部分,在浅槛主体两侧又分别设置侧翼边墙。

(1) 浅槛主体的溢流段与非溢流段之间有高差,溢流段的高度 h_5 小于非溢流段的高度 h_2,溢流段高度 h_5 与非溢流段高度 h_2 相差三分之一。

(2) 浅槛主体的溢流段选用大颗粒填料,非溢流段选用小颗粒填料。

(3) 每一级浅槛体系的浅槛与边墙之间有高差,浅槛的高度 h 大于边墙高度 h_6,边墙高度 h_6 与浅槛高度 h 相差四分之一。

(4) 每一级浅槛体系中的最小竖向高度大于或等于 1.5m,厚度大于或等于 1m。

(5) 自上而下的第一级浅槛体系所在原始沟道底部的迎水面坡比为 1:1.0 至 1:1.5,而背水面的坡比为 1:1.8 至 1:4。

(6) 浅槛主体的高度 h_2 为侧翼边墙基础的竖向高度 h_1 的 3 倍,侧翼边墙长度 L 为浅槛主体高度 h_2 的 6~8 倍,侧翼边墙厚度 b_3 与浅槛厚度 b 在一般情况下是保持一致的,在大型泥石流山谷地带浅槛厚度 b 可为侧翼边墙厚度 b_3 的 2 倍。

3. 实施案例

本方法提供了一种组合式泥石流梯级浅槛群,由 n 级浅槛体系组合而成,各级浅槛体系包括浅槛基础、浅槛主体、侧翼边墙基础和侧翼边墙主体,所述浅槛主体及所述侧翼边墙主体的下表面均与浅槛基础和边墙基础的上表面连接,所述梯级浅槛群的迎水面是由各级浅槛体系中的浅槛主体形成,且所述浅槛主体是由溢流段和非溢流段组成,所述溢流段是由填充大颗粒填料的铅丝石笼箱组成,并与所述由填充小颗粒填料的铅丝石笼箱组成的非溢流段紧固连接,所述浅槛主体与所述两个侧翼边墙之间也是紧固连接的,所述各级浅槛体系之间也是依次紧固连接。下面,通过具体的实施例进行说明。

参考图 7.100~图 7.103,新疆山区某泥石流沟流域面积约 5.2km²,主沟长度约 4.3km,最高高程约 1601.0m,沟口 287.0m,相对高差约 1314.0m,沟内为砂性水石流。为防止泥石流灾害,沟内修建组合式泥石流梯级浅槛群,针对浅槛群的具体参数及实施方式如下:

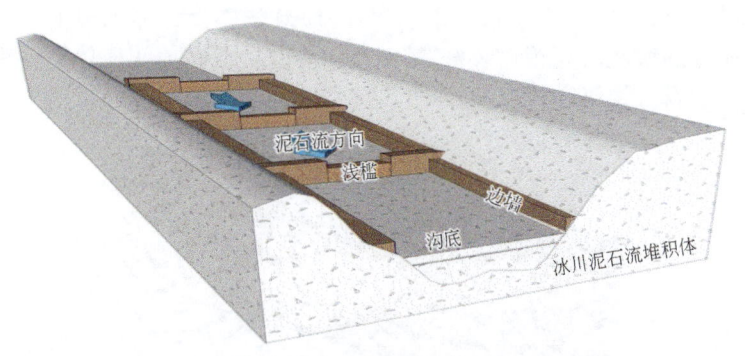

图7.100　组合式多级浅槛群泥石流防治示意图

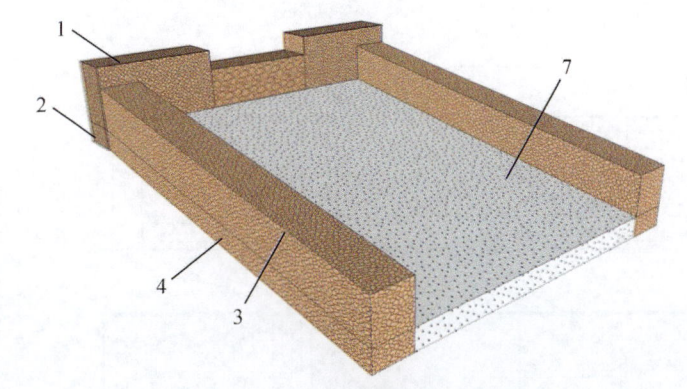

图7.101　浅槛及侧翼边墙立体图

图 7.101~图 7.103 中标号如下：1. 浅槛主体；2. 浅槛基础；3. 侧翼边墙主体；4. 侧翼边墙基础；5. 溢流段；6. 非溢流段；7. 沟道底部；8. 主体与基础分界线；h. 浅槛高度；h_1. 浅槛基础高度；h_2. 非溢流段高度；h_3. 侧翼边墙基础高度；h_4. 边墙主体高度；h_5. 溢流段高度；h_6. 侧翼边墙高度；b. 浅槛厚度；b_1. 浅槛宽度；b_2. 溢流段宽度；b_3. 侧翼边墙厚度；L. 侧翼边墙长度；θ. 泥石流沟道纵坡坡度

根据泥石流的沟道（约 10.0m）情况，设计各级浅槛体系中的浅槛高度 h 约 2.0m，浅槛有效厚度 b 约 1.0m，溢流段宽度 b_2 约 3.0m，非溢流段对称分布且宽度 b_3 约 3.5m，边墙高度 h_6 约 1.5m，根据边墙长度 L 与浅槛高度 h 之间满足的关系可得 L 约 8.0m；迎水面的坡比为 1∶1.5，背水面的坡比经改善后为 1∶4，根据相对高差及沟道实际概况控制浅槛群的级数，在该沟道中设置 100 级浅槛体系。

在组合式泥石流梯级浅槛群铺设前对原始沟道进行简单的整平，然后根据浅槛基础及边墙基础的高度进行简单的挖槽，保证浅槛两端及侧翼边墙紧贴原始沟道侧壁，防止漏浆情况的出现。首先，在挖好的基槽上铺设铅丝石笼箱，并将各部分之间紧固连接，然后就地取材将石块填进绑扎好的铅丝石笼箱内，但应区分石块的粒径,保证溢流段内填筑的石块为大粒径,而其余部分全部选用小粒径的石块,最后将填充好的铅丝石笼箱封装好;按照以上步骤逐级完成浅槛体系的组装,最后形成组合式泥石流梯级浅槛群。

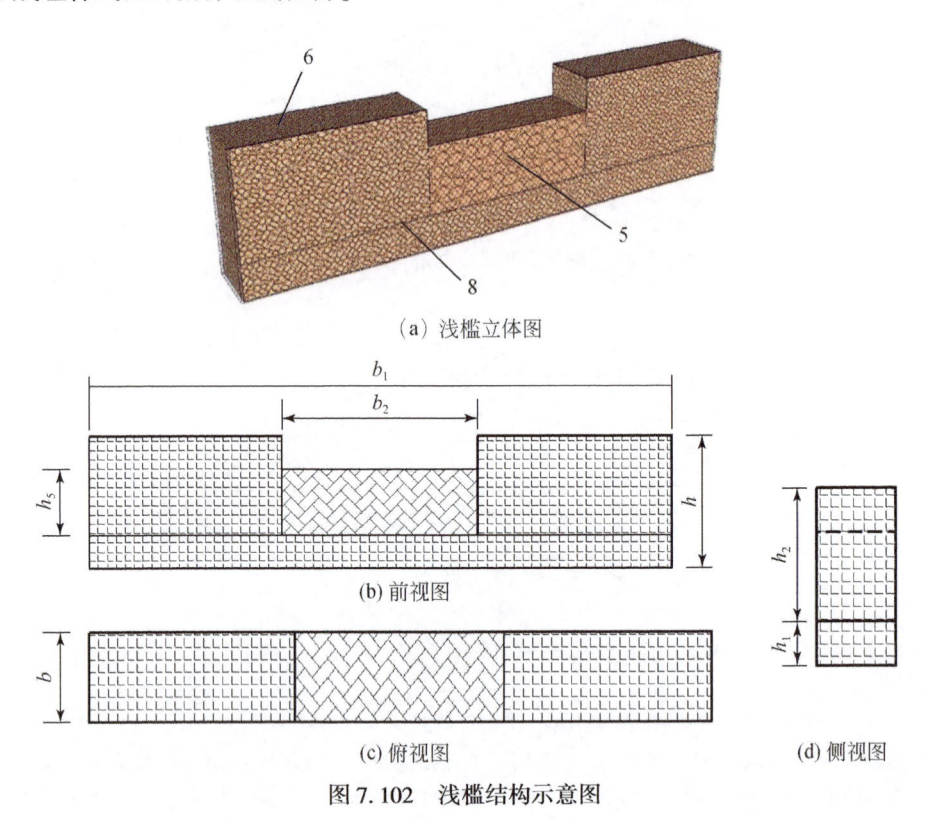

(a) 浅槛立体图

(b) 前视图

(c) 俯视图

(d) 侧视图

图 7.102　浅槛结构示意图

7.4.4　一种沉砂池+桥涵组合泥石流防治方法

1. 问题提出

在公路建设过程中,由于受到地形的限制线路不得不穿过泥石流多发的地区,在泥石流发生时,如何有效地避免、减小泥石流对道路造成整体或局部破坏,来保障公路的安全畅通这一问题亦成为关注焦点。公路线路一般穿过泥石流的堆积区,以往的泥石流防护工程治理措施顶越式排导结构(渡槽)存在施工造价较高,施工场地条件不足的问题。针对这一问题,提出一种沉砂池+桥涵的组合结构,在减小造价的基础上,降低泥石流对公路安全畅通的影响。

(a) 侧翼边墙体图

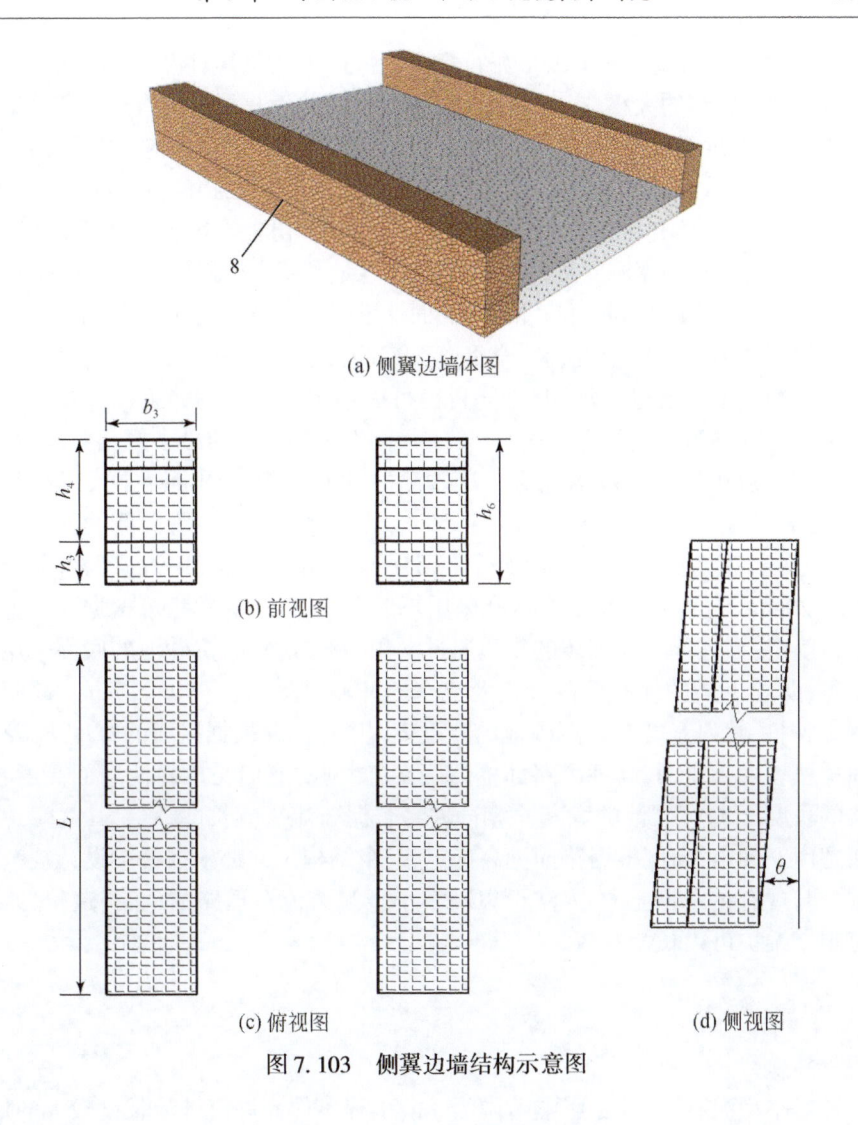

(b) 前视图

(c) 俯视图

(d) 侧视图

图 7.103 侧翼边墙结构示意图

2. 方法内容

针对现有技术的不足,提出一种泥石流沉砂池+桥涵组合防护方法,是将沉砂池与桥涵结构进行组合防治泥石流对公路的危害,利用沉砂池的消力作用将泥石流的冲击势能消解,使泥石流挟带的固体物质沉积下来,水经过设置好的涵洞和桥梁排出,当沉砂池沉积的固体物质较多时,利用机械进行清淤,这样使得该防护组合能长期有效。

具体方法是在公路经过泥石流地段,根据泥石流发生的大小情况,设置沉砂池+涵洞组合结构或者沉砂池+桥梁组合结构,两者的组合既可以消除泥石流中固体对道路的冲击和掩埋又可以将泥石流中的水排出避免其对道路的危害。沉砂池的宽度根据泥石流的大小、速度、工程条件确定,其长度是根据泥石流沿路线的影响范围确定,其宽度至少不能小于下落的泥石流直接冲击到公路结构的安全距离,当宽度较小时,为了减小沉积物对涵洞的淤积,可以设置挡渣板,挡渣板下部设置排水洞,使得水体排出。涵洞(桥梁)的宽度与沉砂池的长度相同,高度由路面标高确定。沉砂池的两侧的挡板与涵洞连接,增大沉砂池的容量及减小沉积物的影响范围,引导水通过涵洞排出,沉砂池的底面与涵洞的底面处于同一平面,易于水的排出。

在泥石流下流的坡上设置一个垂直下流的台阶高度 H 为 $3\sim5m$,该台阶开挖后能够自稳则不需要进行加固,不能自稳可以用浆砌片石的挡土墙进行支挡。台阶下部设置沉砂池,其长度 L_c 为 $2\sim4m$,其小值与高度 H 的最小值相对应,其宽度 b_c 结合泥石流沟的影响范围确定。沉砂池的侧面挡板采用混凝土或浆砌片石材料,高度 H_c 为 $1\sim1.5m$,厚度 t_1 为 $5\sim15cm$,其长度自下落台阶两侧的斜坡至涵洞1/3 高度处。正面挡板采用混凝土或浆砌片石,高度与侧面挡板高度相同,厚度 t_2 为 $10\sim20cm$。正面板下部的排水孔采用矩形形式,大小和数量可根据降水量的大小进行确定,尽可能减少固体的物质通过淤积涵洞或桥梁,沉砂池的底部采用混凝土材料,防止下落的泥石流的冲击及流水的冲刷,厚度 t_3 为 $10\sim20cm$。涵洞采用混凝土材料,其内宽度 b_h 与沉砂池的宽度 b_c 相同,长度根据路面的宽度 L_1 及路堤侧面边坡坡度确定,其高度由路面标高确定,涵洞的底面与沉砂池底面高度相同。桥梁的长度 L_q 与沉砂池的宽度 b_c 相同并结合泥石流影响长度确定,其宽度 b_q 根据路面宽度 b_1 确定,高度根据路面标高确定,其余结构尺寸都根据桥梁设计规范进行设计。与现有技术相比,本方法可以减小小型泥石流对道路的危害,造价低,经过人工定期维护可以长期有效。

3. 工程设计案例

1)设计案例一

针对小型泥石流,公路影响范围为 3m,工程条件允许沉砂池长度较大的情况。首先施工泥石流下落的台阶,台阶的边坡整治完成后,再施工涵洞,使得泥石流下落的方向与涵洞排水方向一致,根据涵洞和台阶边坡的位置施工沉砂池侧面挡板,侧面挡板的外侧与涵洞的内侧处于同一平面,最后整平底面使得沉砂池与涵洞的底面处于同一水平面(图 7.104)。

泥石流的下落高度 H 为 3m,路面宽度 b_1 为 7m,沉砂池的长度 L_c 为 3m,宽度 b_c 为 3m,两侧的挡板采用混凝土材料,高度 H_c 为 1m,厚度 t_1 为 8cm,沉砂池底板为混凝土材料,厚度 t_3 为 15cm;涵洞采用混凝土材料,长度 L_h 为 7.5m,宽度 b_h 为 3m,高度 H_h 为 2m。

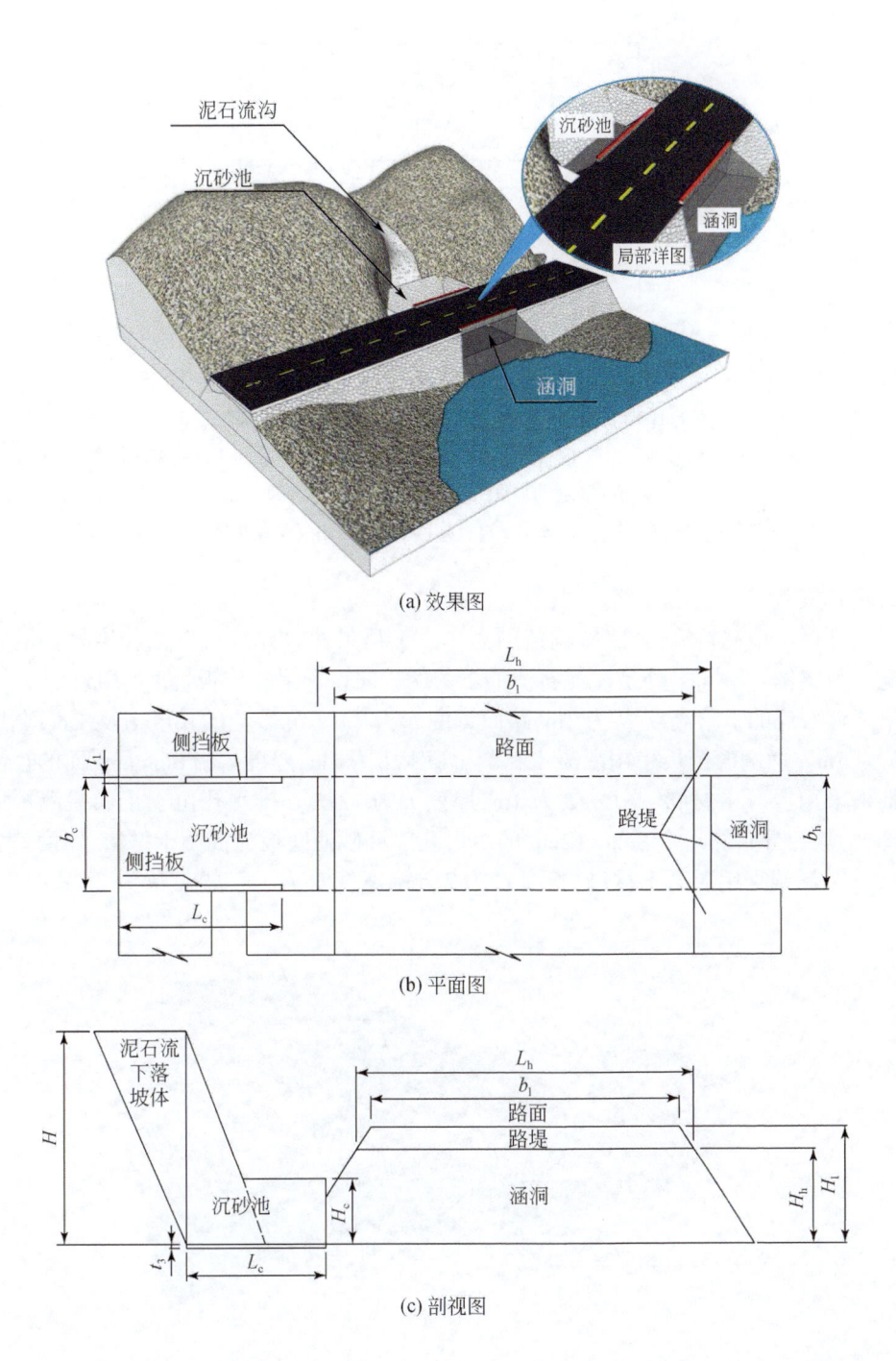

第 7 章 冰川泥石流工程治理关键技术研究

(a) 效果图

(b) 平面图

(c) 剖视图

(d) 正视图

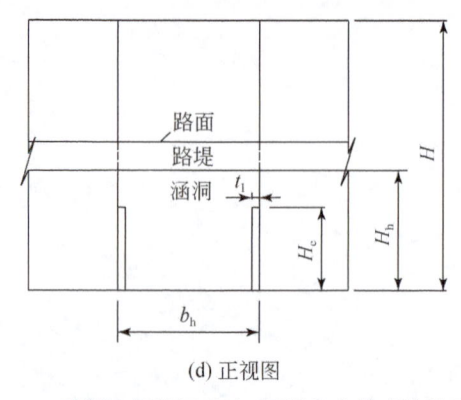

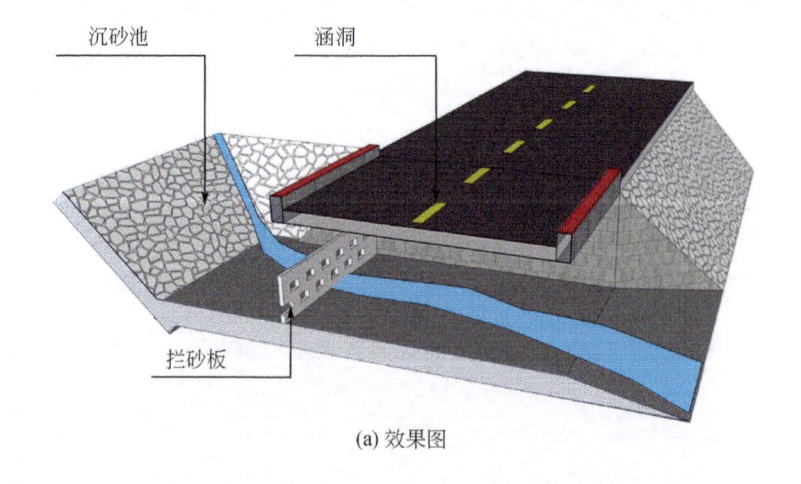

图 7.104　无拦渣板的沉砂池+涵洞组合模式结构示意图

图 7.104~图 7.106 中标号如下：H. 泥石流下落高度；H_c. 沉砂池侧挡板和正面挡板的高度；H_h. 涵洞高度；H_q. 桥梁高度；t_1. 沉砂池侧面挡板厚度；t_2. 沉砂池正面挡板厚度；t_3. 沉砂池底面厚度；L_c. 沉砂池长度；L_h. 涵洞长度；L_q. 桥梁长度；b_h. 涵洞内宽度；b_q. 桥梁宽度；b_l. 路面宽度

2) 设计案例二

针对小型泥石流,公路影响范围为 3m,工程条件只允许沉砂池长度较小的情况。与案例一不同之处是在泥石流的下落的方向设置了拦渣板(图 7.105)。

泥石流的下落高度 H 为 3m,路面宽度 b_l 为 7m。沉砂池的长度 L_c 为 2m,宽度 b_c 为 3m。两侧的挡板采用混凝土材料,高度 H_c 为 1m,厚度 t_1 为 8cm。正面的拦渣挡板采用混凝土材料,高度 H_c 为 1m,厚度 t_2 为 12cm。排水孔位于正面拦渣板底部,为均匀分布的 4 个 8cm×12cm 的矩形孔。沉砂池底板为混凝土材料,厚度 t_3 为 15cm。涵洞采用混凝土材料,长度 L_h 为 7.5m,宽度 b_h 为 3m,高度 H_h 为 2m。

(a) 效果图

(b) 平面图

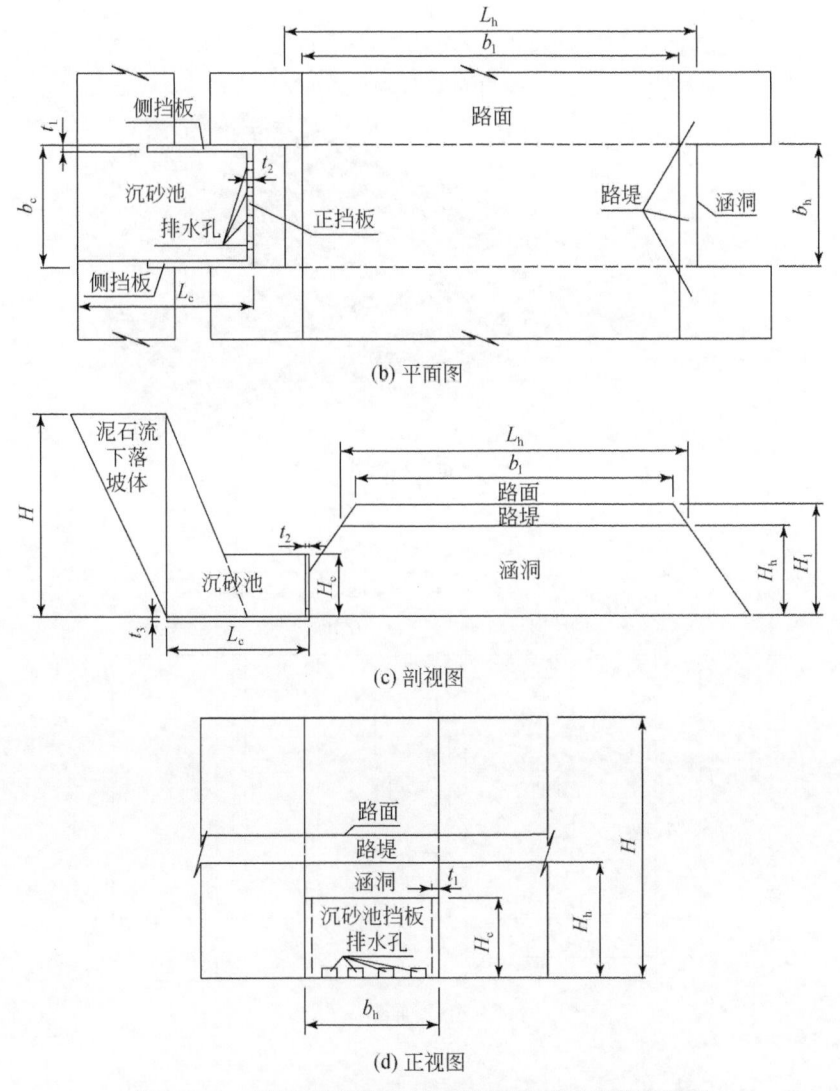

(c) 剖视图

(d) 正视图

图 7.105　有拦渣板的沉砂池+涵洞组合模式结构示意图

3）设计案例三

针对小型泥石流，公路影响范围为 8m；与案例一不同之处是泥石流影响范围大，涵洞跨度达不到时，采用桥梁结构通过（图 7.106）。

泥石流的下落高度 H 为 4m，路面宽度 b_1 为 7m。沉砂池的长度 L_c 为 3m，宽度 b_c 为 10m。两侧的挡板采用混凝土材料，高度 H_c 为 1.5m，厚度 t_1 为 10cm。沉砂池底板为混凝土材料，厚度 t_3 为 15cm。桥梁采用预应力混凝土空心板桥，长度 L_1 为 10m，宽度 b_h 为 7m，高度 H_h 为 3m。

(a) 效果图

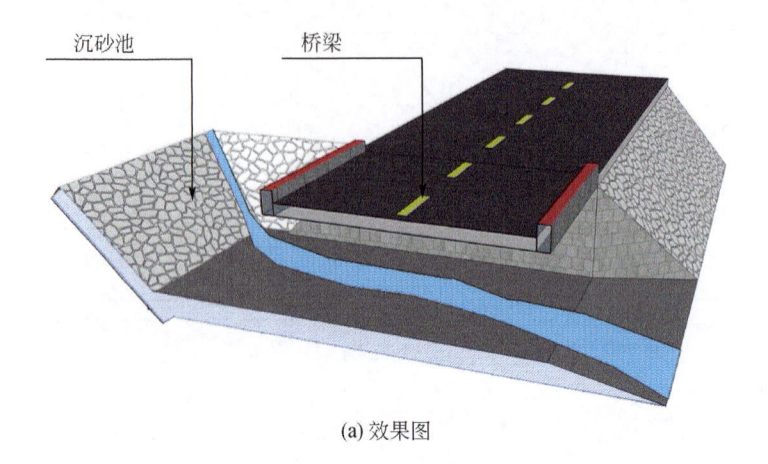

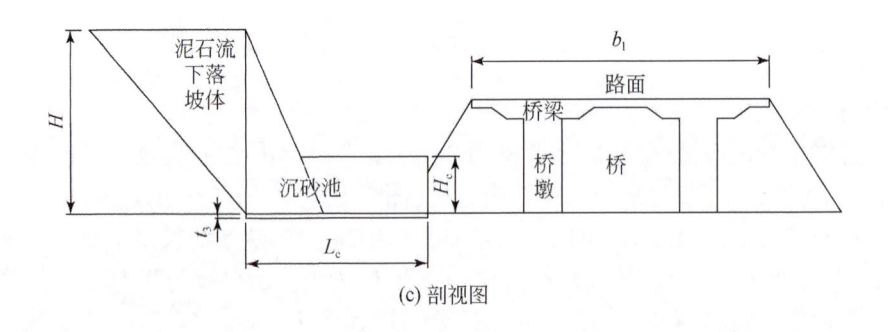

(b) 平面图

(c) 剖视图

(d) 正视图

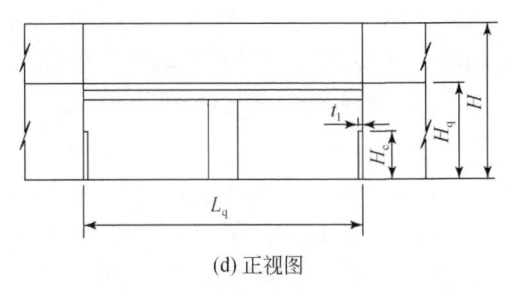

图 7.106　无拦渣板的沉砂池+桥梁组合模式结构示意图

7.4.5　一种用于增强路肩墙稳定的侧翼基础防冲加固结构

1. 问题提出

由于受地形地貌条件限制,山区公路常常依山傍河而建,而沿线河流均具有山区河流水文特性,洪水汇流时间短、传递速度快、水流湍急,极易形成峰高量大的洪水过程,对沿河路基下边坡侧蚀冲刷和淘蚀下切严重,路肩墙侧翼基础是易受冲刷破坏的首要位置。另外,路肩墙常常修建于河床质上,其磨圆度较高,洪水期间河道砂卵石极易被湍急水流淘蚀带走,造成侧墙基础出现差异沉降变形,再加上路面重车动荷载的叠加作用,易造成路肩墙发生倾倒滑移破坏。在高温、降水多的 5~9 月,公路水毁常常呈现多点齐发的特点,抢险难度大且时间长,增加了工程量和费用以及相应的断道阻车时间,给公路的建设和养护带来极大难度和巨大损失。综合分析路肩墙结构和材料特性、水流冲刷侵蚀力、路面动荷载和破坏方式等作用,路肩墙侧翼基础是其抗冲刷侵蚀和抗滑抗倾覆的关键部位,对公路路基和路面的安全及稳定起着至关重要的作用。

如何有效地避免、控制水流对路肩墙基础冲刷而造成整体或局部失稳变形破坏,来保障公路的安全畅通这一问题亦成为关注焦点。以往路肩墙往往采用常规的俯斜直背形式,在结构设计中要么考虑成本控制、就地取材和施工便利性等因素,采用浆砌石结构或抛石混凝土分层浇筑形式,其整体性较差;要么处于安全因素考虑,采用钢筋混凝土结构,增大断面尺寸和基础埋深,造成工程成本太高。因此,亟须一种新型技术以应对高速水流冲刷侵蚀基础的问题,控制减小其破坏力,增加其抗滑抗倾覆能力,提高其安全系数,降低风险,保障公路的安全畅通。

2. 方法内容

本方法的目的就是针对现有技术的不足,提供一种公路路肩墙侧翼基础防冲加固方法,将基础和墙体连为一个整体、改变墙体直背形式、利用墙趾踵处双 L 型梁式齿墙基础对路肩墙侧翼基础进行防冲加固,通过改变局部基础结构形式而增加路肩墙的抗冲刷侵蚀性,通过优化断面结构形式提高路肩墙的整体稳定性,避免因路肩墙局部破坏而危及整段路肩墙和路基路面的安全,充分保障公路路肩墙支撑和拦挡功能的正常发挥。

  本方法提出的公路路肩墙侧翼基础防冲加固方法,在路肩墙两侧底部均设有L型梁式齿墙基础对路肩墙基础进行防冲加固,双L型梁式齿墙基础与路肩墙侧翼底部相连接,使二者形成一个统一的整体,同时,将路肩墙内侧面优化为折线形式,外侧面呈直线形式。双L型梁式齿墙基础分别布设于路肩墙的墙趾和墙踵处,主要由齿墙和承压板两部分构成,齿墙位于承压板下方,且齿墙顶面与承压板底面部分相叠,其中墙趾处齿墙和承压板外侧面平齐且保持在同一平面,且与路肩墙体外侧面连续连接,其连接形式可以是直线连续连接或折线连续连接;墙踵处齿墙和承压板的外侧面同样保持平齐且在同一竖直平面,承压板顶面保持水平且与路肩墙内侧面构成凸折线连续连接。本书的公路路肩墙侧翼基础防冲加固方法,主要是针对当前路肩墙结构形式、材料类型以及主要损毁部位和破坏方式等问题,充分利用双L梁式齿墙基础对路肩墙内外侧翼基础进行防冲加固,合理优化路肩墙内侧面断面形式以增加路肩墙整体稳定性。齿墙和承压板共同构成L型梁式齿墙基础,承压板位于齿墙上方,承压板顶面和齿墙底面分别构成L型梁式齿墙基础的顶面和底面,双L型梁式齿墙基础布设在整个路肩墙横断面的墙趾和墙壁踵处,根据实际荷载情况可设计成不对称或对称的双倒"⌐⌐"型梁式齿墙基础结构。路肩墙内侧面由顶部竖直面和底部倾斜面构成,与墙踵处承压板水平顶面构成"⌐"型凸折线面结构,路肩墙内侧面与承压板顶面形成的连续折线面,既可作为公路路基的支挡防护结构,又可作为公路路基和路面荷载的承重结构,路基路面荷载传递至路肩墙内侧凸型折线面,通过增加路肩墙自身重量来提高自身抗滑抗倾覆稳定性(图7.107)。

  沿河床水流方向上,墙趾处L型梁式齿墙基础和路肩墙外侧墙上设有若干按一定间距分布的沉降缝,一般间距为10~20m,沉降缝垂直于河床水流流向,沉降缝内部一般采用沥青充填。沉降缝的设置不仅有利于释放温度变形应力,还有助于减小局部段差异沉降对路肩墙整体稳定性的影响;另外,由于沉降缝的分割作用,L型梁式齿墙基础可分段提升路肩墙外侧墙的抗水流冲刷性能和抗差异沉降的整体性。

  路肩墙墙趾踵处的双L型梁式齿墙基础尺寸,根据墙体高度、断面尺寸、建筑材料和荷载形式等来确定。路肩墙墙趾处L型梁式齿墙基础一般采用混凝土或钢筋混凝土结构,混凝土标号一般为C20、C25或C30等。L型梁式齿墙基础

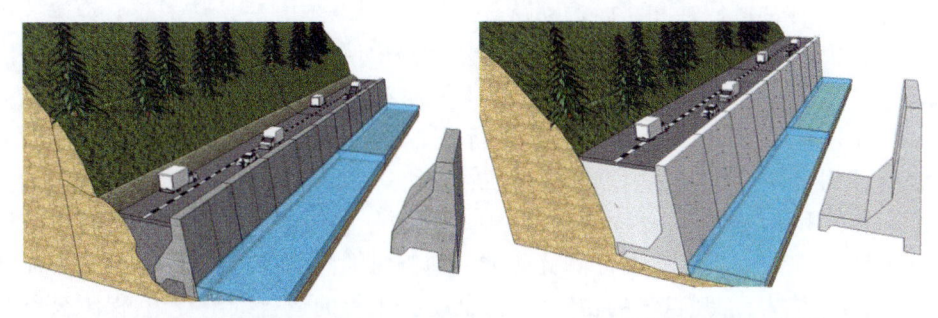

(a) 低路堤路肩墙类型示意　　　　　(b) 高路堤路肩墙类型示意

图 7.107　侧翼基础防冲刷路肩墙效果图

宽度 B_1(即承压板宽度)一般为 1.5~2.0m,齿墙宽度 b_5 一般为 1.0~1.5m,承压板厚度 H_2 一般为 0.5~1.0m,齿墙厚度 H_3 一般为 1.0~2.0m。墙踵处 L 型齿墙基础材料一般与墙体材料一致,L 型梁式齿墙基础宽度 B_2(即承压板宽度)一般为 1.5~3.0m,齿墙宽度 b_1 一般为 0.5~1.0m,L 型梁式齿墙基础厚度 h_3 一般为 0.5~1.5m,承压板厚度 H_2 一般为 0.5~1.0m。

所述双 L 型梁式齿墙基础的齿墙呈"▱"的倒梯形体,墙趾处倒梯形体的斜面水平宽度 b_4 与斜面竖向高度(即齿墙高度)H_3 之比的斜面坡度 $1:n_2$ 为 $1:1$~$1:2$,即 $1:n=b_4:H_3$;墙踵处倒梯形体的斜面水平宽度 b_2 与斜面竖向高度(即齿墙高度)h_4 之比的斜面坡度 $1:n_1$ 为 $1:1$~$1:2$,即 $1:n_1=b_2:h_4$。所述倒梯形体齿墙与承压板共同构成 L 型梁式齿墙基础,这种倒梯形齿墙构造既可增强基础整体刚度和稳定性,又有利于减少大量开挖对地基的扰动。

所述路肩墙的外侧面为陡倾墙体,内侧面(即公路一侧)为折线墙体。路肩墙顶宽一般为 0.5~1.5m,墙体净高度(即墙顶面至承压板顶面)一般为 2.0~6.0m,具体根据实际需求而定;所述路肩墙外侧陡倾面水平宽度 a_3 与斜面竖向高度 H_1 之比的陡倾面坡度 $1:m_2$ 为 $1:5$~$1:10$,即 $1:m_2=a_3:H_1$,其中 L 型梁式齿墙基础外侧面与路肩墙外侧陡倾面坡度保持一致;路肩墙内侧折线可分为两段,其中顶部段墙体为竖直面,高度一般为 $h_1=1.0$~2.0m,底部段斜面墙体与墙踵处承重板相连接,其竖向高度 $h_2=2.0$~4.0m,斜面坡度 $1:m_1$ 为水平宽度 a_2 与竖向高度 h_2 之比,即 $1:m_1=1:1$~$1:5$。所述墙体内侧斜面与墙踵水平承压板构成凸型折线面,既有利于通过路基路面荷载增加墙体自身重量,以提升墙体的抗滑抗倾覆稳定性,又可优化常规路肩墙体断面尺寸,节省材料且降低成本。

所述路肩墙可以采用钢筋混凝土结构,或混凝土结构,或浆砌石结构,或钢筋混凝土基础加混凝土墙体结构,或钢筋混凝土基础加浆砌石墙体结构,或混凝土基础加浆砌石墙体结构等。

针对流体冲刷侵蚀和路面振动荷载的耦合作用，本方法是基于双L型梁式齿墙基础加固和墙体断面形态优化的一种新型路肩墙形式，可以应用于不同高度路基的支撑拦挡防护和不同类型流体（洪水或泥石流）的冲刷侵蚀防治。对于流体冲刷作用，本方法通过对墙趾处基础进行局部加深处理，防止下切侵蚀，对于路面动荷载作用，本方法通过优化墙体内侧断面形态和尺寸，增设墙踵L型梁式齿墙基础，充分利用路基静载和路面动载自身竖向重力分量，来提高路肩墙整体抗滑抗倾覆稳定性。最终实现路肩墙外侧翼防冲和内侧缘加固的有机结合，有效减小流体的冲刷破坏能力，加强自身的稳定性，降低防护工程的运行维护费用，保障公路行车行人的安全。

与现有技术相比，本方法的有益效果是：充分利用双L型梁式齿墙基础的防冲刷、防差异沉降和防滑防倾覆等优势，分段提升侧墙的抗流体冲刷性能、抗差异沉降的整体性和抗滑抗倾覆的稳定性，实现路肩墙外侧翼防冲和内侧缘加固的有机结合，避免因侧墙局部破坏而危及整个路肩墙的安全，充分保障公路路肩墙支撑拦挡防护功能的正常发挥，节约工程费用和维护费用。与传统重力式路肩墙相比，防冲刷效果更佳、稳定性更高，工程更耐用、投资更省，既能满足河道不同规模流体（泥石流或洪水）的排泄功能要求，也能满足日益繁多的超大重车的运输安全需求。

3. 工程设计案例

下面结合附图，对本方法的优选案例作进一步描述。

1) 设计案例一

如图7.108、图7.109所示。河流比降为140‰，路基高度为6m。在河流河床质上，建100m长的路肩墙整体结构1，采用双L型梁式齿墙基础2和3分别对路肩墙墙趾踵进行加固，并采用凸折线形断面5对路肩墙内侧翼进行结构优化。首先施工双L型梁式齿墙基础2和3，再施工路肩墙上部主体4。

在路肩墙内外侧翼均设有L型梁式齿墙基础2和3对路肩墙1基础进行加固，并与路肩墙主体4连成整体。墙趾踵处L型梁式齿墙基础2(3)包括齿墙10(11)和承压板8(9)，齿墙位于承压板下方，齿墙顶面与承压板底面部分重合，且两者连成整体；墙体外侧翼底部L型梁式齿墙基础2右侧面与墙体外侧面6呈直线连续连接（即在同一平面上）；墙体内侧翼底部承压板8左侧面和齿墙9左侧面保持在同一面上且连续连接，承压板8的顶面与路肩墙主体内侧面5构成凸型折线面；墙趾承压板10和墙踵承压板8厚度一致，且保持在同一水平面上，墙趾齿墙11和墙踵齿墙9的顶面保持在同一平面，但其厚度和尺寸根据实际情况而定。

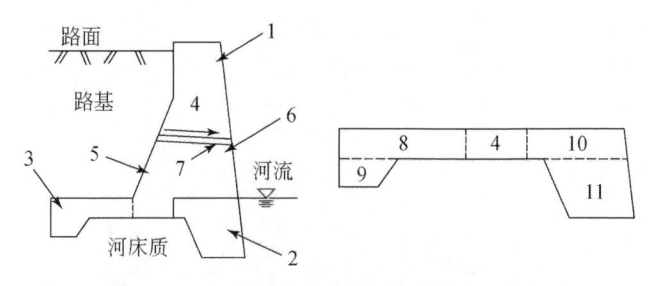

图7.108 侧翼基础防冲刷路肩墙结构示意图

图7.108~图7.111中标号如下：1. 路肩墙整体结构；2. 墙趾L型梁式齿墙基础；3. 墙踵L型梁式齿墙基础；4. 路肩墙上部结构；5. 墙内侧翼凸型折线段；6. 墙外侧翼斜线段；7. 墙体排水孔；8. 墙踵承压板；9. 墙踵齿墙；10. 墙趾承压板；11. 墙趾齿墙；12. 沉降缝；B_1. 路肩墙基础宽度；B_2. 墙趾L型梁式基础宽度；a_1. 路肩墙顶宽度；a_2. 墙内侧翼斜线段水平宽度；a_3. 墙外侧翼斜线段水平宽度；a_4. 墙踵L型梁式基础宽度；b_1. 墙踵齿墙底部宽度；b_2. 墙趾齿墙斜面水平宽度；b_3. 墙趾和墙踵齿墙距离；b_4. 墙趾齿墙斜面水平宽度；b_5. 墙趾齿墙底面宽度；H_1. 路肩墙净高度；H_2. 承压板厚度；H_3. 墙趾齿墙高度；h_1. 墙内侧翼顶端垂线段高度；h_2. 墙内侧翼底端斜段高度；h_3. 墙踵L型梁式基础厚度；h_4. 墙踵齿墙高度；$1:m_1$为墙体内侧翼斜面横坡比降；$1:m_2$为墙体外侧翼斜面横坡比降；$1:n_1$为墙踵齿墙斜面横向比降；$1:n_2$为墙趾齿墙斜面横向比降

沿公路延伸方向上，路肩墙1的主体和基础上设有9条按一定距离分布的沉降缝12，沉降缝12的间距L为10.0m，垂直于公路行进方向，采用沥青填充。墙体外侧翼L型梁式齿墙基础2厚度为2.5m，其中承压板10厚度H_2为1.0m，齿墙11高度H_3为1.5m，L型梁式齿墙基础2宽度B_2为2.0m，齿墙11宽度b_5为1.0m；墙体内侧翼L型梁式齿墙基础3厚度为1.5m，其中承压板8厚度H_2为1.0m，齿墙9高度h_4为1.0m，L型梁式齿墙基础3宽度a_4为2.0m，齿墙9宽度b_1为0.5m；墙趾踵承压板间距b_3为1.0m，整个路肩墙基础宽度B_1为5m。墙趾处齿墙11斜面水平宽度b_2与斜面竖向高度h_4之比的斜面横坡比降$1:n_1$为$1:2$，同样墙踵处齿墙9斜面水平宽度b_4与斜面竖向高度H_3之比的斜面横坡比降$1:n_2$亦为$1:1$。路肩墙1顶宽a_1为1.0m，外侧翼墙体斜面6横坡比降$1:m_2$为$1:10$，内侧翼墙体呈凸型折线面，其中垂直段高度h_1为2.0m，斜线段h_2垂直高度为4.0m，斜线段5横坡比降$1:m_1$为$1:2$。在路肩墙体内布设排水孔7共200个，孔直径为10cm，沿墙体横向坡度为5‰，墙体内排水孔横向间距为2.0m，竖向间距为1.5m，最下部排水孔高出设计洪水位0.5m。墙趾踵处L型梁式齿墙基础2和3均采用C25钢筋混凝土结构，路肩墙主体4采用C20混凝土结构，两者通过C25钢筋混凝土连接浇筑成整体，并按照结构配筋率1%进行配筋。

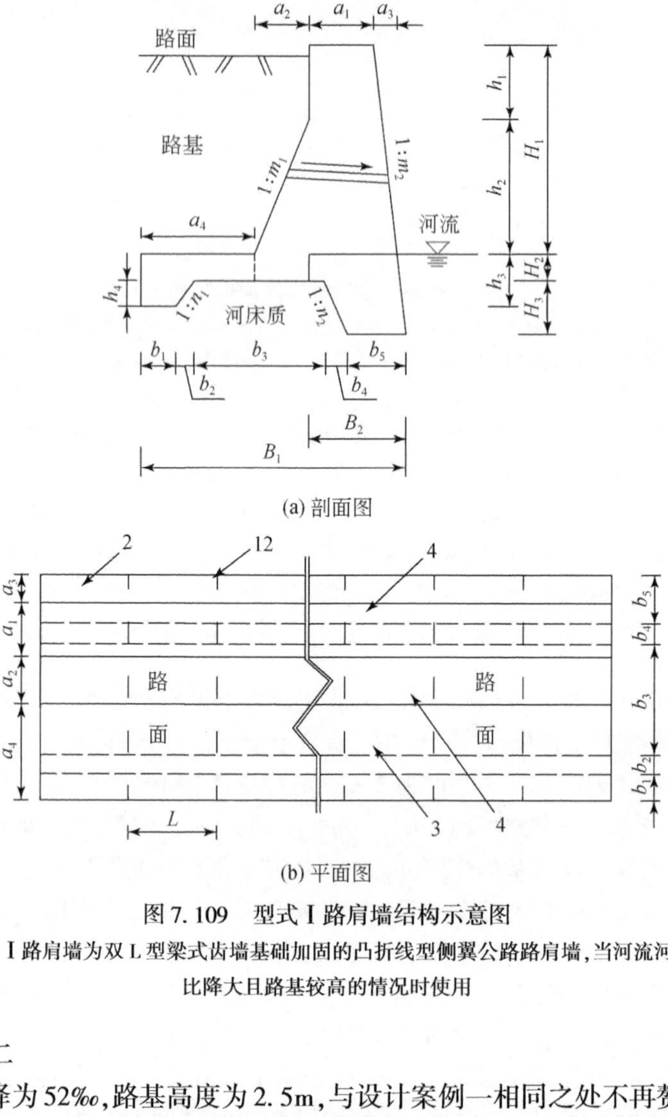

(a) 剖面图

(b) 平面图

图 7.109　型式 I 路肩墙结构示意图

型式 I 路肩墙为双 L 型梁式齿墙基础加固的凸折线型侧翼公路路肩墙,当河流河床比降大且路基较高的情况时使用

2) 设计案例二

河流比降为 52‰,路基高度为 2.5m,与设计案例一相同之处不再赘述,不同之处在于:墙踵处 L 型梁式齿墙基础 3 完全嵌入路肩墙体 1 内,承压板 8 和齿墙 9 左侧面在同一竖直面上,并与墙内侧斜面 5 连续连接,承压板 8 右端与墙趾承压板 10 连续连接为整体(图 7.110)。

墙体外侧翼 L 型梁式齿墙基础 2 厚度为 1.5m,其中承压板 10 厚度 H_2 为 0.5m,齿墙 11 高度 H_3 为 1.0m,L 型梁式齿墙基础 2 宽度 B_2 为 1.5m,齿墙 11 宽度 b_5 为 0.5m;墙体内侧翼 L 型梁式齿墙基础 3 厚度为 1.0m,其中承压板 8 厚度 H_2 为 0.5m,齿墙 9 高度 h_4 为 0.5m,L 型梁式齿墙基础 3 宽度为 1.0m,齿墙 9 宽度 b_1 为

(a) 剖面图

(b) 平面图

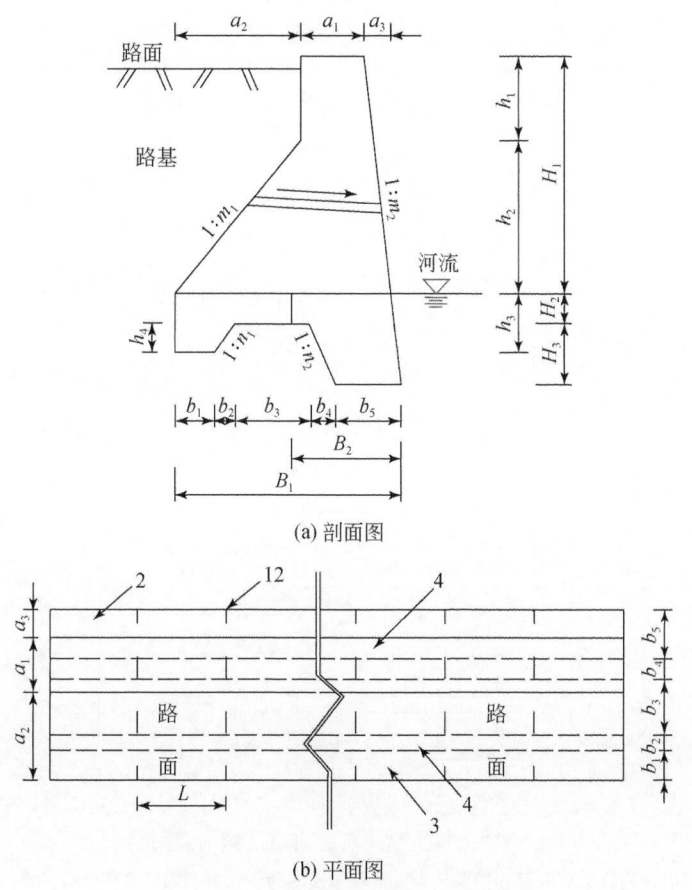

图 7.110　型式 II 路肩墙结构示意图

型式 II 路肩墙为双 L 型梁式齿墙基础加固的凸折线型侧翼公路路肩墙,当河流河床比降小且路基较低的情况时使用

0.5m;整个路肩墙基础宽度 B_1 为 2.5m。墙趾处齿墙 11 斜面水平宽度 b_2 与斜面竖向高度 h_4 之比的斜面横坡比降 $1:n_1$ 为 $1:2$,同样墙踵处齿墙 9 斜面水平宽度 b_4 与斜面竖向高度 H_3 之比的斜面横坡比降 $1:n_2$ 亦为 $1:2$。内侧翼墙体呈折线面,其中垂直段高度 h_1 为 1.2m,斜线段 h_2 垂直高度为 1.3m,斜线段 5 横坡比降 $1:m_1$ 为 $1:1$。墙趾踵处 L 型梁式齿墙基础 2 和 3 均采用 C25 钢筋混凝土结构。

3)设计案例三

如图 7.111 所示,与设计案例一相同之处不再赘述,不同之处在于:当路肩墙在纵向延伸的首尾端部受到水流冲蚀时,在首尾端部的两个单体路肩墙基础采用全封闭整体浇筑而成,以防止水流进入墙趾踵之间空隙而产生冲刷侵蚀危害。

(a) 剖面图

(b) 平面图

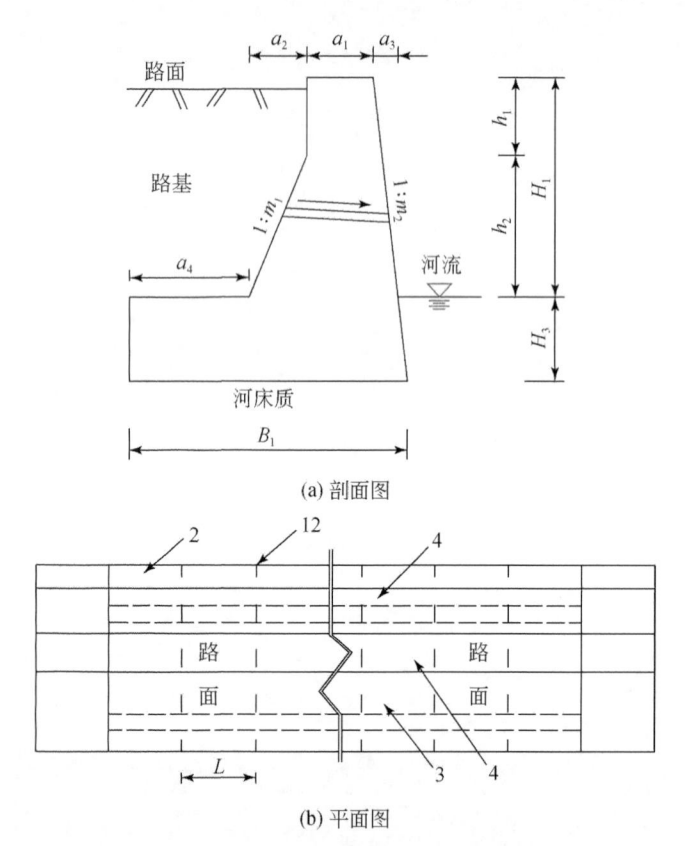

图 7.111 型式Ⅲ路肩墙结构示意图

型式Ⅲ路肩墙为路肩墙端部双 L 型梁式齿墙基础加固的凸折线型侧翼公路路肩墙,当路肩墙纵向端部受到水流冲蚀作用时使用

7.4.6 一种预制快速组装式挡土墙

1. 问题提出

目前,公路边坡挡土墙主要采用浆砌石结构或混凝土结构,少量采用钢筋混凝土结构,其施工方法主要是现场施工。现有的边坡挡土墙及其施工方法存在如下问题:①受季节变化影响,在高寒地区挡土墙施工受温度变化控制,一般在夏季施工,冬季受气温影响不能施工,需要对工序作周密的规划,一方面浆砌或混凝土材料在低于零下 5℃后难以胶结形成强度,另一方面施工队伍在冬季难以进行大量人工操作;②受施工队伍综合素质影响,现场工作量大,现场施工速度慢,往往施工周期较长,某一环节出现拖延,则将导致整个工程受影响;③受材料来源控制,现场

施工对材料要求较高,如果现场及周围的集料和石块等建筑材料无法满足浆砌石或混凝土结构的需要,则大量材料外部调运将导致工程投资和周期大幅度增加;④受场地条件控制,边坡开挖、材料堆放、混凝土拌和等,易于造成施工现场混乱和生态环境破坏。

在山区公路建设中,自然条件极其恶劣,工期紧张且质量要求较高,因此,亟须一种新型的边坡挡土墙技术及其施工方法,既能满足现有规范要求的支挡防护功能,又能避免严寒酷暑条件下现场的大量施工操作和材料运输,节省工程投资,缩短施工工期。

2. 方法内容

针对现有技术的不足,考虑到公路边坡挡土墙现场施工量大、材料运输难、投资大、施工周期长且易受季节变化影响,以及施工时对现场环境破坏较大等情况,提出一种施工快速、不受气候变化影响且满足必要的抗滑抗倾覆稳定性和材料强度要求,并可充分利用任何现场岩土材料的组装式公路边坡挡土墙及其施工方法。

为实现上述目的而提出的快速组装式挡土墙技术方案如下。

该技术包括若干预制好的钢筋混凝土空心箱体纵横向连接(即每个预制空心箱体与其上下左右的预制空心箱体均相连接)且沿挡土墙方向呈单列分布而成,空心箱体是一个顶面开敞、其余五面封闭和内部空腔的结构体,当内部填装岩土体后则构成完整挡土墙。所述空心箱体主要有两种结构类型:第一种空心箱体呈复式断面结构,布设于墙体最底部,包括墙体基础与上部侧墙两部分,采用钢筋混凝土浇筑预制为一个整体,其中墙体基础为实体浇筑,包括脚趾齿墙和脚踵承压板,齿墙可增加墙体抗滑稳定性,承压板可承载边坡土体重量,增加墙体抗倾覆稳定性;第二种空心箱体为长方形构造,布设在第一种类型箱体上部,且可进行多层竖向堆叠和同层横向连接。所述墙体的复式断面箱体(包括侧墙和基础)和长方形箱体(侧墙和底板)为事先预制,不仅能实现快速施工,避免季节变化影响,缩短施工周期,节省投资成本,还能减小对挡土墙周边环境的扰动;同时,利用这种预制箱体组装的挡土墙能够发挥自身独特结构优势,将边坡土体水平下滑推力部分转化为墙体竖向荷载,具有较高抗压强度和较高抗滑动抗倾覆稳定性,真正实现公路边坡挡土墙快捷、便利和全天时的建设与维护。

所述预制挡土墙的几何尺寸和空间位置根据公路边坡的实际情况进行规划和布设。所述空心箱体的几何尺寸可以遵循以下原则取值:①挡土墙顶面至墙体基础顶面净高度 H_1 是空心箱体高度 h_2 的整数倍,即 $h_2 = H_1/n$,其中 n 为空心箱体竖向个数;限于空心箱体垂直方向的承压比和宽高比要求,挡土墙整体净高度 H_1 一般不超过 6.0m,空心箱体高度 h_2 一般为 1.0~1.5m,以确保挡土墙整体稳定性。

②挡土墙基础宽度 B 由底部复式箱体的顶部宽度(即长方箱体短边长度 b)和复式箱体内侧边坡坡度 $1:m_1$ 确定,一般基础宽度 B 是长方箱体短边长度 b 的整数倍,即 $B = n_1 b$, n_1 为整倍数,长方箱体短边长度 b 一般为 $1.0 \sim 1.5\text{m}$,底部复式箱体内侧边坡坡度 $1:m_1$ 一般取 $1:0.5 \sim 1:1$,基础宽度 B 取值为 $1.5 \sim 3.0\text{m}$。③墙踵承压板宽度 b_5 一般与箱体高度 h_2 等同,取值为 $1.0 \sim 1.5\text{m}$,承压板厚度 h_3 一般取为 $0.3 \sim 0.5\text{m}$,即基础高度 $h_1 = 0.8 \sim 1.5\text{m}$,以最大限度增加箱体重量,防止发生倾覆变形。④墙趾齿墙底面宽度 b_2 一般取为箱体短边宽度 b 的一半,即 $b_2 = b/2 = 0.5 \sim 0.75\text{m}$,高度 h_4 一般为 $0.5 \sim 1.0\text{m}$,内侧斜面坡度 $1:m_2$ 取值为 $1:0.5$。⑤考虑到挡土墙空心箱体在运输便利性和吊装易操作性等需求,控制底部复式箱体最大重量在 $20 \sim 30\text{t}$,上部长方箱体最大重量在 $3 \sim 5\text{t}$,并尽量保持箱体尺寸的最大化和箱体数量的最小化,确定箱体长边边长 a 采用 1.5m 和 3.0m 两种类型。⑥上部长方箱体在平面布置上采取与下部箱体横向交错压缝布置,以增加墙体整体稳定性。

为了保证挡土墙的整体稳定性,所述挡土墙内侧面采用凸型折线面,以最大限度利用边坡土体增加墙体稳定性,外侧面采用直墙式,以减小墙体占用空间。为防止大量雨水或融水冲蚀顶部箱体内填充土体,故在最上部箱体内部填充土体后加设预制混凝土盖板。

构成挡土墙的同一层空心箱体尺寸相同,故为了将同层各箱体之间连接为一体,以保证箱体之间的平面整体性和连贯性,预制时在空心箱体左右两侧的短边墙壁上布设水平连接孔,一般单侧墙壁布设水平连接孔 $2 \sim 4$ 个,通常采用螺栓进行连接,其布设位置要便于同层的相邻箱体之间横向连接,水平向连接孔直径一般取 $3 \sim 4\text{cm}$。为了将上下两层箱体连接起来,预制时在长方箱体底板下设置凸形体,凸形体两侧边缘凹槽宽度和箱体边壁厚度 t_1 一致,中间突出部分高度一般取 $t_4 = 20 \sim 30\text{cm}$,上下两层箱体间采用上部箱体凸形体与下部箱体顶面凹腔进行对缝咬合连接。为了减小墙后和墙内水压力作用,预制时在箱体长边侧壁下部布设排水孔,一般呈单排布设 $1 \sim 2$ 个,排水孔直径为 $4 \sim 6\text{cm}$,以充分排泄墙后和墙体内积水。为了方便吊装,在预制挡土墙箱体的两端内侧侧壁上预留吊装挂钩。

所述预制空心箱体为不封顶敞口薄壁墙体,侧壁厚度 t_1 和 t_2 按能够承受其上方填土箱体和背后边坡土体压力进行设计,一般取 $t_1 = 8 \sim 16\text{cm}$,$t_2 = 10 \sim 20\text{cm}$,上部长方箱体底板 t_3 一般取 $6 \sim 8\text{cm}$。所述的底部复式断面箱体和上部长方箱体均采用钢筋混凝土结构,所有箱体侧壁均采用单面或双面配筋,长方箱体底板及其下部凸形体采用单面配筋,下部箱体与凸形体对缝连接的侧壁采用双面配筋且箍筋加密,整个箱体总体体积配筋率为 $1\% \sim 2\%$,钢筋直径为 $\varphi 8 \sim \varphi 12$,混凝土标号为 C25、C30 和 C35。预制空心箱体内部填装岩土材料,应尽量利用边坡或沟道内堆积土料,且装填土体最大粒径需根据箱体短边边长 b 来确定,一般取为箱体短边边长的一半(即1/2),另外,填充土体也应去除粉黏粒等细粒物质,以免被水流带走而降低墙体自重;为了确保挡土墙主体强度和稳定性,将筛分好的土体颗粒装填进入空箱箱体,并对土体进行夯实或振捣密实处理。

所述快速组装式公路边坡挡土墙的施工方法,具体步骤如下。

A:根据边坡的情况及公路与边坡位置关系,从平面上规划挡土墙的空间位置和整体尺寸,包括墙体的长度 L、墙体基础宽度 B 和墙顶宽度 b 等;从剖面上设计预制挡土墙箱体的几何尺寸,包括挡土墙高度 H、箱体高度 h_2、基础高度 h_1、承压板宽度 b_5、长短边边长 l 和 b 等;从立面图上调整单个预制箱体在挡土墙整体布局中的具体空间位置和数量等。

B:按照规划的挡土墙整体高度和基础尺寸大小开挖挡土墙的边坡和地基土体,同时将设计的预制挡土墙箱体在远离挡土墙的场地预先制备成型。

C:将预制好的钢筋混凝土挡土墙箱体运至施工现场,首先吊装底部的复式断面空箱箱体,将其按基础尺寸大小安放在已挖好的基坑内,然后将预制的长方箱体从底部复式断面箱体开始从下往上逐层依次吊装,并将各空箱箱体进行纵横向的连接处理,同时,每吊装一层就在箱体内装填预先筛选的岩土材料,并将其夯实或振捣密实形成挡土墙主体。

D:在预制空箱箱体全部安装完后,利用边坡土体对墙体基础和墙背空间进行回填处理,确保墙背填土高于或等于挡土墙高度,并采用分层夯实进行固结压密处理,同时利用预制好的混凝土盖板将挡土墙最顶部进行封闭,最终组装形成完整稳固的公路边坡挡土墙。

与现有技术相比,本方法的有益效果是:充分利用预制空箱箱体的快速组装特点,将整体挡土墙拆分成无数个空箱箱体,每个空箱箱体按预先规划设计几何尺寸以标准化形式同步制备成型,并采用交通运输和现场吊装方式进行拼装,不受季节变化的影响,大大缩短了施工周期;挡土墙空箱箱体可在远离施工现场的场地预先制备,减小了现场大规模的人力劳动,降低了现场施工对周围环境的扰动;对偏远且缺乏建筑材料的地区,利用预制好的空箱箱体装填现场岩土材料,从而解决施工材料从远距离的大量运输问题;与传统挡土墙相比,大大节省了建筑材料,估算可节省工程投资 30%~40%,缩短工期 50%~60%。

3. 工程设计案例

1)设计案例一

某高寒地区公路边坡为松散体边坡,开挖高度为 5.6m,为控制边坡滑动灾害,规划在公路内侧设置挡土墙,同时为了避免气候严寒影响需加快施工进度(图 7.112 和图 7.113),故采取如下技术及施工方法。

第一步,根据边坡情况及其与公路位置关系规划设计公路挡土墙为重力式,采用预制钢筋混凝土箱体组装式结构,挡土墙高度 H 为 6.0m,墙体宽度为 1.5m。所述组装式公路边坡挡土墙是由若干预制好的钢筋混凝土空心箱体(复式断面箱体和长方箱体)纵横相连、内部填装岩土材料且沿挡土墙延伸方向呈单列分布所构成,两种箱体顶面开敞,其余五面封闭。

根据规划的挡土墙空间尺寸,设计预制箱体的几何尺寸和数量:①根据挡土墙高度 H 为箱体高度 h_1 的整数倍 n_1,初步拟定 n_1 取 4,则单个箱体高度 $h_1=6m/4=1.5m$;②依据挡土墙横向宽度等于长方箱体短边边长 b,则长方箱体短边长度取 $b=1.5m$;③箱体长边边长取第二种尺寸类型,取值为 $l=3.0m$;④按照箱体顶宽 b 和内侧边壁坡度 $1:m_1$,复式断面箱体基础宽度确定为 $B=3.0m$,齿墙底板宽度 b_2 取箱体高度 h_2 的一半,取 $b_2=1.5m/2=0.75m$,高度为 1.0m,齿墙内侧斜面坡度 $1:m_2=0.5$;⑤承压板宽度 b_5 与箱体高度 h_2 一致,取 $b_5=1.5m$,承压板厚度取 $h_3=0.5m$。

第二步,根据规划设计的复式断面箱体基础尺寸和形状开挖边坡和地基的土体,确保开挖边坡处于稳定状态,且对开挖基土进行夯实压密或换填处理,尽量保持基础处于稳定地基土层上;同时,在合适的施工基地进行第一步规划的两种箱体的预先制备成型。

预制过程中,复式断面箱体和长方箱体侧壁厚度 t_2 分别为 16cm、20cm;箱体底板厚度 t_3 为 8cm;长方箱体底板凸型结构体高度 $t_4=30cm$。两种箱体均采用钢筋混凝土结构,侧壁和基础均采用双面钢筋,底板采用单面钢筋,并在与凸型结构体接触的箱体侧壁处进行钢筋加密处理,确保总体体积配筋率为 2%,钢筋直径为 $\varphi 12$,混凝标号为 C35。这样可以确保复式断面箱体重量不超过 30t,长方箱体重量不超过 5t,便于车辆运输和现场吊装。

(a) 效果图

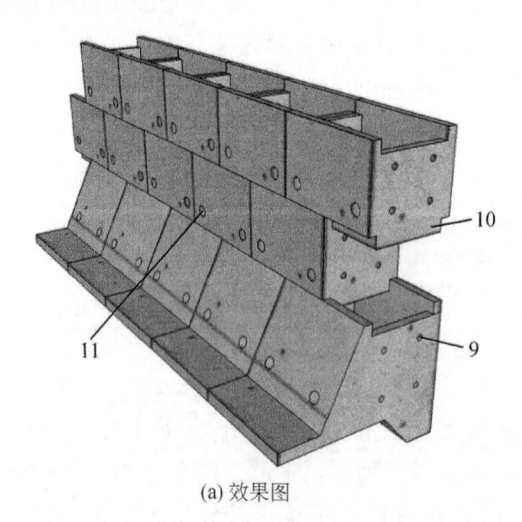

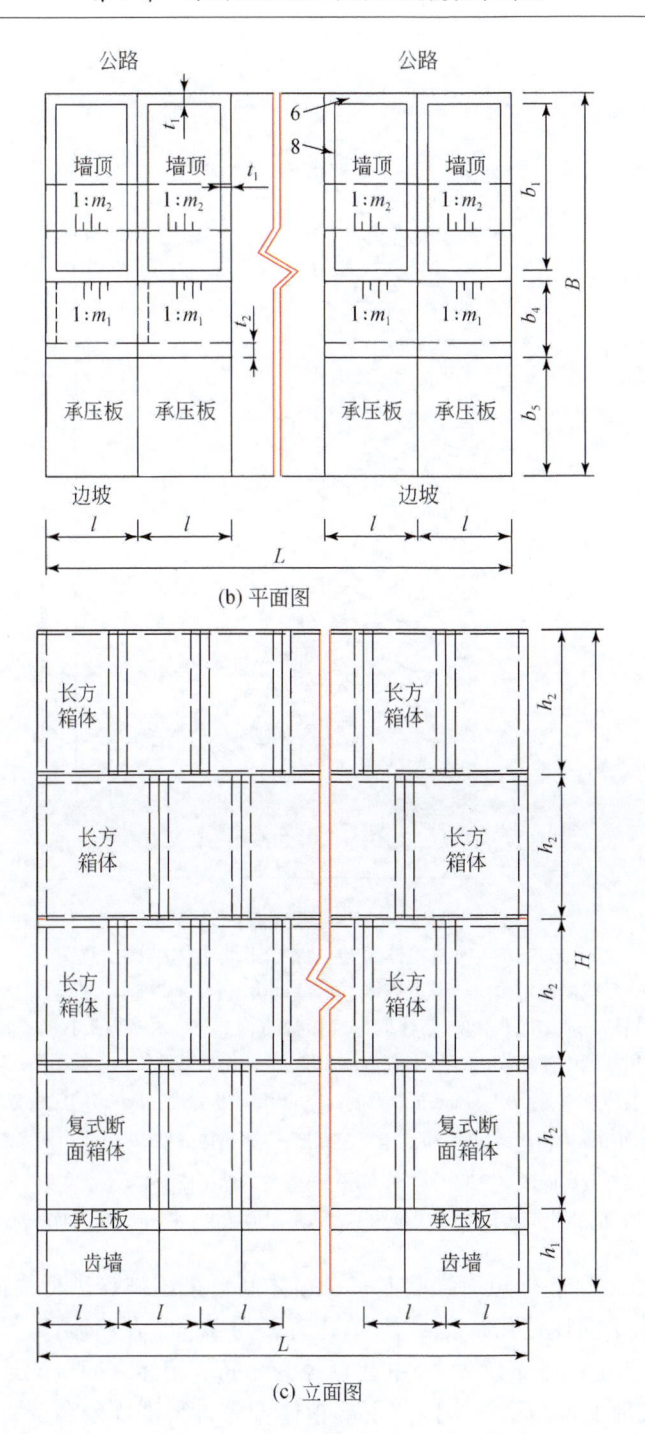

(b) 平面图

(c) 立面图

(d) 横剖面图

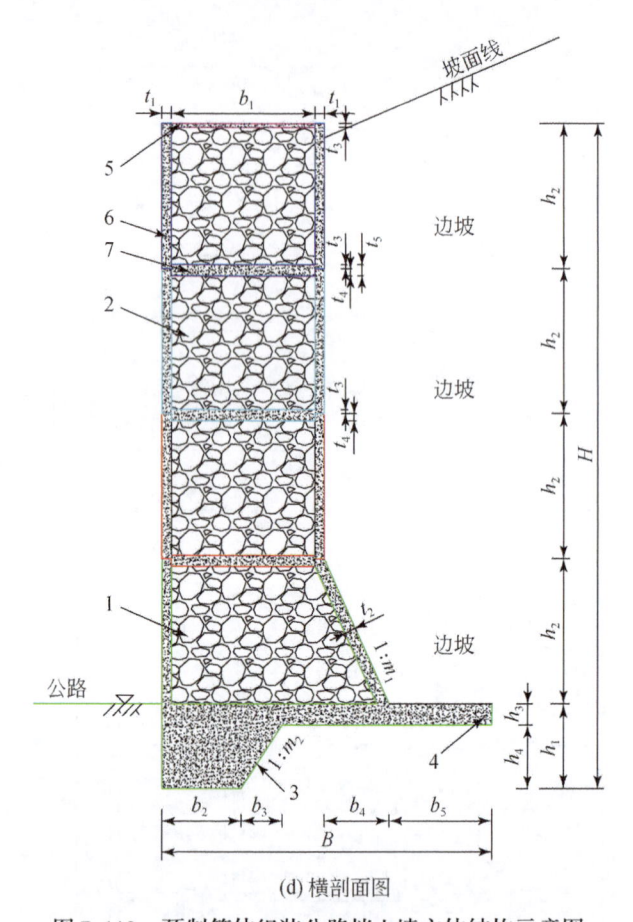

图7.112 预制箱体组装公路挡土墙主体结构示意图

图中标号如下：1. 复式断面箱体；2. 长方箱体；3. 基础齿墙；4. 基础承压板；5. 顶层盖板；6. 箱体侧壁（长边方向）；7. 箱体底板；8. 箱体侧壁（短边方向）；9. 水平向连接孔；10. 竖向连接件；11. 排水孔；h_1. 预制箱体基础高度；h_2. 预制箱体高度；h_3. 箱体基础的承压板厚度；h_4. 箱体基础的齿墙高度；H. 挡土墙体总高度；B. 基础底板总宽度；b_1. 顶层盖板宽度；b_2. 齿墙底板宽度；b_3. 齿墙斜面宽度；b_4. 复式断面箱体内侧斜面宽度；b_5. 承压板宽度；t_1. 箱体边壁厚度；t_2. 复式断面箱体内侧边壁厚度；t_3. 长方箱体底板内嵌薄板厚度；t_4. 长方箱体底板外置凸形体厚度；t_5. 长方箱体底板厚度；l. 预制箱体长边边长；L. 挡土墙总长度；$1:m$ 为基础齿墙斜面坡度；$1:n$ 为复式断面箱体内侧边壁坡度

预制时，在两种箱体短边侧壁上布设箱体间可采用螺栓进行横向连接的水平向连接孔9，水平向连接孔布设4个，单孔直径为4cm。在箱体长边侧壁上布设排水孔11，排水孔呈单排布设2个，单孔直径为6cm。箱体之间竖向连接件10采用在长方箱体底部加设凸型结构体与下部箱体凹腔进行嵌固咬合，凸型结构体高度$t_4=30\text{cm}$。

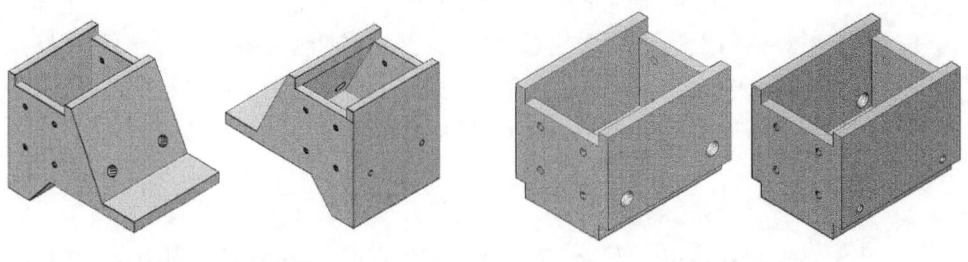

(a) 预制复式断面箱体　　　　　　　　(b) 预制长方箱体
图 7.113　预制箱体组装公路挡土墙主要组成单元示意图

第三步,将第二步预制好的钢筋混凝土复式断面箱体首先运至现场,并沿挡土墙延伸方向进行吊装布设,然后将长方箱体运至现场,依次从下往上进行逐层吊装,在水平方向通过水平向连接孔9进行连接,在纵向上利用凸型结构体与箱体凹槽进行自然拼接咬合固定,同时,在每吊装完一层后就开始向箱体内填装筛选的岩土料,岩土料中最大粒径为75cm,且剔除粉黏粒,并将岩土料进行振捣密实或夯实加固,最终形成公路边坡挡土墙主体。

第四步,待挡土墙主体完成后,在最顶部加设预制混凝土盖板,同时,对墙背空间和基础坑槽回填土体,并采用振捣密实或夯实处理,最终形成完整的组装式公路边坡挡土墙。该类型公路边坡挡土墙为预制好两种钢筋混凝土箱体纵横连接、内部充填岩土材料且沿挡土墙延伸方向单列分布的组装式结构体,两种箱体为顶面开敞,其余5面封闭的结构形式。

2) 设计案例二

如图 7.112、图 7.113 所示,与设计案例一相同之处不再赘述,不同之处如下。

第一步,某高寒地区公路边坡为松散体边坡,开挖高度为1.8m,采用预制钢筋混凝土箱体组装式结构,挡土墙高度 H 为2.0m,墙体宽度为1.0m。根据规划的挡土墙空间尺寸,设计预制箱体的几何尺寸和数量:①根据挡土墙高度 H 为箱体高度 h_1 的整数倍 n_1,初步拟定 n_1 取2,则单个箱体高度 $h_1=2m/2=1.0m$;②依据挡土墙横向宽度等于长方箱体短边边长 b,则长方箱体短边长度取 $b=1.0m$;③箱体长边边长取第一种尺寸类型,取值为 $l=1.5m$;④按照箱体顶宽 b 和内侧边壁坡度 1: m_1,复式断面箱体基础宽度确定为 $B=2.0m$,齿墙底板宽度 b_2 取箱体高度 h_2 的一半,取 $b_2=1.0m/2=0.5m$,高度为0.5m,齿墙内侧斜面坡度 1: $m_2=0.5$;⑤承压板宽度 b_5 与箱体高度 h_2 一致,取 $b_5=1.0m$,承压板厚度取 $h_3=0.3m$。

第二步,根据规划设计的复式断面箱体基础尺寸和形状开挖边坡和地基的土体,同时,在合适的施工基地进行第一步规划的两种箱体的预先制备成型。

预制过程中,复式断面箱体和长方箱体侧壁厚度 t_2 分别为8cm、10cm;箱体底

板厚度 t_3 为 6cm；长方箱体底板凸型结构体高度 $t_4=20$cm。两种箱体均采用钢筋混凝土结构，侧壁和基础、底板均采用单面钢筋，并在与凸型结构体接触的箱体侧壁处进行双面配筋，确保总体体积配筋率为 1%，钢筋直径为 $\varphi 8$，混凝标号为 C25。这样可以确保复式断面箱体重量不超过 20t，长方箱体重量不超过 2.5t，便于车辆运输和现场吊装。

预制时，在箱体短边侧壁上的水平向连接孔 9 布设 2 个，单孔直径为 3cm。在箱体长边侧壁上布设排水孔 11，排水孔呈单排布设 1 个，单孔直径为 4cm。箱体之间竖向连接件 10 采用在长方箱体底部加设凸型结构体与下部箱体凹腔进行嵌固咬合，凸型结构体高度 $t_4=20$cm。

第三步，在箱体内填装筛选的岩土料，岩土料中最大粒径为 50cm，且剔除粉黏粒，并将岩土料进行振捣密实或夯实加固。

第四步，待挡土墙主体完成后，在最顶部加设预制混凝土盖板，同时，对墙背空间和基础坑槽回填土体，并采用振捣密实或夯实处理，最终形成完整的组装式公路边坡挡土墙。该类型公路边坡挡土墙为预制好两种钢筋混凝土箱体纵横连接、内部充填岩土材料且沿挡土墙延伸方向单列分布的组装式结构体，两种箱体为顶面开敞、其余 5 面封闭的结构形式。

参 考 文 献

[1] 苏珍,刘时银,王志超.慕士塔格山和公格尔山的现代冰川[J].自然资源学,1989,4:241-246.

[2] 刘潮海,王宗太,丁良福,等.中国冰川目录——帕米尔山区(喀拉噶尔河等流域)(修订本)[M].兰州:甘肃文化出版社,2001.

[3] 王杰,周尚哲,赵井东,等.东帕米尔公格尔山地区第四纪冰川地貌与冰期[J].中国科学:地球科学,2011,03:350-361.

[4] 李宗省,何元庆,贾文雄,等.全球变暖背景下海螺沟冰川近百年的变化[J].冰川冻土,2009,31(1):75-81.

[5] 李燕,李红斌,王连有.喀喇昆仑山盖孜河水文水资源特性分析[J].干旱区研究,2003,04:272-275.

[6] 李宗省,何元庆,贾文雄,等.近年来中国典型季风海洋性冰川区气候、冰川、径流的变化[J].兰州大学学报(自然科学版),2008,44:1-5.

[7] 杨针娘.中国现代冰川作用区径流的基本特征[J].中国科学,1981,4:467-476.

[8] 中国科学院水利部成都山地灾害与环境研究所.中国泥石流[M].北京:商务印书馆,2000.

[9] 苏珍,王志超.冰川水资源及其利用.见:苏珍,谢子楚,王志超,等.喀喇昆仑山-昆仑山地区冰川与环境.北京:科学出版社,1998.

[10] 袁广祥,尚彦军,林达明.帕隆藏布流域堆积体边坡的工程地质特征及稳定性评价[J].工程地质学报,2009,17(2):188-194.

[11] 谢春庆.冰碛土工程性能的研究[J].山地学报,2002,20(增刊):129-132.

[12] 王宗盛,姚鑫,孙进忠,等.冰川泥石流研究进展概述[C]//2014年全国工程地质学术年会论文集.中国地质大学(武汉),2014:459-465.

[13] Perutz M F. The Flow of Glacier[J]. Nature,1953:4396.

[14] Jackson L E,Hungr Jr O,Gardner J S,et al. Cathedral Mountain Debris Flows,Canada[J]. International Association of Engineering Geology,1989:35-53.

[15] Wilkerson F D,Schmid G L. Debris flows in Glacier Nationalpark,Montana:Geomorphology and hazards[J]. Geomorphology,2003,55(1-4):317-328.

[16] Chiarle M,Iannotti S,Mortara G,et al. Recent debris flow occurrences associated with glaciers in the Alps[J]. Global and Planetary Change,2007,56(1-2):123-136.

[17] 施雅风,杨宗辉,鞋子出,等.西藏故乡地区的冰川泥石流[J].科学通报,1964,(6):542-544.

[18] 杜榕桓,章书成.西藏高原东南部冰川泥石流的特征[J].冰川冻土,1981,(3):10-16.

[19] 施雅风,郑本兴,姚檀栋.青藏高原末次冰期最盛时的冰川与环境[J].冰川冻土,1997,(2):3-10.

[20] 蔡祥兴,李械,李念杰.帕尔提巴尔沟冰川泥石流的成因及其发展趋势[J].冰川冻土,1980,(1):22-25.

[21] 王景荣. 帕米尔高原东北边缘山区的冰川泥石流[J]. 水土保持通报,1985,(1):51-54.
[22] 朱守森,邓晓峰. 独库公路冰川泥石流分布及其特征[J]. 山地研究,1995,(3):147-152.
[23] 熊黑钢,刘耕年,崔之久,等. 天山泥石流灾害的形成条件和过程特点[J]. 地理科学,1997,(3):52-56.
[24] 朱平一,罗德富,寇玉贞. 西藏古乡沟泥石流发展趋势[J]. 山地研究,1997,(4):296-299.
[25] 鲁新安,邓晓峰,赵尚学,等. 2005年西藏波密古乡沟泥石流暴发成因分析[J]. 冰川冻土,2006,(6):956-960.
[26] 崔鹏,马东涛,陈宁生,等. 冰湖溃决泥石流的形成、演化与减灾对策[J]. 第四纪研究,2003,(6):621-628.
[27] 姚治君,段瑞,董晓辉,等. 青藏高原冰湖研究进展及趋势[J]. 地理科学进展,2010,(1):10-14.
[28] 胡进,朱颖彦,杨志全,等. 中巴公路沿线冰川泥石流的形成与危险性评估[J]. 地质科技情报,2013,(6):181-185.
[29] 陈宁生,周海波,胡桂胜. 气候变化影响下林芝地区泥石流发育规律研究[J]. 气候变化研究进展,2011,7(6):412-417.
[30] 张沛全,刘小汉. 雅鲁藏布江大拐弯入口段泥石流特征及应对措施[J]. 中国地质灾害与防治学报,2008,19(1):12-17.
[31] Ma D T, TU J J, Cui P, et al. Approach to Mountain Hazards in Tibet, China[J]. Journal of Mountain Science,2006,1(2):143-154.
[32] 吕儒仁. 贡嘎山东坡和北坡的山地灾害[J]. 山地研究. 1991,9(2):131-135.
[33] Zhang J S, Shen X J. Debris-flow of Zelongnong Ravine in Tibet[J]. Journal of Mountain Science,2011,8:535-543.
[34] 陈宁生,胡桂胜,王涛,等. 山地灾害形成与预测预警[M]. 北京:科学出版社,2017.
[35] 程尊兰,田金昌,张正波,等. 藏东南冰湖溃决泥石流形成的气候因素与发展趋势[J]. 地学前缘,2009,16(6):207-214.
[36] 程尊兰,朱平一,党超,等. 藏东南冰湖溃决泥石流灾害及其发展趋势[J]. 冰川冻土,2008,30(6):954-959.
[37] Hürlimann M, Rickenmann D, Graf C. Field and monitoring data of debris-flow events in the Swiss Alps[J]. Journal of Canadian Geothchnical,2003,40:161175.
[38] Marchi L, Arattano M, Deganutti M. Ten years of debris-flow monitoring in the Moscardo Torrent (Italian Alps)[J]. Geomorphology,2002,46:1-17.
[39] Bollschweiler M, Stoffel M. Changes and Trends in Debris-flow Frequency Since AD 1850:Results from the Swiss Alps[J]. The Holocene,2010,20(6):907-916.
[40] Jomelli V, Brunstein D, Grancher D, et al. Is the response of hill slope debris flows to recent climate change univocal? A case study in the Massif des Ecrins(French Alps)[J]. Climatic Change,2007,85:119-137.
[41] Stoffel M, Beniston M. On the incidence of debris flows from the early Little Ice Age to a future greenhouse climate: A case study from the Swiss Alps[J]. Geophys. Res. Lett., 2006,

33,L16404.

[42] Rebetz M,Lugon R,Baeriswyl P. Climactic Change and Debris flows in High Mountain Regions: the Case Study of The Ritigraber Torrent[J]. Climatic Change,1997,36:371-389.

[43] 王景荣. 中巴公路喀什至塔什库尔干路段冰川泥石流[J]. 冰川冻土,1987(01):87-94.

[44] 罗卓群. 新疆盖孜河水文特性及计算初探[J]. 湖南水利.1994(6):17-21.

[45] Jackson J E. A User's Guide to Principal Conponents [M]. New York:A Wiley-Interscience Publication,1992.

[46] 邓聚龙. 灰色理论基础[M]. 武汉:华中科技大学出版社,2002.

[47] 韩用顺,黄鹏,朱颖彦,等. 都汶公路沿线泥石流危险性评价[J]. 山地学报,2012,30(3):328-335.

[48] 毕华,王中刚,王元龙,等. 西昆仑造山带构造岩浆演化史[J]. 中国科学:地球科学,1999,5(29):398-406.

[49] 王国灿,杨巍然,马华东,等. 东–西昆仑山晚新生代以来构造隆升作用对比[J]. 地学前缘,2005,3(12):157-166.

[50] 蒋忠信. 西藏帕隆藏布泥石流沟谷纵剖面形态统计分析[J]. 中国地质灾害与防治学报,2001,4:43-49.

[51] 蒋忠信. 冰雪融水沟谷纵剖面的形态与演化模式[J]. 中国地质灾害与防治学报,2003,4:22-28.

[52] 李均力,陈曦,包安明,等. 公格尔九别峰冰川跃动无人机灾害监测与评估[J]. 干旱区地理,2016,39(2):378-386.

[53] 张震,刘时银,魏俊锋,等. 新疆帕米尔跃动冰川遥感监测研究[J]. 冰川冻土,2016,38(1),11-20.

[54] 胡仁巴. 冰川缘何发生罕见位移[N]. 人民日报,2015年5月20日,第015版.

[55] 谌文武,毕骏,沈云霞,等. 修正Van Genuchten模型拟合干旱、半干旱地区遗址土颗分曲线的可靠性研究[J]. 岩土力学,2017,38(2):341-348.

[56] 中交集团第一公路工程局有限公司等. 公路路基施工技术规范(JTG F10—2007)[S]. 北京:中国标准出版社,2007.

[57] 毛炜峄,孙本国,王铁,等. 近50年来喀什噶尔河流域气温、降水及径流的变化趋势[J]. 干旱区研究,2006,23(4):531-538.

[58] 丁一汇,任国玉,石广玉,等. 气候变化国家评估报告(Ⅰ):中国气候变化的历史和未来趋势[J]. 气候变化研究进展,2016(1):3-8.

[59] 铁永波,李宗亮. 冰川泥石流形成机理研究进展[J]. 水科学进展,2010,21(6):861-866.

[60] 王成华. 土力学[M]. 北京:中国建筑工业出版社,2012.

[61] Iverson R M, Lahusen R G. Dynamic pore-pressure fluctuations in rapidly shearing granular materials[J]. Science,1989,246(4931):797-799.

[62] 吴永,何思明,沈均. 坡面颗粒侵蚀的水力学机理[J]. 长江科学院院报,2009,26(08):6-9.

[63] 文光菊. 坡面径流作用下泥石流形成机制研究[D]. 重庆交通大学硕士学位论文,2013.

[64] Foster G R, L F Huggins, Meyer L D. A laboratory study of rill hydraulics Ⅱ[J]. Shear Stress Relationship, Transactions of the ASAE, 1984, 27(3):797-804.
[65] 吴淑芬,吴普特,原立峰. 坡面径流调控薄层水流水力学特性试验[J]. 农业工程学报, 2010, 26(3):14-19.
[66] 李喜安,陈文军,邓亚虹,等. 渗流潜蚀作用临界发生条件的推导[J]. 水土保持研究, 2010, 1:7(5):217-221.
[67] 康锦辉. 黄土洞穴物理潜蚀机理试验研究[D]. 长安大学硕士学位论文, 2010.
[68] 刘亮,何建新,侯杰,等. 点源渗流作用下泥沙起动试验研究[J]. 水利与建筑工程学报, 2011, 9(2):54-56.
[69] 程永舟,蒋昌波,潘昀,等. 波浪渗流力对泥沙起动的影响[J]. 水科学进展, 2012, 23(2):258-263.
[70] 窦国仁,窦希萍,李蹯来. 波浪作用下泥沙的起动规律[J]. 中国科学:E辑, 2001, 31(6):566-573.
[71] 王虎,刘红军,王秀海. 考虑渗流力的海床临界冲刷机理及计算方法[J]. 水科学进展, 2014, 25(1):115-121.
[72] 张涛,韩卫东. 沟道侵蚀及泥石流[J]. 黑龙江水利科技, 2005(2):54-55.
[73] 张小峰,谢葆玲. 泥沙起动概率与起动流速[J]. 水利学报, 1995(10):53-59.
[74] 韩林. 泥石流暴发频率与其形成区颗粒粒径的关系研究[D]. 成都理工大学硕士学位论文, 2010.
[75] 魏学利,李宾,赵怀义,等. 中巴公路艾尔库然沟冰川泥石流发育特征与防治对策[J]. 水资源研究, 2017, 6(2):103-111.
[76] 费祥俊. 泥石流运动机理与灾害防治[M]. 北京:清华大学出版社, 2004.
[77] 康志成,李焯芬,马蔼乃,等. 中国泥石流[M]. 北京:科学出版社, 2004.
[78] 杨重存. 泥石流堆积形态分析[J]. 岩石力学与工程学报, 2003, 22(增2):2778-2782.
[79] 徐永年,曹文洪,王力,等. 山洪泥石流形成机理及防治对策[C]//中国水利学会首届青年科技论坛论文集. 中国水利水电科学研究院(北京), 2003:289-294.
[80] 吴积善,田连权,康志成. 泥石流及其综合治理[M]. 北京:科学出版社, 1993.
[81] 吴积善. 泥石流体的结构[A]//泥石流论文集(1)[C]. 北京:科学技术文献出版社, 1981.
[82] 张龙,刘曙亮,刘庆. 泥石流对公路工程的影响及其防护措施[J]. 公路交通技术, 2015(2):9-12.
[83] 周必凡,李德基,罗德富,等. 泥石流防治指南[M]. 北京:科学出版社, 1991.
[84] 陈光曦,王继康,王林海. 泥石流防治[M]. 北京:中国铁道出版社, 1983.
[85] 甘肃省交通科学研究所,中国科学院兰州冰川冻土研究所. 泥石流地区公路工程[M]. 北京:人民交通出版社, 1981.
[86] 周伟. 拦砂坝作用下的泥石流容重衰减特征及其对排导纵坡的影响[D]. 中国科学院研究生院博士学位论文, 2009.
[87] 王涛,陈宁生,邓明枫,等. 沟道侵蚀型泥石流起动临界条件研究进展[J]. 泥沙研究, 2014(2):75-80.

[88] 王兆印,漆力健,王旭昭. 消能结构防治泥石流研究——以文家沟为例[J]. 水利学报,2012,43(3):253-263.

[89] 张晨笛,李志威,王兆印. 碰撞作用下单个阶梯-深潭稳定性模型[J]. 水科学进展,2016,27(5):705-715.

[90] 李文哲,王兆印,李志威,等. 阶梯-深潭系统的水力特性[J]. 水科学进展,2014,25(3):374-382.

[91] 李云,陈晓清,游勇,等. "梯-潭"型泥石流排导槽研究初析[J]. 灾害学,2014,29(4):173-175.

[92] 张康,王兆印,贾艳红,等. 应用人工阶梯-深潭系统治理泥石流沟的尝试[J]. 长江流域资源与环境,2012,21(4):501-505.

[93] 吕立群,王兆印,崔鹏,等. 沟岸侧蚀对泥石流形成和运动过程的影响[J]. 水科学进展,2017,28(4):553-563.

编 后 记

《博士后文库》(以下简称《文库》)是汇集自然科学领域博士后研究人员优秀学术成果的系列丛书。《文库》致力于打造专属于博士后学术创新的旗舰品牌,营造博士后百花齐放的学术氛围,提升博士后优秀成果的学术和社会影响力。

《文库》出版资助工作开展以来,得到了全国博士后管委会办公室、中国博士后科学基金会、中国科学院、科学出版社等有关单位领导的大力支持,众多热心博士后事业的专家学者给予积极的建议,工作人员做了大量艰苦细致的工作。在此,我们一并表示感谢!

《博士后文库》编委会